Tratado da Propriedade Intelectual

Tomo III

2ª Edição | 4ª Tiragem

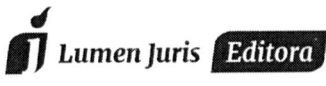

www.lumenjuris.com.br

Editor

João Luiz da Silva Almeida

Conselho Editorial Brasil

Abel Fernandes Gomes
Adriano Pilatti
Alexandre Bernardino Costa
Ana Alice De Carli
Anderson Soares Madeira
André Abreu Costa
Beatriz Souza Costa
Bleine Queiroz Caúla
Bruno Soeiro Vieira
Daniella Basso Batista Pinto
Daniela Copetti Cravo
Daniele Maghelly Menezes Moreira
Diego Araujo Campos
Emerson Affonso da Costa Moura
Enzo Bello
Firly Nascimento Filho
Flávio Ahmed
Frederico Antonio Lima de Oliveira
Frederico Price Grechi
Geraldo L. M. Prado
Gina Vidal Marcilio Pompeu

Gisele Cittadino
Gustavo Noronha de Ávila
Gustavo Sénéchal de Goffredo
Henrique Ribeiro Cardoso
Janssen Murayama
Jean Carlos Dias
Jean Carlos Fernandes
Jeferson Antônio Fernandes Bacelar
Jerson Carneiro Gonçalves Junior
João Marcelo de Lima Assafim
João Theotonio Mendes de Almeida Jr.
José Ricardo Ferreira Cunha
José Rubens Morato Leite
Josiane Rose Petry Veronese
Leonardo El-Amme Souza e Silva da Cunha
Lúcio Antônio Chamon Junior
Luigi Bonizzato
Luis Carlos Alcoforado
Luiz Henrique Sormani Barbugiani
Manoel Messias Peixinho
Marcelo Pinto Chaves

Marcelo Ribeiro Uchôa
Márcio Ricardo Staffen
Marco Aurélio Bezerra de Melo
Marcus Mauricius Holanda
Maria Celeste Simões Marques
Milton Delgado Soares
Murilo Siqueira Comério
Océlio de Jesus Carneiro de Morais
Patrícia Tuma Martins Bertolin
Ricardo Lodi Ribeiro
Roberta Duboc Pedrinha
Salah Hassan Khaled Jr.
Sérgio André Rocha
Simone Alvarez Lima
Sonilton Fernandes Campos Filho
Thais Marçal
Valerio de Oliveira Mazzuoli
Valter Moura do Carmo
Vânia Siciliano Aieta
Vicente Paulo Barreto
Victor Sales Pinheiro
Vinícius Borges Fortes

Conselho Editorial Internacional

António José Avelãs Nunes (Portugal) | Boaventura de Sousa Santos (Portugal)
Diogo Leite de Campos (Portugal) | David Sanches Rubio (Espanha)

Conselheiros Beneméritos

Denis Borges Barbosa (*in memoriam*) | Marcos Juruena Villela Souto (*in memoriam*)

Filiais

Sede: Rio de Janeiro
Rua Newton Prado, nº 43
CEP: 20930-445
São Cristóvão
Rio de Janeiro – RJ
Tel. (21) 2580-7178

Maceió
(Divulgação)
Cristiano Alfama Mabilia
cristiano@lumenjuris.com.br
Maceió – AL
Tel. (82) 9-9661-0421

Denis Borges Barbosa

Tratado da Propriedade Intelectual

Tomo III

2ª Edição | 4ª Tiragem

Editora Lumen Juris
Rio de Janeiro
2025

Copyright © 2017 *by* Denis Borges Barbosa

Categoria: Propriedade Intelectual

PRODUÇÃO EDITORIAL
Livraria e Editora Lumen Juris Ltda.

A LIVRARIA E EDITORA LUMEN JURIS LTDA.
não se responsabiliza pelas opiniões
emitidas nesta obra por seu Autor.

É proibida a reprodução total ou parcial, por qualquer meio ou processo, inclusive quanto às características gráficas e/ou editoriais. A violação de direitos autorais constitui crime (Código Penal, art. 184 e §§, e Lei nº 6.895, de 17/12/1980), sujeitando-se a busca e apreensão e indenizações diversas (Lei nº 9.610/98).

Todos os direitos desta edição reservados à
Livraria e Editora Lumen Juris Ltda.

Impresso no Brasil
Printed in Brazil

CIP-BRASIL. CATALOGAÇÃO-NA-FONTE

Barbosa, Denis Borges
 Tratado da Propriedade Intelectual: Tomo III. / Denis Borges Barbosa. - 2. ed. - Rio de Janeiro : Lumen Juris, 2017.
 356 p. ; 23 cm.

 Bibliografia.

 ISBN: 978-85-519-0084-0

 1. Propriedade Intelectual. 2. Direito Comercial - Direitos Autorais. I. Título. II. Séries.

CDD - 342.27

Capítulo VII
A Proteção do Software

Seção [1] Sumário
Seção [2] Da proteção da propriedade intelectual ao software
Seção [3] A proteção mediante o regime da Lei 9.609/98
Seção [4] Proteção dos programas de computador através de patentes
Seção [5] A propriedade intelectual na circulação econômica do software
Seção [6] Os aspectos de propriedade intelectual da tributação do software
Seção [7] Bibliografia Complementar

Seção [1] Índice

Seção [2] Da proteção da propriedade intelectual ao software   1849
[2] § 1. As modalidades de proteção   1849
[2] § 2. O que é programa de computador   1849
[2] § 2.1. A definição legal de programa de computador   1851
[2] § 2.1. (A) Direito comparado   1852
[2] § 3. Do direito internacional aplicável   1853
[2] § 3.1. A proteção do aluguel do sofware   1856
[2] § 3.2. A cesura idéia/expressão   1856
[2] § 3.2. (A) Da questão da reciprocidade   1859
[2] § 4. A previsão constitucional da proteção do software por regime próprio   1860
[2] § 5. Os problemas específicos do software como criação protegida   1862
[2] § 5.1. O efeito da proteção autoral do software   1863
[2] § 5.2. O problema das tecnologias autoduplicativas   1868
[2] § 5.3. Os interesses confrontantes em matéria de software   1871
[2] § 6. A política pública na proteção do software   1872
Seção [3] A proteção mediante o regime da Lei 9.609/98   1874
[3] § 0.1. O modelo brasileiro   1876
[3] § 0.1. (A) Um pouco de folclore   1876
[3] § 0.2. Uma campanha política   1877
[3] § 0.3. Das relações da lei autoral com a lei de software   1879
[3] § 0.3. (A) Especial e geral   1880
[3] § 0.3. (B) A aplicação da legislação geral no campo dos programas de computador   1882
[3] § 0.4. Do software como bem imaterial   1883
[3] § 1. Do que pode ser protegido pela Lei 9.609/98   1884
[3] § 1.1. Programa e código   1885
[3] § 1.2. O problema específico do software: expressão   1886
[3] § 1.3. Estrutura, seqüência e organização   1888
[3] § 1.4. A linguagem natural ou codificada   1891
[3] § 1.5. Código fonte ou código objeto   1892
[3] § 1.6. Expressão contida em um suporte físico de qualquer natureza   1893
[3] § 1.6. (A) Programa fixado em ROM/EPROM   1893
[3] § 1.7. Fugacidade dos resultados   1894
[3] § 1.8. Software: de emprego necessário   1895
[3] § 1.9. Programas dedicados   1895
[3] § 1.10. - Programas aplicativos ou sistemas operacionais   1895
[3] § 1.11. Software: destinado a máquinas automáticas de tratamento de informação   1896
[3] § 1.12. A destinação do conjunto de informações   1896
[3] § 1.13. Software: também aplicável a dispositivos, instrumentos ou equipamentos periféricos   1897
[3] § 1.14. Programas baseado em técnica digital   1897

[3] § 1.15. Software: programas para fazer funcionar de modo e para fins determinado 1897
[3] § 1.16. Comportamento, e não texto   1898
[3] § 1.17. Fins determinados   1899
[3] § 1.17. (A) Fins determinados e tecnicidade   1900
[3] § 1.18. Momentos de proteção no processo de desenvolvimento   1900
[3] § 1.18. (A) Output   1901
[3] § 1.19. Proteção da interface com o usuário – look and feel   1901
[3] § 2. Requisitos da proteção   1904
[3] § 2.1. Novidade   1904
[3] § 2.2. Originalidade   1905
[3] § 2.2. (A) Originalidade como contributo mínimo   1909
[3] § 3. Autoria e titularidade   1910
[3] § 3.1. Quem é autor   1911
[3] § 3.2. Da criação coletiva   1915
[3] § 3.2. (A) O regime da obra coletiva na lei geral   1916
[3] § 3.2. (B) No regime da Lei 9.609/98   1917
[3] § 3.3. Da criação colaborativa   1917
[3] § 3.4. Um regime especial de titularidade originária   1919
[3] § 3.4. (A) Jurisprudência: autoria e fases de elaboração   1921
[3] § 3.5. Da apropriação da criação do empregado, servidor ou prestador de serviços 1923
[3] § 3.6. Da apropriação do trabalho de terceiro, prestador de serviços   1925
[3] § 3.6. (A) O empregador se apropria do todo   1925
[3] § 3.6. (B) Jurisprudência: aplicação da norma especial   1927
[3] § 3.6. (C) Jurisprudência: inexistência de condomínio   1927
[3] § 3.6. (D) Jurisprudência: Autor que não é empregado, servidor ou prestador de serviços 1928
[3] § 3.7. A derivação das obras de programa de computador   1929
[3] § 3.8. Das normas protetivas ao autor   1931
[3] § 4. Conteúdo da exclusiva   1933
[3] § 4.0. (A) Consequências da titularidade por não-autor   1935
[3] § 4.0. (B) O regime especial do aluguel   1935
[3] § 4.0. (C) Conceito de Reprodução   1937
[3] § 4.1. Conteúdo civil   1938
[3] § 4.1. (A) A tutela judicial específica   1938
[3] § 4.1. (B) Busca e apreensão: necessidade   1940
[3] § 4.1. (C) As sanções civis da LDA   1941
[3] § 4.1. (D) Jurisprudência: aplicação da multa da LDA   1942
[3] § 4.1. (E) Jurisprudência: Proporcionalidade da indenização   1942
[3] § 4.2. Conteúdo penal   1943
[3] § 4.2. (A) Jurisprudência: Aplicação da norma especial da Lei 9.609/98   1945
[3] § 4.3. Direitos Morais   1946
[3] § 4.4. Prazo   1948
[3] § 5. As limitações à exclusiva   1949
[3] § 5.1. Da aplicabilidade da regra de três passos à lei de software   1950
[3] § 5.2. Das limitações pertinentes à lei de software   1953
[3] § 5.3. Cópia de Salvaguarda ou Armazenamento   1953

[3] § 5.3. (A) Jurisprudência: uma interpretação ampla   1954
[3] § 5.4. O direito de citação   1954
[3] § 5.5. Elementos necessários   1955
[3] § 5.6. A integração de programa   1957
[3] § 5.6. (A) Jurisprudência: integração   1957
[3] § 5.7. Outros atos permissíveis   1958
[3] § 5.7. (A) Uso normal e reparo   1958
[3] § 5.7. (B) O direito à evolução técnica   1959
[3] § 5.8. Exaustão dos direitos   1960
[3] § 6. O registro do programa   1962
[3] § 6.1. Função e eficácia   1962
[3] § 6.2. As normas do INPI   1963
[3] § 6.2. (A) Limites da norma   1963
[3] § 6.2. (B) Gratuidade do Registro   1964
[3] § 6.2. (C) Legitimidade para o registro   1964
[3] § 6.2. (D) Do título do programa registrado   1964
[3] § 7. A questão técnica na proteção pela Lei 9.609/98   1968
[3] § 7. 1. O destino da engenharia reversa   1968
[3] § 7.2. Patentes relativas a programas de computador   1970
Seção [4] Proteção dos programas de computador através de patentes   1970
[4] § 0.1. Guerras de religião e construção de direito   1971
[4] § 1. Direito autoral e patentes: como distinguir os objetos   1972
[4] § 1.1. Patentes relativas a programas de computador   1972
[4] § 1.2. A proteção dos elementos técnicos do programa de computador   1974
[4] § 2. Patentes relativas a invenção com inclusão de software   1976
[4] § 3. Indo além da noção de "invenção com inclusão de software"   1978
[4] § 3.1. As legislações que proíbem patente relativa a programa de computador "em si mesmo"   1980
[4] § 3.2. Interpretação do art. 10 do CPI/96   1982
[4] § 3.3. A patenteabilidade do software na EPO   1984
[4] § 3.3. (A) Posição da EPO em 1995   1985
[4] § 3.3. (B) As alterações na EPO de 2001   1988
[4] § 3.3. (C) A avaliação da tecnicidade no exame da atividade inventiva   1989
[4] § 3.3. (D) Parâmetros correntes da EPO   1991
[4] § 4. Parâmetros legais brasileiros de patenteamento de software   1993
[4] § 4.1. O programa de computador em si   1993
[4] § 4.2. O exame da criação relativa a programa de computador   1998
[4] § 4.3. Justificativa da interpretação adotada   2001
[4] § 5. Uma conclusão   2002
Seção [5] A propriedade intelectual na circulação econômica do software   2002
[5] § 0.1. Um prefácio a um livro de Marcos Wachowicz   2004
[5] § 0.2. Programa produto e programa ad hoc   2008
[5] § 1. Dos contratos de Propriedade intelectual relativos ao software   2011
[5] § 1.1. A liberdade de pactuação de tais contratos   2011
[5] § 1.2. Um rol de possibilidades   2013
[5] § 2. Da licença   2014
[5] § 2.1. Modalidades de licença   2016
[5] § 2.2. A prova do contrato de licença   2016

[5] § 2.2. (A) Jurisprudência: Prova da licença não depende de nota fiscal 2016
[5] § 2.3. Contratos tácitos. As licenças Shrinkwrap 2017
[5] § 2.3. (A) A ficção de uma aceitação voluntária 2018
[5] § 2.4. As cláusulas restritivas em contratos de software 2021
[5] § 2.4. (A) Alcance das vedações legais 2021
[5] § 2.4. (B) Abuso e direitos autorais 2024
[5] § 2.4. (C) Abuso de direitos e abuso de poder econômico 2026
[5] § 2.4. (D) Limites à produção, a distribuição ou a comercialização 2029
[5] § 2.4. (E) Da aplicação da regra da razão ao art. 10 da Lei 9.609/98 2029
[5] § 2.4. (F) Da isenção do licenciador perante violação de direitos de terceiros 2031
[5] § 2.5. Da cessão 2031
[5] § 2.5. (A) Da aplicação subsidiária da Lei 9.610/98 2033
[5] § 2.6. Jurisprudência: Licença e cessão 2036
[5] § 2.6. (A) Jurisprudência: licença não é edição 2039
[5] § 3. Das licenças de software "livre" 2039
[5] § 3.1. Marat, Cohn Bendit, Richard Stallman e a arqueologia da revolução permanente 2041
[5] § 3.2. Um modelo policitatório 2043
[5] § 3.2. (A) Essas licenças são... licenças? 2046
Seção [6] Os aspectos de propriedade intelectual da tributação do software 2047
[6] § 1. Da construção da tributação do sofware 2047
[6] § 1.1. Primórdios do regime de tributação: tributos federais 2047
[6] § 1.2. Ainda os primórdios: tributação estadual e local 2056
[6] § 2. O tratamento tributário atual 2059
[6] § 2.1. O corpus mechanicum e o corpus mysticum 2059
[6] § 2.1. (A) A construção do Supremo Tribunal Federal 2060
[6] § 2.2. A questão do licenciamento de software como prestação de serviços 2067
[6] § 2.3. A tributação pela CIDE 2070
[6] § 2.3. (A) Da definição legal do tributo 2070
[6] § 2.4. As alterações da Lei nº 10.332, de 19 de dezembro de 2001 2073
[6] § 2.5. Que pagamentos dão origem à CIDE? 2074
[6] § 2.6. A interpretação regulamentar 2074
[6] § 2.7. A definição de royalties 2075
[6] § 2.8. Retenção na fonte de pagamentos de software ao exterior 2079
[6] § 2.8. (A) Noção de fonte 2080
[6] § 2.8. (B) Regime vigente 2081
Seção [7] Bibliografia Complementar 2082

Seção [2] Da proteção da propriedade intelectual ao software

O objeto deste capítulo não é a regulação jurídica do *software*, matéria própria ao direito da informática, mas simplesmente a proteção *das criações intelectuais relativas a software*.

Assim, não serão aqui discutidos os aspectos que transcendem à proteção das criações intelectuais, inclusive quanto aos dispositivos da Lei 9.609/98 que ainda que versando sobre *software*, regulem aspectos de responsabilidade civil ou consumerista, etc.

[2] § 1. As modalidades de proteção

No direito brasileiro atual, o que se entende, na vida cotidiana, como sendo *software* é objeto de dois modelos complementares de proteção *exclusiva*:

[a] o sistema da Lei 9.609/98, que se volta ao *programa de computador*, em regime especial que se complementa pelas normas autorais gerais.
[b] o sistema de patentes de invenção, que protege soluções técnicas construídas através de programas de computador, soluções essas que se voltam a problemas técnicos; ou seja, a *inventos de software*.

Concentraremos nossa atenção sobre tais modelos de proteção exclusiva, ainda que o *software*, como tantos outros objetos da criação humana, seja também sujeito à tutela pela concorrência desleal, e pelo direito comum. É perfeitamente possível, de outro lado, que o *software* não encontre proteção por qualquer sistema de direito ou que, ainda que protegido, circule sob algum tipo de norma privada de acesso livre.

Objeto de numerosa produção doutrinária brasileira, só recentemente a proteção do *software* encontrou obra monográfica de peso internacional.[1]

[2] § 2. O que é programa de computador

A expressão *software*, ou, em francês, *logiciel*,[2] se aplica seja ao programa de computador propriamente dito, seja à descrição do programa,[3] seja à documentação

---

1 SANTOS, Manoel J. Pereira dos, Objeto e Limites da Proteção Autoral de Programas de Computador, tese de doutorado defendida em agosto de 2003 na Faculdade de Direito da USP, publicada como A Proteção Autoral de Programas de Computador, Lumen Juris, 2008.
2 Tomamos neste ponto a noção de software (logiciel) das Disposições-Tipo para a proteção do software editadas pela Organização Mundial da Propriedade Intelectual. O documento LPCS/1/2 daquela organização, que propõe as bases de um futuro tratado sobre a questão, retrata a definição das Disposições-Tipo da seguinte forma: "Le terme "logiciel" serait ainsi défini comme désignant soit un programme d'ordinateur, soit une description de programme ou une documentation auxiliaire, soit plusieurs de ces éléments. Quanto à proposta de alteração da lei tipo, para melhor reflexão dos problemas dos chamados "expert systems", vide o Doc. OMPI/UNESCO LPCS/WGTG/1/3.
3 Segundo o documento citado, "On entend par "description de programme" "une présentation complète d'opérations, sous forme schématique ou autre, suffisamment détaillée pour déterminer un ensemble d'instructions constituant un programme d'ordinateur correspondant" (article 1. ii des dispositions types).

acessória,[4] seja a vários destes elementos juntos. No dizer do Art. 43 da antiga Lei de Informática (no. 7.232 de 29 de outubro de 1984), *software* seria a soma do programa de computador e de sua documentação técnica associada.

Tomado desta forma, *software* se define por oposição à expressão inglesa relativa - hardware: ferramental, equipamento, *o conjunto dos objetos* (ware) *tangíveis* (hard, mais propriamente, duros).[5] Os dois elementos, em conjunto, formando os chamados *sistemas*. Daí, a definição constante do relatório da Comissão Especial de Informática formada em 1981 pela Secretaria Especial de Informática:

"É o *software* que incorpora o conhecimento sobre um dado sistema ou processo. Constitui o que se poderia chamar a "inteligência" dos sistemas informáticos. Estes, compreendendo na forma mais ampla: computadores, *software*, redes de comunicações e sensores (equipamentos de instrumentação) podem, na atualidade, atuar sobre os mais variados sistemas ou processos, automatizando-os e reduzindo a presença do homem a um mínimo indispensável. (Ex.: Controle de processos industriais nas áreas siderúrgica, energética, transportes, aplicações científicas, administrativa, robótica, etc.)"

O núcleo da noção *software*, de qualquer maneira, é o programa de computador, cuja 610/98, definição legal foi fixada pelo Art. 1º, parágrafo único da Lei 9.609/98. Optando por uma redação mais analítica do que a da lei americana,[6] tal norma segue o alcance da Lei Tipo da OMPI.[7]

---

[4] Sempre citando o documento OMPI LPCS/1/2: " On entend par "documentation auxiliaire" "toute documentation autre qu'un programme d'ordinateur ou une description de programme, crée pour faciliter la compréhension ou l'application d'un programme d'ordinateur, par exemple des descriptions de problème et des instructions à l'usage d'un utilisateur" (Artigo 1.iii§ da Lei Tipo).

[5] A oposição entre o hardware e o software refletiu-se no julgado do TJSP, no caso Sinclair, da seguinte forma:
CRIME CONTRA A PROPRIEDADE INDUSTRIAL - Hardware e software - Proteção jurídica de um e de outro por ramo distinto do direito privado - Entendimento - Proteção constitucional. 30 - Hardware e software não se confundem no campo jurídico. Hardware está em âmbito do Direito de Propriedade Industrial. Software está em âmbito do Direito Autoral. Não se confunde, pois, software com o correspondente suporte (disquete, fita cassete, ou chip), que se constitui em seu corpo mecânico (assim como disco e o suporte da música, esta obra intelectual protegida). Programa e disquete não se confundem, não dando ensejo a crime de violação de marca de industria ou comércio e de concorrência desleal. - RJDTACRIM VOLUME 12 PÁGINA: 69 RELATOR:- PENTEADO NAVARRO.

[6] A definição legal é a da Seção 101 do título 17 do United States Code (alterado pela Public Law 96-517 de 12.12.80): "A computer programs is a set of statements or instructions to be used directly or indirectly in a computer in order to bring about a certain result".

[7] Segundo ainda o Documento citado, programa de computador era definido na Lei tipo (artigo 1.i) como "un ensemble d'instructions pouvant, une fois transposé sur un support déchiffrable par machine, faire indiquer, indiquer, faire accomplir ou faire obtenir une fonction, une tâche ou un résultat particulier par une machine capable de faire du traitement de l'information". Diz WACHOWICZ, Marcos, O programa de computador como objeto do direito informático, encontrado em http://www.buscalegis.ufsc.br/revistas/index.php/buscalegis/article/viewArticle/6125, visitado em 21/9/2009, "Em Genebra no ano de 1996, na Organização Mundial de Propriedade Intelectual - OMPI, concluí-se o Tratado de Direito do Autor, con-

Ter-se-ia, assim o programa de computador propriamente dito (o conjunto de instruções para comandar a máquina) e uma série de dados e serviços complementares, compreendendo-se o todo na noção de *software*. Tal definição faz evidente a ligação do *software* com os meios usuais de transmissão de tecnologia: além das instruções de máquinas haveria as instruções dirigidas ao receptor humano, e o todo seria o *software*.[8]

Isto faz com que o *software* compreenda, empiricamente, um segmento em suporte informático (disquete, CD-ROM, *chips*, etc.) e outro em suporte convencional: livros, papéis, manuais, etc. A circulação econômica do *software* se faz quase que necessariamente nas duas espécies, em conjunto. Mas - como veremos - são tais elementos tangíveis meros acessórios, ainda menos intrínsecos ao bem intelectual do que o papel em relação ao livro, a tela para um quadro, o mármore para a Pietá.[9]

Note-se que o *software*, em sua natureza complexa, pode ser objeto de diferentes situações jurídicas. O programa de computador, seu núcleo, poderá objeto da proteção exclusiva pela Lei 9.609/98, os manuais e outros elementos expressivos pela Lei 9.610/98, por outras normas jurídicas, ou ser de domínio público.

[2] § 2.1. A definição legal de programa de computador

A Lei 9.609/98 protege especificamente o programa de computador:

Art. 1º Programa de computador é a expressão de um conjunto organizado de instruções em linguagem natural ou codificada, contida em suporte físico de qualquer natureza, de emprego necessário em máquinas automáticas de tratamento da informação, dispositivos, instrumentos ou equipamentos periféricos, baseados em técnica digital ou análoga, para fazê-los funcionar de modo e para fins determinados.

A definição acima incorpora todos os tipos e modalidades de programa de computador. As distinções suscitadas pela jurisprudência, principalmente estrangeira,

---

firmando toda a tendência generalizada de proteção do software no plano do direito autoral. A OMPI. fixou o conceito de software em três categorias, a saber: Programa de computador - É o conjunto de instruções capaz, quando incorporado num veículo legível pela maquina de fazer com que uma máquina, disponha de capacidade para processar informações, indique, desempenhe ou execute uma particular função, tarefa ou resultado. Descrição de Programa: É uma apresentação completa de um processo, expressa por palavras, esquema ou de outro modo, suficientemente pormenorizada para determinar o conjunto de instruções que constitui o programa do computador correspondente.Material de apoio: É qualquer material, para além do programa de computador e da descrição do programa, preparado para ajudar a compreensão ou a aplicação de um programa de computador, como por exemplo as descrições de programas e as instruções para usuários".

8   Uma vez mais o documento da OMPI citado acima: "La caractéristique essentielle de cette définition est que "logiciel" n'est pas identique à "programme d'ordinateur". Un programme d'ordinateur n'est que l'ensemble d'instructions qui permet de commander le fonctionnement d'un ordinateur ("machine capable de faire du traitement de l'information"), d'une façon déterminée".

9   Pois existe a circulação intangível, através, por exemplo, do acesso a um repositório de programas via modem.

sobre as oposições entre *programa-aplicativo* e *programa-básico*, ou entre o *firmware* e os programas não inclusos no *hardware*, não têm pertinência em face do alcance do texto legal brasileiro. Voltaremos, porém, ao tema, mais adiante.

[2] § 2.1. (A) Direito comparado

A diretriz 91/250/CEE (alterada pela Diretriz 93/98/CEE), da Comunidade européia, é possivelmente a mais abrangente norma legal tratando da matéria de definição de programa de computador. Sua versão (conforme aplicável a Portugal) é a seguinte:

"a proteção abrange a expressão, sob qualquer forma, de um programa de computador (...) mesmo os que estão incorporados no equipamento. (...) a função de um programa de computador é comunicar e trabalhar com outros componentes de um sistema de computador e com os utilizadores e que para este efeito, é preciso uma interconexão e uma interação lógica e, quando necessário, física, no sentido de permitir o funcionamento de todos os elementos do suporte lógico e do equipamento com outros suportes lógicos e equipamentos e com os utilizadores, e todas as formas de funcionamento previstas. (...) as partes dos programas que permitem tal interconexão e interação ente os componentes de um sistema são geralmente conhecidas como *interfaces* (...) esta interconexão e interação funcionais são geralmente conhecidas como interoperabilidade, definida como a capacidade de trocar informações e de reciprocamente utilizar as informações trocadas. (...) Para efeitos da presente diretiva, a expressão "programa de computador inclui o material de concepção, (...). As idéias e princípios subjacentes a qualquer elemento de um programa de computador, incluindo os que estão na base das respectivas *interfaces*, não são protegidos pelos direitos de autor ao abrigo da presente diretiva.

A definição de programa de computador encontra-se no Australian Copyright Act, 1968, Section 10(1) e no Singapore Copyright Act, 1987, Section 7(1) da seguinte forma:

Programa de computador é uma expressão, em qualquer linguagem, código ou notação, de um conjunto de instruções (seja acompanhado ou não da informação pertinente) cujo propósito é - seja diretamente ou após um ou ambos dos seguintes procedimentos a) conversão em outra linguagem, código ou notação b) reprodução em outra forma material - causar um aparelho dotado de capacidade de processamento digital a executar certa função.

A lei malaia de 1987, Art. 3º, tem praticamente a mesma redação. A lei do Canadá (Copyright Act, Section 2) assim o define:

Programa de computador significa um conjunto de instruções ou enunciados, expresso, fixado, incorporado ou armazenado de qualquer forma, o qual se destina a ser usado direta ou indiretamente num computador para ocasionar um resultado específico

Redação praticamente idêntica têm a lei americana (17 USC Section 101), a japonesa (Lei n. 48 de 1970, Art. 2(1)x bis), Taiwan (Lei de Direito autoral, Art. 3(2).

Já a lei coreana introduz requisito específico na sua definição (Lei de Direitos Autorais, Art. 1(12); Lei de Proteção aos Programas de Computador, no. 3920 de 1º de julho de 1987, Art. 2(1):

Programa significa um conjunto de instruções e comandos a ser utilizado diretamente num computador com o propósito de causar certo resultado, o qual seja expresso de uma maneira criativa.

[2] § 3. Do direito internacional aplicável

Obviamente, a proteção do *software* não foi prevista nas convenções do sec. XIX. A primeira previsão, em escala multilateral, da sua proteção ocorre em TRIPs:

ARTIGO 10
Programas de Computador e Compilações de Dados -
1 - Programas de computador, em código fonte ou objeto, serão protegidos como obras literárias pela Convenção de Berna (1971). (...)

Assim, a previsão é sintética e cabal. Nada há de diverso entre o programa de computador e as obras de Homero. Evidentemente, tal dispositivo é mais retórico do que jurídico.

O Acordo TRIPs tornou geralmente coativa a proteção do *software* por algum regime autoral.[10] O tratamento do TRIPs a questão do software foi breve e peremptório, como se a classificação da questão sob o título autoral fosse já um assunto definido.[11] O Tratado OMPI de 1996 tem uma redação semelhante no Artigo 4:

---

10 BARBOSA, Denis Borges. Counting Ten for TRIPs: Author Rights and Access to Information - A Cockroach's Viewof Encroachment (November 4, 2005). Available at SSRN: http://ssrn.com/abstract=84256. Em espanhol: ADPIC, la primera década: Derechos de autor y acceso a la información. Una perspectiva latinoamericana. In: Bernard Remiche; Jorge Kors. (Org.). Propiedad intelectual y tecnología. El Acuerdo ADPIC diez años después: visiones europea y latinoamericana. Buenos Aires: Faculdad de Derecho de la Universidad de Buenos Aires, 2006, v., p. -371.. Em Francês, BARBOSA, Denis Borges; KORS, J.; REMICHE, B.. ADPIC, première décennie: droits d'auteur et accès à l'information.Perspective latino-américaine. L'Accord ADPIC: dix ans après. Belgica: LARCIER, 2007, v., p. 373-446.
11 Artigo 10- Programas de Computador e Compilações de Programas, seja em código de fonte ou objeto, será protegido como obras literárias sob a Convenção de Berna (1971).

"Computer programs are protected as literary works within the meaning of Article 2 of the Berna Convention. Such protection applies to computer programs, whatever may be the mode or form of their expression."

Programas de computador são protegidos como obras literárias, consoante o Artigo 2 da Convenção de Berna. Tal proteção se aplica a programas de computador, independente de sua forma ou meio de expressão.

Esta linguagem visa tratar de um problema histórico específico: mesmo após 1995 considerava-se que o software era matéria autoral[12] a declaração de que se tratava de obra literária era um juízo ainda não universalmente aceito.[13] A questão aqui não é teórica, mas tem relação com as questões ambas de Berna e dos TRIPs.[14]

O novo princípio induz que o prazo deva ser os 50 anos previstos por Berna.[15] Também é estabelecido que - independentemente da forma de leitura - mecânica e ou não – o software continua sendo literário. Por outro lado, os TRIPs não estabeleceram regras contra engenharia reversa de software.[16]

O melhor resumo do tratamento dos TRIPs sobre software pode ser encontrado nas palavras de Jerome Reichman:

"In short, the TRIPS solution can effectively impede wholesale duplication of computer software, and especially code, much like unfair competition law did in some European countries prior to the European Union's Directive on Computer programs. But neither Copyright laws nor trade secret laws as reinforced by the TRIPS Agreement prevent reimplementation of functionally equivalent behavior. Nor do these laws impede second comers in developed or developing coun-

---

12   Com o que discordamos, conforme nota 24.
13   Como dito por John Hershey em sua discordância dos entendimentos da CONTU "Programs are profoundly different from the various forms of "works of authorship" secured under the Constitution by copyright. Works of authorship have always been intended to be circulated to human beings and to be used by them to be read, heard, or seen, for either pleasurable or practical ends. Computer programs, in their mature phase, are addressed to machines.", a. J.H. Reichman em Universal Minimum Standards of Intellectual Property. Protection under the TRIPS Component of the WTO Agreement, 29 Int'l. Lawyer. 345 (1995), nota que estados não membros efetivamente lidaram com software como trabalho literário sem adaptação séria; o autor sugere que o status literário aplicado (semelhante a arte aplicada) seria mais adequado.
14   Carlos Correa, Acuerdo TRIPs, op. cit., p. 58.
15   O efeito deste dispositivo foi estender os termos em menos que os padrões de Berna, por exemplo, o disposto na Lei de Software Brasileira de 1967, que era de 25 anos a partir de seu primeiro uso comercial em qualquer país. A lei pós TRIPs ou determina: Art. 2. § 2. Os direitos de um programa de computador são protegidos por um prazo de 50 anos a partir de primeiro de Janeiro do ano que se segue a sua publicação, ou, em sua falta, de sua criação.
16   Note que a Diretiva Europeia 91/250 limitou esta possibilidade a um fim específico, "2. The provisions of paragraph 1 shall not permit the information obtained through its application: [reverse engineering is allowed only] (a) to be used for goals other than to achieve the interoperability of the independently created computer program; (b) to be given to others, except when necessary for the interoperability of the independently created computer program; or (c) to be used for the development, production or marketing of a computer program substantially similar in its expression, or for any other act which infringes copyright".

tries from using components that are functionally determined or that constitute either standards of efficiency in the trade or market-determined standards that consumers require. Moreover, because Article 10 of the TRIPS Agreement expressly requires computer programs to be protected "as literary works," it allows the developing countries to invoke the compulsory license provisions set out in the appendix to the Berna Convention for certain educational and research purposes".[17]

Resumidamente, a solução dos TRIPS pode efetivamente impedir a duplicação de softwares de computador e especialmente o código, como a lei de concorrência desleal fazia em alguns países europeus antes da diretiva da união européia sob programas de computador. Mas nem o direito autoral nem o segredo industrial reforçados pelo acordo TRIPs previne a reimplementação ou comportamento funcional equivalente. Nem tais leis impedem retardatários em países desenvolvidos ou em desenvolvimento de usar componentes que são funcionalmente determinados ou que constituem padrões de eficiência no comercio ou Mercado que sejam requeridos pelo consumidor. Ademais por conta do Artigo 10 do TRIPs expressamente requerem programas de computador a serem protegidos como "obras literárias" permitindo que países em desenvolvimento invoquem dispositivos de licença compulsória estabelecidos no anexo à Convenção de Berna para determinados fins educacionais e de pesquisa.

A sugestão final do Professor Reichman, entretanto, não foi utilizada até hoje.

A previsão em TRIPs significa que *pelo menos* a proteção autoral deve ser assegurada pelos Estados membros do acordo,[18] embora pareça claro que havendo *invento* relativo a programas de computador, a regra geral do art. 27 de TRIPs forçaria a que também houvesse proteção por esse meio, assim como o art. 39 do mesmo tratado exige proteção através do segredo de empresa.[19]

---

17 Universal..., op. cit., at 372.
18 UNCTAD - ICTSD. Resource Book On Trips And Development. New York, Cambridge University: Cambridge University Press, 2005, p. 155: "The public policy interest in encouraging the creation of computer programs does not necessarily require protection solely in the form of copyright. Article 10 requires that copyright protection be extended to computer programs. However, TRIPS does not preclude additional forms of protection for computer programs. Thus, under TRIPS, a Member could offer patent, copyright and trade secret protection for computer programs.72 In such a case, the author can choose which form of protection is most desirable assuming of course that, in the case of software patents, the higher standards of creativity required by patent law are also satisfied It should be noted that the possibility of alternative forms of protection for computer programs were contemplated prior to TRIPS, and such alternatives do exist in some national laws. What TRIPS does require, though, is that one of the options for legal protection is in the form of copyright law".
19 UNCTAD – ICTSD, op. cit., loc. cit.: "One could argue that TRIPS Article 27.1, which prohibits field specific exclusions of patentable subject matter, requires that Member States recognize patent protection for software related invention so long as the invention satisfies the other requirements for patentability. See J.H. Reichman, Universal Minimum Standards of Intellectual Property Protection Under the TRIPS Component of the WTO Agreement, 29 International Lawyer 345, 360 (1995). More clearly, TRIPS Article

O regime internacional aplicável *não* proíbe a engenharia reversa,[20] não se podendo, desta sede, arguir qualquer objeção a essa forma do uso dos programas de computador.[21]

A proteção do *software* é também objeto do Tratado de Direitos Autorais da OMPI (WCT),[22] que não vincula o Brasil.

[2] § 3.1. A proteção do aluguel do sofware

TRIPs mais uma vez se refere ao software no seu art. 11, que prescreve que os países devem, pelo menos no que se refere a programas de computador e obras cinematográficas, conferir o direito de autorizar ou proibir o aluguel público comercial dos originais ou das cópias de suas obras protegidas pelo direito de autor.

[2] § 3.2. A cesura idéia/expressão

A submissão a TRIPs introduz, no âmbito do Direito Internacional aplicável ao legislador brasileiro (ainda que não ao aplicador da lei, eis que TRIPS não comporta aplicação direta, Vide. Cap. IV, [7] § 5. - Aplicabilidade Interna de TRIPs) a questão da dicotomia idéia/expressão:[23]

ARTIGO 9
Relação com a Convenção de Berna
(...) 2 - A proteção do direito do autor abrangerá expressões e não idéias, procedimentos, métodos de operação ou conceitos matemáticos como tais.

39, which requires protection for undisclosed information, offers a trade secret regime as an alternative to copyright protection for software. Note that because of the mandatory language of Article 10.1, Member States must provide copyright protection for computer programs. However, an innovator may opt for protection under the trade secret laws instead. This outcome is acceptable under TRIPS."

20 UNCTAD – ICTSD, *op. cit.*, p. 156: "TRIPS allows for reverse engineering of computer programs by honest avenues. This means that, although wholesale copying of computer programs is prohibited, the practice of re-implementing functional components of a protected program in "clones" is not. Programs that are independently coded and that yet deliver essentially the same functional performance or behaviour as the originator's own software do not infringe the latter's rights.75 This may boost competition and innovation by firms in all countries, including in developing countries where some capabilities for the production of software already exist.".

21 Vide, porém a objeção, fundada nos pressupostos do direito autoral, de SANTOS, Manoel J. Pereira dos, A Proteção..., *op. cit.*,, Seç. 7.8.

22 Article 4 Computer Programs - Computer programs are protected as literary works within the meaning of Article 2 of the Berne Convention. Such protection applies to computer programs, whatever may be the mode or form of their expression. O comentário oficial estipula: "The scope of protection for computer programs under Article 4 of this Treaty, read with Article 2, is consistent with Article 2 of the Berne Convention and on a par with the relevant provisions of the TRIPS Agreement."

23 UNCTAD – ICTSD, *op. cit.*, p. 156: "TRIPS does not define, however, the eligibility criteria that Members must apply to computer programs, nor, apart from a generalized exclusion of ideas, procedures, methods of operation or mathematical concepts as such (Article 9.2), does the Agreement concern itself with the scope of copyright protection for this subject matter".

Sobre tal questão, assim nos expressamos:[24]

O Artigo 9.2 do TRIPs declara em termos inequívocos a característica básica dos Direitos Autorais. O escopo de sua proteção não alcança a substância, mas somente a expressão.[25] Tais direitos são incompatíveis com obras *expressivas*:

> Art. 9.2. Copyright protection shall extend to expressions and not to ideas, procedures, methods of operation or mathematical concepts as such.
> Proteção autoral alcança expressões, mas não idéias, procedimentos, métodos operacionais ou conceitos matemáticos relacionados.

A mesma declaração não pode ser feita com relação à Berna, que só indiretamente induz o fato que dentre as obras protegidas de arte aplicada não seria necessariamente incluída (Art. 7.4).[26] A precisão do TRIPs neste contexto auxiliou a clarificar um aspecto importante da lei que recentemente foi mencionada pela Suprema Corte dos EUA como fundamento para rejeitar um conflito constitucional entre direito de expressão e o direito exclusivo autoral sob expressão.[27]

Dentre a noção do TRIPs certamente estaria incluída o conteúdo jornalístico ou outro trabalho determinado por fatos, como declarado em Berna[28] e tido pela

---

24 BARBOSA, Denis Borges. Counting Ten for TRIPs.
25 Considerando que a ideia distintiva não é sempre fácil, a relação entre fatos não é mais do que a expressão dos fatos em si. Epistemologicamente, res ipsa loquitur, coisas são relacionadas entre si, apesar das relações concebidas originalmente – hipoteticamente – por cientistas podem ter uma expressão derivada da ingenuidade do criador, elas não são expressões individualmente. Especialmente se são relações de fato e não mera especulação. O mesmo se dá em obras não científicas. Música é por definição relativa; sejam as relações de simultaneidade (harmonia) ou temporais (melodia), os efeitos desta arte são criados pela movimentação de relações tediosas de acústica e cronologia. Compor é unir tais relações. Não obstante (e esta é a questão) nem as relações isoladas nem as estendidas são protegidas exclusivamente. Um tema, ou relação musical é (com devido cuidado sobre a extensão excessiva e razoabilidade de tal uso) sujeito a ser reutilizado por outros criadores. Compor sobre um tema de outros autores é um uso reiterado e prestigiado no mundo da música. Isso ocorre independentemente do tema original estar ou não em domínio público.
26 Não obstante, vide Art. 2º., 4 of EU Directive 96/9/CEE, on data Bank ("2. The copyright protection of databases provided for by this Directive shall not extend to their contents and shall be without prejudice to any rights subsisting in those contents themselves.") and 1(2) of Directive 91/259/CEE on software protection: "Protection in accordance with this Directive shall apply to the expression in any form of a computer program. Ideas and principles which underlie any element of a computer program, including those which underlie its interfaces, are not protected by copyright under this Directive."
27 Eldred v. Ashcroft, 537 US 186 (2003).. "In addition to spurring the creation and publication of new expression, Copyright law contains built-in First Amendment accommodations. First, it distinguishes between ideas and expression and makes only the latter eligible for Copyright protection. Specifically, 17 U. S. C. §102(b) provides: "In no case does Copyright protection for an original work of authorship extend to any idea, procedure, process, system, method of operation, concept, Principle, or discovery, regardless of the form in which it is described, explained, illustrated, or embodied in such work." (...). Due to this distinction, every idea, theory, and fact in a Copyrighted work becomes instantly available for public exploitation at the moment of publication."
28 Art. 2 (8) The protection of this Convention shall not apply to news of the day or to miscellaneous facts having the character of mere items of press information.

Suprema Corte dos EUA em 1991 no caso Feist.[29] Isto resultou em significativa limitação a efetividade econômica da proteção autoral ao software.[30]

Entretanto, o TRIPs não tratou do uso significativo da doutrina de fusão (*merger doctrine*), onde o conteúdo e a forma não são distinguíveis em todos os casos, mas são um só. Considerando o impacto bastante largo de tal noção na ciência e no acesso a informação em geral,[31] é infelizmente bastante limitado.[32]

Vale dizer, através do sistema adotado sob TRIPs, a proteção ao programa de computador através do sistema autoral exclui toda e qualquer tutela a *soluções técnicas*, assim como também a *conhecimentos científicos*, descobertas, etc. Protege-se a *expressão*, vale dizer, código e arquitetura, e nada além disso.

Não se entenda, porém, que pelo menos as *soluções técnicas* não possam ser protegidas por outro sistema – o de patentes. Mas não se poderá alegar qualquer textualidade ou arquiteturalidade para impedir o livre uso das idéias, etc., não protegidas por regime técnico.[33]

---

[29] Feist Publications, Inc. V. Rural Telephone Service Co., 499 U.S. 340 (1991). O caso revalida a noção ideia-expressão e indica que a ingenuidade e não tempo e dinheiro, dá base a exclusividade autoral. "This case concerns the interaction of two well-established propositions. The first is that facts are not copyrightable; the other, that compilations of facts generally are. Each of these propositions possesses an impeccable pedigree. That there can be no valid copyright in facts is universally understood. The most fundamental axiom of copyright law is that [p*345] "no author may copyright his ideas or the facts he narrates." Harper & Row, Publishers, Inc. v. Nation Enterprises, 471 U.S. 539, 556 (1985). [Plaintiff] wisely concedes this point, noting in its brief that "facts and discoveries, of course, are not themselves subject to copyright protection." Later, at footnote 55: "This decision should not be construed as demeaning [Plaintiff]s efforts in compiling its directory, but rather as making clear that copyright rewards originality, not effort. As this Court noted more than a century ago, "'great praise may be due to the plaintiffs for their industry and enterprise in publishing this paper, yet the law does not contemplate their being rewarded in this way.'"

[30] Vide a jurisprudência Italiana relativa a aplicação da dicotomia para evitar a exclusividade funcional de obras de software. Trib. Cass., 24.11/6.2.1987; Pretura di Pisa, 11.4.1984; Pretura di Roma, 4.7.1988; Trib. Torino, 10.2.1993, apud Paola A.E. Frassi, Creazioni utili e diritto d'autore: programmi per elaboratore e raccolte di dati, p. 77, nota 134, e p. 79, nota 139; Trib. de Roma, 20.12.1993, apud Laura Chimienti, Lineamenti del nuovo diritto d'autore: direttive comunitaria e normativa interna, p. 11, nota 7.

[31] O assunto é particularmente verificado na jurisprudência norte Americana, viz., Morrissey v. Procter & Gamble Co., 379 F.2d 675 (1st. Cir. 1967); Herbert Rosenthal Jewelry Corp. v. Kalpakian, 446 F.2d 738 (9th. Cir. 1971); Sid & Mary Korfft Television Prods. Inc. v. McDonald's Corp. , 562 F.2d 1157 (9th. Cir. 1977).

[32] De acordo com Manoel J. Pereira dos Santos, em sua tese de doutorado de 2003 não publicada sobre aspectos não literais de obras autorais, pareceria que a maioria dos autores europeus recusaria a importância da dicotomia ideia-expressão, não obstante a construção estatutória europeia; vide Paola A. E. Frassi, Creazioni utili e diritto d'autore: programmi per elaboratore e raccolte di dati, p. 329; Joseph Drexl, What is protected in a computer program, p. 82. A ênfase no critério de originalidade substituiria a distinção de ideia-expressão. Para uma perspective europeia em prol da merge doctrine, vide Algardi, La tutela dell'opera dell'ingegno ed il plagio, Padova, 1978, p. 185. Jesús Delgado Echeverría, De los programas de ordenador, Comentários a la Ley de Propiedad Intelectual, Rodrigo Bercovitz Rodríguez-Cano (coord.), p. 1338/1339.

[33] UNCTAD – ICTSD, *op. cit.*, p. 156: "This distinction in Article 9.2 between protectable expressions on the one hand, and non-protectable ideas on the other, has been implemented differently at the national level, as may be illustrated by the U.S. approach to computer programs and the EC Software Directive. Under the Directive, the licensor cannot restrict a person's right to observe, study or test the way a program functions in order to obtain an understanding of the ideas embodied in the program, so long as the person doing so is engaging in permitted activity. In certain circumstances, the Directive also recognizes the right of a per-

[2] § 3.2. (A) Da questão da reciprocidade

A lei 9.609/98 dispõe:

Art. 2º (...)
§ 4º Os direitos atribuídos por esta Lei ficam assegurados aos estrangeiros domiciliados no exterior, desde que o país de origem do programa conceda, aos brasileiros e estrangeiros domiciliados no Brasil, direitos equivalentes.

Muito se litigou com base nesse dispositivo, suscitando a inexistência de reciprocidade, ou sua prova, no tocante a programas de titularidade de estrangeiros. Mas, como dissemos no Cap. I, Seção [11]- Fora dos tratados: a reciprocidade:

Como já visto, o sistema de Convenções, tratados multilaterais, rejeita a reciprocidade como fundamento do sinalagma entre as partes. Pelo sistema da "União" ou do "tratamento nacional", procura-se exatamente evitar o princípio *do ut des* do direito romano, que condicionava a exeqüibilidade da prestação à correlação direta da outra parte. (...)

E igualmente o prevê a Lei Autoral:

Art. 2º Os estrangeiros domiciliados no exterior gozarão da proteção assegurada nos acordos, convenções e tratados em vigor no Brasil.
Parágrafo único. Aplica-se o disposto nesta Lei aos nacionais ou pessoas domiciliadas em país que assegure aos brasileiros ou pessoas domiciliadas no Brasil a reciprocidade na proteção aos direitos autorais ou equivalentes.
O parágrafo único se aplica às hipóteses em que não existam atos internacionais aplicáveis; apenas nesses casos, se aplicaria a reciprocidade.
Incidentalmente, no caso americano, em muitos casos, o autor brasileiro recebe mais direitos nos Estados Unidos do que os nacionais daquele País, por força dos tratados em vigor; por exemplo, a exigência de registro no Copyright Office para se ter plenos direitos, o que é imposto ao americano, não se aplica ao brasileiro. Note-se que a Convenção de Berna (mas não só ela...) vige no Brasil a par e em complemento à Lei 9.610/98. Conquanto o teor de ambas normativas, naquilo em que a Convenção seja norma de aplicação direta, tenda a se reiterar, a verda-

---

son who is a rightful owner of the work to decompile (i.e., translate object code into source code) the program to obtain information for purposes of ensuring interoperability with another computer program. This right is circumscribed by the caveat that the information is not available elsewhere. These rights do not have counterparts in the U.S. copyright law, although judicial decisions have often resulted in the same outcome. Inevitably, the scope of copyright protection for computer programs will, for the time being, continue to remain flexible and dependent on the interpretation and application given by national courts".

de o assento para os direitos dos "estrangeiros domiciliados no exterior" é, na verdade, o texto convencional ou dos tratados. E, central no sistema, a regra de "tratamento nacional".

A jurisprudência segue tal entendimento:

(...) Alegação de que a autora não demonstrou a reciprocidade entre as legislações brasileira e americana, exigida pelo art. 2º, § 4º, da Lei nº 9.609/98. Desnecessidade. art. 5º, XXVII, da magna carta que garante aos autores o direito de proteção sobre suas obras e que se sobrepõe à eventual determinação de legislação infraconstitucional. Estados americano e brasileiro adeptos, ademais, à Convenção Universal de Berna sobre direitos autorais. Comunhão entre as legislações evidente. (...) Terceira Câmara de Direito Civil do Tribunal de Santa Catarina, Apelação Cível n. 2007.036067-7, Florianópolis, 4 de novembro de 2008, Marcus Tulio Sartorato, Relator

[2] § 4. A previsão constitucional da proteção do software por regime próprio

> Vide o Cap. II, [7] § 2. 1. - Regime constitucional dos programas de computador.

Quando nos foi dado propor a redação do que acabou por incluir-se na Constituição de 1988 como seu art. 5º, XXIX, ou seja, a tutela da propriedade *industrial*, entendemos adequado fazer previsão específica para a proteção de criações industriais, outras que a da patente, possibilitando assim a criação de proteções específicas.[34]

---

[34] "The 1988 Constitution is however the first one to provide for the protection of 'inventions and other industrial creations' as specific kinds of intellectual property rights (Art. 5º, XIX). But what is an 'industrial creation'? (...) The expression 'industrial creations' or, more precisely, abstract industrial creations were coined by Professor Andre Lucas (...) on the new and valuable technical solutions that could not be adequately protected by the traditional patent system. A common aspect of such creations (the paramount example of which is computer software) is that they markedly differ from the classical industrial invention to the extent that they do not result in transforming or reducing a subject matter into another state or thing - a essential test of patentability, usually described as 'industrial utility'. As is well known, software is a result of an informational technology, the achievements of which do not require physical transformation of any kind. The most important aspect of Professor Luca's findings is that there are now essential technologies, deserving legal protection, but heretofore excluded from patentability as they are not "inventions". "Industrial creations" could be thus defined as those new solutions of technical problems other than inventions; under such a concept, even small improvements resulting from the workshop experience could then enjoy from some a legal status. Some of them are "abstract", in the sense established by Professor Lucas; others may not be so. By accepting other industrial creations (including Professor Lucas abstract creations) besides inventions as protectable items the 1988 Constitution expanded broadly the scope of Industrial Property or, more precisely, the Constitutional authorization under which lower laws could establish the

A natureza do regime constitucional que ampara a Lei 9.609/98, assim, não é a do art. 5º, XXVII, que tutela a criações autorais, mas regime específico, consentâneo com a natureza tecnológica dessa criação.

A diversa radicação constitucional da proteção dos programas de computador se explica pela natureza *econômica* e *tecnológica* de tal modalidade de criação. Soluções técnicas e conhecimento científico são estranhos ao objeto do direito autoral, que se concentra na *expressão* de tais práticas humanas, como lembra a Lei 9.610/98:

> Art. 7º (...)
> § 3º No domínio das ciências, a proteção recairá sobre a forma literária ou artística, não abrangendo o seu conteúdo científico ou técnico, sem prejuízo dos direitos que protegem os demais campos da propriedade imaterial.

Ao que reitera a mesma lei:

> Art. 8º Não são objeto de proteção como direitos autorais de que trata esta Lei:
> I - as idéias, procedimentos normativos, sistemas, métodos, projetos ou conceitos matemáticos como tais;
> II - os esquemas, planos ou regras para realizar atos mentais, jogos ou negócios;
> (...)
> VII - o aproveitamento industrial ou comercial das idéias contidas nas obras.

Não se impugna, com isso, a possibilidade de proteção do programa de computador, no que representem *expressão*, e não tais idéias, técnicas e outras criações intelectuais. Mas se enfatiza a sua natureza própria, sua funcionalidade e sua eficácia econômica peculiar:

> Em segundo lugar, embora o programa de computador possa servir para comunicar uma informação, tal como ocorre com as demais obras intelectuais, sua finalidade essencial é transmitir ao computador determinadas instruções (daí a definição clássica de programa como "*conjunto de instruções*") que fazem com o que a máquina execute determinadas funções.[35] Em princípio, essa finalidade utilitária do programa de computador não deveria interferir no reconhecimento da proteção autoral por ser um princípio básico o de que as obras intelectuais são protegidas independentemente de sua destinação.[36] Assim decidiu a jurispru-

---

35 [Nota do Original] Vide KARJALA, Dennis S. The relative roles of patent and copyright in the protection of computer programs. The John Marshall Journal of Computer & Information Law. Chicago, v. 17, n. 1, p. 42, outono 1998. Vide BARBOSA, Denis Borges. *Op. cit.*, p. 165.
36 [Nota do Original] Na atual Lei Autoral brasileira (Lei 9.610/98), não mais se distinguem as obras de arte aplicada ou utilitárias das demais obras, o que tem sido entendido, não como as excluindo da proteção autoral, mas como as equiparando às obras intelectuais em geral.

dência nos vários países onde a questão foi suscitada, em particular no que se refere a este tipo de criação.[37]

Com efeito, a destinação da obra autoral é irrelevante no nosso sistema jurídico, mas não no subsistema do programa de computador; como se verá, só é suscetível de proteção a criação capaz de fazer uma máquina de tratamento de informação atuar para *fim determinado* (vide este Capítulo, [2] § 2.17. (A) Fins determinados e tecnicidade). Fim mediato, como se vê, pois o fim necessário é a atuação da máquina. Assim, a criação de software só é protegida quando ela tiver uma *destinação técnica imediata*.

Técnica por exigência legal, esse tipo de criação também é sujeito a constrições de caráter de econômico de natureza inteiramente diversa das outras formas de expressão:

> Em quarto lugar, o fato de o programa de computador representar um bem econômico de grande valor tecnológico agregado, raramente associado à personalidade de um autor e que vale muito mais por sua funcionalidade e utilidade do que pelo seu valor cultural, acarreta uma significativa mudança no equilíbrio de interesses geralmente considerado pelo Direito de Autor.
> Com efeito, no regime protetivo do programa de computador nota-se a preocupação do Legislador com os direitos do usuário e com a liberdade de concorrência. A matéria acarreta um impacto importante no campo dos limites do direito de autor: diversos diplomas legais tratam do direito do usuário de introduzir modificações para correção de erros e da legalidade da engenharia reversa para fins de interoperabilidade. São questões que não são reguladas quando se trata das demais obras intelectuais, embora este tipo de problema exista em parte no que se refere às bases de dados eletrônicas, outra criação de natureza e finalidade meramente utilitárias.[38]

Assim, veja-se que a proteção do programa de computador, para ter sua radicação constitucional adequada, só pode ligar-se ao tratamento que a Constituição defere às criações industriais.

[2] § 5. Os problemas específicos do software como criação protegida

O *software* é um objeto relativamente novo de direito, com problemas muito específicos. Ao contrário do que ocorre no caso dos objetos tradicionais da patente – máquinas, produtos químicos, etc.[39] –, nos programas de computador o objeto da proteção é um ente físico não só duplicável, mas naturalmente autoduplicável - o acesso

---

37 SANTOS, Manoel J. Pereira dos, A Proteção..., *op. cit.*
38 Idem, eadem.
39 Mas não do que ocorre com os objetos da biotecnologia, sujeitos À proteção por patente, ou os cultivar objeto de lei própria, que são, como o objeto do software, autoduplicáveis.

ao código representa o acesso quase que imediato ao mercado; a economia e as barreiras próprias do mercado de *software* diferem significativamente das existentes na indústria manufatureira tradicional, fazendo que tal cópia excessivamente fácil, em grande escala, possa realmente desestimular a produção independente.[40]

[2] § 5.1. O efeito da proteção autoral do software

O crescimento do consumo de computadores nos anos 70 e a Era do Microcomputador dos anos 80 tornaram impossível proteger softwares com base em segredo industrial ou contratual. Quando microcomputadores invadiram o mercado, a demanda por proteção exclusiva cresceu junto com a exposição adicional do novo comprador com quem nenhuma relação contratual ou confidencial era significativa: programas eram vendidos em supermercados como salsichas.

Programas de computador são, como variedades de plantas, produtos sujeitos a copia. Exceto por esquemas protetivos complexos física ou logicamente, ora objeto do Tratado de 1996 da OMPI em medidas protetivas técnicas, programas podem ser facilmente copiados – na verdade são destinados conceitualmente a ser (apesar de não para comercialização). Mas as formas existentes da proteção exclusiva não nos pareciam apropriadas: nem o direito autoral nem o patentário satisfazem as necessidades do proprietário do software ou os interesses gerais do público.

O sistema patentário, instrumento antigo para proteção de criações tecnológicas, pareceria uma forma mais adequada para proteção de criações de software. Não obstante, a ponderação peculiar de interesses conforme o sistema patentário, beneficiando o inventor e o publico em geral dificilmente poderia ser repetido em outro mecanismo para proteção de criações tecnológicas.

Entretanto, um número significativo de leis e a Convenção EPO vêm opondo o patenteamento de softwares sob o argumento que regras, jogos e processos mentais em geral não são patenteáveis. Tal posição parece ter sólida justificativa na teoria do direito de Propriedade Intelectual.

André Lucas, em seu admirável livro de 1975,[41] notou que a criação de software é bastante diferente da invenção clássica industrial já que não resulta em transformar

---

[40] Duncan M. Davidson, Reverse Engineering of Software, in PLI Computer Software, p. 102: "manufacturing economics are heavily driven by experience (accumulated units sold) and scale (productive capacity); thus the first-to-market can have a big cost advantage; in contrast, in software, the copier can be ahead: software economics are largely based on distribution channel, not the one product. Small vendors are vulnerable to scale players who can mimic and push the innovative product without the manufacturing burden".

[41] La Protection des Créations Industrielles Abstraites, Lib. Techniques, 1975. As noções constantes do livro do Professor Lucas levou este autor a propor e incluir na Constituição Brasileira de 1988 um trecho protegendo tais criações abstratas como objeto de proteção de PI em separado, alem de patentes, marcas e o direito autoral. Vide Software, Marjoram & Rosemary - A Brazilian Experience (1989) (Logico, la Mejorana y el Romero: Una Experiencia Brasileña. Anales del Forum Regional de Montevideo. Organizacíon Mundial de la Propriedad Intelectual. Genebra 1990), em http://denisbarbosa.addr.com/48.doc.

ou reduzir um assunto em outro estado da natureza.[42] Esta exigência das diversas leis de patente é usualmente expressa na noção de utilidade industrial por vezes reforçado pela recusa de proteção patentária em criações que são meras etapas mentais.

Sendo expresso em símbolos de diversos tipos e resultando em efeitos intangíveis, programas de computador não poderiam ser protegidos facilmente pelo direito de patentes, no qual a noção de utilidade industrial (em oposição à utilidade prática) é fundamental.

Na verdade, nenhum estado da natureza (física) é afetado pelo uso de software, exceto nos casos em que o programa é empregado como parte de um sistema industrial controlando o aparato mecânico, elétrico ou químico; incidentalmente a primeira patente dos EUA em software[43] foi concedida precisamente em tal contexto industrial: o programa cobria a abertura de uma válvula de acordo com informações sensoriais.

Apesar da exigência de efeito físico ter sido progressivamente dispensado,[44] o nível de inventividade ou novidade na criação de software é usualmente mais baixo que o requerido na emissão de uma patente: mais suor e menos inspiração é necessário para criação de um programa. Patentes seriam, portanto, incapazes de satisfazer a necessidade da indústria de software de proteção, mesmo se em determinado caso um software fosse patenteável.

Por outro lado, o fim econômico prevalecente do software parece distinguir do trabalho científico, literário ou artístico usualmente considerado como protegível por direito autoral – que é a razão que o Professor Lucas considera o software como criação industrial abstrata.

Mesmo assim, a aparição simbólica de tais máquinas imateriais juntamente com a incapacidade inicial do direito de patentes de assegurar a exclusividade aos que desenvolvem softwares levou a tentativas de proteger tal campo por direito autoral. No início dos anos 60, o INPI dos EUA já aceitava pedidos de proteção de software, recusando-se a confirmar se tal item estava protegido por direito autoral. Leis e jurisprudência confirmaram tal opção no final dos anos 70.

---

[42] A noção dos EUA foi estabelecida pela Suprema Corte no caso Cochrane v Deener, 94 US 780, in 1876: "A process is a mode of treatment of certain materials to produce a given result. It is an act, or a series of acts, performed upon the subject-matter to be transformed and reduced to a different state or thing. If new and useful, it is just as patentable as is a piece of machinery. In the language of the patent law, it is an art." However, the requirement of physical transformation or "states of nature" as a condition for the issuance of a patent was diluted since the 1980 case of Diamond v. Diehr, which accepted software as a patentable matter provided that some physical result was included; and put aside after the case State Street Bank & Trust, Co. v Signature Financial Group, Inc (State Street), 149 F.3d 1368 (Fed.Cir.1998). This decision was both important because of its impact on the business method exception and by the fact that it put to death the mathematical algorithm exception as well. The court accepted that the patent matter was statutory subject matter "even if the result is expressed in numbers, such as price, profit, percentage, cost or loss."

[43] Diamond v. Diehr, 450 US 175 (1981).

[44] Embora tal exigência tenha, aparentemente, sido recuperada pela mudança de entendimento da corte especializada americana, no caso In Re Bilski, julgado em outubro de 2008.

Nos Estados Unidos, a modalidade local específica de direito autoral (o *copyright*) foi uma alternativa aceitável, em especial porque já estava disponível como modelo, e por sua praticidade: já tinha funcionado em contextos semelhantes, por exemplo, auxiliares a indústria cinematográfica. O que não foi considerado (talvez por razões estratégicas) era que o copyright, como modelo singular, era estranho a diversos sistemas legais.

Contudo, era claro desde o início que o *copyright* não satisfazia plenamente os interesses daquele que desenvolvia o software, já que a proteção só atingia a cópia da *expressão*. O uso do software em computadores também é uma preocupação primária, especialmente quando o compartilhamento de fontes torna possível a vários usuários ter benefício econômico de uma cópia do programa.[45] Ademais, utilizando os conceitos básicos do programa para criar novos programas não infringe o princípio que o direito autoral cobre expressões e não idéias.

Outra questão muito importante é a engenharia reversa. Consoante a noção de que o direito autoral cobre a expressão, e não idéias, entendemos que qualquer pessoa pode entender que as idéias (a funcionalidade) de um programa sem infringir qualquer lei. Esta questão pode ser especialmente importante em algumas espécies de software, mesmo entendendo que, para alguns autores, é impossível fazer uma engenharia reversa de algo sem copiar, desconstruir ou efetivar o programa, portanto sem infringir o direito autoral pertinente.[46]

Do ponto de vista de interesse público, em oposição ao interesse da pessoa desenvolvendo o software, o direito autoral pareceria ser uma forma de proteção irrazoável, plenamente em favor do seu titular. Forma de tutela sobre artistas e escritores inocentes sujeitos a vampirização por empresários sedentos, o *copyright* e, em especial o

---

[45] Uma doutrina em desenvolvimento nos anos 80 declarava que o uso do software em um computador seria cópia, portanto sendo incompatível o uso e a cópia sob tais regras. Tal entendimento, pelo menos na lei dos EUA, parecia correto: de acordo com o relatório CONTU 40 (substitui a história legislative das mudanças legislativas), "the introduction of a work into a computer memory would ... be a reproduction of the work, one of the exclusive rights of the copyright proprietor". Entretanto, segue o relatório: "Because the placement of a work into a computer is the preparation of a copy, the law should provide that persons in rightful possession of copies of programs be able to use them freely without fear of exposure to copyright liability. Obviously, creators, lessors, licensors, and vendors of copies of programs intend that they be used by their customers, so that rightful users would but rarely need a legal shield against potential copyright problems. It is easy to imagine, however, a situation in which the copyright owner might desire, for good reason or none at all, to force a lawful owner or possessor of a copy to stop using a particular program. One who rightfully possesses a copy of a program, therefore, should be provided with a legal right to copy it to that extent which will permit its use by that possessor. This would include the right to load it into a computer and to prepare archival copies of it to guard against destruction or damage by mechanical or electrical failure. But this permission would not extend to other copies of the program. Thus, one could not, for example, make archival copies of a program and later sell some while retaining some for use. The sale of a copy of a program by a rightful possessor to another must be of all rights in the program, thus creating a new rightful possessor and destroying that status as regards the seller."

[46] E.g. Brooks, Daniel T., "Reverse Engineering Computer Software: is it Fair Use or Plagiarism?" in Computer Software Institute 1986, Practicing Law Institute.

"droit d'auteur" nunca pretendeu regular a concorrência em uma estrutura industrial voltada ao mercado.

Os exemplos mais óbvios de tratamento desbalanceado no uso do direito autoral para proteção de software eram o prazo longo de proteção, a forma de aquisição do direito (na maioria dos países sem necessidade de registro) e a questão de direitos morais.[47]

Prazos maiores de proteção parecem-nos adequados no caso de obras expressivas: fama e reconhecimento normalmente demoram a vir, e o retorno financeiro mais ainda; mas o valor artístico ou literário é eterno. Isto não se aplica a software, pois a tecnologia faz com que programas percam seu valor diariamente, quase a cada hora (pois é a utilidade e não o valor intelectual que reina neste setor).

Proteger um programa por mais de cinqüenta anos, como os tratados aplicáveis aparentemente requerem, é absolutamente irrazoável; seria mais lógico dar um direito perpétuo. O público terá mais proveito das violetas murchas do ano passado do que um programa de mais de um século.

De acordo com a maioria das leis nacionais, por outro lado, obras expressivas se tornam exclusividade dos criadores quando da criação. As demais criações tecnológicas devem ser são reconhecidas como passíveis de proteção por algum órgão estatal antes que a exclusividade seja outorgada ou o exercício dos direitos de propriedade autorizados. O tratamento privilegiado assegurado a criações sujeitas ao direito autoral é explicado pelo fato que para se reconhecer a propriedade não é necessário nenhuma outra exigência que não originalidade (que, no sentido da maioria das leis de direito autoral, significa simplesmente a não cópia).

No caso das demais criações tecnológicas, tanto o cumprimento de exigências mais complexas, como a satisfação de algumas obrigações (como a suficiência descritiva) são imposições anteriores ou simultâneas à proteção. A intervenção do Estado antes da exclusividade é reconhecida como necessária. As teorias da Propriedade Intelectual freqüentemente mencionam o "contrato" entre a Sociedade (representada pelo estado na concessão do direito) e o inventor como razão do monopólio em que se constitui a patente.

A extensão do sistema do sistema do direito autoral na proteção de software proíbe o reconhecimento prévio pelo Estado dos direitos alegados, pelo menos nos países que, consoante a Convenção de Berna, não podem impor qualquer registro ou outra condição no reconhecimento do direito autoral. No caso de produto de tecnologia vendido no mercado, esta propriedade não certificada certamente incentiva a pirata-

---

[47] O Brazil (como o Japão e a França) propôs uma terceira forma de proteção, nem patente nem direito autoral, aproximadamente na forma da Lei Modelo da OMPI emitida nos anos 70. Vide Copyright and software - a marriage of inconvenience, The Copyright Magazine, WIPO, Geneva, June 1988, em http://denisbarbosa.addr.com/34.rtf e New Brazilian Software Proposal, Business Law Review, London, 1985, em http://denisbarbosa.addr.com/173.doc.

ria, diminuindo os níveis de competição e assegurando as vantagens indevidas aos capazes de sustentar custos de honorários e despesas processuais.

Ademais, sob o princípio dos direitos morais, em vigor em várias jurisdições de direito romanístico, cada vez mais nas jurisdições de *common Law*, o detentor de uma obra protegida por direitos autorais pode exercer poderes de retirar um trabalho licenciador de publicação, independente de comprometimentos prévios para comprador ou licenciado.[48] Não nos parece adequado que tal instituição eticamente orientada e humanitária deve ser usada para aumentar o valor comercial de uma produção tecnológica.

A falta de adequação da proteção ao software não se limitou aí: o direito autoral, na sua vertente de criações literárias ou artísticas, não cobre outras necessidades, como, por exemplo, fazer que a tecnologia para qual se busca a proteção seja efetivamente utilizada no país onde a tutela é assegurada, em benefício geral do público.

Sem os meios de obrigar ao proprietário do software de utilizar o produto no país, sob pena, por exemplo, de concessão de licença compulsória, a proteção autoral permitirá alguém a impedir abusivamente o desenvolvimento de um país, ou mesmo a tecnologia para razões médicas, ambientais ou outras razões humanitárias. Ainda, o desenvolvimento de uma indústria local de computação seria posta em perigo se o proprietário estrangeiro de software pudesse evitar as adaptações de bibliotecas existentes ao novo produto de hardware.[49]

Mesmos nos casos raros em que os tratados de direitos autorais aceitem licenças compulsórias, tais preocupações legítimas não são satisfeitas.[50] Os tratados – de Berna e Universal – são, no caso, muito mais uma diretiva que as demais partes da Propriedade Industrial, dando muito menos base para diversidades nacionais ou regionais - somente diferenças mínimas são permitidas na proteção de produtos culturais.

Independente dos limites do sistema de *copyright*, em Julho de 1985, a França – que nos parecia a mais forte protetora do *droit d'auteur* clássico-, introduziu em sua legislação um número de dispositivos visando proteger o *software*. Tal introdução criou direitos exclusivos específicos, bem como a restrição dos direitos morais, um

---

[48] Este direito, reconhecido pela Lei Brasileira, não é determinado pelas regras de Berna. Mesmo no Brasil, requer que a editora seja indenizada por quaisquer danos resultants do exercício deste direito peremptório. A Lei Brasileira de software, entretanto, torna a exceção aos direitos morais de regimes de Direito de Autor e relacionados: Art. 2. O regime para proteção de programas de computador é acordado de obras literárias pelos direitos de autor e relacionados, sendo efetivos na nação, sujeitando-se ao estabelecido nesta lei. § 1. As disposições de direitos morais não se aplicam a programas de computador exceto, a todo tempo, o direito de autor de pleitear a paternidade no programa de computador e o direito do autor se opor as alterações não autorizadas, quando estas implicarem em deformação, mutilação ou outra modificação do programa de computador que afete sua honra ou reputação.

[49] É certo que alguns destas preocupações podem ser cuidados por leis de concorrência e políticas pertinentes.

[50] De acordo com o senso do congresso incluído na Lei Pública No: 98-573 de 1984 "Expresses the sense of Congress that copyright protection is essential for computer software and lack of such protection or the use of other legal protections incorporating compulsory licensing would undermine the computer software industry here and abroad... States that any nation's withdrawal of copyright protection or instigation of broad compulsory licensing of software should be opposed under the Universal Copyright Convention or through other avenues".

prazo menor de proteção estabelecido, e se garantiu a titularidade - em princípio - ao empresário do software e não ao criador.[51] Naturalmente, outros países nos quais a ênfase personalíssima do direito do autor era menos tradicional seguiram este exemplo, incluindo o Brasil, em 1987.[52]

[2] § 5.2. O problema das tecnologias autoduplicativas

Como dissemos no Cap. VI, [1] § 2. - A patente e seu espelho: o segredo:

Tal se dá, por exemplo, na maioria das inovações do campo da mecânica, que é o campo clássico das invenções, e objeto da primeira patente na história. O caso, porém, é especialmente grave quanto às tecnologias autoduplicativas, como as variedades de plantas, certos microorganismos e os programas de computador; em tais casos, à falta de proteção física natural[53] ou artificial, a eficácia do segredo torna-se inexistente a partir do momento em que o público tenha acesso ao espécime que corporifica a tecnologia. Nesses casos, não é necessário *conhecer* para *reproduzir*.

E, em texto anterior:

Um caso particular, e importantíssimo, de tais novos objetos de proteção é o surgimento de tecnologias autoduplicativas - como outra vez o *software*, e os pro-

---

[51] Lei nº 85-680 de 3 de Julho de 1985, Journal Officiel de la République Française de 4 de Julho de 1985, p. 7495.
[52] A solução de autoral brasileira, quando voluntariamente adotada nos EUA e noutros países (mais por velocidade e certeza que por adequação), resultou no caso do Brasil principalmente por indução forte dos EUA, com base em ameaças de retaliação sob a Seção 301 do Ato Comercial de 1984 dos EUA e o pensamento do congresso mencionado. No mesmo mês que a lei Brasileira foi submetida ao congresso (Outubro de 1984) o Presidente dos EUA sancionou a Lei de Comercio e Tarifas. Provavelmente trata-se de uma coincidência com a lei Brasileira, não há dúvidas que a lei visava revogar uma minuta Japonesa não autoral - como de fato o fez – e possivelmente não incentivar soluções sui generis em outros locais. Mas em 7 de Setembro de 1985, o Presidente Reagan anunciou que estava obrigando o início dos procedimentos contra o Brasil com base na Seção 301 da Lei, para verificar políticas de computação do Brasil, incluindo a falta de proteção autoral para software. Não deve ser uma surpresa perceber que em 26 de Agosto de 1986 o CONIN – conselho nacional de informática - disse ao presidente Brasileiro que uma legislação autoral "modificada" seria a forma correta de proteger o software; a proposta do Executivo que chegou ao Congresso brasileiro no fim de Dezembro de 1986 fazia referência à legislação autoral como dando proteção, salvo se não especificado em contrário.
[53] Como já se disse das criações biológicas, mas também poder-se-ía dizer dos programas de computador: "this new object has an objective reproducibility beyond the knowledge: as a rule it is not required to have any information about a seed to obtain a crop. In other words, the ability to reproduce such biotechnological items has nothing to do with technology itself: as living objects they took the reproduction task on themselves". SELA (1987), *op. cit.* De um outro ponto de vista, mas absolutamente correto, diz Dennis S. Karjala, Intellectual Property Rights in Japan and the Protection of Computer Software, in Intellectual..., Westview (1990), *op. cit.*, p. 278: "The future of technological development, however, may lie largely in information that does not instruct, or merely instruct, how to make or use a product; rather, the instruction is itself the product."

dutos da biotecnologia, seja ao nível de microorganismos, seja ao nível de variedades - para as quais a reprodução deixa de ser uma operação intelectual para passar a ser uma operação objetiva.

Para copiar o invento clássico do setor mecânico, o competidor do inventor tinha que reproduzir, intelectualmente, a solução técnica, a partir do relatório descritivo da patente, ou por meio da engenharia reversa. O programa de computador, porém copia-se a si mesmo, como o objeto biológico, microorganismo ou cultivar, que se reproduz sozinho.

O compromisso tradicional da proteção às tecnologias - a divulgação do *conhecimento*, dado a todos, pela exclusividade de reprodução, reservado ao titular da patente ou direito autoral - torna-se inoperante. Muitas de tais criações, além disto, são irredutíveis aos meios de divulgação tradicional - um microorganismo não é, quase nunca, suscetível de descrição.[54]

Discutindo o efeito de TRIPs sobre tais tipos de tecnologias, também dissemos:[55]

The *memes* generation

It is said that Richard Dawkins created the notion of *memes*,[56] self-replicating, patterns of information which propagate themselves across the ecologies of mind. The similar notion turned to be a very important issue in Intellectual Property Law: the new objects of protection, either natural or sprouting out of self-replicating technologies brought to the consumer level. Software and the products of the biotechnology, either microorganisms, or plant varieties[57] are intuitive

---

54 Uma Introdução à Propriedade Intelectual, 1ª ed. vol. I, Lumen Juris, 1996.
55 BARBOSA, Denis Borges. Counting Ten for TRIPs: Author Rights and Access to Information - A Cockroach's View of Encroachment (November 4, 2005). Available at SSRN: http://ssrn.com/abstract=84256.
56 [Nota do Original] This is the very seductive version of the "self-replicating" issue, as stated by John Perry Barlow in his Selling Wine Without Bottles, The Economy of Mind on the Global Net "Stewart Brand is generally credited with this elegant statement of the obvious, recognizing both the natural desire of secrets to be told and the fact that they might be capable of possessing something like a "desire" in the first place. English Biologist and Philosopher Richard Dawkins proposed the idea of "memes," self-replicating, patterns of information which propagate themselves across the ecologies of mind, saying they were like life forms. I believe they are life forms in every respect but a basis in the carbon atom. They self-reproduce, they interact with their surroundings and adapt to them, they mutate, they persist. Like any other life form they evolve to fill the possibility spaces of their local environments, which are, in this case the surrounding belief systems and cultures of their hosts, namely, us. Indeed, the sociobiologists like Dawkins make a plausible case that carbon-based life forms are information as well, that, as the chicken is an egg's way of making another egg, the entire biological spectacle is just the DNA molecule's means of copying out more information strings exactly like itself.", found at http://www.eff.org/IP/archive.php?f=idea_economy.article.txt
57 [Nota do Original] "Unlike other types of inventions, an intellectual property interest embodied in seed is self-replicating. This makes protection under trade secret law difficult because seeds can be acquired legally, genetically analyzed, and replicated indefinitely". Michael T. Roberts, J. E. M.Ag Supply, Inc.v. Pioneer Hi-Bred International,Inc. Its Meaning and Significance for the Agricultural Community, found at www.nationalaglawcenter.org/ assets/articles/roberts_jem.pdf.

examples, for which the reproduction ceases being an intellectual operation to become an objective operation.

For some objects there is objective reproducibility beyond the knowledge or talent: as a rule it is not required to have any information about a seed to obtain a crop. In other words as living objects, they took the reproduction task on themselves.

To copy an invent of the mechanical sector (or a Gothic Cathedral, or a sculptory masterpiece), the competitor of the inventor had to reproduce, intellectually, the technical solution, from the descriptive report of the patent, or by means of reverse engineering, and that requires investment and knowledge. The copyist of a painter or sculptor had to display talent, even though of a distinct fashion. And for inventions and works of intellect were protected till then for the natural or legal-created scarcity of information-value they convey, which required ingenuity, time or money to produce.

But the new technology transferred the same self-reproducing property to some technology-affected expressive works or information technology items. The computer program, the phonogram after the diffusion of easy tape recording, or the audiovisual works after Betamax, are in this sense enabled to self-copying,[58] as it is the biological object, microorganism or plant variety, which multiplies by themselves. The barrier of knowledge, investment and talent disappears and anyone can copy. All people become Gutenberg,

The reproducibility issue acts on the two sides of the Intellectual Property equation. For some self-reproducing objects the traditional commitment of the protection to the technologies - the spreading of the knowledge, given to all, for the exclusiveness of reproduction, reserved to the bearer of the patent - becomes inoperative. Many of such creations, moreover, are irreducible to the ways of traditional knowledge-spreading - a microorganism is not, almost ever, susceptible of written description.

The same question conditions also the flow of physical goods. Once the information that would enable any qualified manufacturer to reproduce the item is available in the state of art (including the teachings of respective patent itself), there would not be any reason to restrain the exportation of a product even to those countries where the patent was not issued. But the holder of a technology not susceptible to turn into the state of art by an easily obtained, written description tends to restrain exports.

Despite the various issues resulting from this curious phenomenon,[59] the most relevant aspect of bringing reproductive technology to the consumer market is the need to go further the old exhaustion of rights doctrine.

---

58 [Nota do Original] Not in the same sense that a computer virus self-reproduces, but under the same general principle that for copying the humane intellectual exercise is dispensed with.

59 [Nota do Original] See as to the self-replicating hardware idea, as a means to lower costs of manufacturing, Ralph C. Merkle, Self replicating systems and low cost manufacturing, http://www.zyvex.com/nano-

[2] § 5.3. Os interesses confrontantes em matéria de software

De outro lado, o equilíbrio de interesses no caso do *software* parece ser um pouco diverso do que ocorre no caso das patentes destinadas aos setores tradicionais. De um lado, há a necessidade:

[a] de promover a criação do *software* e a sua publicação;
[b] a necessidade de promover a competição, pela entrada e convivência de novas empresas produtoras e distribuidoras no mercado;
[c] a necessidade de promover a pesquisa e a inovação (o que se distingue da atividade de elaborar programas);
[d] a necessidade de promover a educação, inclusive a familiarização da sociedade com a informática - *computer literacy*;
[e] a necessidade de incentivar o uso pessoal e personalizado da tecnologia, com o atendimento de demandas localizadas e específicas, que será possivelmente o modelo característico dos futuros sistemas de organização da sociedade.

Estes interesses visam, em geral, o aumento de produtividade e de eficiência, o estímulo à inovação e à diversidade.[60] No caso específico dos países em desenvolvimento, ressalta sobre isto o acesso aos bens essenciais para a sobrevivência e a fruição dos direitos econômicos e sociais, essenciais para a manutenção da dignidade.

A importância das economias em desenvolvimento para o mercado específico de *software*, seja como produtoras, seja como consumidoras, parece ser bastante pequeno. Assim sendo, o estímulo à padronização e desenvolvimento imitativo nos países em desenvolvimento podem ser também objetivos compatíveis com aqueles objetivos gerais, desde que, de um lado, auxiliem decididamente na progressiva incorporação das economias em questão numa sociedade globalmente igualitária, e de outro, não afetem de forma decisiva a capacidade inovadora das economias centrais.

Pois a engenharia reversa[61] pode ser um mecanismo de acesso a tais propósitos:[62] se a legislação facilita sua prática, ela tende a promover a competição imitativa e o

---

tech/selfRepNATO.html .Tamar Frankel, on the other hand, proposes that Law itself is self-replicating, see Symposium On The Internet And Legal Theory: The Internet, Securities Regulation, and Theory Of Law, 73 Chi.-Kent. L. Rev. 1319 (1998).

60 [Nota do Original] Duncan M. Davidson, *op. cit.*, p. 103.
61 No dizer de SANTOS, Manoel J. Pereira dos, Software: Acesso Ao Código Fonte e Transferência de Tecnologia, in NERO, Patrícia Aurélia del, (Org.) Propriedade Intelectual e Transferência de Tecnologia, Editora Fórum, 2010, "Engenharia reversa é um termo genérico que designa os atos destinados a obter, a partir de um produto acabado, o processo de desenvolvimento e elaboração do mesmo, isto é, a descoberta dos conhecimentos técnicos aplicados pelo desenvolvedor do produto originário"
62 Duncan M. Davidson, *op. cit.*, p. 102: "since software does not fit current reverse engineering policies, fit the policies to software; (...) consider reverse engineering policy a lever to turn up or down wealth/creation."

rebaixamento de preços; se proíbe sua prática, a tendência é pela diferenciação dos produtos, pela dificuldade de compatibilização e pelo reforço do poder de mercado dos grandes produtores internacionais. No episódio atual da economia brasileira, assim, parece que a opção nacional só pode ser pela primeira alternativa.

[2] § 6. A política pública na proteção do software

Num estudo já de 20 anos, a proteção para o *software* já existia na maior parte das legislações, inclusive, na brasileira. Em avaliação do estado do direito nos 43 principais países do mundo,[63] verificou-se que em todos havia algum nível de aplicação da lei autoral. O urgente interesse comercial, principalmente americano, e a necessidade de segurança das relações jurídicas que ditaram o caminho autoral mais do que a conveniência e a oportunidade nacional.

A adequabilidade do uso dos direitos autorais para proteção das tecnologias foi tanto apoiada[64] quanto contestada ardorosamente,[65] em especial porque o sistema do direito autoral difere significativamente dos sistemas dedicados até agora a tal tarefa, como, por exemplo, o sistema de patentes.[66]

---

[63] KEPLINGER, M.S. International Protection for Computer Programs. Computer Software, PLI, 1989.

[64] BITTAR, Carlos Alberto, Computação e Direito. Enquadramento do Hardware e do Software no Plano dos Direitos Intelectuais, RT, 56:9-20, nov. 1988, e Proteção do Software pelo Direito do Autor, O Estado de S. Paulo, 19.07.87; CHAVES, Antônio, Aspectos Jurídicos da Juscibernética - Direito do Autor do Programador, Revista Forense, 290:123-136, jun. 1985; Na obra A Proteção Jurídica do Software, Rio de Janeiro, 1985: AMARAL, Cláudio de Souza e VIANNA, Márcio Correia, O Software: sua Natureza Jurídica, Brasília, 1985; GOMES, Orlando A Proteção dos Programas de Computador, ASCENSÃO, José Oliveira Programa de Computador e Direito Autoral, LOBO, Carlos Augusto da Silveira, A Proteção Jurídica dos Programas de Computador; WALD, Arnold, Da Natureza Jurídica do Software, Revista de Informação Legislativa, 87:405-428, jul.-set. 1985; RODRIGUES, Adriana Camargo, Proteção Jurídica do Software, Revista de Informação Legislativa, 23:449-469, jan.-mar. 1986.

[65] Para os que se opunham à proteção autoral, veja-se TINOCO SOARES, José Carlos, Proteção dos Programas de Computadores, RDM, 17:39-44, 197; BARBOSA, Denis Barbosa Software and Copyright: A Marriage of Inconvenience. Copyright Magazine. Genebra, WIPO, july, 1988, BARBOSA, Denis Barbosa Software, Marjoram & Rosemary. A Brazilian Experience. WIPO's Regional Forum on the Impact of Emerging Technologies. Montevideo, Doc. WIPO/FT/MVD/89/7, 1989; BARBOSA, Denis Barbosa Anais do Seminário Internacional sobre a Proteção Jurídica do Software. MRE, jul., 1984; BARBOSA, Denis Barbosa Developing New Technologies: A Changing Intellectual Property System. Policy Options for Latin America. SELA, 1987; BARBOSA, Denis Barbosa (Protection: A New Brazilian Proposal. Business Law Review. Londres, july., 1987. BRASCOMB, A.W. Protecting the Crown Jewels of the Information Economy. In: Intellectual Property Rights in Science, Technology and Economic Performance. Westview, 1990, dizia à época que, não obstante a aparente pacificação da matéria após a modificação legislativa ocorrida em grande número de países, continuava a grassar a dúvida quanto à real adequabilidade do modelo do direito autoral à tecnologia.Autores alvitravam a utilização dos mecanismos do enriquecimento em causa ao invés do copyright; REBACK, G. & HAYES, D. The Computer Lawyer, 3(4), apr 1986.

[66] Segundo Hermitte (1987:249): "Qu'il s'agisse des logiciels d'ordinateurs, introduits dans le droit d'auteur ou des micro-organismes désormais brevetables dans la plupart des pays industriels, la protection existe, mais les modalités de son exercice ne semblent pas lui conférer l'efficacité qui devrait être la sienne. On commence d'ailleurs à enregistrer les premiers signes de désappointement".

O sistema de patentes representa uma fórmula de equilíbrio de interesse consagrada, um compromisso básico entre os interesses da comunidade e do produtor da tecnologia, sob pena de não ser favorável nem para um nem para outra.[67] Tal compromisso não existe no tocante aos direitos autorais, especialmente nos sistemas jurídicos que seguem a tradição francesa ou alemã, com sua ênfase na personalidade do criador; mas até mesmo no sistema americano tais inconveniências se fizeram evidentes.[68]

Ainda hoje, o regime específico, centrado numa estrutura análoga ao do direito de autor, se mantém insatisfatório:[69]

> Por outro lado, o Direito Autoral propicia uma proteção limitada às obras utilitárias, não oferecendo um tratamento legal adequado às criações meramente funcionais, onde o interesse do autor está em resguardar as inovações técnicas implementadas bem como os recursos que visam reforçar a aceitação do produto e garantir sua participação no mercado consumidor, como ocorre genericamente com as linguagens específicas do programa (linguagens de usuário) e as especificações de interface.[70]

Na verdade, o grande dilema da proteção autoral é que ela reprime a apropriação ilícita da forma de expressão, enquanto o que, no fundo, precisa de tutela legal em matéria de programa de computador é o processo ou método implementado, independentemente da forma expressiva.[71] Em outras palavras, a questão envol-

---

67 Um sumário destes problemas pode ser lido em BARBOSA, Denis Barbosa Software and Copyright: A Marriage of Inconvenience. Copyright Magazine. Genebra, WIPO, july, 1988: "copyright does not fully satisfy the legitimate interests of the software developer to the extent that protection only covers actual copying. Use of software in the computers is also a major concern for the developers, especially in times when sharing of equipment resources and system linkages make it possible to multiple users to take economic profit from one copy of a program. Furthermore, using the basic concepts of a program to create new programs does not infringe the principle that copyright covers expressions and not ideas. Other very important issue is reverse engineering. Again the notion that copyright covers expression, not ideas, leads naturally to the conclusion that anyone can extract the ideas of a program without infringing any law. This question may show to be especially important in some kinds of software, even considering that, for some authors, it is impossible to reverse engineer something without copying, decompiling, disassembling or performing the program, therefore without infringing the copyright attached to it."

68 BRASCOMB, A.W. Protecting the Crown Jewels of the Information Economy. In: Intellectual Property Rights in Science, Technology and Economic Performance. Westview, 1990:50) confirma este ponto: "The Office of Technology Assessment of the US Congress has reported that copyright law provides unsatisfactory protection for computer software (in Intellectual Property Rights in an Age of Electronics and Information (1986), p. 81) (...) Professor Pamela Samuelson, who has written extensively about the legal aspects of computer software, observes: 'It should have been obvious that when Congress decided to put software into its copyright system - a body of law whose most fundamental tenet is the no protection of technologies - that there would be considerably difficulty in integrating software in that system (Reflections on the State of American Software Copyright Law and the Perils of Teaching It, Law and the Arts, v. 13, fall 1988, p. 72-73)".

69 SANTOS, Manoel J. Pereira dos, Objeto e Limites da Proteção Autoral de Programas de Computador, tese de doutorado defendida em agosto de 2003 na Faculdade de Direito da USP, publicada como A Proteção Autoral de Programas de Computador, Lumen Juris, 2008.

70 [Nota do Original] Vide Goldstein, Paul. Keynote..., p. 241.

71 [Nota do Original] Vide SOMA, John T. Computer technology and the law, p. 38.

ve a proteção da tecnologia e dos investimentos realizados contra atos não só de reprodução, mas acima de tudo de imitação, uma vez que programas não apenas descrevem um processo ou método, mas o implementam e o usuário é conquistado não só pelo que o programa faz, mas sobretudo pelo "como faz" (o chamado "comportamento").[72] Daí resulta a necessidade de defender o programa-paradigma contra o clone e não apenas contra o simples plagiador.

É até um truísmo dizer que o sistema de proteção do *software* deve assegurar benefícios à evolução tecnológica do país equivalentes aos que o sistema de patentes prevê.

A disfunção apareceu no tratamento da proteção autoral do *software* pelos tribunais, principalmente os americanos que - com a responsabilidade de tutelar o desenvolvimento de uma das mais importantes indústrias de seu país, empenham-se em ir "lambendo o parafuso do *copyright* com vistas a fazê-lo prego" - ou melhor, uma proteção eficaz e equilibrada.[73]

Seção [3] A proteção mediante o regime da Lei 9.609/98

A proteção do *software* é feita por regime específico, típico dos *programas de computador,* a qual segue, em parte, o da Lei 9.610/98, que protege no Brasil os Direitos Autorais.

No entanto, com as muitas alterações introduzidas pela Lei 9.609/98 – a chamada Lei do *software* -, e a natureza claramente tecnológica dos programas de computador, inegavelmente estamos, na Lei em vigor, na presença de uma modalidade diversa do direito autoral padrão.[74]

---

72 [Nota do Original] Vide NIMMER, Raymond T. *Op. cit.,* p. 1-10; SAMUELSON, Pamela, DAVIS, Randall; KAPOR, Mitchell; REICHMANN, J. H. *Op. cit.,* p. 2430.

73 No entendimento de MILLÉ, A., The Development of Legal Thinking on Copyright Protection of Software. The Copyright Bulletin, XXII(4) 1989, estes já são os temas da terceira geração do pensamento jurídico sobre a proteção jurídica do software. A definição da impropriedade do regime autoral para a proteção do software foi definitivamente exposta por SAMUELSON, Pamela, DAVIS, Randall, KAPOR, Mitchell D., Reichman, Jerome H., A manifesto concerning the legal protection of computer programs, 94 Colum. L. Rev. 2308 (1994). A atualidade de tal análise é igualmente sustentada por Lipton, Jacqueline D., Revisiting the Manifesto and Rolling Back Computer Software Copyrights (August 17, 2005). Case Legal Studies Research Paper No. 05-28. Available at SSRN: http://ssrn.com/abstract=785105.

74 Nossa primeira lei especial foi a 7.646 de 1987. Vide, para os autores anteriores à primeira lei brasileira de software, BAPTISTA, Luiz Olavo. A proteção dos programas de computador em direito comparado e internacional. Rio de Janeiro: Revista Forense, Vol 293, p. 121, e AMARAL, Cláudio de Souza. A aplicabilidade do direito autoral à proteção software. Rio de Janeiro: Revista Forense, Vol. 290, p. 41. Par uma visão mais recente, SOUZA, Márcia Cristina Pereira. Proteção jurídica do software. Encontrada no sítio da Justiça Federal: http://www.cjf.gov.br/revista/numero3/artigo18.htm, acessado em 19.10.2006; SANTOS, Daison Fabrício Zilli dos. A propriedade intelectual dos programas de computador. Monografia para obtenção do título de bacharel em Direito, Florianópolis, Universidade Federal de Santa Catarina, 1997. SICCA, Gerson dos Santos. A proteção da propriedade intelectual dos programas de computador. Encontrada no site do Senado: http://www.senado.gov.br/web/cegraf/ril/Pdf/pdf_142/r142-02.PDF, acessado em 19.10.2006.

Já afirmamos, em trabalho anterior,[75] a convicção de que o software seria uma das "criações industriais" a que se refere o art. 5º, XXIX da Carta, sendo assim excluído da regulação constitucional genérica dos direitos autorais.

Mesmo sob tais adaptações, o regime autoral não parece oferecer um equilíbrio adequado de interesses:

"Copyright does not fully satisfy the legitimate interests of the *software* developer to the extent that protection only covers actual copying. (...)
Furthermore, using the basic concepts of a program to create new programs does not infringe the principle that copyright covers expressions and not ideas.
Other very important issue is reverse engineering. Again the notion that copyright covers expression, not ideas, leads naturally to the conclusion that anyone can extract the ideas of a program without infringing any law. This question may show to be especially important in some kinds of *software*, even considering that, for some authors, it is impossible to reverse engineer something without copying, decompiling, disassembling or performing the program, therefore without infringing the copyright attached to it"[76]

Vejamos, a seguir, algumas das causas dessa dificuldade.[77]

---

75 BARBOSA, Denis Borges, Direitos Autorais e Software, (Cadernos de Direito IBMEC), Lumen Juris, 2003.
76 BARBOSA, Denis Borges, Soporte Logico, la Mejorana y el Romero: Una Experiencia Brasileña. Anales del Forum Regional de Montevideo. Organizacíon Mundial de la Propriedad Intelectual. Genebra 1990: "Copyright não satisfaz completamente a legitimidade de interesses de desenvolvedores de software, ao estender a proteção apenas sobre a copia atual (...) Além disso, usando os conceitos básicos do programa para criar novos programas não infringe o princípio de que o copyright protege expressões e não idéias. Outro importante capítulo é a engenharia reversa. Outra vez a noção de copyright protege expressões, não idéias, levando naturalmente à conclusão de que qualquer um pode extrair as idéias de um programa sem infringir nenhuma lei. Esta questão mostra-se bastante importante em alguns casos de software, mesmo considerando que, para alguns autores, é impossível a realização de engenharia reversa sem copiar, desconstituir, desmontar, ou realizar o programa, sem, desta forma, infringir os direitos".
77 ARANTES, Antonio, To: pibrasil@yahoogrupos.com.br, Subject: PI_Brasil patentes de software, Date: 4/5/2005 "O entendimento de que o direito autoral seria inadequado à proteção da funcionalidade do programa e da sua interação com o usuário, uma vez que protege a expressão da idéia e não a idéia propriamente dita, se consolidou a nível internacional[2] especialmente após os anos 90, o que explica porque a proteção patentária tem se expandindo significativamente a nível internacional. No Brasil não há muitas decisões judiciais a respeito. A Sinclair moveu em 1983 uma ação ordinária contra Microdigital alegando que o produto NEZ 80 violava os direitos autorais da empresa inglesa que desde março de 1980 comercializava os microcomputadores ZX81. Quanto ao firmware, o tribunal entendeu que como um programa gravado em ROM não permite que seu conteúdo seja alterável, que se caracteriza de um conversor de código, sendo componente fixo do hardware, não seria sujeito a proteção do direito do autor, mas ao Código de Propriedade Industrial. Decisões de violação de direito autoral mostram a fragilidade da proteção, na medida em que a violação torna-se mais clara apenas quando caracterizada a cópia idêntica de trechos significativos do código fonte. No caso Microsoft v. Prológica de 1990, a Microsoft acionou a Prológica, por ter lançado um programa (SO-16) similar ao MS-DOS onde haveriam trechos idênticos ao original. Em 2000 no caso Miracula v. Planeta Compras a empresa foi acusada de cópia das disposições das páginas e estrutura dos códigos fontes. Avisos e partes do código ainda mantém o nome OneClick que era marca da Miracula quando suas paginas e programas foram escritos. Esta é tida como a primeira decisão de pirataria de software utilizado em páginas da internet e foram necessários apenas três meses desde o início do caso, emissão de laudo técnico e decisão".

[3] § 0.1. O modelo brasileiro

No caso brasileiro, a assimilação da proteção do *software* através de um regime específico, com fundamentos na estrutura do direito autoral, resultou, no direito interno, diretamente das pressões bilaterais americanas.[78]

[3] § 0.1. (A) Um pouco de folclore

Hábil, sinuoso, deleitando-se com conciliar os incompatíveis, José Hugo [Castelo Branco], porém, se alinhava sem vacilar nos momentos extremos. Desinteressado em informática e suas guerras nacionalistas, me pôs como seu assessor no Conselho Nacional de Informática e Automação. Era um coliseu onde se sentavam dezesseis ministros e representantes de tudo que é interesse, para tentar fazer política nas coisas de computador, amigos e simpatizantes.

Uma das controvérsias em curso era a proteção do *software*. Direito autoral seria o escolhido, como queriam os Estados Unidos? Ou um novo esquema especial de proteção, como sugerido na França e no Japão? José Hugo nem se importava com o tema, mas perguntava o que tinha de votar.

Assim aconteceu na reunião do CONIN, em 26 de agosto de 1986. Um dia antes, o embaixador Sebastião de Rego Barros e eu, participando no Riocentro de um

---

[78] "Brazil, Japan and France could never have the legislation of their choosing; WIPO put aside its proposals of a 'middle way' form of protection. After spending some time brooding over MITI's proposal, Japan enacted (in 1985) an amendment to her regular copyright law, which falls into line with the legislation of other developed countries. By July, 1985, France appeared to do the same, introducing in her copyright law a set of provision designed to protect software. A new right of use plus right of copy set of rules was contrived, 'moral rights' were abolished, a shorter term of protection was introduced and the property was granted in principle to the software entrepreneur and not to the software creator. This approach meant a straight denial of all French legal tradition concerning the 'droit d'auteur'. By the same time, a WIPO meeting on the protection of software was dismissed on the conclusion that there was nothing to discuss as copyright protection was deemed to be, for the time, a reasonable answer. It seems to be a curious coincidence that before all those changes of mind and on the same month the Brazilian bill was submitted to the Congress (October, 1984) the US President sanctioned into law the new Trade and Tariff Act, one of the titles of which contains a 'sense of the Congress' stating formally that all countries should adopt the copyright system to protect software lest they should be the target of severe US retaliations. If it is probably a real coincidence face to the of the Brazilian bill, no doubt whatsoever exists that the Act was intended to preemptively strike the Japanese MITI's draft, as it actually did, and possibly to disincentive sui generis solutions elsewhere. But on September 07, 1985, President Reagan announced he was ordering the commencement of proceedings against Brazil on the basis of Section 301 of the Act, to check on the Brazilian computer policies, including the lack of copyright protection for software. It will not be possibly a surprise to notice that, on August 26, 1986 the Brazilian National Council of Informatics (CONIN) a cabinet level advisory group, told the President of Brazil that a "modified" copyright legislation was the correct way of protecting software; the Executive proposal that reached the Brazilian Congress late December 1986 made references to the copyright law as providing the grounds for the protection, otherwise unspecified" (BARBOSA, Denis Borges. Soporte Logico, la Mejorana y el Romero: Una Experiencia Brasileña.. Anales Del Forum Regional de Montevideo Ompi, Genebra, 1990.).

seminário nacional sobre a questão, tínhamos dito em concordância que a adoção de um regime específico para o *software* era a solução acertada para o país. De volta a Brasília, tive minha reunião de sempre pré-CONIN. José Hugo informou-se e repetiu várias vezes a expressão *"tertius genus"* - nem direito autoral, nem patente, mas um regime especial. Não ia perder o seu latim. Era sempre o primeiro a votar, e não queria fazer feio.

Na solene sessão da manhã de 26 de agosto, doze Ministros de Estado presentes, surge um ajudante de ordens do Presidente da República, com documento sigiloso, que repassa, sem entregar, a cada um dos titulares, no instante exato da votação. Sentado logo atrás de José Hugo, não consegui ver o escrito, além de um "ultra-secreto" carimbado em vermelho no alto do papel. Ao iniciar-se a tomada de votos, o Ministro da Indústria e Comércio, para surpresa absoluta dos representantes da empresa privada nacional, e muito maior espanto meu, pronunciou-se pela adoção do direito autoral - o que resultou na Lei 7.646/87.[79]

[3] § 0.2. Uma campanha política

Apesar do amplo debate que precedeu a elaboração da primeira lei brasileira de *software*,[80] muito pouco dela resultou - em especial no tocante a suas disposições rela-

---

[79] BARBOSA, Denis Borges, Uma Geometria sem Vértices, 2004.
[80] "From 1979 on, Brazilian Government, universities, incipient local computer industries, specialized workers and the legal circles have extensively discussed what steps should be taken to incentive local creation of computer software and general availability of foreign software products. In this period the establishment of a locally controlled computer industry was a major objective both of Government, including the military, and the nation's intellectual classes; the interest aroused by such discussions cannot be exaggerated. Literally hundreds of seminars, courses, working groups and congresses brought the theme to the knowledge of high school students, military officers, would-be investors and the like. Very soon, the issue of legal protection of software emerged as one of the most important aspects of the discussion. Should software creations be protected at all? University people felt that software, like scientific discoveries, should be open to all. If legal protection was necessary, what system should be chosen? Officials from the Brazilian Patent Office supported the argument that, waiting for the time where a universally accepted method of protection was found, the rules applied to transfer of technology contracts should be extended to software, which should therefore enjoy from a protection comparable to that granted to trade secrets or know how. Alternatively, the Patent Office proposed to regulate at once the tax, exchange and foreign investment aspects of software imports. Other parties suggested the granting of special patents (a provision of the Patent Law denying protection to 'systems' was deemed to prevent the issuing of regular patents). Many computer specialists and lawyers advanced the use of a special kind of protection, neither patent nor copyright, but a new specific system that should correspond to the unique problems brought by the software creations. A bill was introduced in Congress in 1984 providing for an example of such sui generis protection; but the sending of the Government Software bill the following year prevented it from ever being voted. On the other hand, copyright protection found initially more opponents than supporters. Being the system of protection most frequently identified with the interests of foreign software producers, a feeling grew in some circles that the other methods could possibly be more favorable to help the domestic interests. In such a context, the Nationalistic undertones of the matter are easily emphasized" (BARBOSA, Denis Borges. Soporte Logico, la Mejorana y el Romero: Una Experiencia Brasileña.. Anales Del Forum Regional de Montevideo Ompi, Genebra, 1990.).

tivas à propriedade intelectual - em termos de diretrizes a longo prazo para uma política industrial para o setor. O problema, como ocorre em todos os segmentos do direito da propriedade intelectual, é encontrar o ponto certo de proteção, correto do ponto de vista da política econômica global, compatível com as exigências técnicas e, principalmente, adequado às limitações de uma economia como a brasileira.

Na fase inicial da proteção legal do *software* no Brasil, o regime legal do setor de informática era o da reserva de mercado.[81] O regime da nossa primeira lei, Lei 7.646/87, assim complementava tal sistema, através de restrições acesso ao mercado interno de *softwares* de origem estrangeira.[82]

A validade e eficácia de quaisquer negócios jurídicos, aí obviamente incluídos os contratos de desenvolvimento de obra intelectual, de encomenda de *software*, etc., ficava sujeita ao *cadastramento* do programa na forma da lei federal.[83]

Disse Georges Fischer:

"O cadastramento é pré-requisito para a validade e eficácia de quaisquer negócios jurídicos relacionados programas de computador e para a produção de efeitos legais e cambiais e legitimação de pagamentos créditos ou remessas correspondentes, quando for o caso."[84]

Claro, assim, ficava claro o alcance do cadastramento da Lei 7.646/87 em relação aos negócios jurídicos relativos a programas de computador: condição de acesso às atividades de comercialização, e também pressuposto de eficácia e de validade no tocante a quaisquer negócios jurídicos concernentes aos mesmos programas.

Dois fatores colaboraram, desde o início, para diminuir a eficácia de um oligopólio legal no setor de informática. Em primeiro lugar, a dificuldade - enfim demonstrada - de sustentar, a longo prazo, as restrições de mercado num sistema econômico que

---

[81] BARBOSA, Denis Borges, Anais do Seminário Internacional sobre a Proteção Jurídica do Software. MRE, jul. 1984, p. 391.

[82] Tal se dava através do "cadastramento" dos softwares a serem comercializados no mercado nacional, previsto pelo art. 8º da Lei 7.646/ 87: Art. 8º. - Para a comercialização de que trata o art. 1º. desta Lei, fica obrigatório o prévio cadastramento do programa ou conjunto de programas de computador, pela Secretaria Especial de Informática - SEI, que os classificará em diferentes categorias, conforme sejam desenvolvidos no País ou no exterior, em associação ou não entre empresas não nacionais e nacionais, definidas estas pelo art. 12 da Lei nº 7.232, de 29 de outubro de 1984, e art. 1º do Decreto-Lei nº 2.203, de 27 de dezembro de 1984

[83] Quanto ao ponto, vale citar nosso Situacíon de la Legislacíon de Propiedad Intelectual en Brasil, Revista de Derecho Industrial, Buenos Aires, Dezembro de 1991: "A tendência que acabou por prevalecer - com base, aliás, em pré-projeto do qual o autor participou na elaboração - foi de aplicar às importações de software estrangeiro o exame de similaridade que, de suas raízes aduaneiras, veio a se implantar também no campo da importação de tecnologia desde a década de 70'. Base deste exame é a noção de equivalência funcional, constante do Art. 10 da Lei 7.646, que engloba a originalidade do programa, a identidade de características de desempenho e similaridade de equipamento e de ambiente de processamento; o software nacional funcionalmente equivalente barra a entrada do estrangeiro".

[84] FISCHER, George, in Anais do Fórum Internacional de Proteção Jurídica do Software e sua Comercialização no Brasil, S. Paulo, 1988. CERQUEIRA, Tarcísio Queiroz, Software, Direito Autoral e Contratos, ADCOAS, 1993, p. 131.

se quer de livre mercado[85] Em segundo lugar, a concentração e a velocidade das evoluções tecnológicas no setor (elementos que interessam mais diretamente ao país).

A organização do mercado interno brasileiro, através do instrumento essencial que foi a reserva de mercado, tinha que ser reforçada pela estruturação das relações de propriedade sobre o *software*, de forma a corrigir os efeitos dessa concentração e velocidade da técnica no domínio da informática. Em outras palavras, a lei que pretender proteger o *software* segundo o interesse nacional deveria levar em conta que a produção local não é e nunca poderá ser equivalente à do mercado internacional e que a reserva de mercado, por si só, não poderia corrigir este problema.

Por outro lado, como os recursos mais modernos da informática são essenciais para uma indústria voltada para a exportação, a proteção ao *software* deve favorecer os interesses dos produtores mais avançados, na proporção em que propicia transferência de tecnologia para o Brasil de forma ordeira e segura.

[3] § 0.3. Das relações da lei autoral com a lei de software

O elemento básico de conexão entre as duas normativas se acha num dispositivo da Lei 9.609/98:

Art. 2º O regime de proteção à propriedade intelectual de programa de computador é o conferido às obras literárias pela legislação de direitos autorais e conexos vigentes no País, observado o disposto nesta Lei.

Realiza-se, desta forma, o mandato conferido pelo art. 10 de TRIPs. Veja-se, a este respeito, a seção acima sobre o direito internacional aplicável aos programas de computador.

Por sua vez a lei autoral assim se refere aos programas de computador:

---

[85] BARBOSA, Denis Borges, Situacíon de la Legislacíon de Propiedad Intelectual en Brasil, Revista de Derecho Industrial, Buenos Aires, Dezembro de 1991: "Na prática, a idéia do exame de similaridade se mostrou inoperante. Com a pulsilaminidade demonstrada já desde o Governo anterior perante as pressões dos Estados Unidos, em particular do escritório do U.S. Trade Representative, tanto a Secretaria Especial de Informática quanto, em segundo grau, o Conselho Nacional de Informática e Automação, tinham deixado de reconhecer a equivalência funcional de produtos brasileiros mesmo em situações em que isto seria um imperativo técnico inescapável. Ou seja, injunções políticas ocasionais impediram o correto funcionamento do mecanismo que, dentro do desígnio legal, serviria para controlar adequadamente o fluxo de software estrangeiro para o mercado nacional. A convicção dos que apoiavam o modelo da similaridade era exatamente que a ductibilidade política da similaridade levaria a um maior equilíbrio nas decisões, considerados todos os interesses em jogo; mas a postura fragilizada dos últimos dois Governos brasileiros, em desacordo com os padrões de independência e responsabilidade mantidos pela Política Externa do Páis pelos vinte cinco anos precedentes, impediu que se fizesse o julgamento ponderado que se esperava. Os fatos deram razão, assim, aos defensores da tese oposta ao exame de similaridade, especialmente à ASSESPRO, associação das empresas nacionais produtoras de software. Para a entidade, ao invés de uma exame de equivalência funcional, caberia mais a imposição de ônus tributário, que assegurasse uma vantagem ao produtor nacional, sem vedar o acesso ao software estrangeiro".

Art. 7º São obras intelectuais protegidas as criações do espírito, expressas por qualquer meio ou fixadas em qualquer suporte, tangível ou intangível, conhecido ou que se invente no futuro, tais como: (...)
XII - os programas de computador; (...)
§ 1º Os programas de computador são objeto de legislação específica, observadas as disposições desta Lei que lhes sejam aplicáveis.

Da primeira norma se depreende que:

[1] Dentre os regimes possíveis de proteção exclusiva para os programas de computador, a lei brasileira escolheu o conferido às obras literárias pela legislação de direitos autorais e conexos vigentes no País;
[2] no entanto, não é o regime *da Lei 9.610/98*, mas aquele que, tomando por base tal norma (e demais legislação aplicável aos direitos autorais e conexos vigentes) sofrer as modificações *específicas* da lei própria. Vale dizer, é um regime específico que toma, naquilo que não é excluído pela especificidade, a legislação autoral como *direito comum*.

Como já se viu neste Capítulo, em [1] § 3. A previsão constitucional da proteção do software por regime próprio, mesmo esse recurso ao plano geral da legislação autoral é intermediado por uma vetorização constitucional diversa daquela que apóia a construção do regime geral. Tudo se passa como se o regime geral, aplicado a sua esfera própria, funciona como um filme em preto e branco, enquanto que a iluminação constitucional provinda do art. 5º, XXIX, ilumina com colorido diverso. È outro filme.[86]

[3] § 0.3. (A) Especial e geral

Como notamos no Cap. I, [8] § 2. - Propriedade Intelectual como *jus specialis*,

---

[86] ASCENSÃO, José de Oliveira, Direito da Internet e da Sociedade da Informação, Rio de Janeiro: Forense, 2002, p. 53, falando do Projeto de Substitutivo da Lei de Direitos Autorais: "O art. 7 XII do Projeto qualifica como obras intelectuais os programas de computador. Mas o § 1º remete-os para legislação especial, 'observadas as disposições desta lei que lhes sejam aplicáveis'. "Fica-se porém sem saber o que é aplicável. Até se diria que, uma vez que foram qualificados como obras intelectuais, todas as disposições deveriam ser aplicáveis. "O APIRC (Acordo sobre Aspectos da Propriedade Intelectual Relativos ao Comércio, anexo ao tratado que criou a Organização Mundial do Comércio e conhecido geralmente por TRIPS) obriga a proteger os programas de computador como obras literárias, no sentido da Convenção de Berna. Mas como a qualificação não é vinculativa, a lei portuguesa (Dec.-Lei nº 252/94, de 20 de Outubro) atribui-lhes 'proteção análoga à conferida às obras literárias' (art. 1/2). Isto permite, nessa lei especial, distinguir as matérias que são aplicáveis ou não aos programas de computador. A matéria dos direitos pessoais ou morais, por exemplo, é-lhe estranha. "Sugiro que o art. 7, XII, seja suprimido; que em artigo próprio, ou § se assim entender, se diga que aos programas de computador que tiverem caráter criativo é atribuída proteção análoga à conferida às obras literárias; que se remeta esta matéria para legislação especial."

Na verdade, cada modalidade de Propriedade Intelectual entretece vínculos muito singulares com o seu direito geral: as regras de aquisição da propriedade por acessoriedade e por especificação operam diferentemente no tocante aos direitos autorais conexos e os direitos de patente.

Na verdade, há que se notar que o regime de aquisição primária ou derivada de mesmo no interior de um segmento (por exemplo, os direitos autorais) tem-se no direito brasileiro corrente diferentes regimes de apropriação (o regime geral, no qual a titularidade se fixa no autor salvo cessão ou autorização voluntária; o dos jornalistas, mais restritivo, que presume utilização temporária ex-lege em favor do empregador; e o dos direitos conexos dos interpretes e executantes sob a Lei 6.533, segundo o qual os direitos não são nem sujeitos à cessão mesmo voluntária).

Na verdade, no nosso presente sistema jurídico, a relação entre norma especial e direito comum se acha necessariamente mediada pela barisfera do direito constitucional:

De outro lado, o que será o direito comum, do qual esse corpo proteiforme se especializa? Não mais se está num sistema jurídico do qual o Código Civil era o sol, do qual os demais conjuntos do Direito eram meramente tributários. No direito corrente, é à Constituição a que se atribui a fonte de iluminação de regras e centro dos vetores de forças. Não por acaso, desde a segunda edição deste livro o estudo das bases constitucionais da Propriedade Intelectual tomou uma parte significativa da obra.

Mas, salvo nas hipóteses menos freqüentes de subsunção constitucional, a relação entre as normas constitucionais e ordinárias de Propriedade Intelectual se fazem na forma de implementação de princípios: os vetores provenientes do estamento constitucional se otimizam (ou devem otimizar-se) no texto ordinário.

Ora, a relação especial/geral se encontra, no caso do software, mediada por uma clivagem constitucional: o regime constitucional dos direitos autorais e conexos é um (Vide Cap. II, Seção [8] - A Proteção Constitucional dos Direitos Autorais) enquanto que – ainda no mesmo plano - a proteção dos programas de computador é outra (Cap. II, [6] §2.1. - Regime constitucional dos programas de computador).

Assim, ainda que a normativa da legislação de direitos autorais e conexos seja aplicável, como *direito comum,* tanto a normativa especificada Lei 9.609/98, quanto à complementaridade da legislação geral sofrem o influxo inevitável e acachapante de outro vetor constitucional, em particular da *cláusula finalística* do art. 5º, XXIX, da Constituição (vide Cap. II, [5] § 1. 2. - A cláusula finalística).

Vale dizer, tanto a norma específica como a aplicação, no pertinente, da legislação de direitos autorais e conexos, se acham transfigurados e destinados a atender

[...] o interesse social e o desenvolvimento tecnológico e econômico do País.

Como já explicamos (em Cap. II, [3] § 3. - A funcionalização dos direitos):

O Art. 5º, XXII da Constituição, que assegura inequivocamente o direito de propriedade, deve ser sempre contrastado com as restrições do inciso seguinte, a saber, que a esta atenderá sua função social. Também, no Art. 170, a propriedade privada é definida como princípio essencial da ordem econômica, sempre com o condicionante de sua função social.

Para os objetos da Propriedade Industrial, inclusive as "criações industriais" e "outros signos distintivos", que constituem cláusulas abertas para abrigar novas formas destes direitos, a funcionalização geral do Art. 5º, XXIII, da Constituição se soma à cláusula finalística do Art. 5º, XXIX, objeto de uma seção deste capítulo, mas abaixo. É uma dupla incidência de vetores.

O programa de computador, com sendo protegido em sua *expressão* por regime de fundo autoral, não deixa de ser obra funcional.

[3] § 0.3. (B) A aplicação da legislação geral no campo dos programas de computador

A aplicação da legislação geral ao campo dos programas de computador assim se dá:

[1] Em tudo que a legislação especial se contrapuser à geral (norma ou sistema), esta prevalece. Por exemplo: no âmbito dos direitos morais, cuja lista da Lei 9.609/98 é distinta e incompatível com a da legislação geral, como se verá abaixo.

[2] Em tudo quanto a proteção resultante da Lei 9.609/98 infletir no campo do desenvolvimento tecnológico e social do País, ou atinar ao interesse público, a lei geral só será complementar no que funcionalizada segundo os parâmetros das criações industriais tuteladas sob o art. 5º, XXIX, da Constituição. Por exemplo, a vedação da cópia, que impediria a engenharia reversa, não pode ser transplantada do sistema geral para o sistema específico sem a mediação do reconhecimento do interesse público na inovação das funcionalidades.

Note-se que não se tem deformação ou preenchimento da norma pelo princípio de sede constitucional, mas somente *recusa de aplicação* da norma subsidiária, pois incompatível com o quadro constitucional. Não há subsidiariedade antagônica.[87]

---

[87] PEDROSO, Fernando de Almeida Pedroso, Direção Não Habilitada de Veículo: O Crime e a Contravenção, encontrado em http://www.neofito.com.br/artigos/art01/penal44.htm, visitado em 24/9/2009: "Assim,

[3] A aplicação do *sistema* resultante da lei geral se dá inteiro e imitigadamente naquilo que não obstado pelos dois filtros acima indicados.

[3] § 0.4. Do software como bem imaterial

Criação intelectual, o programa de computador enquanto sujeito à proteção da Lei 9.609/98 é *bem móvel* nos termos do artigo 3º, da norma específica, como todos os demais bens intelectuais objeto de exclusiva.[88] Como bem intelectual, é infungível e único, ainda que cada manifestação de sua presença num suporte, desde que em cópias idênticas, funcione como fungível.[89]

Como nota Marcos Wachowicz,

> O Código Civil em seu artigo 86 estabelece que são consumíveis os bens móveis cujo uso importa destruição imediata da própria substância, sendo também assim

---

constitui a subsidiariedade consectário e corolário da especialidade, pressupondo, para a sua aplicação, uma relação de geral e especial entre tipos. Este é o enunciado do princípio: lex primaria derogat legi subsidiariae. Vale dizer: a enunciação do princípio, literalmente, tem o mesmo significado, com outras palavras, que o princípio da especialidade, aduzindo que o preceito de lei principal (tipo especial) prevalece sobre o que lhe é subsidiário e supletivo (tipo geral)". ""Sendo o crime tipo especial em relação à prática contravencional, pela inserção da apontada condição objetiva de punibilidade, desponta igualmente relevante, entre as disposições legais em apreço, o princípio da subsidia-riedade, agregado à contravenção. A subsidiariedade consec-tário e corolário da especialidade, pressupondo, para a sua aplicação, uma relação de geral e especial entre tipos. Este é o enunciado do princípio: lex primaria derogat legi subsidiariae. Vale dizer: a enunciação do princípio, literalmente, tem o mesmo significado, com outras palavras, que o princípio da especialidade, aduzindo que o preceito de lei principal (tipo especial) prevalece sobre o que lhe é subsidiário e supletivo (tipo geral). "A importância do princípio de que ora se cuida desponta da sua colocação inversa. Dessa forma, sempre que um tipo especial não puder, por um motivo qualquer, abrigar tipicamente o episódio que se analisa e examina, o tipo geral, subsidiária e supletivamente, como reserva do tipo especial (já que este contém todos os seus elementos), outorgará guarida típica ao fato. Se o fato concreto não contiver todos os elementos especializantes exigidos pelo tipo especial, não será pois terá sua tipificação projetada e transferida para o tipo geral, que, então, o compreenderá".

[88] DINIZ, Maria Helena. Curso de Direito Civil Brasileiro. 18ª ed., vol. 1. São Paulo: Saraiva, 2002, p. 286: "Assim, um escritor poderá ceder seus direitos autorais sem outorga uxória. A propriedade industrial, segundo o artigo 5o da Lei n. 9279/79, também é coisa móvel, abrangendo os direitos oriundos do poder de criação e invenção do indivíduo, assegurando a lei ao seu autor as garantias expressas nas patentes de invenção, na exclusiva utilização das marcas de indústria e comércio e nome comercial, protegendo esses direitos contra utilização alheia e concorrência desleal". Aqui, como no decorrer desta seção, emprestaremos fartamente da análise de Marcos Wachowitz, em seu WACHOWICZ, Marcos, Propriedade Intelectual Do Software & Revolução da Tecnologia Da Informação, Juruá, 2005.

[89] "CERQUEIRA, Tarcisio Queiroz. Software. Lei, Comércio, Contratos e Serviços de Informática. Rio de Janeiro: ADCOAS, 2000, p. 31. "Pode-se afirmar que o usuário para que lhe seja fornecido um programa – qualquer cópia, não um cópia específica – que execute determinadas funções e obtenha determinados resultados, solucionando determinados problemas. Quando, por exemplo, se quebra ou se deteriora, de alguma forma, o meio físico que contém determinado software, não importa, para o usuário, que lhe seja enviado outra cópia do software, desde que a cópia enviada substitua eficazmente a anterior. A título de ilustração, também os serviços de suporte e manutenção de programas, especificamente, são considerados fungíveis, ou seja, não carecem ser prestados por um determinada pessoa natural ou jurídica. O que interessa é o atendimento às necessidades do usuário e não a identidade da pessoa que o presta".

considerados os destinados à alienação. O *software*, segundo esta classificação, admite-se como um bem inconsumível, já que seu uso é prolongado sem que desapareça ou se destrua sua substância.[90]

Já o regramento do Código de Defesa do Consumidor (CDC), quanto à matéria, aplicar-se-á sempre que a criação do programa de computador ou sua licença de uso se amoldar às linhas previstas pelo CDC, em que estão envolvidos consumidor e fornecedor, desde que seu objeto seja um produto ou serviço. Antonio Carlos EFING aponta:

Partindo-se dos conceitos de produto e de serviços dispostos pelo Código de Defesa do Consumidor, podemos adaptar perfeitamente as definições aos produtos e serviços provindos do setor de informática, observando ainda os encargos que o fornecimento dos produtos e a prestação dos serviços em questão podem gerar.

(...) Preceitua o parágrafo 1º do artigo 3º do CDC que "produto é qualquer bem, móvel ou imóvel, material ou imaterial". Nesse sentido, podemos entender como produtos principais advindos do setor de informática os *softwares* e os *hardwares*.[91]

Além de inconsumível, segundo a classificação da lei civil, o *software*, constituindo-se fruto da produção intelectual do ser humano, será, perante o Código de Defesa do Consumidor, enquadrado como um bem ou serviço durável, cuja garantia se estende por 90 dias.[92]

A natureza do *software* como bem é minudenciada à exaustão na análise tributária de sua circulação econômica, que é objeto da seção 4 deste Capítulo.

[3] § 1. Do que pode ser protegido pela Lei 9.609/98

Como ocorre, por exemplo, com o art. 10 da Lei 9.279/96, que define o que é coberto pelas normas relativas às patentes (vide Cap. VI, [2] § 2. - Art. 10 do CPI/96: o que não é invenção nem modelo de utilidade) o art. 1º da Lei 9.609/98 define o tipo de criação intelectual que recebe proteção específica por suas normas:

Art. 1º. Programa de computador é a expressão de um conjunto organizado de instruções em linguagem natural ou codificada, contida em suporte físico de

---

[90] Cf.: Código Civil. Art. 86 "São consumíveis os bens móveis, cujo uso importa destruição imediata da própria substância, sendo também considerados tais os destinados à alienação".
[91] EFING, Antônio Carlos. Direito do Consumo. Vol. 2, Curitiba: Juruá, 2002, p. 53.
[92] Art. 26 – O direito de reclamar pelos vícios aparentes ou de fácil constatação caduca em: I – 30 (trinta) dias, tratando-se de fornecimento de serviços e produtos não duráveis; II – 90 (noventa) dias, tratando-se de fornecimento de serviços e de produto duráveis.
Parágrafo 1º - Inicia-se a contagem do prazo decadencial a partir da entrega efetiva do produto ou do término da execução dos serviços. Código de Defesa do Consumidor, Lei nº 8.078/90.

qualquer natureza, de emprego necessário em máquinas automáticas de tratamento da informação, dispositivos, instrumentos ou equipamentos periféricos, baseados em técnica digital ou análoga, para fazê-los funcionar de modo e para fins determinados.

Assim, estabelece um *filtro* para determinar quais criações recaem sob sua proteção, e quais são excluídos dela; em regra, tal mecanismo seleciona o que recai sob o regime geral da Lei Autoral, e o que será objeto da lei específica.

Como já indicamos, apenas os *programas de computador* são objeto da proteção específica da Lei 9.609/98. Os outros elementos do *software* que são suscetíveis de proteção exclusiva como criações intelectuais de caráter expressivo (por exemplo, os manuais do *software*, as imagens e sons de um *videogame*) são, em princípio, objeto de proteção pela lei autoral, ou seja, pela Lei 9.610/98.

Assim, o *software* pode ser objeto, no que excede o *programa de computador* (vide a definição de programa como parcela do *software*), de outro tipo de proteção; mas também é capaz de permanecer, nisso que excede da proteção específica, simplesmente em domínio público.

[3] § 1.1. Programa e código

Pela definição legal de programa de computador da Lei 9.609/98, a proteção específica abrange não só o conjunto de instruções em forma legível por máquina, - *o código*.[93] Abrangerá, igualmente, a sua formulação em linguagem de outra natureza, assim como determinados elementos formais além do código fonte ou transformado. Assim, a proteção não se resume ao *código fonte* e nem aos elementos literais da criação.

O código constitui um *conjunto de instruções*, com uma importante precisão: é um conjunto **organizado** de instruções. Assim como um poema não é uma soma de palavras, nem de metáforas, mas um conjunto organizado de elementos verbais, com vistas a um resultado estético, assim também a organização das instruções, em sua economia de eficácia, maior, ou melhor, confiabilidade, ou mesmo grau de perícia no uso da arte de programador, é objeto de proteção pela Lei 9.609/98.

Exatamente a organização do conjunto de instruções, a sucessão de rotinas e subrotinas, a sabedoria e arte da ordem, destino e sucessão temporal dos comandos é o

---

93 A expressão "Código", nesta seção do parecer, tem o sentido próprio, relativo aos programas de computador, vale dizer, o sentido que lhes define segundo o art. 1º da Lei 9.609/98. É o conjunto de instruções, em sua natureza textual, excluindo-se as idéias, métodos, processos, e quaisquer outras soluções técnicas a que o programa dê causa, dais quais resulte ou que incorpore. Estas soluções técnicas poderão – ou não – ser objeto de proteção própria, se satisfizerem os requisitos de industrialidade, novidade e inventividade, inclusive (sempre se satisfeitos os requisitos mencionados) os métodos de codificação – no sentido criptográfico, no sentido de compressão de dados, ou em qualquer dos vários outros sentidos da expressão "código". Quanto à polissemia da palavra, vide http://en.wikipedia.org/wiki/Code_%28disambiguation%29, visitado em 22/11/2006.

que caracteriza a originalidade no uso de uma linguagem de computação dentro de determinados limites de hardware. É o que dá o valor comparativo a um programa em face de outro. São elementos formais, mas não literais do programa.

Assim, entre a simples idéia e sua expressão de um código em linguagem de máquina existe um vasto campo de atividade intelectual e de investimento. A proteção legal da Lei 9.609/98 não inclui a idéia, mas cobre toda a criação feita a partir desta idéia, a qual vai resultar - em algum momento - na expressão final de um conjunto de comandos suscetíveis de leitura por uma máquina.

[3] § 1.2. O problema específico do software: expressão

Numa só palavra, "expressão", a lei resume a massa de problemas para construir um ambiente jurídico adequado para os programas de computador. Isto se dá por peculiaridades do mercado específico de *software*, pelas características de sua produção, mas, principalmente, porque ele se constitui em um objeto de proteção distinto.

Uma patente protege uma solução para um problema técnico determinado; o relatório descritivo da patente constitui-se em uma mensagem dirigida a um técnico (o "homem do ofício" a que se referem às leis de patente) que, por sua vez, atuará todos os meios organizacionais e os equipamentos necessários para efetivamente resolver o tal problema - seja este o processo de fabricação de um produto químico, seja uma válvula eletrônica. Assim, o objeto da proteção pela patente é uma mensagem útil – uma idéia de efeito concreto.

O objeto de proteção no programa de computador não é uma idéia, mas a expressão de uma solução para um problema técnico. Assim como o engenheiro, lendo uma patente, prescreve um conjunto de instruções, seja a uma equipe de operários, seja a uma máquina qualquer, assim também o programa incorpora (ou expressa) este conjunto de instruções, mas destinado e legível apenas por uma determinada máquina de tratamento de informação.

Parte considerável do valor econômico do programa deriva, assim, não da sua novidade enquanto idéia (solução técnica), mas da realização desta idéia enquanto conjunto de instruções a uma máquina. Diferentes programas podem representar a mesma idéia, ou mais freqüentemente, incorporam dezenas ou centenas de soluções técnicas, novas ou ressabidas, mas de um modo específico.

Do mesmo jeito, um livro ou escrito - este parecer, por exemplo - incorpora idéias, informações, opiniões, métodos de exposição, tudo numa expressão determinada; seu valor deriva nem tanto da novidade ou originalidade das idéias, mas da maneira pela qual elas estão expressas.

Com efeito, a finalidade de um livro é comunicar a experiência e o conhecimento de seus autores ao público, de uma maneira específica, e a eficácia dessa maneira específica constitui a medida de seu valor. De mesma forma, o programa se destina a emprestar à máquina ao qual instrui certa funcionalidade, e aqui também o seu valor se radica.[94]

Como resultado da escolha do modelo do direito autoral, no entanto, a tutela jurídica recai sobre a expressão (de um conjunto de instruções), não sobre as idéias, ensaios e cogitações, planos, algoritmos e cálculos.[95] Tal limite se aplica, por exemplo, para definir em que fase da elaboração do *software* passa a ser aplicável o regime legal vigente.[96]

Descreve o problema Manoel J. Pereira dos Santos:

> Uma das primeiras etapas na definição do objeto de proteção autoral consiste na exclusão de processos, métodos e sistemas, que não são amparados pelo Direito de Autor, da forma de expressão do programa de computador. Na essência, as palavras "processos, métodos e sistemas" podem ser consideradas como sinônimas ou equivalentes em seu significado. A esse conjunto de elementos geralmente se acrescenta outro, constituído pelos termos idéias, conceitos ou princípios, que representam pensamentos de um alto grau de abstração ou generalidade. Portanto, esse primeiro grupo abrange as aplicações utilitárias do que genericamente se denomina "idéia", ou seja, as soluções lógicas em si mesmas, algumas das quais podem ser patenteáveis, assim como o método de operação executado pelo programa. Além disso, essa categoria compreende os princípios matemáti-

---

[94] O exemplo e a comparação obviamente não são gratuitos. É o fato de a proteção do programa de computador ser dirigido à sua expressão (não às idéias) que tornou mais fácil tomar emprestado certos institutos do sistema jurídico do Direito Autoral para proteger o novo objeto de Direito. De outro lado, a ênfase em comparar o valor do livro com o do programa, em vez de comparar-lhes a natureza, sobre ser uma debilidade lógica, é uma maneira de evidenciar exatamente a dificuldade de usar um sistema jurídico preexistente para envelopar uma realidade nova.

[95] Esta é uma característica comum com os demais objetos do Direito Autoral. Como diz o Relatório da House of Representatives dos Estados Unidos nº 1476, do 94º Congresso, 2ª Sessão, p. 57, sobre a reforma da legislação autoral americana: "Section 102 (b) is intended, among other things, to make clear that the expression adopted by the programmer is the copyrightable element in a computer program, and that the actual processes or methods embodied in the program are not within the scope of the copyright law. Section 102(b0 in no way enlarges or contracts the scope of copyright protection under the present law. Its purpose is to restate, in the context of the new single Federal system of copyright, that the basic dichotomy between expression and idea remains unchanged". Ou seja: "A Seção 102 (b) tem o propósito, entre outras coisas, de deixar claro que a expressão adotada pelo programador é o elemento protegido no programa de computador, e que o real processo ou método concebido no programa não está dentro do escopo da lei de direitos autorais. A Seção 102 (b) em nenhum sentido amplia ou limita o sentido da proteção dos direitos autorais sob a presente lei. Seu propósito é restabelecer, no contexto do novo sistema federal único de direitos autorais, que a básica dicotomia entre expressão e idéia permanece imutável".

[96] Os trabalhos preparatórios - cronologicamente precedentes ao programa de computador - poderão jazer sob a proteção de outros sistemas jurídicos, por exemplo, o do segredo de indústria ou de negócio a que se refere o Art. 178, XI e XII, do Dec. Lei 7.903/45; ou poderão, se for o caso, estar no campo pleno da proteção autoral, sem o regime especial da lei em comento; ou serão objeto de uma tutela da privacidade.... Uma vez criada, no todo ou parte, a obra intelectual, no entanto, o que surge é uma outra questão, que será analisada a seguir. A Diretiva 91/250 da Comunidade Européia, como vimos, especificamente inclui os trabalhos preparatórios no âmbito autoral, ou, mais precisamente, o material de concepção.

cos, os métodos de programação, as linguagens e as regras de gestão e de cálculo utilizados na elaboração do programa.[97]

[3] § 1.3. Estrutura, seqüência e organização

Como já se disse, o objeto de proteção da Lei 9.609/98 protege além do código. Tal foi a extensa discussão travada acerca da questão da "estrutura, seqüência e organização" dos programas de computador, ou seja, quais são os limites de matéria intelectual suscetível de proteção entre a idéia (não coberta pelo direito autoral) e o código (certamente protegido).

A matéria envolve, uma vez mais, a aplicação do princípio de que o direito autoral não protege idéias, mas somente sua expressão.[98]

Num primeiro e importantíssimo passo no sentido de superar as carências e impropriedades do direito autoral como proteção de tecnologia, a jurisprudência americana entendeu já em 1986 que

"em grande proporção, a maior parte das despesas e dificuldades envolvidas na criação de um programa resulta do desenvolvimento da estrutura lógica do programa, da correção de erros, da documentação e manutenção, e não do trabalho de codificação propriamente dito. Tais elementos implicam criatividade muito maior e representa valor comercial muito mais alto do que o código operado pelo produto."[99]

Entendimentos comparáveis foram logo a seguir adotados por tribunais alemães[100] franceses [101] e italianos.[102]

---

[97] SANTOS, Manoel. J. Pereira dos, *op. cit.*
[98] BARBOSA, Denis Borges, SELA (1987): "The line drawn between uncopyrightable facts and copyrightable expressions of facts serves an important purpose in copyright law. It provides a means of balancing the public's interest in stimulating creative activity against the public need for unrestrained access to information". Miller v. Universal City Studios Inc., 650 F.2d 1365, 1371-72 (5th. circuit, 1981). "A linha divisória entre fatos não protegidos e expressões protegidas serve como um importante objetivo na Lei de direitos autorais. Ela prove uma forma de balanceamento do interesse público em estimular a atividade criativa em contraposição com a necessidade pública de acesso irrestrito à informação".
[99] Vide, em particular, Whelam Associates, Inc. v. Jaslow Dental Laboratory, Inc., 797 F. 2d. 1222 (3d. Cir.1986), onde tal questão foi apreciada pela primeira vez.
[100] No caso Sudwestdeutsche Inkasso KG v. Bapperet & Burker Computer GmbH, Landesgerichte Kalsruhe, 9/2/83, GRUR 300, o Tribunal de Justiça de Kalsruhe, após explicitamente excluir do âmbito de proteção o algoritmo (não necessariamente o algoritmo matemático) entendeu que "existem elementos suscetíveis de proteção autoral nos vários estágios, compreendendo a definição do objeto através da análise do problema, o estabelecimento dos fluxogramas, a elaboração do programa fonte e a codificação em linguagem de programação". Tal entendimento foi reiterado pela Bundesgerichthof (o Supremo Tribunal Federal) em 9/5/85.
[101] Sisro v. Ampersand Software Ltd. Tribunal de Grande Instance de Paris, acórdão de 8/4/87, reproduzido em Expertises (Paris), 94, 1987, p. 155.
[102] Decisão do Tribunal Criminal de Milão de 13/3/87, publicado no Italia Oggi, de 9/4/87.

Em sua importantíssima discussão sobre os elementos não literais da proteção autoral do *software*, diz Manoel J. Pereira dos Santos:[103]

> O direito norte-americano nos fornece uma excelente síntese da evolução ocorrida durante as décadas de 1980 e 1990 no tocante a esta matéria. A discussão nos Estados Unidos em torno do escopo da proteção autoral de programas de computador originou-se, na maior parte dos casos, da aplicação dos testes de similaridade. Esses testes também serviram para determinar que elementos não-literais dos programas são suscetíveis de proteção pelo Direito Autoral, estabelecendo assim a linha divisória entre o que constitui expressão e o que se inclui na categoria geral de idéia, dentro da dicotomia idéia-expressão.
> Interessante notar, porém, que os padrões de similaridade utilizados, em vez de se basearem em obras factuais, para os quais os critérios de proteção deveriam ser mais rigorosos, levaram em conta as obras literárias, onde há maior espectro de criatividade. Argumenta-se que no caso de obras factuais criação independente significa esforço intelectual próprio de desenvolvimento e não desconhecimento do que foi realizado anteriormente.
> Por outro lado, os tribunais deveriam partir do pressuposto de que considerável parte da obra não seria original e que similaridades resultantes de identidade de funções ou aplicação de métodos convencionais deveriam ser permitidas. A tese, contudo, não é de fácil aplicação porquanto, com base na teoria da compilação, freqüentemente aplicada a programas de computador, considera-se possível proteger um programa mesmo quando seus elementos não o são, o que se aproxima do conceito de proteger o esforço criativo em si.
> Na verdade, porém, verifica-se no desenvolvimento dessa matéria ao longo dos últimos 20 anos a evolução de uma tendência inicial mais flexível, que alguns chamam de "interpretação ampla" ("broad construction"), baseada na análise da obra como um todo a fim de se proteger o conceito e a aparência da obra ("total concept and feel"), para uma tendência mais restritiva, que alguns chamam de "interpretação limitada" ("narrow construction"), baseada na análise individual dos elementos integrantes da obra a fim de se determinar exatamente o que é protegido a fim de que a tutela legal não se estenda além dos limites naturais do instituto.
> Pode-se dizer que desde o início os tribunais tiveram de enfrentar um dilema: ou limitar a proteção tanto quanto possível aos elementos literais, facilitando assim o plágio e o aproveitamento ilícito do trabalho alheio, ou estender a proteção às soluções lógicas, ao projeto ou concepção e à estrutura, permitindo assim um monopólio sobre idéias e métodos, área reservada para as patentes. Nesse aspecto, pode-se dizer que há certa convergência na orientação jurisprudencial decor-

---

[103] *op. cit.*

rente da aplicação tanto das regras do "copyright" quanto daquelas conhecidas como do direito de autor continental.

A doutrina vê na decisão do famoso caso norte-americano Apple v. Microsoft o início do movimento no sentido de retrair a proteção ao "look and feel" e, em conseqüência, dos elementos não-literais, adotando-se assim uma abordagem mais restritiva. Essa tendência foi reforçada no julgamento de outro caso emblemático do direito norte-americano: Lotus v. Borland.

A esse propósito, um autor ressalta que o exame dos "amicus curiae briefs" que foram apresentados demonstra que os argumentos favoráveis foram apresentados pelas grandes empresas (Digital Equipment Corporation, The Gates Rubber Company, Intel Corporation, Xerox Corporation, IBM, Hewlett-Packard e Apple), enquanto a posição contrária foi sustentada por cientistas da computação, grupos de usuário e juristas. Esse fato evidencia que o Direito de Autor tem servido muito mais ao interesse comercial das grandes empresas do que ao progresso da ciência ou ao interesse dos usuários, comprometendo assim o delicado equilíbrio entre o interesse público e o privado.

No ponto capital de seu estudo monográfico, diz o mesmo autor:

Ocorre que a forma expressiva não se exaure na codificação, ou seja, na expressão literal das instruções, mas abrange também o modo de organização dos diversos elementos que compõem o programa de computador, a que denominamos de arquitetura (forma interna). Assim sendo, o Direito de Autor também propicia uma ferramenta adequada para impedir o aproveitamento indireto desses elementos originais que integram a estrutura do programa. Porém, na medida em que a forma interna esteja diretamente relacionada com a funcionalidade, não estará protegida pelo Direito de Autor, uma vez que este não tutela a estrutura em si mesma.[104] Em outras palavras, a proteção autoral da arquitetura do programa não se estende ao método de funcionamento; mas, na medida em que este constitua a implementação de uma solução técnica, pode ser objeto de patente. Os demais elementos não-literais podem ser objeto de proteção autoral desde que apresentem originalidade expressiva: assim sendo, os algoritmos, enquanto procedimentos lógicos, e as linguagens de programação ou de usuário, enquanto sistemas, escapam ao escopo da proteção autoral, ao passo que determinados formatos de dados ou arquivos podem eventualmente atender aos requisitos estabelecidos na Lei Autoral, não enquanto formatos em si, mas na medida em que constituam forma de expressão. Dessa forma, o autor não logrará obter proteção

---

[104] Aspecto interessante com relação à chamada "estrutura lógica" foi levantado pelo "United States Copyright Office" ao emitir a regulamentação do registro de bases eletrônicas em 1989. O escritório afirmou que "naked SSOs" ("estruturas, sequências e organizações nuas") não seriam registráveis, o que parece significar que não seriam aceitos registros de estruturas dissociadas de uma obra intelectual. Vide 54 Fed. Reg. 13177, 13179 col. 2, § 2 (31/3/1989), *apud* KUTTEN, L. J., *op. cit.*, p. 2-148.

para determinadas formas de implementação das funcionalidades, a menos que para elas consiga um privilégio de invenção. Contudo, o autor poderá impedir a apropriação indireta de sua criação na medida em que elementos não-literais originais sejam utilizados indevidamente, como ocorre com as obras tradicionais.

Desta feita, é de se entender que dois estamentos de *forma* são protegidos pela Lei 9.609/98: o código e a arquitetura. Outros elementos poderão também sê-lo, mas já por outros sistemas de propriedade intelectual, inclusive a lei autoral geral; e podem ser de uso livre, eis que o uso livre é a regra, e a proteção uma exceção.

[3] § 1.4. A linguagem natural ou codificada

Todo programa perpassa por seis fases básicas: a concepção da idéia que soluciona o famoso problema técnico de que falam as leis de patentes; a formulação do método a seguir, usualmente expresso em fórmulas matemáticas ou lógico-matemáticas, denominado algoritmo; o organograma ou plano de solução, resultante do algoritmo; um texto em linguagem de programação - BASIC, C, PASCAL - que toma os elementos do organograma, chamado de programa-fonte ou código-fonte; um texto em linguagem intermediária, *assembly* ou de compilação;[105] um texto legível diretamente pela máquina, denominado código-objeto.[106]

O conjunto de instruções de que fala a lei é (esquematicamente) expresso em linguagem natural - inglês, português ou alemão, com muito uso de símbolos e diagramas - até a terceira fase. Daí em diante, começa a codificação, vale dizer, a expressão das instruções em uma linguagem própria, capaz de ser traduzida - ou compilada[107] - em linguagem de máquina.

---

105 LOWELL THING. Dicionário de tecnologia: A mais completa fonte de consulta sobre tecnologia da informação, ciência da computação, comunicação e aplicações web. 1ª ed. São Paulo, 2003, p. 171. "Um compilador é um programa especial que processa um programa-fonte para transformá-lo em um programa-objeto, de forma que a máquina (processador) possa entendê-la. Em outras palavras, o compilador lê e critica as declarações codificadas em uma linguagem de programação específica e, se aceitas, as transforma em linguagem de máquina, ou 'código', usada pelo processador (processor) do computador. Como exemplo, um programador desenvolve declarações de linguagem em uma linguagem como Pascal ou C, uma linha de cada vez utilizando um editor. O arquivo assim criado contém o que são chamados de declarações-fonte. O programador então roda o compilador de linguagem apropriado, especificando o nome do arquivo que contém as declarações-fonte./As executar (rodar), o compilador primeiramente faz o parsing, ou seja, decompõe e faz uma análise sintática de todas as declarações de linguagem, uma após a outra, e, se não houver erro de sintaxe, ele passa, em um ou mais estágios ou 'passagens' sucessivas, constrói o código de saída, assegurando-se de que as referências entre as declarações sejam corretamente mantidas no código final. Tradicionalmente, a saída da compilação é chamada de código-objeto ou, às vezes, de módulo-objeto". O código-objeto é código de máquina (machine code), ou seja, o código que o processador consegue interpretar para processar ou 'executar' uma instrução de cada vez."
106 CORREA, Carlos e outros, Derecho Informatico, Ed. Depalma, 1987, p. 57.
107 Alguns programas efetivamente traduzem, ou seja, transformam a execução do código superior, a medida em que ela vai sendo processada em uma expressão inteligível pelo código inferior; outros compilam o código superior num inferior, ou seja, transformam não a execução, mas o próprio código, o que é muito mais rápido.

Assim é que a idéia de fazer um computador PC tocar o Hino Nacional Brasileiro é expressa no conjunto de instruções (em linguagem natural): tocar (3a oitava) dó/semínima, fá/colcheia pontuada, mi/semicolcheia, fá/colcheia pontuada, sol/colcheia, lá/colcheia pontuada (etc.); codificada em BASIC: PLAY o3 t122 c,f8.,e16,f8.,g16,a8.(etc.). Segundo a lei, ambas as expressões serão dignas de proteção, assim como sua versão em *assembly* ou em código objeto.[108]

[3] § 1.5. Código fonte ou código objeto

Define-se código fonte como o programa escrito em linguagem de programação, antes de ser compilado ou interpretado[109] Interpretado ou compilado, tem-se o código objeto.

Vale referirmo-nos aqui à discussão judicial em curso nos Estados Unidos pouco antes da elaboração do projeto da primeira lei de *software* em 1987 quanto a se o código objeto - que não contêm linguagem legível por ser humano, exceto alguns especialistas - podia ser objeto de Direito Autoral.[110]

A questão inicial no desenvolvimento do pensamento jurídico quanto aos direitos autorais relacionava-se ao alcance da proteção autoral: ela abrangeria só aquilo que pode ser diretamente lido e compreendido pelo homem - o domínio comum do direito intelectual até o presente - ou também abrangeria fragmentos da comunicação entre homem e máquina?

Este foi o tema subjacente ao primeiro caso judicial importante que se seguiu à modificação legislativa que, nos EUA, em 1980, introduziu formalmente os programas de computador na proteção autoral. A lide judicial tratava, como num caso brasileiro de 1982,[111] de saber se o direito autoral só tutela o estrato superior da elaboração dos

---

108 Mas, como se lê acima, não terá a proteção da Lei 9.609/98, nem, acreditamos, da lei autoral genérica, a fase de formulação de soluções nem a de algoritmo.
109 DE LUCCA, Newton. Aspectos Jurídicos da Contratação Informática e Telemática. São Paulo, Saraiva, 2003, p. 86/87)"Cabe esclarecer, em primeiro lugar, o que consiste o código-fonte. Dá-se esse nome, segundo Maria Cristina Gennari, em seu já várias vezes citado 'Minidicionário de informática', ao 'programa escrito na linguagem de programação, antes de ser compilado ou interpretado'. Para Xavier Ribas, o 'código-fonte é o núcleo formal do programa e constitui a primeira expressão independente do processo de criação, que alcança uma proteção direta do direito de autor.
 Tal como o ovo está para a galinha, o embrião para o ser humano, a fórmula para o remédio, o código-fonte está para o programa de computador.Em outras palavras, assim como o átomo está para o mundo físico e o bit está para o virtual, pode-se dizer que o código-fonte é a seqüência predisposta dos bits que irão determinar a própria função do programa"
110 Apple Computer, Inc. v. Formula International, Inc., 752 F2d. 521 (9th. Circ., 1984):"Never has the Copyright Act required that the expression be communicated to a particular audience". O tema também fora examinado na justiça estadual da Califórnia: GCA Corporation v.Chance, 217 U.S.p. Q. 718, (1982), "because the object code is the decryption of the copyrighted source code, the two are to be treated as one work; therefore, copyright of the source code protects the object code as well."
111 Decisão no Juízo Cível da Comarca da Capital em São Paulo, na ação de contrafação movida pela Sinclair inglesa contra a brasileira Microdigital, proferida em primeiro grau em 31/5/85, concluindo pela inexistência de cópia, consequentemente não afrontando a questão de direito. Mas, em grau de apelação, o Tribunal

programas de computador ou também o nível das instruções dirigidas (comandos à máquina). No caso americano[112] foi entendido que a proteção autoral não cessava no nível superior, mas descia às profundezas da linguagem de máquina.[113]

No direito brasileiro, a redação não deixa dúvidas quanto à proteção do código objeto.[114]

[3] § 1.6. Expressão contida em um suporte físico de qualquer natureza

A noção do requisito da fixação da obra intelectual é particularmente desenvolvida no Direito inglês e americano;[115] a Convenção de Berna (Art. 2ª, § 2ª) permite que os países membros estabeleçam tal requisito como pressuposto da proteção.[116] Em nossa tradição jurídica, porém, não é necessário que a obra esteja fixada num suporte físico de qualquer natureza, cabendo a proteção de obras orais, independentemente de sua redução a escrito.[117]

No caso do Direito Brasileiro, porém, a fixação passa a ser requisito *sine qua non* da proteção. O dispositivo pertinente exige que a expressão do conjunto de instruções seja contido num meio físico, o que aparentemente elimina a proteção de programas ainda não fixados num meio qualquer - discutível, por exemplo, o status dos programas gerados em memória e ainda não salvados em meio físico permanente.

[3] § 1.6. (A) Programa fixado em ROM/EPROM

O intuito do dispositivo, porém, era claramente outro. Uma vez mais reagindo ao desenvolvimento jurisprudencial mais recente do Direito da Informática ao tempo da elaboração do projeto da Lei 7.646/87, cuja redação é reproduzida no dispositivo em análise, o que visou o legislador foi eliminar a dúvida quanto à proteção de pro-

---

de Justiça do Estado entendeu, em obiter dicta (pois manteve o entendimento a quo), que se o software podia ser reduzido a material legível pelo homem, havia proteção autoral.

112 Apple Computer Inc. v. Franklin Computer Corp, 545 F. Supp. 812, (E.D. Pa. 1982).

113 Em um caso francês paralelo, Apple v. Seguinex, Tribunal de Grande Instance de Paris, acórdão de 21/9/83, publicado em Expertises (Paris), 56:257, o acórdão lembrou que o fato da escrita musical ser impenetrável pelo leigo não a torna indigna de proteção pelo direito autoral.

114 Vide No dizer de SANTOS, Manoel J. Pereira dos, Software: Acesso Ao Código Fonte e Transferência de Tecnologia, in NERO, Patrícia Aurélia del, (Org.) Propriedade Intelectual e Transferência de Tecnologia, Editora Fórum, 2010.

115 17 U.S.C. § 102 (a) Copyright protection subsists (...) in original works of authorship fixed in any tangible medium of expression (...)

116 Antonio Chaves, Direito de Autor, Forense 1987, p. 397: "O fenômeno tem uma explicação de origem histórica: a lei francesa de 24.07.1793 referia-se exclusivamente aos escritos, tendo tal sistema sido seguido pela legislação dos demais países" A explicação parece descabida, eis que a Constituição Americana, que precedeu a lei francesa, já se referia aos escritos dos autores.

117 ASCENSÃO, José Oliveira, Maria, Direito Autoral, Forense, 1980, p. 14. Quanto às restrições impostas às obras orais, vide Vieira Manso, Direito Autoral, J.Bushatsky Ed., p. 110 a 130.

gramas contidos em meios eletrônicos caracterizados como parte do *hardware*.[118] Alegava-se, naquela altura, que a fixação do programa a um meio físico integrado ao equipamento retirava a possibilidade de tutelá-lo pelos institutos do Direito Autoral, reservando-se a proteção ao sistema patentário, se fosse o caso.

Este foi, historicamente, o segundo problema discutido no âmbito do Direito Autoral aplicado ao *software*: especificamente, entre o *software* e o *chip*, em forma de ROM, onde ele estaria incluso. Também assunto do caso brasileiro de 1982, o tema foi mais profundamente discutido pelos tribunais americanos e franceses.[119]

A lei brasileira elimina tais discussões. Pelo dispositivo em comento, a natureza do suporte físico em que se contem o programa não altera os termos de sua proteção jurídica. Assim, a Lei 9.609/98 contempla a proteção dos programas de computador, sejam eles contidos numa folha de papel, seja num disquete ou num disco rígido, numa EPROM, num CD ROM, numa caixa Bernoulli, numa fita ou em um conjunto de cartões perfurados, num *chip* (pastilha semicondutora) ou em qualquer meio físico que se vier a conceber no futuro.

De outro lado, as tecnologias relativas ao suporte físico em si pode ser protegido por patente ou segredo, ou (no caso de uma pastilha semicondutora) sua topografia pode ser objeto da proteção específica a que se refere o Tratado de Washington de 1989 (vide o Cap. XII – Topografias). A proteção é independente e possivelmente cumulativa com as demais.

[3] § 1.7. Fugacidade dos resultados

Não obstante o programa estar fixado, como código, num disquete, ou qualquer outro suporte físico, ele pode produzir resultados de caráter fugaz - por exemplo, imagens de tela geradas de forma aleatória. A questão foi suscitada no início da discussão sobre programas de jogos, sob o argumento de que as imagens de *videogames*, sendo fugazes - não fixadas em qualquer meio - e sujeitas a decisões do usuário do programa, não satisfariam o requisito da fixação.[120]

O resultado do uso do programa - as imagens por ele geradas, por exemplo, num jogo, podem ser ou não suscetíveis de proteção autoral autônoma, pelo regime geral. A jurisprudência precisou, porém, que tal questão é irrelevante perante o programa em si mesmo.[121] Tal programa é obra autônoma em face de seus resultados: sejam

---

118 A questão foi discutida em Apple Computer,Inc. v. Franklin Cumputer Corp. , 714 F 2d. 1240 (3rd. Cir. 1983), concluindo-se que o fato de o software estar fixado em uma pastilha de memória ROM (Read Only Memory) não eliminava a proteção autoral. Para um outro ângulo do problema, no campo do Direito Tributário Brasileiro, vide BARBOSA, Denis Borges, Tributação da Propriedade Industrial e do Comércio de Tecnologia, Ed.Res.Trib., 1983, p. 87 e seg.
119 Quanto ao ponto, cabe citar na jurisprudência americana Williams Electronics Inc. v. Artic International Inc., 685 F2d. 870 3rd. Circ. 1982); na jurisprudência francesa Apple v. Seguimex, Tribunal de Grande Instance de Paris, 21 de setembro de 1983, in Expertises (Paris), 1984, no. 56, p. 256.
120 Vide Williams Electronic, citado, e a análise da questão em Chisum e Jacobs, *op. cit.*, p. 4-42.
121 Stern Electronics, Inc. v. Kaufman, 669 F.2d. 638, 642.

estes fixáveis ou não, o que importa para a lei pertinente é que o requisito de fixação esteja satisfeito em relação ao conjunto de instruções. Como veremos mais adiante, os *fins* do programa, e *a fortiori*, seus resultados, são irrelevantes em face à proteção da lei em comento.

[3] § 1.8. Software: de emprego necessário

O atual estágio da tecnologia não concebe programas de computador formulados inteiramente em linguagem natural. Desta forma, pelo menos em um nível de elaboração o programa é de emprego necessário em máquinas, vale dizer, não é suscetível de outro emprego senão como meio eficiente de causar certas máquinas a agir de modo e para fins determinados. Caso a obra intelectual deixasse de ter esta vinculação necessária, assim seu aspecto técnico, seria aplicável o regime geral de direito autoral.

[3] § 1.9. Programas dedicados

A cláusula não deve ser entendida, de forma alguma, como se dirigindo aos programas vinculados exclusivamente a uma determinada máquina, dispositivo, etc. Ou seja, não se encontre aqui qualquer limitação de tutela no tocante aos programas transportáveis, vale dizer, aqueles que se destinam à aplicação em um número indeterminado de arquiteturas diversas.

Muitos programas só são aplicáveis a um tipo específico de equipamento, ou - ainda mais restritamente - a uma configuração determinada de um equipamento; são eles denominados programas dedicados. Isto ocorria com especial ênfase nas primeiras fases do desenvolvimento da informática.

Considerável tendência, porém, se levanta nos últimos tempos, para a generalização de programas modulares, aptos a se adaptarem a diferentes arquiteturas e, quando sistemas operacionais, a permitirem rodar aplicativos não vinculados a determinado hardware. Dedicado ou transportável, o programa recai sob a tutela da Lei 9.609/98.

[3] § 1.10. - Programas aplicativos ou sistemas operacionais

Também não se entenda da cláusula "emprego necessário" que a proteção só alcance o *software* indispensável à operação da máquina - o chamado sistema operacional.

O terceiro grande ciclo de problemas resolvidos pela jurisprudência internacional quanto à proteção autoral do *software* foi o da distinção entre *software* básico e *software* de aplicação. O primeiro, destinado a administrar a máquina, ou a tirar dela o máximo de resultados, seria expressivo o suficiente para alcançar a proteção autoral? A percepção desta diferença persistiu longamente, em especial no tocante à legislação tributária[122] mas o entendimento que prevaleceu foi de que, do ponto de vista autoral, ambos merecem proteção.[123]

[3] § 1.11. Software: destinado a máquinas automáticas de tratamento de informação

O Direito em vigor evita falar em computadores, utilizando a expressão mais genérica "máquinas automáticas de tratamento de informação". Assim, ainda que o programa se destine a operar máquinas não caracterizadas como um computador de uso genérico, aplicar-se-ão ao diploma em questão. Note-se que a lei não exige que a máquina automática seja eletrônica.[124]

[3] § 1.12. A destinação do conjunto de informações

Ao precisar que sua proteção abrange obras constituídas de um conjunto de comandos ou instruções a uma máquina, o Direito Brasileiro enfrenta a questão de que o Direito Autoral abrangeria apenas obras destinadas a um ser humano.[125] Para o regime específico da lei em comento, a obra intelectual não deixa de sê-lo, pelo fato de que seu conteúdo se volta a um aparato eletrônico. Pelo contrário, é requisito da proteção específica que assim seja.

De outro lado, não deixa de ser sujeito à Lei 9.609/98 o conjunto de instruções formulado em linguagem natural - que, em princípio, não seria legível por máquinas de tratamento de informação. Como já exposto, uma vez que se destine a fazer atuar tais máquinas, o conjunto de instruções, expresso em linguagem natural ou codificada, é sujeito ao regime especial da Lei do *software*.

---

[122] Ver BARBOSA, Denis Borges, Tributação (...), *op. cit.*, (1983). A legislação brasileira também abordou a questão no Parecer Normativo CST 79/75, que considerava o software aplicativo tecnologia, mas o software básico parte da máquina para efeitos de tributação pelo imposto de renda.

[123] Apple v. Franklin, citado acima. Os comentadores têm notado, no entanto, que, na avaliação da eventual contrafação, os tribunais americanos tendem a ser tanto mais lenientes com o suposto contrafator quanto a cópia diga respeito às intimidades da máquina. Assim, no caso de microcódigos (NEC Corp. v. Intel Corp. 645 F.Supp 590 (N.D.Cal. 1986)) já se admitiram índices de cópia superiores do que no caso de BIOS (o próprio caso da Franklin), de sistemas operacionais ou de aplicativos; o argumento é de que, em tais casos, a expressão do software tende a ser ditada pela funcionalidade do hardware.

[124] Redação equivalente na lei americana suscitou interessante questão judicial. A definição de programa de computador constante de 17 U.S.C. § 101 se refere ao conjunto de instruções utilizados em um computador; exatamente como o dispositivo da lei brasileira (em uma máquina...). Em NEC Corporation v. INTEL Corporation, 10 U.S.p. Q. 2d. 1177 (1989), a autora havia alegado que, sendo parte de um chip integrante do computador (o programa em questão era um microcódigo) ele não estaria sendo usado em, mas seria um elemento do computador. O tribunal, apoiando-se no julgado de Apple v. Franklin, citado acima, entendeu, no entanto, que a proteção era devida independentemente da função a que o programa se destina.

[125] Vide William Electronics, citado. Chisum e Jacobs, *op. cit.*, p. 4-43.

[3] § 1.13. Software: também aplicável a dispositivos, instrumentos ou equipamentos periféricos

Os programas podem aplicar-se não só às máquinas em sua *unidade de processamento central*, mas aos dispositivos, instrumentos e equipamentos periféricos. Uma boa parte das funções de um sistema operacional é exatamente coordenar a atuação dos vários dispositivos externos à unidade central, permitido a entrada e saída de dados (I/O).

É programa nos termos desta Lei 9.609/98 o conjunto de instruções que comanda uma enceradeira, um automóvel (ou um carburador), um relógio ou um foguete. Há programa (num ROM) numa impressora ou num terminal remoto.

[3] § 1.14. Programas baseado em técnica digital

Os computadores e equipamentos de tratamento de informação podem, em princípio, ser analógicos ou digitais. Como no caso de relógios do mesmo tipo, a informação sob tratamento analógicos é processada através de um modelo ou réplica controlada (os ponteiros do relógio se deslocam simultaneamente ao tempo representado). O tratamento digital da informação implica (sempre como os relógios) numa fragmentação da informação a ser processada em elementos binários, na forma positivo/negativo, ou 1 e 0.

Os programas a que se referia a Lei 7.647/87 eram aqueles formulados em técnica digital, ou seja, segundo a lógica booliana, inteligíveis por computadores digitais. A quase totalidade dos computadores atualmente existentes é digital.

[3] § 1.15. Software: programas para fazer funcionar de modo e para fins determinado

O que caracteriza o objeto da proteção conferida pela Lei específica e que justifica a especialidade da legislação é a característica funcional, técnica, da criação intelectual. Não temos, nos programas em questão, uma criação teórica, mas uma expressão prática, destinada imediatamente a acionar uma máquina de tratamento de informação.

O dispositivo faz bem claro que é juridicamente irrelevante qual o propósito mediato da atuação da máquina. Quaisquer fins, para os quais o programa orientar a máquina, satisfarão o requisito legal. O programa pode fazer cálculos astronômicos, e não se tornará obra científica por isso; ou poderá atuar em um sistema musical MIDI, e nem por isto será uma obra artística; ou será um processador de textos, sem transformar-se em obra jurídica ou literária. Em todos os casos, temos uma obra intelectual de caráter técnico, protegida pela Lei 9.609/98 com as achegas adequadas da Lei Autoral.[126]

---

126 Cabe aqui lembrar que a lei de patentes não é menos autoral do que a Lei 9.610/98 A menção específica ao autor da invenção é consagrada em nossa tradição jurídica, e pelo menos um dos direitos morais foi sempre

Em suma, haverá programa suscetível de proteção se for ele capaz de fazer funcionar uma máquina (dispositivo, etc.) de tratamento de informação de modo e para um fim qualquer.

A Lei específica não distingue entre os chamados sistemas operacionais, ou *software* de base, e os programas aplicativos: todos têm igual proteção. São sistemas operacionais os programas ou conjuntos de programas que se voltam mediata e imediatamente para o próprio controle da máquina, administrando suas funções internas, seus canais de comunicação, seus periféricos, etc.; de outro lado, os aplicativos são programas que visam controlar a máquina para que esta produza resultado externo determinado.[127]

Em sua generalidade, o dispositivo em análise também não exclui de proteção as linguagens de programação.

[3] § 1.16. Comportamento, e não texto

A destinação funcional do programa de computador é uma constante do direito comparado. A partir da definição de *software* na lei americana,[128] o programa de computador foi em todos os casos conceitualizado como uma produção humana de caráter funcional - característica enfatizada na Diretriz 91/250 da CEE.

John Hershley, o escritor americano que, nesta condição, participou da Comissão constituída em 1976 pelo Congresso Americano para estudar os problemas postos pelas novas tecnologias ao Direito Autoral,[129] tomou este ponto exatamente como o elemento de recusa do Direito Autoral para a proteção do *software*. O propósito do livro - objeto clássico do Direito Autoral - é a comunicação, enquanto o programa expressa funcionalidade: "it utters only work..." E o direito tutela não o objeto em si (como expressão), mas sua origem e seu propósito.[130]

---

atribuído aos inventores: o da nominação. A regra geral, além disto, é de que a patente pertence ao autor, ao titular que dele recebe legitimação originária, ou a seus sucessores.

[127] Em Apple v. Franklin, já citado, a questão exatamente era: um sistema operacional é tão colado à máquina que não haveria quanto a ele espaço de proteção autoral.

[128] "A computer program is a set of statements or instructions to be used directly or indirectly in a computer in order to bring about a certain result" 17 U.S.C. § 101 (1988).

[129] National Commission on New Technological Uses of Copyrigthed Works (CONTU), Final Report, 31/7/78, encontrado em http://www.eric.ed.gov/ERICWebPortal/recordDetail?accno=ED127935, visitado em 22/9/2009.

[130] SAMUELSON,Pamela, DAVIS, Randall, KAPOR, Mitchell D., Reichman, Jerome H., A manifesto concerning the legal protection of computer programs, 94 Colum. L. Rev. 2308 (1994) "At first glance, a program appears to be a textual work. Source code is clearly some form of text, even if in a strange language not easily read by the casual observer. The view of programs as texts has been widely adopted in the legal community. While conceiving of programs as texts is not incorrect, it is seriously incomplete. A crucially important characteristic of programs is that they behave; programs exist to make computers perform tasks. Program behavior consists of all the actions that a computer can perform by executing program instructions. Among the behaviors commonly found in word processing programs, for example, are copying text, deleting text, moving text from one place to another, and aligning margins. Program manuals typically contain a good description of much of a program's behavior. Programs often compete on the basis of behavior;

O sistema constitucional brasileiro se inclina exatamente a esta peculiaridade do regime jurídico do programa de computador, ao compatibilizar as exigências de função social ao valor ou propósito do programa: já que é a atuação prática e não a comunicação que se visa tutelar, que esta tutela siga os parâmetros da proteção à tecnologia - atuação prática ela também.

A adequabilidade da proteção autoral para o *software* continua sendo uma das maiores discussões no campo da Propriedade Intelectual - exatamente pela característica notada por John Hershey:[131] a fonte primária de valor do programa não é o texto, mas o *comportamento* do programa. Mais ainda, notam os autores que, no *software*, *texto* (o código) e *comportamento* são independentes: podem-se ter distintos códigos chegando a idênticos resultados funcionais, como demonstram os casos judiciais referentes aos programas VP-Planner e Lotus 1-2-3.[132]

[3] § 1.17. Fins determinados

A definição legal não precisa quais são os fins a que o programa se destina, ao fazer funcionar as máquinas automáticas de tratamento de informação, assim como os dispositivos, instrumentos ou equipamentos periféricos a que se refere à Lei 9.609/98. É apenas necessária a determinação, ou determinabilidade, de tais fins.

Assim, é suscetível de proteção o programa que se volte à própria operacionalidade das máquinas, como o *bios* ou outras parcelas do sistema operacional, mas também o que tenha fins externos ao hardware. Os *videogames* e jogos de toda espécie, os simples *screensavers*, na verdade mais elementos decorativos do que práticos, configuram o uso de programas para fins de caráter não técnico. Mas o emprego de programas para fins *técnicos* não impede a proteção desta lei, nem transfere integralmente tal utilização prática para a área das leis de patentes.

Com efeito, as leis de cunho autoral convivem há muito com as leis de patente, por exemplo, no campo do *design*, com a parte artística de uma padronagem restando

---

advertisements routinely list the capabilities (i.e., "features" which are discrete units of behavior) a program has that its competitors do not. Advertisements for tax preparation programs, for example, may emphasize the variety of tax forms they can handle (that is, the variety of tax-preparation behaviors the program is capable of producing). Behavior is not a secondary by-product of a program, but rather an essential part of what programs are. To put the point starkly: No one would want to buy a program that did not behave, i.e., that did nothing, no matter how elegant the source code "prose" expressing that nothing.Hence, every sensible program behaves. This is true even though the program has neither a user interface,nor any other behavior evident to the user. When someone sends electronic mail, for example, she will interact with a program that initiates transmission of the mail. This program hands the message off to a sequence of other programs that see to its delivery in a manner that is invisible to the user. The transmission programs have neither user interfaces nor visible behavior. Nonetheless, each behaves in ways important to the user".

131 Vide a extensa e riquíssima discussão da matéria na edição especial da centenária Columbia Law Review, de dezembro de 1994 (Samuelson, Davis, Kapor e Reichman, A Manifesto Concerning the Legal Protection of Computer Programs, encontrado em http://www.jstor.org/pss/1123142)

132 Lotus Development Corporation v. Paperback Software Int'l, Inc., 740 F. Supp. 37, 69-70 (D. Mass. 1990).

sob o Direito Autoral, e sua aplicação industrial cabendo à patente própria - hoje o registro de *desenho industrial* sob a Lei 9.279/96. Assim, a *expressão* de um programa pode restar sob a Lei do *software*, enquanto que o uso do programa para fins de utilidade industrial, inclusive os conceitos e idéias que subjazem ao algoritmo, podem incidir sob a tutela da lei patentária.

Nem o *fim estético*, literário, artístico ou musical, transfere o programa para o regime geral da lei autoral. A existência de um *fim determinado* - qualquer seja ele - é requisito de proteção sob a Lei do *software*, mas não modifica a natureza da proteção, que será sempre a da lei específica.

[3] § 1.17. (A) Fins determinados e tecnicidade

A obra expressiva, ainda que técnica, volta-se a um fim apenas, a *expressão*. O programa de computador, à luz do dispositivo aqui analisado, tem um *fim determinado* além da expressão. Esse fim, já pela determinação da lei brasileira, compõe a estrutura de proteção, e o peculiariza em face de todo outro sistema autoral.

Esta peculiaridade, por si só, torna inaplicável o sistema geral autoral, que só é aludido como *menção normativa*, sem ser sistemático.

[3] § 1.18. Momentos de proteção no processo de desenvolvimento

Como qualquer criação intelectual, o programa de computador passa por fases de elaboração. Algumas dentre elas serão tuteladas pelo sistema da Lei 9.609/98, outras ainda não o serão, já pela densidade mínima de *expressão* contida na realização intelectual. Embora a doutrina e jurisprudência comparada apresentem incertezas no tratamento dessa matéria, precisemos nosso entendimento quanto ao ponto.

Assim, os momentos de análise funcional e de projeto (fluxograma do programa, pelo pseudocódigo e pelo memorial descritivo) não estão abrangidos pelo sistema autoral geral, por tratarem-se de geração de conceitos e idéias; por idêntica razão, não estarão sob a tutela do regime específico.[133] Repita-se: não é toda a criação intelectual que é protegida em direito, mas apenas aquela que, sob uma análise restritiva, se enquadrar nos pressupostos de proteção.

---

133 SANTOS, Manoel J. Pereira dos, A Proteção ..., *op. cit.*, "As duas etapas iniciais do desenvolvimento de um programa de computador, representadas pela definição da funcionalidade (fase conceitual ou de análise funcional) e pela configuração da estrutura geral (fase de projeto ou análise orgânica), envolvem uma atividade criativa que compreende essencialmente conceitos e idéias gerais, como descrição de funções, metodologia de operação e linguagens de programação, mas também soluções técnicas específicas e originais, como uma nova estrutura modular e a própria arquitetura do programa. A implementação da estrutura geral em elementos organizacionais e o desenvolvimento de algoritmos são atividades que compreendem ainda conceitos e idéias"

De outro lado, certamente a *codificação*, a escrita de instruções em qualquer linguagem, será protegida, em sua literalidade e arquitetura, esta no que for livre e não necessária.[134]

Da concepção resulta uma documentação própria, em forma nominal ou gráfica; como qualquer criação expressiva de natureza técnica merecerá proteção, mas não quanto aos elementos técnicos que permanecem livres, ou mais propriamente, estranhos ao regime autoral geral (art. 7º, § 3º, da lei geral), e, *a fortiori*, pelo regime específico. O acesso a esse material, no entanto, poderá ser objeto de tutela pelo regime dos segredos de empresa ou sob o direito de obrigações.

[3] § 1.18. (A) Output

O programa, no exercício de sua funcionalidade e satisfazendo a sua *destinação* necessária, pode resultar em duas formas de resultado que têm pertinência para a análise de Propriedade Intelectual: efeitos expressivos de qualquer natureza, como textos, imagens, sons. E efeitos técnicos que, como se verá na seção 3 deste capítulo, podem recair no âmbito da proteção por patentes.

Dos primeiros, alguns serão examinados no segmento a seguir, que trata da *interface com o usuário*. Outros, constituindo resultado expressivo, podem, ou não recaírem sob a tutela autoral geral, conforme o teor de atuação humana que comportarem:[135]

> Assim não existe, no atual direito, possibilidade de direitos autorais – por exemplo - sobre o resultado de um funcionamento automático de um engenho captador de imagens por satélites.[136] Não se argumente que os comandos para direcionar a captação para um ou outro objeto sejam em algum grau, resultantes de decisão humana. Tal decisão, se houver, é de natureza meramente técnica, e não importa em criação autoral.

[3] § 1.19. Proteção da interface com o usuário – *look and feel*

O conjunto de resultados da atuação do programa que intermedeiam a atuação do seu usuário (telas de vídeo, menus e janelas, videojogos, e finalmente planilhas,

---

[134] Idem, eadem: "A etapa seguinte, que compreende a codificação, envolve o processo criativo mais facilmente protegido pelo Direito Autoral, porque gera uma "forma de expressão". No entanto, a doutrina entende que o núcleo criativo da atividade de programação reside, não na elaboração do código, que pode ser desenvolvido até por intermédio das chamadas ferramentas de "software", mas sim no projeto ou análise orgânica, com o estabelecimento da estrutura ou organização da seqüência de instruções".

[135] BARBOSA, Denis Borges. Cadernos de Direito Ibmec - Propriedade Intelectual - Direitos Autorais e Software. Rio de Janeiro: Lumen juris, 2003.

[136] Não se suscita aqui a questão da natureza estética ou não da criação, objeto de tantos cuidados na doutrina anterior, especialmente quanto às fotografias, inclusive aquelas obtidas automaticamente. O que se suscita é a existência de qualquer criação humana, ou mais precisamente, a existência de um sujeito ativo originário do direito autoral.

formulários e modelos[137]) merece cuidado especial de análise. A interface do usuário é assim definível:

> interface do usuário constitui os recursos que permitem ao usuário interagir com o computador a fim de executar as funções específicas.[138]

Dois elementos compõem essa interface: os de natureza estritamente técnica, como as teclas de função (F1= ajuda...) e o vasto campo que a doutrina denomina de *look and feel*. A par da estrutura interna de um programa, subsiste a questão da aparência e da funcionalidade deste em relação com o usuário - como este sente o programa que atua em sua máquina. É o tema da extensa discussão jurisprudencial relativa ao *look and feel* - o "jeitão" - dos *softwares*.

Recorramos, uma vez mais, ao magistério de nosso doutrinador maior sobre o tema:[139]

> A expressão "*look and feel*"[140] refere-se (a) ao conceito visual geral da obra (o "*look*" do programa), abrangendo as telas de vídeo e outras representações visuais do programa, como o aspecto gráfico e a estrutura de menus, constituindo assim parte da interface de usuário, e (b) ao funcionamento do programa, ou seja, a seqüência de operações, comandos, símbolos, ou de teclas de função ("*keytrokes*") que produzem comandos (o "*feel*" do programa), assim como as técnicas de interatividade,[141] aos quais alguns se referem como a "funcionalidade" do programa,[142] ou seja, o modo como as funções são executadas.

---

[137] SANTOS, Manoel J. Pereira dos, Proteção..., *op. cit.*: "(...) é necessário separar, em primeiro lugar, o tratamento legal a ser atribuído aos recursos desenvolvidos pelo programador para que o usuário possa interagir com o programa, que integram a "interface de usuário", das demais formas de representação externa geradas pelo programa. Essa diferenciação, porém, nem sempre é clara na doutrina. Com efeito, alguns autores não distinguem entre telas de vídeo, menus e janelas, videojogos, e finalmente planilhas, formulários e modelos gerados pelo programa, tratando todos como equivalentes, ou seja, como "interfaces de usuário".

[138] Idem, eadem.

[139] Idem, eadem.

[140] [Nota do Original] Esta é uma variação da expressão original, que era "total concept and feel", criada no caso Roth Greeting Cards v. United Card Co., 429 F.2d 1106 (9th. Cir. 1970), no qual o tribunal considerou que dois modelos de cartões de visita eram extremamente semelhantes não apenas em seus aspectos gráficos mas também ideológicos. A expressão foi usada em casos posteriores, especialmente em Sid & Marty Krofft Television Prods., Inc. v. McDonald's Corp. , 562 F.2d 1157 (9th. Cir. 1977). Na década de 1980 passou a ser usada em casos de videojogos, no contexto de obras audiovisuais (e.g., Atari, Inc. v. Amusement World, Inc., 547 F. Supp. 222 (D. Md. 1981), aplicando-se a programas de computador a partir do caso Broderbund v. Unison World. Vide Bernacchi on Computer Law, v. 1, p. 3-85 e ss.

[141] [Nota do Original] Vide LATMAN, A.; GORMAN,. Gorman; Ginsburg, Jane. Copyright for the nineties. 3rd. ed. The Mitchie Co., 1989, p. 194, *apud* SHIN, Yukyun, *op. cit.*, p. 470. Vide também BENSOUSSAN, Alain. Informatique..., p. 28; BELLEFONDS, Xavier Linant de; HOLLANDE, Alain. *Op. cit.*, p. 179.

[142] [Nota do Original] Vide BERTRAND, André. Le droit d'anteur..., p. 570.

Apesar de a expressão "*look and feel*" englobar mais do que simplesmente a interface de usuário, há quem considere as duas expressões equivalentes.[143] Na verdade, a questão parece ser meramente semântica e depende da definição que se atribui à expressão interface de usuário.[144] Numa versão para o português bastante feliz, Denis Borges Barbosa designa-o de "*jeitão*" do programa, referindo-se assim tanto à questão da aparência quanto da funcionalidade deste em relação ao usuário.[145]

Muito se discutiu quanto à possibilidade de proteção desse fenômeno. O fato de dois *softwares* terem, em confronto, o mesmo "jeitão" é extremamente importante para o novo concorrente que entra no mercado, porque o usuário não sente maiores dificuldades de aprendizado decente de cada um deles, pela coincidência de telas, pela seqüência de comandos ou pelo tipo da resposta

Numa situação em que o treinamento de pessoal e as curvas ascendentes de familiarização com um programa novo constituem item significativo de custos das empresas, a possibilidade de ter acesso a um *software* em substituição a outro, mais caro ou menos funcional, sem precisar re-treinar todo o corpo técnico, representa valor significativo na concorrência.[146]

A partir da consolidação da idéia de que o *copyright* se estenderia à sua estrutura, seqüência e organização, certos fluxos jurisprudenciais[147] chegaram a se voltar à ênfase na aparência visual dos programas, mas também nos outros aspectos do *look and feel*. Em fases posteriores de tais procedimentos judiciais, porém, prevaleceu entendimento mais restritivo. Tal tendência continua a vigorar.[148]

---

143 [Nota do Original] O "Report on Computer Software Protection" do "Copyright Law Review Committee" parece considerar os termos "look and feel" e "user interfaces" como equivalentes, cf. § 9.13.Vide também BENSOUSSAN, Alain. Informatique...p. 28; Idem. Le logiciel... p. 42; SCOTT, Michael D. Scott on... p. 3-198.
144 [Nota do Original] Vide discussão no Tópico Interface.
145 [Nota do Original] BARBOSA, Denis Borges. Propriedade intelectual... p. 152.
146 Em matéria de direito autoral, no entanto, o propósito de manter a compatibilidade não foi aceito a princípio, nas decisões das instâncias inferiores, como defesa no caso da Franklin: "Franklin may wish to achieve total compatibility (...) but that is a commercial and competitive objective which does not enter into the somewhat metaphysical issue of whether particular ideas or expressions have merged". De outro lado, é de perguntar se não deveriam ser estabelecidas normas técnicas coativas que impedissem a criação de dificuldades artificiais apenas para impedir a compatibilização de equipamentos ou softwares.
147 Ver Ashton-Tate Corp v. Fox Software, Inc., 88-6837-TJH (C.D.Cal. ação iniciada em 18/11/88), com fatos idênticos aos da ação da 14ª Vara Cível do Rio de Janeiro, mencionada. Lotus Development Corp. v. Mosaic Software, Inc. e Lotus Development Corp. v. Paperback Software International, ambas as ações iniciadas na Seção Judiciária Federal do estado de Massachussets, em 12/1/87.
148 Nova Productions v Mazooma Games & Ors (14 March 2007), Court of Appeals, will be of immense interest and potential concern to software developers and the owners of copyright in computer programs. In its judgment, the Court of Appeal confirmed that: 1. it is not an infringement of copyright to make a computer program which emulates another program (including its look and feel) but which does not copy the other program's code or graphics; 2. ideas which underlie computer programs are not protected by copyright; and 3. no additional copyright protection, over and above protection as individual graphic works, is given to a series of images displayed in a computer program" encontrado em http://united-kingdom-news.newslib.com/story/482-3242432/, visitado em 21/9/2009.

Com Manoel J. Pereira dos Santos, entendo que a evolução da noção de *trade dress* como objeto de proteção pelo direito imaterial em muito se ajusta a esse fenômeno.

[3] § 2. Requisitos da proteção

[3] § 2.1. Novidade

Para que se proteja qualquer criação intelectual, no sistema vigente da Propriedade Intelectual, exige-se que seja *nova*. Cada sub-sistema desse direito detalha e minudencia de sua forma específica o que se entenderá por novo, em seu campo; mas não caberá proteção exclusiva a qualquer coisa que já tenha entrado em domínio público.[149]

Na verdade, e di-lo a definição clássica de Jerome Reichmann,[150] a construção jurídica de uma exclusividade para as criações intelectuais tem por propósito diferir o domínio público, que resulta da propensão natural dessas criações à evanescência. Mas o faz como meio de garantir uma produção deliberada, profissional, contínua de criações intelectuais; é um instrumento artificial, e sujeito às fragilidades de toda construção que se contrapõe à natureza:

Naturam expellas furca, tamen usque recurret (Horácio, Epistulae 1.10.24)

A novidade pertinente ao sistema autoral, no entanto, não é a objetiva, como a das patentes. Não se exige que o programa de computador seja inegualado no universo humano; e sim que venha, sem cópia, de uma fonte determinada:[151]

O primeiro problema jurídico é o da *originalidade* do texto. Note-se que originalidade aqui não é a mesma noção de *novidade objetiva* do sistema de patentes.

---

149 No primeiro projeto brasileiro de software (Projeto do Senado No 260/84 do Senador Virgílio Távora, Diário do Congresso Nacional of December 4, 1984, p. 4814), a escolha da novidade era distinta. Barbosa, Denis Borges, New Brazilian Software Proposal, Business Law Review, London, 1985, em http://denisbarbosa.addr.com/173.doc "No novelty (in the sense of patent laws) is required for registration, but the right to apply for registration expires after one year of (a) the beginning of commercialisation, use, copying for commercialisation in other cases in Brazil or abroad; or (b) the granting of protection under a foreign law. An interim provision extends this term to five years before the date that the new law is enacted in case of already existing softwares".
150 REICHMAN, Jerome H., Charting the Collapse of the Patent-Copyright Dichotomy: Premises for a restructured International Intellectual Property System 13 Cardozo Arts & Ent. L.J. 475 (1995): "Este campo do direito garante ao criador um pacote de direitos exclusivos planejado para superar o problema do domínio público resultante da natureza intangível, indivisível e inexaurível da criação intelectual, que permite aos caronas, que não compartilharam do custo e risco criativo, ter-lhe pleno acesso".
151 Como se lê em [5] § 4. 2. - Novidade autoral sobre obras expressivas - A noção de apropriação apenas do novo é está expressa na regra de que "são obras intelectuais protegidas as criações do espírito", do art. 7º da Lei 9.610/98. É a "criação", não a cópia, ou uso de algo já existente, que dá origem á proteção.

Novo, para patentes, é o que ainda não está no *estado da técnica*. Novo, para os cânones da produção científica, é também um conceito objetivo (segundo as regras da Sorbonne, o orientador tem de levar o orientado "à dégager le caractère novateur du sujet dans le contexte scientifique et à apprécier son actualité"), o que é sintetizado pelos qualificativos "original et formateur".[152]

A probabilidade rejeita um acaso tamanho que dois programas complexos sejam integralmente iguais; mas não seria, em tese, impossível que tal ocorra. Nesta hipótese, certo que a criação do segundo programa em nada se devesse ao primeiro, atendido estaria o critério da novidade.

A este atributo – de ser resultado intelectual atribuível a uma fonte determinada –, também se tem dado o nome de *originalidade*; preferimos, porém, reservar tal expressão para outro dos requisitos gerais ao sistem autoral, qual seja, o de um contributo mínimo que atividade de criação faça à sociedade. É o que veremos a seguir.

[3] § 2.2. Originalidade

Originalidade é coisa que tem múltiplos significados em propriedade intelectual. Dissemos, em Uma Introdução, 2ª ed., falando de desenhos industriais:

> A "originalidade" tem variada conceituação em Direito da Propriedade Intelectual.[153] No Direito Autoral, tende a se manifestar como a característica de ser oriunda do próprio criador,[154] ou *novidade subjetiva*. Pela definição do CPI/96, assemelha-se à *distinguibilidade* do direito marcário (vide abaixo), ou seja, a possibilidade de ser apropriada, já que não está imersa no domínio comum. A fragilidade de tal conceito está na extrema proximidade com a noção de novidade, acima definida.

Lê-se do que dissemos que no direito autoral a palavra tende ser tomada como "a característica de ser oriunda do próprio criador, ou novidade subjetiva". Mas é apenas uma observação de caráter analógico. Vamos à análise.

O primeiro sentido que a palavra aparece no direito autoral é o da simples novidade.

> "haja originalidade nessa concepção, entendida a palavra no sentido relativo, ou

---

152 BARBOSA, Denis Borges O orientador é co-autor? Revista da Associação Brasileira de Direito Autoral. Rio de Janeiro: v. 1º, 2004.
153 Vide verbete em BASTOS, Aurélio Wander, Dicionário Brasileiro de Propriedade Industrial e Assuntos Conexos. Quanto ao conceito relativo aos desenhos industriais, à luz da lei de propriedade industrial anterior, VIDE GAMA CERQUEIRA, João da, Tratado da Propriedade Industrial, vol. I, parte I, 1946, p. 317-319.
154 Distinguem-se a obra original, ou não copiada (LUCAS e LUCAS, Traité de la Propriété Litteraire et Artistique, Litec, 1994, p. 88), da obra originária, qual seja, "a obra primígena", ou seja, a base de uma derivação.

seja, de que não se cuida da novidade absoluta, mas de concepção diversa das existentes."[155]

O segundo sentido, o de imputação subjetiva, ocorre também, de acordo com contexto. Por exemplo, a Lei 9.609/98 diz:

Art. 3º Os programas de computador poderão, a critério do titular, ser registrados em órgão ou entidade a ser designado por ato do Poder Executivo, por iniciativa do Ministério responsável pela política de ciência e tecnologia.
§ 1º O pedido de registro estabelecido neste artigo deverá conter, pelo menos, as seguintes informações:
I - os dados referentes ao autor do programa de computador e ao titular, se distinto do autor, sejam pessoas físicas ou jurídicas;
II - a identificação e descrição funcional do programa de computador; e
III - os trechos do programa e outros dados que se considerar suficientes para identificá-lo e caracterizar sua originalidade, ressalvando-se os direitos de terceiros e a responsabilidade do Governo

Quanto ao *software*, propriamente dito, entendo que esta "originalidade" tenha um sentido próprio. O primeiro objetivo do depósito é a comprovação de que o programa é criação independente, ou seja, resultante de elaboração autônoma. É o requisito clássico

da originalidade (subjetiva), que está para o sistema do Direito Autoral como o de novidade (objetiva) está para o sistema de patentes[156] Tal comprovação seria efeito, possivelmente, da prioridade no registro ou no uso, dentro do princípio *prius in tempore, fortior in jure*.

No entanto, uma vez mais cabe repetir que o registro é constitui prova *juris tantum*; não só pode ser superada por outra evidência, como também, no caso da legislação autoral, aqui aplicável, a criação anterior não tira a originalidade da posterior, desde que não tenha havido indevida apropriação de material da primeira pela segunda criação.
Veja-se parecer que dei no INPI como Procurador Geral:

Originalidade

INPI, 1988
"O regime pertinente é o genérico do Direito Autoral, modificado pelas disposições da Lei 7.646. Ora, em tal regime não se exige a novidade objetiva como

---
[155] BITTAR, Carlos Alberto. O Direito do Autor. Revista EPM-APAMAGIS, nº 1 (2), jan.-abr., 1997, p. 60.
[156] COLOMBET Claude, Grands Principes du Droit d'Auteur et des Droits Voisins dans le Monde, 2a. Ed. LITEC/UNESCO, 1992, p. 36.

requisito de proteção, mas tão somente a originalidade - conceito que tem acepção muito peculiar neste contexto.

De um lado, nem tudo que é subjetivamente original é protegido - como nota a Lei 7.646 (Art. 7º, III) ao absolver de plágio a criação que se aproxima a outra porque as formas alternativas de expressão são limitadas. Se as características do hardware impõem uma e só uma solução de *software*, não há direito autoral sobre esta, ainda que tenha havido criação original. De outro lado, a recriação independente de uma obra objetivamente já existente faz jus à proteção autoral.

Assim, não é a comparação objetiva entre uma obra anterior e uma posterior que poderá ferir a originalidade da segunda; somente uma análise minuciosa do processo criativo poderá chegar a tal conclusão. Além disto, mesmo quando original, uma obra pode ser dependente de outra que lhe é anterior - como ocorre nas traduções [157] Quando isto ocorre, há uma obra original, mas derivada da anterior; e tal noção é muito relevante porque obra derivada, na nossa lei autoral, só pode ser explorada com a permissão do titular da obra originária - a da qual se deriva a segunda obra original.

Esta originalidade, chamada relativa, pode existir seja quanto à expressão da obra (outra vez: como na tradução), seja quanto a sua composição (a forma interna: a ordenação e disposição da obra), mas inexistir quanto ao outro elemento. Para se apurar se há originalidade absoluta ou relativa, assim, é preciso analisar em cada caso se o segundo criador baseou-se nas idéias em geral, que são de domínio público; ou na análise formal-matemática do problema tecnológico a ser resolvido pelo programa de computador, igualmente em domínio público; ou na formulação lógico-matemática de tal análise, o chamado algoritmo, ainda de domínio comum; ou se já nas ordenações e disposições do programa que, não sendo de caráter necessário, representem uma escolha entre alternativas possíveis, assim uma parte da forma interna da obra - sua composição. É tarefa difícil.

Original é - neste sentido - simplesmente o que foi criado pelo autor, sem nenhuma avaliação de estado da arte ou de uso e registro prévio.

Mas um terceiro sentido existe para a palavra em direito autoral. Por exemplo, a da existência de um conteúdo mínimo de doação pessoal, que faça de um trabalho uma obra do espírito e não simplesmente o resultado do tempo e do suor despendido.

---

[157] Derivações: Art. 5º Para os efeitos desta Lei (9.610), considera-se: VIII - obra: f) originária - a criação primígena; g) derivada - a que, constituindo criação intelectual nova, resulta da transformação de obra originária; (...)

É nesse sentido que Henri F. Jessen[158] entende que os requisitos para proteção da obra são: a) pertencer ao domínio das letras, das artes ou das Ciências; b) ter originalidade; c) achar-se no período de proteção fixado pela lei.

A principal diferença entre a proteção das bases de dados originais e aquela advogada para as chamadas bases de dados não originais está no fato de que, no primeiro caso, o conjunto é protegido, não enquanto simples acervo de dados e outros materiais, mas sim na medida em que há a sistematização, organização e disponibilização desses elementos de forma criativa, não se estendendo a proteção autoral aos dados e materiais em si mesmos. Já no segundo caso, o âmbito dessa proteção é maior, abrangendo o acervo de dados e outros materiais, sendo assim preferível designar esse sistema como de proteção do conteúdo das bases de dados.

O que não é necessariamente um requisito geral de todas as práticas autorais:

RE-30406 / GB RECURSO EXTRAORDINARIO. Relator Ministro VICTOR NUNES - Publicação DJ direito autoral TA-25-05-66 PG-Julgamento 11/04/1966 - PRIMEIRA TURMA Ementa - 1) O ANOTADOR DE LEIS, MESMO SEM ORIGINALIDADE DOUTRINARIA, TEM A PROTEÇÃO DO DIREITO AUTORAL.

A quarta acepção - que também nos interessa - é de *distinguibilidade*. Neste sentido, retornando ao meu texto sobre desenhos industriais:

Pela definição do CPI/96, assemelha-se à distinguibilidade do direito marcário (vide abaixo), ou seja, a possibilidade de ser apropriada, já que não está imersa no domínio comum. A fragilidade de tal conceito está na extrema proximidade com a noção de novidade, acima definida.
Diz Newton Silveira:
(...) a originalidade é condição tanto para a proteção das invenções, quanto das obras artísticas, podendo-se dizer que nas obras de arte a originalidade se refere à forma considerada em si mesma, enquanto que para os modelos e desenhos industriais a forma em si pode não ser original, desde que o seja a sua aplicação, isto é, a originalidade neste caso consistiria na associação original de uma determinada forma a um determinado produto industrial.
Em Direito Francês, exige-se que o desenho tenha "uma configuração distintiva e reconhecível que a diferencie de seus similares". Já a proposta de diretriz da Comunidade Européia, em seu art. 3.2, prevê a satisfação do requisito de caráter individual, definido como o atributo que faz o observador, numa impressão glo-

---

[158] JESSEN, Henri Francis. Direitos Intelectuais: Ed. Itaipu, RJ, 1967. Vide, neste entendimento, Proteção Autoral do Website Manoel J. Pereira dos Santos, Revista da ABPI n. 57 1/3/2002, falando do regime brasileiro de bases de dados, evocando por comparação o sistema europeu da diretiva nº 96/9/CE, de 11 de Março de 1996.

bal, determinar que o objeto protegido difere de maneira significativa dos outros desenhos utilizados ou publicados no território.

Tal caráter distintivo, de novo no Direito Francês, terá de ser visível e claramente aparente, possibilitando o objeto diferenciar-se dos congêneres seja por uma configuração reconhecível, seja por vários efeitos exteriores que lhe empreste fisionomia própria (Code de la Propriété Intellectuelle, art. L.511-3).

À luz de tais parâmetros, entendo que o requisito, em sua nova roupagem, deva ser entendido como a exigência de que o objeto da proteção seja não só novo, ou seja, não contido no estado da arte, mas também distintivo em face desta, em grau de distinção comparável ao ato inventivo dos modelos de utilidade.

Autores há que entendem haver distinções nesse requisito conforme o setor produtivo e o mercado consumidor; assim, para certos produtos, a distinguibilidade deveria ser maior, assim como em face de um consumidor mais sofisticado, o impacto do efeito estético deveria se afeiçoar a essa característica.

Note-se o que ocorre, por exemplo, no contexto da proteção dos semicondutores:

House Report 98-781, 96th. Cong. 2nd. Sess. 4 (1984), p. 17: "a mask work is original if it is the independent creation of an author who did not copy it". Segundo o 17 USC Par. 902 (b), "the mask work may not consist solely of designs that are staple, commonplace or familiar in the semiconductor industry, or variations of such design, combined in a way that, considered in a whole, is not original". Copyright Office Circular R 100.

[3] § 2.2. (A) Originalidade como contributo mínimo

Diz Manoel J. Pereira dos Santos:[159]

Apesar de existir hoje uma certa "banalização" do Direito de Autor, que veio ao socorro de obras puramente utilitárias como programas de computador e bases de dados eletrônicas, que valem sobretudo por sua funcionalidade, o conceito assente ainda é de que não é qualquer produção intelectual que receberá a proteção autoral. Nem mesmo programas de computador e bases de dados eletrônicas. É necessário que, no caso concreto, satisfaçam o requisito de originalidade. O problema, obviamente, está em determinar o "quantum" dessa criação. Qual o critério para se determinar o mínimo de criatividade exigido? Não se pode prescindir de um certo juízo de valor, ou seja, é necessário utilizar critérios de valoração ainda que o Direito de Autor não se preocupe nem com o valor intrínseco da obra nem com sua destinação. Esses critérios de valoração, que não estão defi-

---

[159] SANTOS, Manoel J. Pereira, A Proteção..., *op. cit.*

nidos na lei, objetivam justamente determinar o grau de originalidade expressiva presente numa obra de maneira a caracterizar a existência de uma criação intelectual. Produções destituídas de qualquer contribuição expressiva do autor, como textos simples ou formulários em branco, escapam da proteção autoral. (...) Algumas decisões e parte da doutrina parecem identificar a criatividade no fato de existir alternatividade de forma de expressão. No entanto, nem sempre é evidente em que constitui este elemento. Há decisões que tratam da escolha de soluções técnicas, ou seja, da criatividade do programador na elaboração do programa face à complexidade das alternativas possíveis. Mas, uma vez definida a solução técnica, há alternativa de forma de expressão ou esta decorre da própria solução técnica escolhida?

Assim, não caberá proteção por exclusiva para o programa a qual faltem o mínimo de contribuição criativa; para aquele que, mesmo se não infringindo direitos de terceiros, fique no trivial, no anódino, no meramente necessário.[160]

[3] § 3. Autoria e titularidade

Tratamos, nesta seção, de duas questões estritamente vinculadas: a do estatuto do *criador* do programa de computador e o outro estatuto análogo, mas não subsumido, do *titular* da exclusiva consequente.

Dissemos, quanto ao ponto:[161]

Um ponto em que parece haver consenso entre todos os doutrinadores modernos e que apenas o ser humano, pessoa natural, pode ser criador de obra e, portanto, autor.[162] No atual sistema de proteção dos direitos autorais (art. 11),[163] o titular originário dos direitos é necessariamente uma pessoa natural; autor é sempre uma pessoa humana:

---

160 UBERTAZZI, Luigi Carlo, Copyright protection of computer data bases in Italy, International Review of Industrial Property and Copyright Law, vol. 16, n. 6/1985, p. 726: "copyright law only protects intellectual works with creative character". O autor aponta como fundamento, conforme preceitua o art. 2.575 do C. Civ. italiano e o art. 1º da Lei do Direito Autoral, na Itália.

161 BARBOSA, Denis Borges. Cadernos de Direito Ibmec - Propriedade Intelectual - Direitos Autorais e Software. Rio de Janeiro: Lumen Juris, 2003.

162 [Nota do Original] No mundo de hoje, talvez seja essa uma das questões mais candentes dos Direitos Autorais. Concebidos os seus contornos ao longo dos séculos XVIII e XIX, viu-se o Direito Autoral a regular relações que não se enquadram mais naquelas concepções antigas - e muitas vezes romanticamente enganadas - tais como a de "centelha criativa do autor", a de "concepção, geração e nascimento da obra"; sem contar que também os meios de publicação, divulgação, enfim de utilização da obra, modificaram-se essencialmente, causando discussões que deixariam perplexos os autoralistas de antanho.

163 [Nota do Original] A lei anterior, em seu art. 15, referia-se a possibilidade de autoria originária de pessoa moral. Parte considerável da doutrina, porém aponta para a revogação do dispositivo, em face do texto da carta da República de 1988, art. 5º, XXVII - (aos autores pertence o direito exclusivo de utilização, publicação ou reprodução de suas obras, transmissível aos herdeiros pelo tempo que a lei fixar).

"O titular originário do direito de autor não pode ser outro senão o criador da obra intelectual, ou seja, o autor, 'pessoa física'. Esse entendimento é pacífico."[164]
Assim não existe, no atual direito, possibilidade de direitos autorais – por exemplo - sobre o resultado de um funcionamento automático de um engenho captador de imagens por satélites.[165] Não se argumente que os comandos para direcionar a captação para um ou outro objeto sejam em algum grau, resultantes de decisão humana. Tal decisão, se houver, é de natureza meramente técnica, e não importa em criação autoral.

A lei distingue o autor e o titular – mesmo originário – da obra:
Art. 11. Autor é a pessoa física criadora de obra literária, artística ou científica.
 Parágrafo único. A proteção concedida ao autor poderá aplicar-se às pessoas jurídicas nos casos previstos nesta Lei.

A titularidade como um apanágio do autor, no regime geral, é consagrada pela doutrina,[166] mas não pela CUB, que não dispõe sobre o assunto.[167]

[3] § 3.1. Quem é autor

É autor quem essencialmente quem tem *poder decisório* sobre a expressão:[168]

"... conselhos, orientações, sugestões, não constituem autoria. Inspirações, estímulos, ensinamentos, nada disso compõe o conceito jurídico de autor."[169] Disse Antonio Chaves:[170]
"Para que a cooperação dê a qualidade de autor é necessário, acentua-se, que ela tenha certa importância e dignidade intelectual, não sendo reputado co-autor quem somente contribuiu com conselhos para a formação da obra, nem o artífi-

---

164 [Nota do Original] Costa Neto, *op. cit.*, p. 60.
165 [Nota do Original] Não se suscita aqui a questão da natureza estética ou não da criação, objeto de tantos cuidados na doutrina anterior, especialmente quanto às fotografias, inclusive aquelas obtidas automaticamente. O que se suscita é a existência de qualquer criação humana, ou mais precisamente, a existência de um sujeito ativo originário do direito autoral.
166 PIOLA CASELLI, Eduardo - Trattato del diritto di autore e del contrato di edizione, Unione Tipográfico Editrice Torinese, Turim, 1927, p. 213; GRECO, Paolo e VERCELLONE, Paolo - I diritti sulle opere del'ingegno, Unione Tipográfico Editrice Torinese, 1974, p. 203/204; BITTAR, Carlos Alberto -Direito de Autor, Editora Forense Universitária, 1992, p. 29/30.
167 SANTOS, Manoel J. Pereira dos, Proteção, *op. cit.*, 4.4.4. Autoria e titularidade, "A Convenção de Berna coloca o autor em posição central, mas não o define, embora se infira que autor é o criador intelectual. Em outras palavras, a Convenção não trata especificamente de questões como atribuição de autoria e alocação de direitos ou titularidade".
168 BARBOSA, Denis Borges O orientador é co-autor? Revista da Associação Brasileira de Direito Autoral. Rio de Janeiro: v. 1º, 2004.
169 Lei 9.610/98. Art. 11. Autor é a pessoa física criadora de obra literária, artística ou científica. Art. 15. (...) § 1º Não se considera co-autor quem simplesmente auxiliou o autor na produção da obra literária, artística ou científica, revendo-a, atualizando-a, bem como fiscalizando ou dirigindo sua edição ou apresentação por qualquer meio.
170 Criador de Obra Intelectual, Rd. LTr, 1995.

ce que sob a direção do escultor deu a um bloco de mármore, de onde surgirá uma estátua, o primeiro desbaste."

Também nesse passo, citando Manoel Joaquim Pereira dos Santos:[171]

No caso Whelan v. Jaslow[172] o tribunal norte-americano examinou uma questão bastante interessante a respeito de co-autoria, mas diretamente relacionada com a problemática do âmbito de proteção autoral. O juiz entendeu que, embora o réu tenha fornecido ao autor considerável orientação e informações a respeito do que o sistema deveria fazer, ele não poderia ser considerado co-autor.[173] (...)

De outro lado, não se exige, para a autoria, que haja participação *material* da pessoa na realização da obra. Diz o excelente Henry Jessen em seu Derechos Intelectuales.[174]

Para PIOLA CASELLI[175] la colaboración no exige una participación material en la realización de la obra:

"Puede ocurrir que quien encarga a otro la elaboración de una obra le suministre también el esbozo general, los materiales necesarios y oriente, vigile y corrija las diversas operaciones intelectuales, de las cuales la propia obra, sea ésta un libro, una estatua, una pintura, etc., surgirá. En tal hipótesis, la ingerencia intelectual del comitente en la creación de la obra puede tener tanta importancia, que él deba ser considerado un verdadero coautor."

Ese sería el caso de los contratantes de los "ghost writers", escritores anónimos que, mediante remuneración, se encargan de dar forma literaria à las biografías de celebridades que por falta de cultura o de tiempo, únicamente orientan la realización de la obra, publicándola, no obstante, exclusivamente bajo su nombre.

Mas, a meu ver, o aspecto crucial e determinante de quem é autor, e quem não o é, embora partícipe no processo, é o poder de escolha dos meios de expressão.

---

171 Objeto e Limites da Proteção Autoral de Programas de Computador, tese de doutorado defendida em agosto de 2003 na Faculdade de Direito da USp.

172 [Nota do Original] Whelan Associates, Inc. v. Jaslow Dental Laboratory, Inc., 609 F. Supp. 1307, motion granted in part, motion denied in part, 609 F.Supp. 1325 (E.D. Pa. 1985), aff'd, 797 F.2d 1222 (3d Cir. 1986), cert. denied, 479 U.S. 1031 (1987)..

173 [Nota do Original] "Rand Jaslow's claim of co-authorship stems from his claim that he originated the concept of developing an overall computer program that could accommodate the business needs of a dental laboratory, that he disclosed to Elaine Whelan in detail the operations and methods of Jaslow Laboratory in conducting its business, that he explained to Elaine Whelan the functions to be performed by the computer and helped design the language and format of some of the screens that would appear on the computer's visual displays .... [I]t was nevertheless Strohl Systems through Elaine Whelan alone that was the author of the source and object codes and the designer of the system.... [Rand Jaslow's activities were] similar to an owner explaining to an architect the type and functions of a building the architect is to design for the owner. The architectural drawings are not co-authored by the owner, no matter how detailed the ideas and limitations expressed by the owner". (id. at p. 1318-19, *apud* Lundberg, Sumner & Gates III, Identifying Uncopyrightable Computer Implemented Processes and Systems, p. 10/11).

174 Editorial Jurídica de Chile, 1970, p. 54.

175 [Nota do original]Piola Caselli - Trattatto del Diritto di Autore e del Contratto di Ediziome - pág. 22.6'.

Falando do "mito romântico" do autor, Thomas Paris [176] indica certos elementos juridicamente relevantes da autoria:

Néanmoins, dans une récente étude socio-économique à base de questionnaires, M. Vessillier-Ressi a fait apparaître que la population des artistes répertoriés en France partageait - et partageait avec les auteurs « mythiques » - un certain nombre de caractéristiques constitutives de ce modèle. Charles Baudelaire déclarait que: « L'homme de génie veut être un, donc solitaire » (Vessillier-Ressi, 1997, p. 36), Francis Saillart considère que les artistes sont « des hommes et des femmes seuls, car la création nécessite notamment la solitude et l'indépendance, aussi l'unicité, la liberté "totale"... qualités divines! » (ibid., p. 36). Comme Jean-Jacques Rousseau (« On s'imaginait que je pouvais écrire par métier comme tous les autres gens de lettres, alors que je ne sus jamais écrire que par passion » (ibid., p. 58)), Dana Bnggs ne conçoit pas la création comme une activité professionnelle (« Etre artiste n'est pas une profession. [...] L'Oeuvre personnelle d'un artiste ne peut pas être produite dans les circonstances habituellement associées avec ce que l'on appelle la vie professionnelle » (ibid., p. 58)). Et Pierre Henry fait écho à Pierre Boulez (« Pour lui, créateur, donc égoïste, du moins égocentrique, l'ordre de priorité sera respecté d'abord l'œuvre à faire » (ibid., p. 40)) lorsqu'il déclare: «Je n'ai jamais cherché à m'intégrer dans le système et je l'ai beaucoup dit et écrit en son temps. Notre indépendance totale me semble ce qu'il y a de plus important » (ibid., p. 40). Globalement, les artistes consultés se reconnaissent donc dans ce modèle du créateur seul, marginal et indépendant.

Da imagem romântica, do criador só, marginal e independente, a noção de *liberdade* tem o estofo jurídico mais pregnante. Em primeiro lugar, a noção constitucional de direito de autor (por oposição ao direito à obra, que resulta da lei ordinária), se radica na *liberdade de expressão*.[177] E a jurisprudência e doutrina têm sancionado esse entendimento. Uma vez mais Henry Jessen:

Algunos tratadistas, sin embargo, consideran que el acto de la creación sólo se verifica cuando el autor dispone de absoluta libertad en la expresión de su pensamiento. La subordinación a un tercero, el comitente, le quitaría la calidad de por carecer la obra realizada bajo orientación de una de las condiciones esenciales para ser atribuida a ella: la impregnación de su verdadera personalidad. SATANOWSKY,[178] por ejemplo, entiende que el asalariado "no crea obra alguna" y añade:

"En principio, se dice que cuando se trabaja por dinero, se loca la industria, existe un vínculo de subordinaci6n y se escribe una obra bajo un encargo u orden, el derecho pertenece al que encargó la dirección o ejerce el comando. Para noso-

---

[176] Le Droit d'auteur: L'Ideologie et le Systéme, PUF, 2002, p. 125.
[177] A observação é de Hector Della Costa, Sujeto y Objeto del Derecho de Autor, *apud* Antonio Chaves, *op. cit.*, p. 85.
[178] [Nota do original] Isidro Satanowsky - Op. tit. - T. I - pigs. 269-270: (47).

tros ello es así siempre que el que realice la obra no la impregne de su personalidad sin intervención del que la ordenó".

Naturalmente ese tratadista pondera que en cada caso deberán ser analizadas las circunstancias, en virtud de las características del derecho moral.

35 -Sea cual fuere, sin embargo, la participación de cada podrá ser considerada solamente obra de colaboración aquella que resulte de una estrecha comunicación de ideas y sentimientos, de la fusión total de los pensamientos de aquellos que la elaboran y que redunde en un todo armónico y homogéneo, dentro del cual sea imposible distinguir la parte de inspiración que correspondió a uno de la parte de materialización que correspondió al otro.

E completa a jurisprudência francesa, na descrição de Claude Colombet:[179]

La pratique revele l'existence d'un autre genre d'oeuvre de collaboration; dans l'affaire Renoir contre Guino, les juridictions saisies[180] ont consideré que les sculptures, dont Renoir avait eu l'idée et qui furent executees par Guino sous la direction et le controls du peintre etaient des oeuvres de collaboration, et non des oeuvres collectives dont Renoir aurait etc le seul createur; Renoir, decrivant par la parole l'oeuvre d'art -faisait oeuvre créatrice dans l'ordre literaire[181] - oeuvre orale -, le sculpteur, conservant d'ailleurs une part de liberté, faisait oeuvre creatrice dans l'ordre artistique. Aussi bien, ainsi qu'un a pu le faire observer,[182] apparait ici une variets d'oeuvre de collaboration, oii l'un des coauteurs cree au stade de la composition, l'autre au stade de l'expression.

La meme remarque s'applique a la creation de tapisseries, avec cette difference que le cartonnier realise un dessin, en lui-meme oeuvre artistique, qui est le point de depart de la tapisserie,[183] dans la realisation de laquelle la part du lissier ne peut etre negligee, des l'instant qu'il conserve une certaine liberte creatrice, notamment dans le choix des couleurs. Par contre, il a été jugs, à propos d'une oeuvre cinematographique, qu'un artiste prétendant avoir etc coauteur d'un scenario devait voir sa pretention repoussee (le scenario était en fait inspire de la vie reelle de tiers) et alors que lee dialogues avaient ate mis au point par tous lee

---

[179] Propriété Litteraire et Artistique et droits voisins, 7e. Ed. Dalloz, 1994, p. 87.

[180] [Nota do original] Tribunal de la Seine 16 mai 1966, RJ.D.A., 1967, tome 53, p. 47. En cas d'action en contrefaçon, la mise en cause de tous les coauteurs est indispensable (Case. civ, 2°, 4 pa, 19$8, R. T.D. com.1990, p. 32, obs. Franpon; D.1989.482, note p. Y. Gautier, D.1989.S.C.50, obs. Colombet). 2. Trib. gr. inst. Paris (3e ch.), 11 janv. 1971, J.C.p. 1971.16.697; Paris, 9 juill. 1971, RLDA, avr. 1973, p. 160; Cass. civ., 13 nov. 1973, D. 1974.533, note Colombet. Comp. lee obs. de Me Edelman in La main et l'esprit, D. 1980, chron., p. 43 et s.

[181] [Nota do original] Cf. obs. DESBOIS, Rev. Trim. Dr. Con. 1971.698.

[182] [Nota do original] .A. Françon, Cours de Propriété litteraire, artistique et industrlalle, 1989, Les Cours de Droit, p. 200.

[183] [Nota do original] Cf. Case. civ., 4 juin 1971, D. 1971.489, concl. Lindon; J.C.p. 1971.11.1693, note Durand et Le Tourneau; Rev. 7Yim: Dr. Com. 1972.97, obs. Desbois; et sur renvoi Limoges (Ire ch.), 51 mai 1976, RLDA., oet.1976, p. 173; Rev. Dr. Trim. Com. 1976.740, obs. Desbois.

comediens lors du tournage (cf. Paris, Ire eh., 16 janv. 1992, RLD.A., avr. 1992, p. 204).

Assim, pode-se entender que é autor aquele que *exerce a liberdade de escolha entre alternativas de expressão*. O exercício dessa liberdade não só configura a criação, mas indica seu originador.[184]

[3] § 3.2. Da criação coletiva

Freqüentemente, quase que como princípio, a geração de software se faz como criação simultânea de vários autores, *organizada* para fins e sob métodos específicos. Como se verá abaixo, o regime específico da Lei do Software, por exceção à lei geral, a titularidade é, nestes casos, deflagrada automática e *originalmente* em favor daquele que organiza a produção.

Da seção anterior, urge compreender que a própria autoria não é deferida necessariamente aos atores que realizam o trabalho de análise, programação, etc., mas àquele que exerce a escolha entre as formas de codificação e estruturação, o que enfim determina entre as alternativas livres a que deva ser aplicada em cada caso; e o fato de a alternativa ser *técnica* não desfigura a autoria. O intérprete da obra de Beethoven que escolhe um *fortepiano* Streicher, ao invés do onipresente Steinway de concerto, não deixa de ser titular de direitos conexos por essa escolha eminentemente técnica.

Desta feita, a titularidade originária freqüentemente suga seus direitos da ação de um único autor individual, aquele que exerce o trabalho criativo, em face dos muitos outros trabalhadores, que apenas executam um labor muitas vezes repetitivo e em cumprimento a normas técnicas de qualidade e produtividade, na atividade que o bom humor da profissão denomina "escovação de bytes". Neste caso, não se está na presença – na verdade – de obra coletiva.

No entanto, não é toda obra realizada por muitas pessoas que será tida, para efeitos da lei, como "obra coletiva". Para tanto é preciso que seja "a criada por iniciativa, organização e responsabilidade de uma pessoa física ou jurídica, que a publica sob seu nome ou marca e que é constituída pela participação de diferentes autores, cujas contribuições se fundem numa criação autônoma".

---

[184] A liberdade aqui é de escolha dos meios de expressão e não do objeto da expressão. Lembram Lucas e Lucas, Traité de la Propriété Litteraire et Artistique, Litec, 1994, p. 67: « L'oeuvre de l'esprit peut-elle se limiter à un choix ? L'article L. 112-3 CPI (L. 1957, Art. 4) incline à répondre par l'affirmative en accordant le bénéfice du droit d'auteur aux "auteurs d'anthologies ou recueils d'oeuvres diverses qui, par le choix et la disposition des matières, constituent des créations intellectuelles". On observera toutefois que, dans une interprétation littérale, le choix ne suffit pas ici à fonder la protection puisque l'activité créative doit également se manifester dans la "disposition des matières".-De manière générale, l'originalité de l'oeuvre se révèlera parfois dans les choix effectués par l'auteur, par example dans le domaine de la photographie, mais il n'est pas possible d'admettre que le seul choix constitue une oeuvre. On ne saurait donc en principe accorder protection à des objets trouvés (ready-modes) revendiqués par leur "inventeur" en tant qu'oeuvres d'Art.

Notem-se aí os requisitos da "fusão" e da "autonomia". A simples recoleta de códigos, sem uma integração visceral com um fim específico, não constituirá obra coletiva. Autônoma, de outro lado, no contexto de multiplicidade de autores, é a obra que se destaca da soma de suas partes. Seja pela escolha dos autores, seja pela idéia organizadora, seja pela cobertura totalizante de um determinado tema, seja por outra razão, a coletânea ou outra forma que tenha a obra, deve necessariamente conter um *efeito sinergético* em face dos componentes.

[3] § 3.2. (A) O regime da obra coletiva na lei geral

Pela lei autoral geral anterior (5.988/73), distinguiam-se as hipóteses:

[1] As de obra realizada por diferentes pessoas, mas organizada por ente singular ou coletivo e em seu nome utilizada; e
[2] obra intelectual for produzida em cumprimento a dever funcional

A primeira hipótese era regida pelo seguinte:

Art. 15º - Quando se tratar de obra realizada por diferentes pessoas, mas organizada por empresa singular ou coletiva e em seu nome utilizada, a esta caberá sua autoria.

Embora alguns autores considerassem tal dispositivo revogado desde o advento da Carta de 1988, certo é que, em tais hipóteses, se não haveria "autoria" pelo organizador, certamente haveria titularidade dos direitos econômicos deste.

Já a segunda hipótese, na qual o trabalho criativo era essencialmente realizado por pessoa singular, ou por diferentes pessoas, mas não utilizado em nome do ente organizador, era regulada pelo seguinte dispositivo:

Art. 36º - Se a obra intelectual for produzida em cumprimento a dever funcional ou a contrato de trabalho ou de prestação de serviços, os direitos do autor, salvo convenção em contrário, pertencerão a ambas as partes, conforme for estabelecido pelo Conselho Nacional de Direito Autoral.

Assim, se a criação se submetia ao art. 36, a titularidade dos respectivos direitos econômicos era dividida entre o organizador e o criador, salvo a hipótese de *convenção em contrario*.

A Lei 9.610/98 trouxe considerável alteração ao panorama em análise. Suprimiu-se totalmente o dispositivo do art. 15 da lei anterior, assim como a divisão de titularidade dos direitos econômicos em caso de obra produzida em atenção a dever funcional.

Quanto ao primeiro ponto, de obra coletiva organizada por qualquer ente singular ou coletivo (já não mais *empresa*), aplicam as seguintes regras:

Art. 17. É assegurada a proteção às participações individuais em obras coletivas.
§ 1º Qualquer dos participantes, no exercício de seus direitos morais, poderá proibir que se indique ou anuncie seu nome na obra coletiva, sem prejuízo do direito de haver a remuneração contratada.
§ 2º Cabe ao organizador a titularidade dos direitos patrimoniais sobre o conjunto da obra coletiva.
§ 3º O contrato com o organizador especificará a contribuição do participante, o prazo para entrega ou realização, a remuneração e demais condições para sua execução.

[3] § 3.2. (B) No regime da Lei 9.609/98

Entendo que à luz de tais regras, a organização de obra coletiva, num contexto de norma especial de *software*, atribui a titularidade dos efeitos econômicos da criação ao organizador.

[3] § 3.3. Da criação colaborativa

A imagem romântica do autor é o criador individual, e cioso dessa individualidade. A produção do software (mas não só) é, no entanto, muito afeita à criação não só *coletiva*, mas colaborativa.[185] Assim se expressa a noção:

A outra caracterização (...) está na noção de *colaboração*: examinamos "modelos colaborativos". A idéia básica é a da criação dum espaço comum, que permita desenvolvimentos múltiplos duma idéia cuja expressão é autoralmente protegida. O que quer dizer que o próprio autor abre à cooperação aquilo que lhe é atribuído por lei a título de exclusivo.[186]

---

[185] A criação em colaboração encontra precedentes na história, inclusive na obra que entendo como a mais fascinante das jamais escritas, o Oxford English Dictionary, entre cujos contribuidores se encontra um serial killer que passou trinta anos num manicômio. tempo em que colaborou ativamente na criação: foi William Chester Minor, como narrado em Simon WINCHESTER, The Professor and the Madman: A Tale of Murder, Insanity, and the Making of the Oxford English Dictionary, HarperPerennial, New York, 1998. Por as todas razões, tal autor deveria ter sido eleito o patrono do Creative Commons.
[186] ASCENSÃO, José Oliveira, Modelos Colaborativos em Direitos Autorais, in GRAU-KUNTZ, Karin e BARBOSA, Denis Borges, Ensaios de Direito Imaterial, Lumen Juris, 2009. Vide, também, ARAÚJO, Bráulio Santos Rabelo de, O Direito Autoral, a economia colaborativa e o creative commons, in "Propriedade Intelectual. Estudos em Homenagem à Professora Maristela Basso", vol. 2, Juruá (Curitiba), 2008, 225-291.

A colaboração não conflita com a tendência centrípeta da autoria, eis que na verdade prestigia a liberdade de vontade do originador da criação:

> Esse princípio comum é o da voluntariedade do titular de direitos. É este que abre livremente a sua obra, ou modos de utilização desta, a terceiros.
> O titular pode fazê-lo sem limite. Ele tem um direito, não uma função. Tal como pode renunciar ao direito (sob ressalva do que diremos especificamente na seqüência), pode disponibilizar a obra com as graduações que entender, mais ou menos vastas.

No plano da sistemática dos direitos, a colaboração transcende a criação coletiva, por não só admitir uma elaboração de múltiplos autores individuais, mas fazê-lo de forma não estruturada sob uma ação *pessoal* unificante. Isso se dá, em regra, pela sujeição múltipla e sucessiva de cada elemento de criação a um pacto de colaboração aberto;[187] vale dizer, há uma organização normativa e não pessoal.[188]

Voltemos a Ascensão quanto a essa forma de colaboração:

> Na sua modalidade paradigmática permite a terceiros modificar, reproduzir e distribuir esse programa, bem como sublicenciá-lo.
> O licenciado não é obrigado a modificar o programa e a licenciá-lo subseqüentemente. Mas o código aberto permite ao licenciado fazê-lo, contribuindo para o desenvolvimento do programa; e conseqüentemente, licenciar por sua vez a obra modificada.
> As licenças que der estão sujeitas às mesmas condições em que recebeu o programa. Não pode nomeadamente transformar o *software* de fonte aberta que recebeu no chamado "*software* proprietário", que sujeita o licenciado a *royalties* e lhe impede o sublicenciamento. Os desenvolvimentos que fizer devem ser disponibilizados em condições idênticas às de que beneficiou.
> Na forma típica, estas licenças excluem a utilização comercial pelo destinatário. Mas não se considera comercial usar o programa em atividade profissional ou lucrativa em geral, em empresa, em escritório, incorporada em livro que se edita...

---

[187] No momento, está em voga um sistema de pactuação de colaboração – GPL – General Public License, que é uma licença de uso de software de código-fonte aberto. Vide L. Gonzaga da Silva Adolfo, Obras Privadas – Benefícios Coletivos, Sérgio António Fabris, 2008, nº 4.10.1 o Guia de Software de Fonte Aberta do Software do Freedom Law Center, disponível em: http://www.softwarefreedom.org/resources/2008/compliance-guide.html. Mereceria estudo à parte a transcendencialização que parte da doutrina empresta a esses métodos de colaboração em software, como se fossem uma nova teoria da relatividade.

[188] Aqueles que estruturam esta regra de colaboração não adquirem por isso a conição de autores de obra sob a lei geral ou especial, eis que se trata de estrutura abstrata, e não arquitetura imanente, ou seja, está dentro das idéias abstratas para as quais não se defere proteção exclusiva, muito embora haja criação intelectual, e, assim, atribuição de originação, à luz do que dissemos no Cap. I, [4]§ 1. 5.-A manutenção das idéias em estado não apropriável e [4]§ 2.2.- Hipóteses do bem incorpóreo fora da propriedade.

A "liberdade" que deve ser preservada não equivale assim à gratuidade. Mas digamos que o licenciado pode cobrar apenas os custos do desenvolvimento ou da disponibilização, em livro ou outra. Na Alemanha, Jaeger / Metzger calculam que pela distribuição em regime de *software* livre se cobra atualmente entre 9 e 15% do preço por que ficaria um programa "proprietário" equivalente, sendo proibida a exigência de *royalties*.[189]

Portanto, mantém-se a liberdade de distribuir cópias de *software* livre, podendo ser cobrada remuneração por esse serviço, mas exclui-se que se transforme em "*software* proprietário" ou que se exija mais que os custos, o que equivaleria à cobrança de *royalties*.

Muito se tem escrito sobre este fenômeno que, no entanto, em nada transforma ou desfigura a estrutura do direito em vigor.[190] Temos, na colaboração, uma organização na qual múltiplos agentes atuam sucessiva e abertamente, e na qual cada um deles, segundo a *regra de organização* prevê que a titularidade, que subsiste será efetivamente exercida como *não exercício do poder de exclusão*. O que não importa em renúncia de poderes, inclusive do poder de defesa do modelo de colaboração.[191]

[3] § 3.4. Um regime especial de titularidade originária

Temos, neste passo, uma das hipóteses mais flagrantes de contradição entre a legislação geral de direitos autorais e a norma especial da Lei 9.609/98. Autor será, sempre uma pessoa natural; mas a lei especial confere *titularidade originária* a terceiros, sempre que o autor não cria em isolamento clínico; sempre que a criação se dê de forma subordinada, sob contrato, vínculo estatutário, ou ainda em relação de bolsistas, estagiários e assemelhados.

Tal ocorre mesmo nos sistemas jurídicos em que há proteção mais extremada do autor em face da apropriação de suas obras, como no sistema francês.[192] A questão é,

---

189 [Nota do Original] Open source software. Rechtliche Rahmenbedingungen der Freien Software, C. H. Beck (Munique), 2002, 2.C.I.2.c, p. 47. Os autores referem-se à distribuição comercial de programas GNU / Linux, por contraposição à distribuição normal de programas correntes.
190 Entendendo em contrário, no sentido da conveniência de uma mutação legislativa, vide LEMOS, Ronaldo, Direito, Tecnologia e Cultura, Fundação Getúlio Vargas Editora, 2005, e Creative commons, mídia e as transformações recentes do Direito da Propriedade Intelectual, in Revista Direito GV 1, Maio 05, 181-187.
191 ASCENSÃO, José Oliveira, *op. cit.*: "Se se prevê, na pureza dos métodos colaborativos, o desenvolvimento sucessivo duma idéia por força da cooperação duma pluralidade de participantes, todos eles são, conjuntamente, organizadores em relação àquele projeto. Todos eles tornaram possível o resultado pela respetiva participação. Todos eles ocupam a função e o lugar do organizador, previsto assim no art. 17, § 2º. A todos cabe assim a titularidade dos direitos patrimoniais sobre a obra coletiva daí resultante".
192 Art. L. 113-9. Sauf dispositions statutaires ou stipulations contraires, les droits patrimoniaux sur les logiciels et leur documentation créés par un ou plusieurs employés dans l'exercice de leurs fonctions ou d'après les instructions de leur employeur sont dévolus à l'employeur qui est seul habilité à les exercer. Toute contestation sur l'application du présent article est soumise au tribunal de grande instance du siège social de l'employeur. Les dispositions du premier alinéa du présent article sont également applicables aux agents de l'Etat, des collectivités publiques et des établissements publics à caractère administratif.

em parte, o fato de que o autor utilizará normalmente de meios, materiais e intelectuais do empregador.[193] As peculiaridades da relação de produção nesse caso aproximam a tutela autoral do programa de computador ao regime das demais criações industriais.[194]

Diz Marcos Wachowicz:[195]

> Com a edição da lei, o Brasil perfila em sintonia com a tendência internacional de aplicar aos programas de computador a sistemática das obras por encomenda e produzidas por trabalhadores assalariados, o que é acolhido pelo Direito Industrial,[196] cuja propriedade industrial pertencerá ao empregador. Importante é a observação de José de Oliveira ASCENSÃO:
> Reforça-se consideravelmente a posição da empresa, o que é uma constante do regime criado para os programas de computador em todo o mundo. Na realidade, na produção de programas de computador a posição das grandes empresas é fundamental. Basta pensar que ninguém conhece um programa por ser do Sr. X, mas por ser da Apple, ou Microsoft.[197]

Na verdade, o regime especial do software não derroga do regime geral autoral naquilo em que o software se configurar como obra coletiva. Nesta, há igualmente titularidade *originária* do organizador, e exclusão de direitos morais.[198] O que singulariza assim o regime de *software* é presumir, e generalizar, o sistema das obras coletivas, seja qual for a forma de real criação.

Verdade é que, no caso de criação sob encomenda ou subordinada, a própria titularidade original das obras autorais pelo autor, como prevista pelo regime geral fora da obra coletiva, é assistemática em nosso direito:[199]

---

193 Les droits sur le logiciel créé par le salarié grâce au matériel de l'employeur, même si la création intervenait hors des heures de travail, sont attribués à l'employeur. CA Paris, 6 oct. 1995, Microformatic c/ Jean-Bernard C. et l' APp.
194 Discordando desse entendimento, vide LESSA, Natália Maciel Lessa, A admissibilidade do direito patrimonial e moral na criação de programas de computador no âmbito da jornada de trabalho, Revista Criação do IBPI, vol. 2., Lumen Juris, 2009. Para a autora, que não entende haver a submissão da proteção específica ao regime das criações industriais, a disposição em questão, prejudicando o trabalhador, atentaria contra suas garantias constitucionais.
195 WACHOWICZ, Marcos, Propriedade Intelectual Do Software & Revolução da Tecnologia Da Informação, Juruá, 2005.
196 [Nota do Original] Lei nº 9.279, de maio de 1996, artigos 88 a 93.
197 [Nota do Original] ASCENSÃO, José de Oliveira. Direito Autoral. 2ª ed. Rio de Janeiro: Renovar, 199, p. 670.
198 ASCENSÃO, José Oliveira, Modelos Colaborativos em Direitos Autorais, *op. cit.*: "O art. 7/2, ao atribuir os direitos patrimoniais ao organizador, está-lhe atribuindo a titularidade originária: é um dos casos que o art. 11, § único, anuncia como de não atribuição da titularidade originária à pessoa física. Os direitos "patrimoniais" referidos são o direito de autor, originariamente atribuído ao organizador. A regra é útil ainda porque mostra que neste caso não há direitos "morais" (que preferimos chamar pessoais, para evitar a importação em bruto da terminologia francesa), porque a mera organização pode dar faculdades patrimoniais, mas não tem conteúdo ético que justifique as faculdades pessoais do autor".
199 PRADO, Elaine Ribeiro do, Da Transferência Intersubjetiva dos Direitos de Exclusiva Relativos à Obra Autoral, trabalho de disciplina no Mestrado em Propriedade Intelectual e Inovação do INPI, 2009.

Pela falta de previsão em nossa lei autoral sobre a presunção propriedade do empregador ou contratante das obras que decorrem do contrato de trabalho ou de prestação de serviços, somada a aplicação dos princípios de proteção ao empregado, cria-se uma tensão em relação à regra geral para a qual se aplicam os princípios de apropriação dos frutos do trabalho na relação empregatícia.

Como vimos, no artigo celetista quanto à definição de empregador, está que sua condição se caracteriza também por assumir os riscos da atividade econômica.

Portanto, se para desempenhá-la, ainda que em parte, é necessário que o empregador utilize os resultados dos trabalhos desenvolvidos por seus empregados, a estes - que pertencem ao campo das criações passíveis de proteção pela lei autoral - também deveria ser aplicado o princípio geral da apropriação para o empregador, como já o é pelas leis que tratam das patentes, das cultivares e dos circuitos integrados.

[3] § 3.4. (A) Jurisprudência: autoria e fases de elaboração

> Tribunal de Alçada de Minas Gerais

A controvérsia funda-se na existência, ou não, de provas de ter o Apelado participado da criação do programa de computador denominado "Congado".

Os estudiosos que cuidam das questões relativas ao software ou programas de computador traçam ciclos relativos à sua criação, sendo pertinente o modelo proposto por Ana Rocha, para quem:

"o ciclo de vida do software compõe-se de cinco fases: 1) definição - identificação do problema (objetivos, requisitos, hipótese e restrições); 2) projeto - determinação de uma solução viável; 3) construção - produção do código (programas e documentação); 4) avaliação - confronto do software produzido com as especificações determinadas, normas e padrões; 5) operação - uso, correção, aprimoramento, adaptação e expansão" (André Lipp Pinto Basto Lup - Proteção Jurídica do Software: Eficácia e Adequação, Ed. Síntese, p. 21).

Confrontando o modelo acima com o laudo pericial, constata-se que o Apelado participou, no mínimo, das duas primeiras fases (definição e projeto), como também da última (operação), conforme esclarecimentos do perito oficial, f. 380/383, que afirma ter o Apelado participado efetivamente do desenvolvimento do programa "Congado", que se deu na fase de levantamento de dados, análise, fornecendo as informações coletadas na qual atuou efetivamente.

Em seus Esclarecimento 2, o perito oficial explicita as etapas de desenvolvimento de sistema de computador, incluindo, nas duas primeiras, o estudo da viabilidade e levantamento de dados, fases das quais participou o Apelado.

A criação do código de fonte, que a Apelante pretende atribuir ao seu sócio, Flávio Andrade Pereira, é apenas uma, dentre diversas fases da criação de um software, estando também nela demonstrada a participação e atuação do Apelado, conforme laudo pericial, f. 236.

Outro ponto relevante da perícia é a constatação de que diversos fazendeiros, adquirentes do programa "Congado", consideram o Apelado como sócio do software, f. 234.

O perito indica, ainda, ter o Apelado participado, de forma efetiva, da análise estruturada do sistema, conforme resposta ao quesito "G" da ré, f.236, e esclarece que a análise estruturada está dentre as etapas de desenvolvimento de sistema de computador, conforme f. 381.

Está evidenciada, portanto, a participação do Apelado na criação do software "Congado".

A prova testemunhal, fls. 429/433, é determinante no sentido de demonstrar que o Apelado participou da criação do software, ressaltando-se o depoimento da testemunha Anielo Gonçalves Júnior, sócio da Apelante que afirmou:

"que o autor desenvolvia juntamente com o FLÁVIO o programa CONGADO; (...) que, as decisões sobre a sociedade do programa eram conjuntas entre autor e representantes da ré; (...) que, a ALMA fazia o desenvolvimento da parte técnica do programa e o VIRGÍLIO a captação de dados para o funcionamento do programa; (...) que, em caso de venda, a proposta da ALMA era pagar o autor 25% de indenização; (...)"

Inequívoca é a conclusão de que o Apelado atuou, de maneira efetiva, na criação do software "Congado", evidenciando-se seu direito ao reconhecimento da co-autoria e de participar dos ganhos decorrentes da propriedade do produto criado, tal qual a sentença de primeiro grau.

A propriedade intelectual de obra de software tem proteção legal nas Leis 9.609/98 e 9.610/98, dispondo os arts. 2º e 3º do primeiro diploma:

"Art. 2º - O regime de proteção à proteção à propriedade intelectual de programa de computador é conferido às obras literárias pela legislação de direitos autorais e conexos vigentes no País, observado o disposto nesta lei. (...)

§ 3º - A proteção aos direitos de que trata esta lei independe de registro. (...)

Art. 3º - Os programas de computador poderão, a critério do titular, ser registrado em órgão ou entidade a ser designado por ato do Poder Executivo, por iniciativa do Ministério responsável pela política de ciência e tecnologia.(...)."

O registro do programa de computador gera presunção juris tantum da propriedade e/ou criação do produto criado.

A documentação apresentada pela Apelante, referente ao registro do software "Congado", não é prova absoluta de serem a Apelante ou o seu sócio, Flávio Andrade, exclusivos criadores e proprietários do software. Ao contrário, as provas produzidas demonstraram a participação do Apelado na criação do produto, culminando na conclusão de existência de co-autoria.

Não se aplica o disposto nos arts. 8º e 15 e § 1º da Lei 9.610/98.

Primeiro, por comprovada participação do Apelado maior e mais complexa do que simples proposição de idéias, auxílio ou mera colaboração para a criação do software "Congado", e ainda, a ausência de atribuição ao Apelado pseudônimo ou sinal convencional, que o identificasse como co-autor da obra, é irrelevante, haja vista que a Apelante registrou o produto sem anuência ou participação do Apelado, excluindo-o da co-autoria.

Processo: 0431374-6 Apelação (Cv) Cível, Ano: 2003, Órgão Julgador: Segunda Câmara Cível, Relator: Juíza Evangelina Castilho Duarte Data Julgamento: 16/03/2004

[3] § 3.5. Da apropriação da criação do empregado, servidor ou prestador de serviços

Como muitos produtos da criação coletiva - o filme é um exemplo claro - o software não é quase nunca resultado do esforço intelectual de um único indivíduo. A lei específica (9.609/98) prevê, - *em exceção às normas do direito autoral* - um regime especial para regular a propriedade das criações de software.[200]

Segue a norma os princípios relativos à patente (veja-se Cap. VI, [7] § 2. - Inventor empregado ou prestador de serviços), com a diferença de que **não** se prevê o regime propriedade comum, em partes iguais, quando resultasse da contribuição pessoal do empregado e de recursos, dados, meios, materiais, instalações ou equipamentos do empregador.[201]

---

[200] LEI Nº 9.609, DE 19 DE FEVEREIRO DE 1998. Dispõe sobre a proteção de propriedade intelectual de programa de computador, sua comercialização no País, e dá outras providências. Art. 4º Salvo estipulação em contrário, pertencerão exclusivamente ao empregador, contratante de serviços ou órgão público, os direitos relativos ao programa de computador, desenvolvido e elaborado durante a vigência de contrato ou de vínculo estatutário, expressamente destinado à pesquisa e desenvolvimento, ou em que a atividade do empregado, contratado de serviço ou servidor seja prevista, ou ainda, que decorra da própria natureza dos encargos concernentes a esses vínculos. § 1º Ressalvado ajuste em contrário, a compensação do trabalho ou serviço prestado limitar-se-á à remuneração ou ao salário convencionado. § 2º Pertencerão, com exclusividade, ao empregado, contratado de serviço ou servidor os direitos concernentes a programa de computador gerado sem relação com o contrato de trabalho, prestação de serviços ou vínculo estatutário, e sem a utilização de recursos, informações tecnológicas, segredos industriais e de negócios, materiais, instalações ou equipamentos do empregador, da empresa ou entidade com a qual o empregador mantenha contrato de serviços ou órgão público. § 3º O tratamento previsto neste artigo será aplicado nos casos em que o programa de computador for desenvolvido por bolsistas, estagiários e assemelhados.

[201] Marcos Wachowitz, no entanto, entrevê a possibilidade de titularidade dividida: "Importante evidenciar ainda que é atribuição e obrigação do empregador, por força de lei, o fornecimento de todos os instrumentos de trabalho ao seu funcionário. Assim, no caso do desenvolvimento de um software, deverão ser de propriedade do empregador todos os equipamentos (hardwares), bem como todos os softwares que se fizerem necessários para o desenvolvimento do sistema. Quer-se com isso dizer que se todos os softwares chamados básicos utilizados pelo empregado na criação do novo software forem de propriedade deste e não do empregador, o sistema desenvolvido poderá ser discutido judicialmente sobre a titularidade em co-autoria."

Assim, ou o software foi feito em casa, sem qualquer uso dos recursos do empregador, e fora da hora do expediente – caso em que *poderá ser* do gerador do programa, salvo contrato em contrário; em qualquer outro caso, pertencerá ao empregador.

O regime é, então, o seguinte:

[1] *Salvo estipulação em contrário*, nos casos em que o programa for gerado na vigência de contrato (de trabalho ou outro) ou de vínculo estatutário (assim, por empregado, servidor público, prestador de serviços, bolsistas, estagiários e assemelhados), e a relação com o gerador seja:
 [a] *expressamente* destinada à pesquisa e desenvolvimento (como no caso 1 das patentes), ou, ainda que não expressamente,
 [b] que a atividade do gerador do programa seja prevista, ou ainda,
 [c] que decorra da própria natureza dos encargos concernentes a esses vínculos (em geral, se o contrato ou vínculo contemplar atividade relativa a software), o empregador, contratante de serviços ou órgão público será o *único titular* dos direitos relativos.
[2] De outro lado, se o programa de computador foi gerado *sem relação* com qualquer contrato de trabalho, prestação de serviços ou vínculo estatutário, e sem a utilização de recursos, informações tecnológicas, segredos industriais e de negócios, materiais, instalações ou equipamentos do empregador, da empresa ou entidade com a qual o empregador mantenha contrato de serviços ou órgão público, pertencerá o programa ao seu autor.
[3] Note-se que há uma veemente condição negativa no caso 2: mesmo que a atividade do autor *não* seja expressamente destinada à pesquisa e desenvolvimento, que *não* seja prevista no vínculo trabalhista ou que *não* decorra da própria natureza dos encargos pertinentes, o simples uso de recursos, informações tecnológicas, segredos industriais e de negócios, materiais, instalações ou equipamentos do empregador, da empresa ou entidade com a qual o empregador mantenha contrato de serviços ou órgão público consolidará a titularidade nas mãos do empregador ou tomador dos serviços.[202]

Em princípio, salvo ajuste em contrário, no caso 1), a compensação do trabalho ou serviço prestado limitar-se-á à remuneração ou ao salário convencionado.

Nada impede, e muito aconselha, que a vinculação da atividade do gerador de *software* seja definida em contrato próprio.[203]

---

[202] SANTOS, Manoel J. Pereira dos, A nova lei do software: aspectos controvertidos da proteção autoral. Revista da ABPI, nº 29, p. 21-28, agosto de 1997, alvitra que haveria, neste caso, uma co-titularidade, com a prevista no regime de patentes. Mas a lei não a especifica.

[203] CERQUEIRA, Tarcísio Queiroz. Software. Lei, Comércio, Contratos e Serviços de Informática. São Paulo: ADCOAS, 2000, p. 34. "Mesmo havendo determinação expressa em lei sobre quem é o dono do programa desenvolvido, as empresas, em seus contratos de trabalho com pessoal técnico e nos contratos em geral, de desenvolvimento de sistemas, devem fazer constar cláusulas específicas sobre o assunto."

[3] § 3.6. Da apropriação do trabalho de terceiro, prestador de serviços

> Vide no Cap. VI, [7] § 3. 1. - Titularidade originária separada da autoria da invenção, no aplicável ao caso em análise.

[3] § 3.6. (A) O empregador se apropria do todo

> Tribunal Regional do Trabalho da 18ª. Região
O Juízo de primeiro grau deferiu uma indenização de 50% sobre o valor dos sistemas desenvolvidos pelo autor, baseando-se no art.91 da Lei nº 9.279/96, que assim versa:
"Art. 91. A propriedade de invenção ou de modelo de utilidade será comum, em partes iguais, quando resultar da contribuição pessoal do empregado e de recursos, dados, meios, materiais, instalações ou equipamentos do empregador, ressalvada expressa disposição contratual em contrário." Em sede de recurso, a reclamada alega que o Juízo de primeiro grau aplicou equivocadamente a Lei nº 9.279/1996(invenção ou modelo de utilidade) ao caso, visto que há regulamento específico sobre a proteção da propriedade intelectual do programa de computador (Lei nº 9.609/1998).
Afirma que o software desenvolvido pelo autor foi fruto de sua atividade desenvolvida na empresa, que o obreiro utilizou as máquinas da reclamada, os conhecimentos que possuía sobre a estrutura de informática da empresa e sobre a rede de computadores, devendo ser aplicado o art. 4º da Lei nº 9.609/1998. Assim, requer a reforma da sentença para que seja afastada a indenização, visto que a compensação do trabalho do reclamante limita-se à remuneração convencionada.
Com razão.
Conforme lição do renomado autor Maurício Godinho Delgado, in Curso de Direito do Trabalho, 2ª ed. São Paulo: LTr, 2003, p. 603:
"Os direitos intelectuais podem ser desdobrados em alguns tipos específicos, cuja regência é regulada por textos normativos próprios. Nesse conjunto, citem-se os direitos do autor, os direitos da propriedade industrial e, finalmente, os direitos relativos à criação e utilização de software (programas de computação).
Os direitos do autor são referidos pelo art.5º, incisos XXVII e XXVIII da Carta Constitucional de 1988, regendo- se também pela antiga Lei nº 5.988/73 e, hoje, pela nova Lei de Direitos Autorais (Lei nº 9.610, de 19.2.1998).
Os direitos de propriedade industrial estão englobados no art. 5º, XXIX, da Carta Magna, regulando-se também pelo antigo Código de Propriedade Industrial (Lei nº 5.772, de 1971) e, a contar de maio de 1997, pela nova Lei de Patentes (n. 9.279/96).
Finalmente os direitos intelectuais relativos à criação e utilização de "software", que se englobam nos dispositivos constitucionais acima citados, regendo-se, ainda, pela antiga Lei n. 7646, de 1987 e, hoje, pela nova Lei n. 9.609, de

19.2.1998." Ademais, a própria lei de Patentes(nº 9.279/96), dispõe, em seu art.10, V, que não se considera invenção nem modelo de utilidade patenteável os programas de computador em si.
Diante disso, percebe-se que a referida Lei nº 9.279/96 foi equivocadamente aplicada ao caso, devendo-se observar a lei especial nº 9.609/98, própria para direitos relativos à criação e utilização de software (programas de computação).
Vejamos o que preceitua o art.4º da Lei nº 9.609/98:
"Art. 4º Salvo estipulação em contrário, pertencerão exclusivamente ao empregador, contratante de serviços ou órgão público, os direitos relativos ao programa de computador, desenvolvido e elaborado durante a vigência de contrato ou de vínculo estatutário, expressamente destinado à pesquisa e desenvolvimento, ou em que a atividade do empregado, contratado de serviço ou servidor seja prevista, ou ainda, que decorra da própria natureza dos encargos concernentes a esses vínculos.
§ 1º Ressalvado ajuste em contrário, a compensação do trabalho ou serviço prestado limitar-se-á à remuneração ou ao salário convencionado.
§ 2º Pertencerão, com exclusividade, ao empregado, contratado de serviço ou servidor os direitos concernentes a programa de computador gerado sem relação com o contrato de trabalho, prestação de serviços ou vínculo estatutário, e sem a utilização de recursos, informações tecnológicas, segredos industriais e de negócios, materiais, instalações ou equipamentos do empregador, da empresa ou entidade com a qual o empregador mantenha contrato de prestação de serviços ou assemelhados, do contratante de serviços ou órgão público." In casu, pela prova pericial e pelas próprias ilações da inicial, verifica-se que o empregado foi promovido a assistente de cobrança e desenvolveu programas especialmente para a empresa, de forma a facilitar e agilizar o trabalho no Setor de Cobrança, bem como em outros departamentos da reclamada. O perito foi claro ao afirmar que "os sistemas foram desenvolvidos para uso exclusivo da Americel S/A., são sistemas voltados para a realidade do funcionamento dos setores de Cobrança, Contestação, Retenção, Prevenção a Fraude e Suporte SAC" (fl. 104 da medida cautelar). Assim, pode-se concluir que referidos programas não são sistemas comerciais comuns e sua criação decorre da própria relação empregatícia.
Além disso, como o obreiro afirma que os programas eram criados em horas suplementares e em nenhum momento aduz que o labor extraordinário não foi pago, conclui- se que o referido trabalho era compensado pela própria remuneração convencionada no contrato empregatício.
Ademais, é fato incontroverso nos autos que os recursos, dados, meios, materiais, instalações e equipamentos para o desenvolvimento dos programas foram fornecidos pelo empregador, o que corrobora a incidência do art. 4º da Lei nº 9.609/98. Portanto, entendo que se aplica ao caso concreto o disposto no art. 4º da referida lei, pertencendo ao empregador os direitos relativos aos programas de computa-

dor, visto que foram elaborados na vigência do contrato de trabalho e decorrem da própria natureza dos encargos concernentes ao vínculo empregatício.
Processo Número: TRT- RO-01224-2005-009-18-00-0, Relator: Juiz Luiz Francisco Guedes de Amorim, Data de Julgamento: Goiânia, 08/11/2005.

[3] § 3.6. (B) Jurisprudência: aplicação da norma especial

> Tribunal Regional do Trabalho da 10ª. Região
DIREITOS INTELECTUAIS. CRIAÇÃO DE PROGRAMA DE COMPUTADOR. LEGISLAÇÃO APLICÁVEL. DEFINIÇÃO DA PROPRIEDADE. No dizer de Maurício Godinho Delgado, os chamados direitos intelectuais podem ser conceituados como aqueles que "se relacionam à autoria e utilização de obra decorrente da produção mental da pessoa. São vantagens jurídicas concernentes aos interesses morais e materiais resultantes de qualquer produção científica, literária ou artística"(Curso de Direito do Trabalho, 2ª ed., São Paulo: LTr, 2003, pág. 602). É considerado, portanto, direito intelectual a criação, pelo empregado, de programa de computador cuja propriedade deve ser definida pela Lei nº 9.609/98, na medida em que normatiza a proteção da propriedade intelectual de programa de computador. Demonstrado nos autos que o programa de computador criado pelo empregado foi gerado em razão das funções por ele exercidas, com evidente relação com o contrato de trabalho e com a utilização de recursos, informações tecnológicas, segredos industriais e de negócios, materiais, instalações ou equipamentos do empregador, há que se definir como sendo deste último os direitos concernentes ao programa criado, na forma do § 2º do art. 4º da Lei nº 9.609/98." TRT 10ª Região- Feito: RO 00900-2004-005-10-00-6. Juíza Relatora:Maria Regina Machado Guimarães. Data de Julgamento: 10/08/2005.)

[3] § 3.6. (C) Jurisprudência: inexistência de condomínio

> Tribunal Regional do Trabalho da 1ª. Região
PROPRIEDADE INTELECTUAL. PROGRAMA DE COMPUTADOR. LEI Nº 9.609/1998. Segundo os fundamentos expendidos pela Excelentíssima Juíza Ana Cláudia Torres Vianna, na decisão combatida, "A conhecida lei do software trata apenas de duas situações de propriedade das invenções. Ou seja, ou pertencem ao empregador, nos casos disciplinados no caput do artigo 4º, ou pertencem ao empregado, nas situações do parágrafo segundo. Não cuida da propriedade em comum da invenção, hipótese conhecida na doutrina como invenções casuais, na qual o direito à exploração é exclusivo do empregador e ao empregado assegurada a justa remuneração, como parcela na distribuição dos frutos do invento." Decisão por maioria, acompanhada pelo MM. Juiz Eurico Cruz Neto.

PROPRIEDADE INTELECTUAL. PROGRAMA DE COMPUTADOR. LEIS Nº 9.279/1996 E 9.609/1998. O legislador não concedeu o tratamento previsto pela Lei nº 9.279/1996 às invenções de programas de computador porque tais inventos, devido à velocidade e freqüência nas inovações, tornam-se mera ferramenta de trabalho, utilizada para incrementar e agilizar os sistemas produtivos, em qualquer área de atuação, não tendo razão de ser fora do ambiente de trabalho a que relacionados. Nestes termos, segundo os fundamentos expendidos pela Excelentíssima Juíza Ana Cláudia Torres Vianna, na decisão combatida, "a propriedade intelectual somente será do empregado quando ele desenvolver um projeto que não tenha ligação com o contrato de trabalho, utilizando recursos próprios. É óbvio que os conhecimentos obtidos na empregadora podem influenciar na invenção, porque o ser humano é uma só cabeça e não pode ser compartimentalizada. No entanto, a lei expressamente destaca que, se para a invenção contribuíram fatores tecnológicos, segredos industriais da empregadora, ou de negócios, a propriedade da invenção é da empresa empregadora ou do órgão público contratante e não do empregado". Decisão por maioria, acompanhada pelo MM. Juiz Eurico Cruz Neto.
PROCESSO TRT 15ª REGIÃO Nº 125-2004-032-15-00-4, RECURSO ORDINÁRIO - 6ª TURMA - 12ª CÂMARA, 25/7/2007. (Confirmada pelo AIRR 125/2004-032-15-40.9)

[3] § 3.6. (D) Jurisprudência: Autor que não é empregado, servidor ou prestador de serviços

> Tribunal de Justiça de Santa Catarina - TJSC.
Responsabilidade Civil. Ação de Indenização Por Danos Morais e Patrimoniais. Cooperativa médica que alega ter adquirido os direitos de propriedade sobre software criado pelo réu. Insubsistência. Réu que, na qualidade de presidente da cooperativa, desenvolveu espontaneamente e sem vínculo obrigacional, programa de computador para facilitar o manejo das atividades do grupo e implementar a qualidade de sua gestão. Direito deste de, ao deixar o órgão, levar o programa consigo. Inteligência do art. 5º, § 2º, da Lei nº 7.646/87. Conduta Ilícita Inexistente. Requisitos dos arts. 159 do código civil de 1916 (art. 186 do CC/2002) e 927 do atual código civil igualmente não configurados. Sentença de parcial procedência reformada. Recurso da autora desprovido. Recurso do réu provido.
"A quaestio há que ser solucionada, tomando-se por sustentáculo o § 2º, do art. 5º, da lei nº 7.646/87 (revogada pela Lei nº 9.609/98, mas vigente a época dos fatos), relativa à proteção da propriedade intelectual sobre programas de computador e sua comercialização.

É da dicção de tais dispositivos legais, que:

"Art. 5º Salvo estipulação em contrário, pertencerão exclusivamente ao empregador ou contratante de serviços, os direitos relativos a programa de computador, desenvolvido ou elaborado durante a vigência de contrato ou de vínculo estatutário, expressamente destinado à pesquisa e desenvolvimento, ou em que a atividade do empregado, servidor ou contratado de serviços seja prevista, ou ainda, que decorra da própria natureza dos encargos contratados. [...]
§ 2º Pertencerão, com exclusividade, ao empregado, servidor ou contratado de serviços, os direitos concernentes a programa de computador gerado sem relação ao contrato de trabalho, vínculo estatutário ou prestação de serviços, e sem utilização de recursos, informações tecnológicas, materiais, instalações ou equipamentos do empregador ou contratante de serviços." (sem grifo no original)
Logo, existindo contrato, será do contratante dos serviços os direitos sobre a criação do programa de computador. contrario sensu, inexistindo avença ou vínculo empregatício para esse fim, o software pertencerá indubitável e exclusivamente ao elaborador do programa".
Apelação cível n. 2007.045896-5, de Araranguá. Relator: Des. Marcus Tulio Sartorato. Florianópolis, 14 de outubro de 2008.

[3] § 3.7. A derivação das obras de programa de computador

A proteção do regime autoral geral *não* presume a apropriação pelo titular de todos os desenvolvimentos produzidos, ainda que por terceiros, sobre a obra originária. Assim também a norma especial:

Art. 5º. Os direitos sobre as derivações autorizadas pelo titular dos direitos de programas de computador, inclusive sua exploração econômica, pertencerão à pessoa autorizada que as fizer, salvo estipulação contratual em contrário.

A obra derivada é aquela que "constituindo criação intelectual nova, resulta da transformação da obra originária" (art. 5º, VIII, "g", da Lei nº 9.610/98).[204] No entanto, como se percebe da norma, a derivação presume autorização sempre que a nova construção se utilizar da *expressão* da obra originária.[205] Haveria, aí, uma forma de reconhecimento da criação básica:

---

[204] CUB, artigo 12: Os autores de obras literárias ou artísticas gozam do direito exclusivo de autorizar as adaptações, arranjos e outras transformações das mesmas obras.
[205] Segundo a legislação geral: Art. 29. Depende de autorização prévia e expressa do autor a utilização da obra, por quaisquer modalidades, tais como: (...) III - a adaptação, o arranjo musical e quaisquer outras transformações. Vide MANSO, Eduardo Vieira. Direito autoral: exceções impostas aos direito autorais: derrogações e limitações. São Paulo: Bushatsky, 1980, p. 332 -333. "obra derivada, em sentido próprio, é aquela que mantém a mesma expressão da primígena, sem lhe conservar a composição ou mantém a mesma composi-

"A segunda justificativa (geralmente a mais aceita) repousa na visão clássica de LOCKE, segundo a qual todos os bens na natureza, concedidos por Deus, foram apropriados pelos homens em virtude (e somente em virtude) do trabalho. Esta visão da propriedade intelectual tem sido utilizada para justificar a necessidade de apropriação do resultado do esforço na criação de um bem intelectual, ao lado dos desenvolvimentos futuros (obras derivadas e licenciamento) deste mesmo trabalho."[206]

Veja-se que *no regime geral* o poder de autorizar a derivação se assenta tanto na exclusiva patrimonial quanto nos direitos morais.[207] O mesmo não ocorre no regime específico.

A obra continua sendo derivada, mesmo sem autorização. A autorização não constitui a proteção da obra derivada, desde que consistente com a noção genérica de "obra original", mesmo que não originária, mas apenas impede seu uso sem autorização.

Tem-se muito criticado este poder atribuído ao titular da obra originária, no que veda uma das justificativas econômicas básicas da concessão de exclusivas, que é o de propiciar a criação de desenvolvimentos criativos através do resguardo do respectivo investimento.[208] (Vide, quanto a isso, o Cap. VI, [23] §2.- Patente como modelo de aperfeiçoamento em inovação).

ção, não conservando a mesma expressão"; "haverá adaptação se todos os caracteres da obra original são conservados e tornam-se o núcleo da obra". Não havendo uso de conteúdo expressivo, inexiste derivação, como se observa nas transposições: VIDE, Carlos Rogel e DRUMMOND, Victor, Manual de Direito Autoral. Rio de Janeiro: Lumen Juris, 2005. "[...] transposição de obra literária ou plástica a uma composição musical [...]".

206 BARBOSA, Cláudio Roberto. Propriedade Intelectual enquanto informação e os aspectos econômicos dos bens intelectuais. Tese apresentada à Faculdade de Direito da Universidade de São Paulo para obtenção do Título de Doutor em Direito. 2007. 200 FOLHAS, p. 51 e 53.
207 Lei 9.610/98, Art. 24, IV e V, Art. 29, III, IV e V.
208 MARQUES, João Paulo F. Remédio, Propriedade Intelectual – Tendências Globais, Texto de apoio à comunicação no "I Seminário de Propriedade Intelectual nos Países de Língua Portuguesa", que decorreu no Rio de Janeiro, entre 30 de Junho e 2 de Julho de 2008. "Em terceiro lugar, o direito de autor deverá posicionar-se como um instrumento de promoção da concorrência no mercado da informação digital. Para isso, haverá que alargar a doutrina estadunidense do fair use no seio das utilizações livres previstas nos Códigos do Direito de Autor da União Europeia, de jeito a que as obras derivadas não estejam sempre sujeitas à autorização do titular do direito de autor sobre a obra originária. O que revestirá o maior interesse em sede de aperfeiçoamento de motores de busca, de sistemas de navegação e de hiperligações". BARBOSA, Denis Borges, palestra na Conferência, Direitos Autorais e Acesso À Cultura, São Paulo, agosto de 2008 "A análise econômica mostra que a obra órfã não é só um problema de acesso; é um problema de custo de transação; para viabilizar a economia de obras expressivas você tem que diminuir o custo de transação. Em outras palavras, diminuir a burocracia para que a gente possa investir mais no uso, na exploração, versões, fazer novelas - o que seja - dessas obras que estão com o titular inidentificável. Se o custo de descobrir quem é o titular dos direitos é tão grande que não permita a exploração da obra a ser derivada ou editada, há uma perda objetiva na economia, e uma restrição ao bem-estar social". Para uma discussão da questão, vide Lemley, Mark A. The economics of improvement in intellectual property law. In: Tex. L. Rev., Vol. 75, p. 989, (1997) e Cohen, Amy B. When does a work infringe the derivative works right of a copyright owner? In: Cardozo Arts & Ent. L.J., Vol. 17, 1999. p. 623, p. 644-6.

O alcance da regra de proibição das derivações não autorizadas, no campo dos programas de computador, no entanto, encontram um condicionante essencial. Sujeitas ao vetor constitucional de contribuição ao desenvolvimento, as exclusivas de *software* certamente não podem impedir o *uso* da expressão, em sua funcionalidade, para permitir tanto a engenharia reversa quanto o desenvolvimento que transcenda a mera transformação seja do código, seja dos elementos não literais; não cabe aplicar quanto ao *software* a norma da legislação geral autoral.[209]

Vale dizer, não se postula aqui que se possa usar o elemento expressivo protegido, sem autorização, *na* nova obra, mas *para se chegar à nova obra*.[210] É claro que a obra resultante de um processo dessa natureza, ainda que tenha presumido a utilização da obra anterior, não é dela derivada: já por não ser afiliada expressiva da anterior, já pelo fato de a utilização da anterior ter-se dado sob o amparo de limitação.[211]

[3] § 3.8. Das normas protetivas ao autor

Uma das características essenciais do sistema geral autoral é a ênfase em proteger o autor, por suposição hipodeficiente, nos negócios jurídicos em que se entretece. A história o justificaria, pelo embate perpétuo do criador com os editores, produtores e intermediários.[212]

---

[209] BARBOSA, Claudio Roberto, Relações entre Informação, Propriedade Intelectual, Jurisdição, e Direito Internacional, Dissertação de Mestrado apresentada à Faculdade de Direito Universidade de São Paulo, 2001."A mesma análise quanto ao direito de autor mostra que pequenas utilizações de material protegido não recebem qualquer tratamento especial, e mesmo avanços significativos que contenham uma parcela de material protegido, seriam por via de regra considerados obras derivadas. Isto significa que sem autorização do titular do direito autoral da obra original, o autor da obra derivada seria considerado um efetivo infrator. E tal afirmativa seria verdadeira, mesmo que a melhoria fosse um desenvolvimento totalmente inovador e surpreendente. Assim, conforme a lição de LEMLEY, a proteção conferida pelo direito de autor seria mais restritiva aos avanços tecnológicos que a conferida pelo direito patentário, algo não intuitivo quando são comparados os dois institutos".

[210] Já o dizíamos em BARBOSA, Denis Borges. Programas de Computación y documentación tecnica asociada. Revista del Derecho Industrial, Buenos Aires, p. 623 - 641, 30 dez. 1990. "En la legislación brasileña se podría lograr un efecto similar, cstableciendo que la protección para obras derivadas no alcanza a los programas de computación cuando estos, utilizando la obra protegida para análisis o evaluación, sirven para desarrollar una obra nueva sin copiar el código del programa anterior, constituído por el conjunto literal del las instrucciones en lenguaje de programación".

[211] LEWICKI, Bruno Costa, Limitações aos direitos do autor: Releitura na perspectiva do direito civil contemporâneo, Tese apresentada ao Programa de Pós-graduação da Faculdade de Direito da Universidade do Estado do Rio de Janeiro como requisito parcial para a obtenção do Grau de Doutor em Direito Civil. 2007, p. 286. "As limitações dispensam autorização e qualquer tipo de pagamento. As obras geradas com recurso às limitações são obras originais, primígenas, e não "derivadas" – ou então, como postulado lógico, não incidiriam as limitações. As obras derivadas demandam a autorização do autor da obra original, e esta idéia é incompatível com o exercício das limitações, que têm como uma de suas características justamente a desnecessidade de qualquer autorização. Além disso, também não comportam, a princípio, o pagamento de nenhum valor ao autor da obra reproduzida"

[212] O regime da Lei 9.609/98 inclui: "Art. 4º Interpretam-se restritivamente os negócios jurídicos sobre os direitos autorais." "Art. 6º Não serão de domínio da União, dos Estados, do Distrito Federal ou dos Municípios as obras por eles simplesmente subvencionadas." "Art. 18. A proteção aos direitos de que trata esta Lei inde-

Nem mesmo nos demais sistemas da Propriedade Intelectual essa presunção se afasta:[213]

> Justamente por se considerar a situação de desequilíbrio entre as partes, no caso empregado e empregador, é que nosso Direito do Trabalho possui a configuração protetiva ao hipossuficiente. Mas se por outro lado, ou seja, quando as leis de propriedade intelectual passam a dispor sobre a possibilidade das partes negociarem entre si, ainda mais quanto a um caráter crucial de apropriação de resultados do trabalho, essa presunção de hipossuficiência, pode-se dizer, estaria afastada.
>
> Poderia dizer-se que estaria afastada, mas não positivada porque nossa lei trabalhista consolidada não excepciona o tratamento protetivo para empregados com poder de negociação, poder este que passaria a estabelecer uma nova condição de equilíbrio entre empregado e empregador. Nossa lei trabalhista não prevê a exceção protetiva ao empregado, até mesmo quando sua condição sócio-econômica e cultural seja diferente da de outros empregados.[214]

Assim, na verdade se tem um viés protetor, seja na relação trabalhista, seja nas relações não-subordinadas.

O sistema especial da Lei 9.609/98 não elimina a consideração da hipossuficiente do autor, mas não rejeita a titularidade originária pelo empregador ou encomendante da criação de *software*. Ao contrário, adota quanto a tal apropriação originária o regime mais favorável ao empregador ou tomador de serviços dentre aqueles previstos no sistema de patentes brasileiro. Não foge, com isso, ao parâmetro internacional pertinente; as legislações estrangeiras tendem a seguir igualmente um regime enérgico de apropriação, mais restrito do que o de patentes.

---

pende de registro." "Art. 22. Pertencem ao autor os direitos morais e patrimoniais sobre a obra que criou." "Art. 27. Os direitos morais do autor são inalienáveis e irrenunciáveis." "Art. 28. Cabe ao autor o direito exclusivo de utilizar, fruir e dispor da obra literária. artística ou científica." "Art. 31. As diversas modalidades de utilização de obras literárias, artísticas ou científicas ou de fonogramas são independentes entre si, e a autorização concedida pelo autor, ou pelo produtor, respectivamente, não se estende a quaisquer das demais." "Art. 41. Os direitos patrimoniais do autor perduram por setenta anos contados de 1º de janeiro do ano subsequente ao de seu falecimento, obedecida a ordem sucessória da lei civil." "Art. 50. A cessão total ou parcial dos direitos de autor, que se fará sempre por escrito, presume-se onerosa." "Art. 51. A cessão dos direitos de autor sobre obras futuras abrangerá, no máximo, o período de cinco anos."

213 PRADO, Elaine Ribeiro do, *op. cit.* .

214 [Nota do Original] No mesmo artigo de Lourival J do Santos e Amauri Mascaro Nascimento, o Direito Autoral do Jornalista e o Contrato de Trabalho. Revista da ABPI nº 62 de 01/02/2003, citam os autores que: "no campo do direito do trabalho, a rigidez da legislação específica, aliada ao fato de que no Brasil o empregado, independentemente da sua condição sócio-econômico-cultural é, por via de regra, considerado hipossuficiente, são sólidas barreiras às contratações e ao necessário crescimento da empregabilidade, fatores que, além das conseqüências internas, interferem também negativamente na projeção do País no contexto das relações internacionais."

Isso, porém, não elimina a presunção da hipossuficiência do autor. Ela não se aplica para impedir a titularidade originária no caso de relação de trabalho (assim como a de estagiários, bolsistas e assemelhados) e de encomenda, mas aplicar-se-á em todas demais circunstâncias.[215]

[3] § 4. Conteúdo da exclusiva

O programa de computador é protegido por um direito de exclusiva diretamente proveniente da legislação autoral geral, com certas características que lhe são próprias:

> Art. 2º. O regime de proteção à propriedade intelectual de programa de computador é o conferido às obras literárias pela legislação de direitos autorais e conexos vigentes no País, observado o disposto nesta Lei.

A remissão à proteção das obras literárias deriva diretamente do art. 10 de TRIPs, e assim pode ser interpretado:[216]

> Para outros, porém, o fato de o programa de computador ser tratado como obra literária, dentro do conceito da Convenção de Berna, significa que as disposições nacionais relativas a obras literárias devem ser aplicadas a programas de computador[217] e que as legislações nacionais não podem derrogar ou ser inconsistentes com as obrigações da Convenção de Berna, tais como: (a) aplicação do princípio do tratamento nacional;[218] (b) ausência de formalidades para a proteção; (c) reconhecimento dos direitos morais dentro do conceito do artigo 6bis da Convenção; (d) prazo mínimo de proteção; e (e) reconhecimento dos direitos exclusivos de reprodução, tradução, adaptação e outras alterações.[219]

---

215 BITTAR, Carlos Alberto, Interpretação no direito de autor, p. 67 Revista Forense - Vol. 266 Doutrina, "Índole peculiar apresentam as suas normas, dirigidas à garantia de proteção eficaz ao autor, especialmente nas relações estabelecidas para o aproveitamento econômico de sua obra. Dessa forma, desde os primórdios de sua afirmação como direito especial, tem sido assentada essa orientação protetiva, tanto na jurisprudência, como na doutrine - mesmo à ausência de normas expressas de lei - e também na legislação, em que recentemente vem assumindo contornos mais definidos. Assim, tem sido inseridas normas especiais para: a) assegurar a inviolabilidade do direito moral, proclamando-se a sua inalienabilidade; b) garantir a independência dos diferentes direitos patrimoniais e a autorização autoral em todos os processos de utilização da obra; c) fixar a delimitação do conteúdo da edição; d) estabelecer a limitação do alcance da cessão de diretos; e) exigir a configuração expressa e inequívoca no instrumento de contrato dos direitos cedidos em cada despojamento".
216 SANTOS, Manoel J. Pereira dos, a Proteção...., *op. cit.*, 4.3.3. Proteção do programa como obra literária.
217 [Nota do Original] Vide STROWEL, Alain; TRIAILLE, Jean-Paul, *op. cit.*, p. 143-144.
218 [Nota do Original] Vide Artigo 3: "A proteção será concedida a qualquer pessoa singular ou coletiva que preencha os requisitos necessários para beneficiar da legislação nacional sobre direitos de autor aplicável às obras literárias".
219 [Nota do Original] Vide CORNISH, W. R. Computer program..., p. 191.

Tratamos nesta seção especificamente do último ponto. Tais exclusivas compreendem atos de reprodução (LDA, art. 29, I[220]), atos envolvendo a alteração do conteúdo e atos de distribuição (LDA, art. 29, VI e VII).[221] Sinteticamente, é o que descreve José Oliveira Ascensão:

"A tutela da criação literária e artística faz-se basicamente pela outorga de um exclusivo. A atividade de exploração econômica da obra, que de outro modo seria livre, passa a ficar reservada para o titular."[222]

Com efeito, é o que resulta do dizer da lei autoral:

Art. 28. Cabe ao autor o direito exclusivo de utilizar, fruir e dispor da obra literária, artística ou científica.

Na verdade, deve entender-se que tais predicados cabem *ao titular* dos direitos que, em particular quanto aos programas de computador, não será necessariamente o autor, mesmo de origem: nos casos previstos pela lei específica os direitos patrimoniais nascem já na titularidade do empregador, tomador dos serviços, etc. O regime patrimonial, assim, é detalhado pelo art. 29 da Lei Autoral,[223] naquilo que é pertinente às *obras literárias*.

---

[220] Também inclui-se nesse direito as várias modalidades de utilização da expressão, inclusive o direito de inserção, sobre o qual se refere ABRÃO, ELIANE Y. Direitos de autor e direitos conexos. São Paulo: Editora do Brasil, 2002, p. 84: "O direito de inclusão é contemplado no inciso V, do artigo 29 (Lei n. 9.610/1998), traduzido pela necessidade de autorização prévia do autor da obra a ser incluída para a respectiva fixação posterior em outro fonograma ou produção audiovisual. Foi parcialmente derrogado pelo inciso VIII do art. 46 da mesma lei".

[221] O artigo 5º da Lei n. 9.610/1998 define distribuição: "A colocação à disposição do público do original ou cópia de obras literárias, artísticas ou científicas, interpretações ou execuções fixadas em fonogramas, mediante a venda, locação ou qualquer outra forma de transferência de propriedade ou posse."

[222] ASCENSÃO, José Oliveira. Direito de Autor e Direitos Conexos. Lisboa: Coimbra Editora, 1992, p. 11-12.

[223] Art. 29. Depende de autorização prévia e expressa do autor a utilização da obra, por quaisquer modalidades, tais como: I - a reprodução parcial ou integral; II - a edição; III - a adaptação, o arranjo musical e quaisquer outras transformações; IV - a tradução para qualquer idioma; V - a inclusão em fonograma ou produção audiovisual; VI - a distribuição, quando não intrínseca ao contrato firmado pelo autor com terceiros para uso ou exploração da obra; VII - a distribuição para oferta de obras ou produções mediante cabo, fibra ótica, satélite, ondas ou qualquer outro sistema que permita ao usuário realizar a seleção da obra ou produção para percebê-la em um tempo e lugar previamente determinados por quem formula a demanda, e nos casos em que o acesso às obras ou produções se faça por qualquer sistema que importe em pagamento pelo usuário; VIII - a utilização, direta ou indireta, da obra literária, artística ou científica, mediante: a) representação, recitação ou declamação; b) execução musical; c) emprego de alto-falante ou de sistemas análogos; d) radiodifusão sonora ou televisiva; e) captação de transmissão de radiodifusão em locais de freqüência coletiva; f) sonorização ambiental; g) a exibição audiovisual, cinematográfica ou por processo assemelhado; h) emprego de satélites artificiais; i) emprego de sistemas óticos, fios telefônicos ou não, cabos de qualquer tipo e meios de comunicação similares que venham a ser adotados; j) exposição de obras de artes plásticas e figurativas; IX - a inclusão em base de dados, o armazenamento em computador, a microfilmagem e as demais formas de arquivamento do gênero; X - quaisquer outras modalidades de utilização existentes ou que venham a ser inventadas.

O regime de direitos morais é diverso do regime geral, no entanto, como se verá abaixo.

[3] § 4.0. (A) Consequências da titularidade por não-autor

O titular da exclusiva constituída sobre programas de computador, não sendo autor, não recebe deste o benefício da proteção especial devida ao hipossuficiente.

Não se interpreta favoravelmente a exclusiva em seu propósito, quer seja titular originário, quer seja derivado. Ao contrário, aplica-se ao titular que não é autor o regime geral de interpretação *pro societatis*, como se lê no Cap. II, [4] §5.7.(B) A interpretação das regras em si mesmas.

[3] § 4.0. (B) O regime especial do aluguel

Como emanação do Artigo 11 de TRIPs, segundo o qual os países devem, pelo menos no que se refere a programas de computador e obras cinematográficas, conferir "*o direito de autorizar ou proibir o aluguel público comercial dos originais ou das cópias de suas obras protegidas pelo direito de autor*",[224] o nosso sistema jurídico incorporou uma série de peculiaridades das criações em meio digital, inclusive a postergação da regra de exaustão de direitos (sobre a noção de exaustão, vide, no Cap. VI, a Seção [16] - Exaustão de Direitos de Patentes).

Pela regra de exaustão, os efeitos da exclusiva, em face de um *corpus mechanicum* (vide sobre essa noção, Cap. I, [4] §1.9.- A oposição *corpus mysticum* e *corpus mechanicum*) se encerram ao momento em que o titular tem a primeira oportunidade de reaver seu investimento, em face da criação intelectual. Vendeu, alienou de alguma forma econômica, pôs no comércio através de locação ou similar, esgota-se a exclusiva, para só então aplicar-se o direito comum.[225]

O direito de aluguel vem a ser uma modalidade específica do direito de distribuição, previsto no art. 29 da lei geral, abrangendo igualmente os direitos exclusivos de

---

[224] Article 11 - Rental Rights - In respect of at least computer programs and cinematographic works, a Member shall provide authors and their successors in title the right to authorize or to prohibit the commercial rental to the public of originals or copies of their copyright works. (...) In respect of computer programs, this obligation does not apply to rentals where the program itself is not the essential object of the rental.

[225] Como dissemos em BARBOSA, Denis Borges, A cockroach's...., *op. cit.*: "The exhaustion doctrine. Exhaustion of rights is the doctrine according to which the exclusive rights on the corpus mechanicum ceases, once the titleholder of an Intellectual Property right has realized the economic benefit of the exclusiveness, by means, for example, of the sale of the patented or copyrighted product. From that moment on remains only to him the power to exclude the reproduction of the same corpus by any third party, including the buyer. Once the sale is completed and the price paid, the patent or copyright, acting as an artificial right to exclude what was not naturally excludable, has accomplished its assigned role to ensure the return of the creative investment. The Constitutional balancing of interests was fulfilled, and the equation of justice completed. The birth of easy reproductive techniques open to consumers, which enables each buyer to copy the corpus mechanicum to an unspecified limit erodes the equation."

empréstimo e revenda. Na verdade, tem pouca ou nenhuma repercussão econômica no caso de software[226]

Sobre tal direito exclusivo novo, resultante de TRIPs, assim dissemos:[227]

The rental right

The idea of a rental rights results from the erosion of the exhaustion doctrine after the new consumer-usable reproductive techniques. Return of creative investment became watered by the private copying, and furthermore by the lowered barriers of entry that transformed private copyists into small-time competitors. It would seem necessary to rebalance the IP equation.

One solution to that problem, in those countries that adhere to the exhaustion doctrine, would then be to make exclusive rights go beyond sale; but similar results would flow from distribution rights in those countries that recognized them without limits as to their scope.[228] The rental right enhanced the post-sale control of the corpus (and reproduction therewith) and enlarged somewhat the return of creative investment.

On the other hand, art. 4 of the European Copyright Directive, which applies also to countries where distribution rights were not common, "harmonizes for authors the exclusive right of distribution to the public of their works or copies thereof. It stipulates that this distribution right is exhausted where the first sale or other transfer of ownership in the Community of a copy is made by the right holder or with his consent".[229]

This new right would seem to be a reasonable alternative against physical or digital constraints of post-sale use of the *corpus*. As a rule of law, it may be liable to fair dealing limitations, as free lending for public libraries and the such, which till now was not proposed under digital ant-copy systems.

A Lei 9.609/98, no entanto, sob o influxo TRIPs, cria uma hipótese de aplicação do direito de exclusiva mesmo após a venda, licença ou outra forma de transferência da cópia do programa:

Art. 2º. (...)

---

[226] UNCTAD - ICTSD. Resource Book On Trips And Development. New York, Cambridge University: Cambridge University Press, 2005, p. 177. "Though the rental of computer programs has not become generalized practice, and, hence, this provision has little economic impact, the rental of cinematographic works has become widespread in many countries".

[227] Barbosa, Denis Borges. Direito Autoral e Liberdade de Expressão Estudos de Direito acesso em 09.09.30 em http://denisbarbosa.addr.com/geiger.pdf.

[228] Carlos Correa, in Acuerdo, *op. cit.*, p. 65, lists El Salvador, Honduras, Panama, Dominican Republic, Venezuela Spain Portugal and the Andean Group as so.

[229] Markus Schneider, Legal Aspects of Digital Rights Management in Europe, found at http://denisbarbosa.addr.com/markus.doc.

§ 5º. Inclui-se dentre os direitos assegurados por esta Lei e pela legislação de direitos autorais e conexos vigentes no País aquele direito exclusivo de autorizar ou proibir o aluguel comercial, não sendo esse direito exaurível pela venda, licença ou outra forma de transferência da cópia do programa.

§ 6º. O disposto no parágrafo anterior não se aplica aos casos em que o programa em si não seja objeto essencial do aluguel.

A norma, como todas as que se referem às exclusivas da Propriedade Intelectual, merece interpretação restritiva. A própria regra do § 6º denota a restritividade de sua aplicação.

[3] § 4.0. (C) Conceito de Reprodução

O núcleo do direito sobre o programa de computador é o direito de reprodução.[230]

O Tratado da OMPI sobre direitos autorais enfatiza que na noção de reprodução se incluirá a presença do programa de maneira fugaz ou efêmera no meio digital, por exemplo, para efeitos de processamento numa CPU.[231] Veja-se que a questão da fugacidade – para efeitos de reprodução – não é a mesma matéria do que a fugacidade para efeitos de definição da matéria protegida, o que se discute neste Capítulo, em [2] § 2. 7. - Fugacidade dos resultados.

Aplica-se tal norma no Brasil, sabendo-se que o Tratado da OMPI não é lei nacional? No regime americano, cita-se caso de 1993 para dar fundamento à tese de que mesmo cópias não fixadas, ou seja, transientes, importam em violação o direito de reprodução.[232]

Tais considerações, no entanto, não me parecem aplicáveis ao direito nacional. Como veremos neste Capítulo, em [2]§6.7.(A) Uso normal e reparo, não será impedido o uso normal do programa para os fins a que se destina, incluindo-se nessa noção o uso transiente num ambiente de processamento.[233]

Poderão os dispositivos obrigacionais das licenças e outras autorizações de uso dispor em contrário? Veja-se, quanto a isso, a seção 4 deste Capítulo.

---

[230] Artigo 9 da CUB: (1) Authors of literary and artistic works protected by this Convention shall have the exclusive right of authorizing the reproduction of these works, in any manner or form.
[231] Doc. WIPO WIPO/INT/SIN/98/6, "The WIPO Copyright Treaty gives further clarification in the agreed statement concerning Article 1(4) of the Treaty by stating that "it is understood that the storage of a protected work in digital form in an electronic medium constitutes a reproduction within the meaning of Article 9 of the Berne Convention."
[232] MAI Systems Corp. v. Peak Computer, Inc., 991 F.2d 511 (9th Cir. 1993).
[233] Neste passo, ajuda-nos a lei autoral geral: Art. 30. (...) § 1º O direito de exclusividade de reprodução não será aplicável quando ela for temporária e apenas tiver o propósito de tornar a obra, fonograma ou interpretação perceptível em meio eletrônico ou quando for de natureza transitória e incidental, desde que ocorra no curso do uso devidamente autorizado da obra, pelo titular.

[3] § 4.1. Conteúdo civil

A Lei 9.609/98 prevê – como já visto – a aplicação subsidiária das normas da lei geral autoral, naquilo que não prescrever em sentido diverso. Também como já visto, essa aplicação subsidiária é contida e condicionada pelo estatuto constitucional próprio das criações técnicas (vide este Capítulo, [2] § 1.3. - Das relações da lei autoral com a lei de software).

No tocante ao conteúdo dos direitos, a proteção é diretamente remetida ao regime geral das obras *literárias* (art. 2º), vale dizer, um sub-regime específico da norma autoral genérica. Aplica-se, assim, à proteção do software, mas apenas subsidiariamente, o Título VII da Lei 9.610/98.[234]

No tocante à integridade dos dispositivos técnicos introduzidos nos exemplares das obras e produções protegidas para evitar ou restringir sua cópia (mas não ao programa de computador em si mesmo), igualmente se aplica o art. 107 da LDA.[235]

[3] § 4.1. (A) A tutela judicial específica

Segundo a Lei 9.609/98, a tutela civil dos programas de computador conta com uma série de remédios processuais específicos:[236]

---

[234] "Art. 105. [...] a comunicação ao público de obras artísticas, literárias e científicas, [...] realizadas mediante violação aos direitos de seus titulares, deverão ser imediatamente suspensas ou interrompidas pela autoridade judicial competente, sem prejuízo da multa diária pelo descumprimento e das demais indenizações cabíveis, independentemente das sanções penais aplicáveis; caso se comprove que o infrator é reincidente na violação aos direitos dos titulares de direitos de autor e conexos, o valor da multa poderá ser aumentado até o dobro. Art. 106. A sentença condenatória poderá determinar a destruição de todos os exemplares ilícitos, bem como as matrizes, moldes, negativos e demais elementos utilizados para praticar o ilícito civil, assim como a perda de máquinas, equipamentos e insumos destinados a tal fim ou, servindo eles unicamente para o fim ilícito, sua destruição. Art. 108. Quem, na utilização, por qualquer modalidade, de obra intelectual, deixar de indicar ou de anunciar, como tal, o nome, pseudônimo ou sinal convencional do autor e do intérprete, além de responder por danos morais, está obrigado a divulgar-lhes a identidade da seguinte forma: [...]; III - tratando-se de outra forma de utilização, por intermédio da imprensa, na forma a que se refere o inciso anterior.

[235] LDA Art. 107. Independentemente da perda dos equipamentos utilizados, responderá por perdas e danos, nunca inferiores ao valor que resultaria da aplicação do disposto no art. 103 e seu parágrafo único, quem: I - alterar, suprimir, modificar ou inutilizar, de qualquer maneira, dispositivos técnicos introduzidos nos exemplares das obras e produções protegidas para evitar ou restringir sua cópia; II - alterar, suprimir ou inutilizar, de qualquer maneira, os sinais codificados destinados a restringir a comunicação ao público de obras, produções ou emissões protegidas ou a evitar a sua cópia; III - suprimir ou alterar, sem autorização, qualquer informação sobre a gestão de direitos; IV - distribuir, importar para distribuição, emitir, comunicar ou puser à disposição do público, sem autorização, obras, interpretações ou execuções, exemplares de interpretações fixadas em fonogramas e emissões, sabendo que a informação sobre a gestão de direitos, sinais codificados e dispositivos técnicos foram suprimidos ou alterados sem autorização.

[236] Art. 14. Independentemente da ação penal, o prejudicado poderá intentar ação para proibir ao infrator a prática do ato incriminado, com cominação de pena pecuniária para o caso de transgressão do preceito. § 1º. A ação de abstenção de prática de ato poderá ser cumulada com a de perdas e danos pelos prejuízos decorrentes de infração. § 2º. Independentemente de ação cautelar preparatória, o juiz poderá conceder

[1] a pretensão proibitória, que é a típica dos direitos de exclusiva;
[2] a pretensão indenizatória, cumulativa com a proibitória
[3] medida liminar de cunho proibitório, independente da cautelar preparatória[237]
[4] as medidas de busca e apreensão necessárias à fixação da prova.[238]

Quanto às últimas, o art. 13 da lei especial as erige em requisito de procedibilidade, se não determinável a prova de outra forma:

O mandado de busca e apreensão será cumprido por dois oficiais de justiça (CPC, art. 842), acompanhados de duas testemunhas (§ 2º). Se necessário, os oficiais poderão arrombar as portas externas, bem como as internas e quaisquer móveis onde presumam que esteja oculta a coisa procurada (§ 1º). O CPC tem regra específica para os procedimentos de busca e apreensão que versarem sobre violação de direitos autorais ou conexos: nesses casos, o juiz designará dois peritos para acompanhar os oficiais de justiça na diligência, aos quais incumbirá confirmar a ocorrência da violação antes de ser efetivada a apreensão (§ 3º). A regra é frequentemente aplicada, por analogia, aos litígios de propriedade industrial. Finda a diligência, os oficiais de justiça lavrarão auto circunstanciado, assinando-o com as testemunhas (art. 843).[239]

---

medida liminar proibindo ao infrator a prática do ato incriminado, nos termos deste artigo. § 3º. Nos procedimentos cíveis, as medidas cautelares de busca e apreensão observarão o disposto no artigo anterior. § 4º. Na hipótese de serem apresentadas, em juízo, para a defesa dos interesses de qualquer das partes, informações que se caracterizem como confidenciais, deverá o juiz determinar que o processo prossiga em segredo de justiça, vedado o uso de tais informações à outra parte para outras finalidades. § 5º. Será responsabilizado por perdas e danos aquele que requerer e promover as medidas previstas nesta e no artigo anterior, agindo de má-fé ou por espírito de emulação, capricho ou erro grosseiro, nos termos dos arts. 16, 17 e 18 do Código de Processo Civil.

237 Que pode ter o cunho, igualmente, de busca e apreensão, mas de sentido diverso à simples fixação de prova. Diz BESSONE, Daniela, Obtenção de provas em litígios de propriedade industrial, in ROCHA, Fabiano de Bem da, (Org.), Capítulos de Processo Civil na Propriedade Industrial, Lumen Juris, 2009: "É que os pressupostos de concessão dessas duas medidas e os seus respectivos efeitos são inteiramente diversos: enquanto na busca e apreensão de caráter satisfativo, concedida liminarmente em sede de antecipação da tutela de mérito, apreendem-se todas as mercadorias resultantes do ato ilícito encontradas em poder do réu (tutela inibitória e de remoção do ilícito), nas medidas cautelares de busca e apreensão apreende-se apenas número suficiente de unidades das mercadorias alegadamente resultantes do ato ilícito, e documentos correlatos, de modo que se possa produzir a prova da violação ao direito do autor e da respectiva extensão".

238 Em primeiro lugar, os requisitos das ações cautelares, em geral, estão presentes no caso concreto. O fumus boni juris decorre da plausibilidade da alegação da empresa-apelada da possibilidade de uso indevido dos programas de computador por ela desenvolvidos, sem o necessário licenciamento, pela empresa-apelante. O periculum in mora deriva da possibilidade de os programas serem facilmente apagados (deletados) dos computadores, o que exige uma apuração rápida initio litis. (...) Tanto na ação penal como na ação cível, a dificuldade é probatória, em face da facilidade como os programas de computadores podem ser deletados ou apagados. Por isso, a lei do software regulou também as medidas preparatórias ou cautelares destinadas à preparação da prova da violação do direito do autor (art. 13), especialmente a busca e apreensão e a produção antecipada de prova (vistoria). A principal medida preparatória utilizada tem sido a vistoria judicial, como no caso em questão, com a designação de perito judicial. Apelação Cível nº 70001527258 - 9ª Câmara Cível, Tribunal de Justiça do Rio Grande do Sul

239 BESSONE, Daniela, op. cit.

A norma ainda prevê a concessão de segredo de justiça no âmbito dos procedimentos acima referidos (o que afeta o acesso de terceiros às informações produzidas, por exemplo, o código fonte), acrescido de vedação do uso das informações pertinentes pela outra parte.[240]

Como também é previsto na Lei 9.279/96, a norma ainda estabelece sanções para o abuso dos meios processuais acima, no caso de má-fé ou por espírito de emulação, capricho ou erro grosseiro. Como se lê no Cap. I deste livro, em [6] § 6.- Valor indenizável das violações da Propriedade Intelectual, as pretensões relativas à propriedade intelectual são interesses patrimoniais (e, em certa proporção, extrapatrimoniais) que não comportam excessos e abusos. Como enfatizamos:

> A reparação de danos à propriedade industrial não se diferencia em nada de qualquer outra situação de reequilíbrio patrimonial: uma nota promissória não paga ou uma patente infringida são ilícitos de igual peso jurídico. É certo que o inadimplemento de uma obrigação de dinheiro já foi objeto de enorme reprovabilidade moral, como documentam os textos de Jane Austen e Os Buddenbrooks de Thomas Mann: "Mein Sohn, sey mit Lust bey den Geschäften am Tage, aber mache nur solche, daß wir bey Nacht ruhig schlafen können".
> Idêntica reprovabilidade social vem sendo induzida, com mais ou menos sucesso, nas campanhas anti-pirataria, o que não torna porém a contrafação um ilícito juridicamente hediondo, como seria, por exemplo, a não satisfação de prestação alimentar a um filho menor, objeto até mesmo de prisão civil.
> Cabe aqui, igualmente diferenciar entre os remédios jurídicos próprios à pirataria (onde, de regra, não há patrimônio para sofrer astreinte ou indenizar, caso em que a destruição de produtos, repressão penal e outros meios não-patrimoniais são necessários) e a simples e corriqueira violação de direitos entre concorrentes, caso em que não cabe adotar remédios extremados e em desequilíbrio das partes.

[3] § 4.1. (B) Busca e apreensão: necessidade

> Tribunal de Alçada de Minas Gerais
A SRA. JUÍZA MARIA ELZA: A Lei 9.609/98 regulamentou toda a matéria referente à proteção da propriedade intelectual de programa de computador e pre-

---

[240] BESSONE, Daniela, idem, eadem: "Não sendo de se esperar do réu que resista bravamente à tentação de dar cabo dos vestígios do ato ilícito, antes que possam ser periciados ou levados à apreciação do juízo, a cautela há de ser concedida liminarmente, inaudita altera parte (art. 804 do CPC), uma vez demonstrada a titularidade do direito de propriedade industrial invocado e a plausibilidade da alegação de sua violação pelo réu. E precisamente porque o fator surpresa é fundamental, a justificação prévia, quando indispensável ao convencimento do juízo, será sempre conduzida em segredo de justiça (CPC, art. 841). Em outras palavras, o direito subjetivo à produção da prova e o risco de destruição de indícios pelo réu bastam para o atendimento dos requisitos legais do fumus boni iuris e do periculum in mora a autorizar a concessão liminar da cautela de busca e apreensão instrumental de uma produção antecipada de prova".

viu, no art. 14, § 3º, o cabimento de medida cautelar de busca e apreensão em caso de violação do direito do autor de programa, cujo procedimento a ser adotado estaria disciplinado no art. 13.
A situação é realmente peculiar. Na quase totalidade dos casos em que se discute a existência de violação a direito do autor do programa de computador é muito difícil esse autor demonstrar de pronto que o contrafator está "pirateando" o software. A falsificação é quase perfeita em alguns casos, sendo que, em outros, a empresa violadora não deixa vestígios de que copiou o programa. Diante da especificidade da relação de direito material, permitiu o legislador o deferimento da busca e apreensão, ainda que o juízo não esteja convicto da existência da contrafação. Para tanto, a medida deve ser precedida da indispensável vistoria a que alude o art. 13 da Lei 9.609/98, de modo que, constatando o perito nomeado a violação do direito do autor, possam ser apreendidos os programas.
Processo: 0312242-5 Agravo de Instrumento (Cv) Cível. Ano: 2000. Quarta Câmara Cível. Relator: Juiz Jarbas Ladeira. Data Julgamento: 14/02/2001.

[3] § 4.1. (C) As sanções civis da LDA

A jurisprudência tem admitido a aplicação das multas civis previstas na Lei 9.610/98 como componentes do conteúdo civil da tutela dos programas de computador,[241] em particular o art. 103 da lei geral.[242]
Com a vênia possível ao entendimento do STJ e demais tribunais quanto ao ponto, entendo excessiva a aplicação da regra, mesmo nas hipóteses em que não se possa determinar o número de cópias infringentes.[243] O número previsto no parágrafo único do art. 103 tem uma clara vinculação com a presunção de que a edição de

---

[241] Vide o voto da Ministra Nancy Andrighi no REsp 443.119.: "(...) Incluído, pois, o programa de computador no conceito de obra intelectual (Lei nº 9.610/98, art. 7º, inc. XII), deve-se considerar, para fins de quantificação dos danos materiais produzidos com a sua contrafação, a lei especial aplicável à espécie (Lei nº 9.610/98, art. 103) e não a regra geral prevista no art. 159 do CC. Isto porque o art. 103 prevê os critérios de sancionamento civil para a contrafação de obra literária, artística ou científica, e o programa de computador, por força do art. 2º da Lei nº 9.609/98, está sujeito ao regime jurídico adotado para a obra literária. Nos termos do dispositivo mencionado, a indenização por danos materiais, em não sendo possível definir a exata extensão da edição fraudulenta (como ocorre in casu), deve ser fixada no valor de 3.000 exemplares, acrescidos dos que foram apreendidos".

[242] Art. 103. Quem editar obra literária, artística ou científica, sem autorização do titular, perderá para este os exemplares que se apreenderem e pagar-lhe-á o preço dos que tiver vendido. Parágrafo único. Não se conhecendo o número de exemplares que constituem a edição fraudulenta, pagará o transgressor o valor de três mil exemplares, além dos apreendidos.

[243] Note-se que no RE Nº 768.783 - RS (2005/0122490-4), o Relator, Ministro Humberto Gomes de Barros, mencionando o julgado acima citado, introduziu um elemento especial para a aplicação da regra do art. 103, parágrafo único: o uso em rede, sem determinabilidade de usos simultâneos. "Efetivamente, limitar a condenação ao pagamento do preço dos exemplares das obras não indeniza satisfatoriamente os prejuízos da recorrida, exatamente porque os softwares foram utilizados em rede, o que permitiu fossem acessados por um número ainda maior de pessoas".

livros, prevista no art. 56 da lei, será de três mil exemplares.[244] Mas tal presunção tem sido abusivamente utilizada para software, marcas, patentes, desenhos industriais, etc. É imperativo precisar o alcance razoável dessa presunção,[245] a que, por amor ao princípio do devido processo legal, não se pode dar o *status* de ficção jurídica.

[3] § 4.1. (D) Jurisprudência: aplicação da multa da LDA

> Tribunal de Justiça do Rio Grande do Sul
> Apelação cível. Responsabilidade civil. Ação indenizatória. Cautelar de produção antecipada de prova. Microsoft. Utilização ilegal de programas de computador, sem o devido licenciamento. A única insurgência da ora apelante é em relação ao acolhimento do pedido de imposição da multa prevista no parágrafo único do art. 103 da Lei dos Direitos Autorais. O art. 103 somente tem aplicação quando a violação do direito autoral não pode ser quantificada. No caso concreto, a quantidade de programas de computador irregularmente utilizados foi totalmente reconhecida através da vistoria realizada na cautelar de produção antecipada de provas, o que é suficiente para afastar a incidência da apontada norma. Apelo provido.
> Nº 70012212072 2005/Cível, Sexta Câmara Cível, 20 de julho de 2006.

[3] § 4.1. (E) Jurisprudência: Proporcionalidade da indenização

> Tribunal de Justiça do Rio Grande do Sul
> APELAÇÃO CÍVEL. RESPONSABILIDADE CIVIL. DIREITOS AUTORAIS. AÇÃO INDENIZATÓRIA CUMULADA COM ABSTENÇÃO DE PRÁTICA DE ATO. PROGRAMAS DE COMPUTADOR. USO INDEVIDO. AUSÊNCIA DE LICENÇA. CONTRAFAÇÃO.
> 1. A regularidade do uso de programas de computador é comprovada mediante a apresentação da licença ou, na sua ausência, de nota fiscal. Prova pericial a demonstrar que o requerido possuía e utilizava diversos programas de propriedade da autora sem a devida licença ou comprovante de aquisição. Dever de indenizar.
> 2. Inaplicabilidade do art. 103 da Lei 9.610/98, porquanto devidamente quantificados os programas de computador irregularmente utilizados através da vistoria

---

244 Art. 56. Entende-se que o contrato versa apenas sobre uma edição, se não houver cláusula expressa em contrário. Parágrafo único. No silêncio do contrato, considera-se que cada edição se constitui de três mil exemplares.
245 PIRES, Luis Manuel Fonseca, A presunção de legitimidade e veracidade dos atos administrativos, Revista da Escola Paulista da Magistratura, ano 6, nº 1, p. 89-109, julho/dezembro – 2005: " Presumir significa proceder a um juízo baseado em elementos indiciários, reputar algo como válido ou inválido (no que se refere ao direito), verdadeiro ou falso (quanto aos fatos), até segunda ordem; é uma avaliação provisória sobre determinada coisa ou pessoa porque sujeita à comprovação de sua condição contrária. A precariedade é idéia imanente ao conceito de presunção. Ainda assim, é vezo na ciência do direito fazer a distinção entre presunção absoluta e relativa: a primeira não se sujeitaria a ser derruída por nada, a segunda, passível de demonstração de seu oposto".

realizada na cautelar de produção antecipada de provas. Além disso, não ficou constatado que a demandada tenha alterado, suprimido, modificado ou inutilizado os programas de computador, com o que a sua conduta não se amolda, também, em nenhuma das hipóteses elencadas pelo art. 107 do mesmo diploma legal.

3. In casu, a prova pericial produzida na conexa ação cautelar de produção antecipada de prova comprova a ausência de 14 licenças referentes à utilização dos softwares da demandante. Ademais, menciona que os programas de computador eram instalados em rede, o que possibilita o acesso a um maior número de usuários.

4. Nessa senda, para fixação do valor da indenização a título de danos materiais que deve ser paga pela empresa ré, impende que se adote o princípio da proporcionalidade, principalmente considerando dois aspectos importantes: (a) o fato de que a demandada não comercializava os programas de computador com terceiros, mas somente utilizava-os dentro da empresa; (b) o fato de que os programas de computador estavam instalados em rede, possibilitando o acesso de um maior número de usuários.

5. Logo, impende condenar a empresa ré ao pagamento do montante equivalente a cinco vezes o preço dos programas de computador de propriedade da demandante MICROSOFT, preço este o de venda praticado pela autora às revendedoras no País, na quantidade encontrada em uso ilegal, montante a ser apurado em sede de liquidação de sentença.

6. Sucumbência mantida.

Apelação Cível nº 70018521195, Nona Câmara Cível, Porto Alegre, 20 de fevereiro de 2008

[3] § 4.2. Conteúdo penal

A par da aplicação subsidiária da Lei 9.609/98 para definir-se o conteúdo civil do direito de exclusiva sobre os programas de computador, a lei especial institui um regime próprio, e excludente, da sancionamento penal das violações do direito.[246] Assim, não se aplica o disposto no Código Penal, art. 184, mas a lei especial.[247]

---

[246] Art. 12. Violar direitos de autor de programa de computador: Pena - Detenção de seis meses a dois anos ou multa. § 1º Se a violação consiste na reprodução, por qualquer meio, de programa de computador, no todo ou em parte, para fins de comércio, sem autorização expressa do autor ou de quem o represente: Pena - Reclusão de um a quatro anos e multa. § 2º Na mesma pena do parágrafo anterior incorre quem vende, expõe à venda, introduz no País, adquire, oculta ou tem em depósito, para fins de comércio, original ou cópia de programa de computador, produzido com violação de direito autoral. § 3º Nos crimes previstos neste artigo, somente se procede mediante queixa, salvo: I - quando praticados em prejuízo de entidade de direito público, autarquia, empresa pública, sociedade de economia mista ou fundação instituída pelo público; II - quando, em decorrência de ato delituoso, resultar sonegação fiscal, perda de arrecadação tributária ou prática de quaisquer dos crimes contra a ordem tributária ou contra as relações de consumo. § 4º No caso do inciso II parágrafo anterior, a exigibilidade do tributo, ou contribuição social e qualquer acessório, processar-se-á independentemente de representação

[247] MURTA FILHO, Antonio, Aspectos Penais Inovadores da Recente Lei nº 9.609, de 19/2/98, Revista da ABPI, (29): 29-33, jul.-ago. 1997: (...) uma interpretação sistemática desse dispositivo legal, diante dos prin-

O texto legal sanciona a simples violação, qual seja, a infração de quaisquer dos direitos patrimoniais de exclusiva (divulgação, acesso, cópia, utilização do programa não autorizados), relativos ao programa de computador. Trata-se de norma penal em branco, para a qual o conteúdo da exclusiva integra o tipo.

Coisa diversa, no entanto, se exige para a pena de reclusão; um elemento essencial constitui a diferença:

Não é assim na lei de software, nº 9.609, de 1998, na qual o § 1º do art. 12 tipifica a conduta daquele que "reproduz para fins de comércio" programa de computador. Bem assim o § 2º, que pune aquele que "vende, expõe à venda, introduz no País, adquire, oculta ou tem em depósito, para fins de comércio, original ou cópia de programa de computador, produzido com violação de direito autoral". O fim de comércio é que constitui a vertente pública da utilização.[248]

A ação penal é privada (Código Penal Art. 102, parágrafo 2º, sendo que o Art. 105 prescreve que o direito decai em seis meses contados do dia em que veio, a saber, quem é o autor do crime.), como ocorre na maioria dos casos de crimes relativos à Propriedade Imaterial, com a notável exceção dos direitos autorais.

Nestes casos, se exigirá a vistoria prévia, a que se refere o art. 13 da Lei 9.609/98.[249]

---

cípios da tipicidade penal e do secular in dublo pro réu, nos leva à conclusão de que o infrator somente poderá ser processado por meio de ação penal pública, caso, além da violação autoral, o ato delituoso importe em caracterização de crime contra a ordem econômica ou tributária. É importante assinalar que os crimes contra a ordem econômica ou tributária exigem conduta típica e se caracterizam pela presença do dolo específico do agente, o que importa em dizer que o fato típico deve ter por escopo reduzir a tributação devida ou lesar a ordem econômica. Para avaliarmos o alcance da nova norma da Lei 9.609/98, pode-se tomar como exemplo a ação típica de "vender mercadorias abaixo do preço de custo, com o fim de impedir a concorrência", prevista no artigo 4º, VI, da Lei 8.137/90 contra a ordem econômica. 0 ato de vender mercadoria por valor inferior ao preço de custo somente será caracterizado crime se o agente proceder dessa forma para prejudicar seus concorrentes. Imagine-se a seguinte hipótese: se o infrator vende software abaixo do preço de custo em razão de não ter arcado com os gastos de aquisição do software, tal ato não constitui crime contra a ordem econômica, apesar de ser crime contra os direitos de autor. Outros exemplos análogos poderiam ser invocados, tais como a falsificação de nota fiscal, fatura ou duplicata, cujo tipo está previsto no artigo 1º, III, da referida Lei 8.137/90, em que o crime só se materializa se estiver configurado o propósito de reduzir tributo, para demonstrar a dificuldade, em muitos casos, de caracterização do crime contra a ordem econômica ou tributária, como forma de viabilizar a ação penal pública incondicionada, tal como concebida no parágrafo 34 da Lei 9.609/98".

248 SILVEIRA, Newton, Estudos e Pareceres de Propriedade Intelectual, Lumen Juris, 2008.
249 Art. 13. A ação penal e as diligências preliminares de busca e apreensão, nos casos de violação de direito de autor de programa de computador, serão precedidas de vistoria, podendo o juiz ordenar a apreensão das cópias produzidas ou comercializadas com violação de direito de autor, suas versões e derivações, em poder do infrator ou de quem as esteja expondo, mantendo em depósito, reproduzindo ou comercializando. Na redação que a Lei nº 10.695, de 1º.7.2003 deu ao Art. 530-A do CPP (O disposto nos arts. 524 a 530 será aplicável aos crimes em que se proceda mediante queixa), o procedimento é:: Art. 525. No caso de haver o crime deixado vestígio, a queixa ou a denúncia não será recebida se não for instruída com o exame pericial dos objetos que constituam o corpo de delito. Art. 526. Sem a prova de direito à ação, não será recebida a queixa, nem ordenada qualquer diligência preliminarmente requerida pelo ofendido. Art. 527. A diligência

No entanto, haverá ação pública *mediante representação*,[250] nos casos de prejuízo de entidade de direito público, autarquia, empresa pública, sociedade de economia mista ou fundação instituída pelo público ou quando, em decorrência de ato delituoso, resultar sonegação fiscal, perda de arrecadação tributária ou prática de quaisquer dos crimes contra a ordem tributária ou contra as relações de consumo.[251]

[3] § 4.2. (A) Jurisprudência: Aplicação da norma especial da Lei 9.609/98

> Tribunal de Justiça de Minas Gerais
SOFTWARE - DENÚNCIA QUE CAPITULA O DELITO NO ART. 184 DO CÓDIGO PENAL - IMPOSSIBILIDADE - ART. 12 DA LEI FEDERAL 9.609/98 - ESPECIALIDADE. Em se tratando de programas de computador, a ação desenvol-

---

de busca ou de apreensão será realizada por dois peritos nomeados pelo juiz, que verificarão a existência de fundamento para a apreensão, e quer esta se realize, quer não, o laudo pericial será apresentado dentro de 3 (três) dias após o encerramento da diligência. Parágrafo único. O requerente da diligência poderá impugnar o laudo contrário à apreensão, e o juiz ordenará que esta se efetue, se reconhecer a improcedência das razões aduzidas pelos peritos. Art. 528. Encerradas as diligências, os autos serão conclusos ao juiz para homologação do laudo. Art. 529. Nos crimes de ação privativa do ofendido, não será admitida queixa com fundamento em apreensão e em perícia, se decorrido o prazo de 30 dias, após a homologação do laudo. Parágrafo único. Será dada vista ao Ministério Público dos autos de busca e apreensão requeridas pelo ofendido, se o crime for de ação pública e não tiver sido oferecida queixa no prazo fixado neste artigo. Art. 530. Se ocorrer prisão em flagrante e o réu não for posto em liberdade, o prazo a que se refere o artigo anterior será de 8 (oito) dias

250 Segundo o CPP, art. 530-I, na redação que lhe deu a Lei nº 10.695, de 1º.7.2003: Nos crimes em que caiba ação penal pública incondicionada ou condicionada, observar-se-ão as normas constantes dos arts. 530-B, 530-C, 530-D, 530-E, 530-F, 530-G e 530-H. São assim as normas aplicáveis: Art. 530-B. Nos casos das infrações previstas nos §§ 1º, 2º e 3º do art. 184 do Código Penal, a autoridade policial procederá à apreensão dos bens ilicitamente produzidos ou reproduzidos, em sua totalidade, juntamente com os equipamentos, suportes e materiais que possibilitaram a sua existência, desde que estes se destinem precipuamente à prática do ilícito. Art. 530-C. Na ocasião da apreensão será lavrado termo, assinado por 2 (duas) ou mais testemunhas, com a descrição de todos os bens apreendidos e informações sobre suas origens, o qual deverá integrar o inquérito policial ou o processo. Art. 530-D. Subseqüente à apreensão, será realizada, por perito oficial, ou, na falta deste, por pessoa tecnicamente habilitada, perícia sobre todos os bens apreendidos e elaborado laudo que deverá integrar o inquérito policial ou o processo. Art. 530-E. Os titulares de direito de autor e os que lhe são conexos serão os fiéis depositários de todos os bens apreendidos, devendo colocá-los à disposição do juiz quando do ajuizamento da ação. Art. 530-F. Ressalvada a possibilidade de se preservar o corpo de delito, o juiz poderá determinar, a requerimento da vítima, a destruição da produção ou reprodução apreendida quando não houver impugnação quanto à sua ilicitude ou quando a ação penal não puder ser iniciada por falta de determinação de quem seja o autor do ilícito. Art. 530-G. O juiz, ao prolatar a sentença condenatória, poderá determinar a destruição dos bens ilicitamente produzidos ou reproduzidos e o perdimento dos equipamentos apreendidos, desde que precipuamente destinados à produção e reprodução dos bens, em favor da Fazenda Nacional, que deverá destruí-los ou doá-los aos Estados, Municípios e Distrito Federal, a instituições públicas de ensino e pesquisa ou de assistência social, bem como incorporá-los, por economia ou interesse público, ao patrimônio da União, que não poderão retorná-los aos canais de comércio. Art. 530-H. As associações de titulares de direitos de autor e os que lhes são conexos poderão, em seu próprio nome, funcionar como assistente da acusação nos crimes previstos no art. 184 do Código Penal, quando praticado em detrimento de qualquer de seus associados.

251 A norma esclarece, num dispositivo estranho à tutela penal, que a execução fiscal não ficará sujeita à representação.

vida não se amolda ao art. 184 do Código Penal ou seus parágrafos, mas no art. 12 da Lei Federal 9.609/98 em face do princípio da especialidade. AÇÃO PENAL PRIVADA - REJEIÇÃO DA DENÚNCIA DE OFÍCIO. Operada a desclassificação para delito de ação privada a hipótese será de cassar a sentença e impor a rejeição da denúncia oferecida pelo órgão que não detém legitimidade ativa para a ação penal. Recurso a que se nega provimento, concedendo 'habeas corpus' de ofício para desclassificar e rejeitar a denúncia. APELAÇÃO CRIMINAL Nº 1.0431.05.020041-6/001. Número do Processo: 1.0431.05.020041-6/001(1), Relator: JUDIMAR BIBER. Data de Julgamento: 09/09/2008. Data de Publicação: 19/09/2008

[3] § 4.3. Direitos Morais

Uma das mais claras distinções do regime legal dos programas de computador, em face do regime geral autoral, é a restrição dos direitos extrapatrimoniais cabíveis.

A restrição dos direitos extrapatrimoniais é cabível, em se postulando que tais direitos não constituem elemento constitucional inerradicável dos direitos intelectuais.[252] São eles direitos *pessoais*, mas não necessariamente emanações de garantias constitucionais (sobre o ponto, vide o Cap. II, [8]§3.- Natureza dos direitos morais.).

Como tais direitos não são uma peculiariadade da lei autoral (vide o Cap. VI, [7]§1.6. - Direito moral e direito autoral), e – como insistimos – a radicação constitucional da proteção aos programas de computador é o art. 5º, XXIX, da CF88, nada mais natural que aplicar-se ao *software* uma proteção mais restrita, aliás nem tão constrangida como a bateria de direitos morais que se estende às patentes.

A lei exclui categoricamente a aplicação dos direitos morais da norma autoral geral:[253]

---

[252] ASCENSÃO, José de Oliveira, Princípios Constitucionais do Direito de Autor, RBDC n. 5 (jan./jun. 2005), p. 429-442; "As faculdades pessoais foram recebidas pelas leis dos países do sistema romanístico. A Declaração Universal dos Direitos do Homem assegura igualmente a protecção dos "interesses morais" do autor. A Constituição brasileira não prevê porém os direitos pessoais. Do inc. XXVII não se tira nenhuma garantia que os abranja. Também se não pode pretender que os direitos pessoais seriam direitos de personalidade, para os quais bastaria a fundamentação na dignidade da pessoa humana (art. 1/III da Constituição). Uma coisa são os direitos de personalidade, outra direitos pessoais emergentes da ligação do autor à obra. O resultado negativo poderá parecer estranho, uma vez que o aspecto pessoal seria, pelo ponto de vista dos direitos fundamentais, ainda mais importante que o aspecto patrimonial. Isso não impede porém que a lei ordinária regule devidamente as faculdades pessoais do autor; significa apenas que estas faculdades não participam da garantia institucional."

[253] PIMENTEL, Luiz Otávio. Propriedade intelectual e universidade: aspectos legais. Florianópolis: Fundação Boiteux, 2005, p. 159., "Deve ser considerado que não se aplicam ao programa de computador todas as disposições relativas aos direitos morais dos direitos autorais. O autor conserva os direitos de reivindicar a paternidade do programa de computador e de opor-se a alterações não autorizadas, quando estas impliquem deformação, mutilação ou outra modificação do programa de computador, que possam prejudicar a sua honra ou a sua reputação pela autoria". Note-se que o direito francês, tão cioso das prerrogativas morais do autor, também as limita em face do regime geral; diz o Code de la Propriété Intellectualle: Art. L. 121-7. Sauf stipulation contraire plus favorable à l'auteur d'un logiciel, celui-ci ne peut: 1º S'opposer à la modification du logiciel par le cessionnaire des droits mentionnés au 2º de l'article L. 122-6, lorsqu'elle n'est préjudiciable ni à son honneur, ni à sa réputation; 2º Exercer son droit de repentir ou de retrait.

Art. 2º. (...) § 1º. Não se aplicam ao programa de computador as disposições relativas aos direitos morais, ressalvado, a qualquer tempo, o direito do autor de reivindicar a paternidade do programa de computador e o direito do autor de opor-se a alterações não-autorizadas, quando estas impliquem em deformação, mutilação ou outra modificação do programa de computador, que prejudiquem a sua honra ou a sua reputação.

No entanto, cria uma lista especial, do qual o primeiro de tais direitos é o de *reivindicar* que se associe o nome do autor ao programa, como seu originador.[254] Igualmente – agora em acréscimo ao regime das patentes – a Lei 9.609/98 prevê um direito de integridade, quando a respectiva modificação do programa *prejudique a honra ou a sua reputação do autor.*[255] Em todos os demais casos, não persiste o direito de o autor opor-se às modificações, autorizadas ou não; e especialmente, não lhe é deferida o poder de, com base nos seus poderes extrapatrimoniais, impedir a derivação.

Qual a duração de tais direitos, quando existem? Citemos aqui Marcos Wachowicz:[256]

> Os direitos morais do autor são inalienáveis e irrenunciáveis, significando que a autoria de um programa de computador não pode ser transferida para uma titularidade alheia.
> Os direitos morais são personalíssimos. Sua transferência somente ocorrerá por *causa mortis* do autor a seus sucessores, no exercício do direito, mas nunca na autoria dos mesmos. Isto nos termos do parágrafo primeiro do artigo 24 da Lei nº 9.610/98. Aponta Luiz Fernando Gama Pellegrini:
> O legislador foi bastante claro, ao determinar que por morte do autor os direitos morais previstos nos incisos I a IV do artigo 24, transmitem-se aos herdeiros. Qual o alcance deste parágrafo? Trata-se, em primeiro lugar, da aquisição do

---

[254] AREAS, Patrícia de Oliveira, Contratos internacionais de software: o direito moral do autor como limitante da autonomia da vontade, Dissertação de Mestrado apresentada ao Curso de Pós-graduação em Direito da Universidade Federal de Santa Catarina, para obtenção do título de Mestre em Direito, na área de concentração em Relações Internacionais. Professor orientador: Dr. Luiz Otávio Pimentel Florianópolis, março 2006: "Cabe destacar aqui que o que se protege é o direito de reivindicar a paternidade da obra e não se proíbe que se faça uma obra sem se colocar a paternidade do autor. Tanto que é permitido o uso de pseudônimo e até mesmo autores anônimos. Assim, se o autor quiser, pode fazer determinada obra e deixar que outros coloquem o nome. O que é garantido, e de forma irrenunciável, é o direito desse autor reivindicar tal paternidade." A autora evoca Ascensão e Pontes de Miranda em seu socorro.
[255] SANTOS, Manoel J. Pereira dos, Proteção..., *op. cit.*, 7.8. A engenharia reversa no Brasil: "O certo é que a Lei do "Software" não se caracteriza pela coerência sistemática, visto não reconhecer genericamente os direitos morais do autor do programa mas, não obstante, regular a hipótese de retirada da obra de circulação (Art. 8º, parágrafo único), faculdade essa integrante do elenco de direitos morais de autor (ex vi Art. 24, VI da Lei nº 9.610/98), não expressamente mantidos na disposição constante do Art. 2º, § 2º, da Lei nº 9609/98".
[256] WACHOWICZ, Marcos, Propriedade Intelectual do Software & Revolução Da Tecnologia da Informação, Juruá, 2005, p. 138.

exercício de direitos, e não dos direitos morais, uma vez que o art. 27 determina expressamente serem os direitos morais inalienáveis e irrenunciáveis. Vale dizer, que ocorrendo a morte do autor, os herdeiros passam a ter o exercício dos direitos morais, adquiridos através sucessão *causa mortis*, que consiste na preservação da obra, manutenção da sua integridade.[257]

O autor de um *software* será sempre o seu criador, podendo a qualquer tempo reivindicar a paternidade, inclusive seus herdeiros.[258]

Independentemente do exposto, a questão da extensão dos direitos morais e sua aplicabilidade no tocante ao *software* merece maior atenção de análise, pois os direitos morais do criador do *software*, de opor-se à paternidade do programa de computador e de opor-se a alterações não-autorizadas, persistirão após o prazo de proteção de cinqüenta anos, depois do qual o *software* cairá em domínio público, uma vez que tal direito se reveste de quatro características fundamentais: é um direito pessoal, perpétuo, inalienável e imprescritível.[259]

Da mesma forma pode-se indagar sobre a quem competirá a defesa da integridade de um *software* que eventualmente venha a cair em domínio público, o qual poderá ser livremente reproduzido. Neste caso, aplicar-se-á o disposto no parágrafo 2º da Lei nº 9.610/98, que atribui competência ao Estado na defesa da integridade e autoria da obra.

[3] § 4.4. Prazo

Aplicando a regra de TRIPs, art. 10, o prazo de proteção aos programas de computador é de cinquenta anos, "contados a partir do ano civil da publicação autorizada da obra ou, na ausência dessa publicação autorizada, nos 50 anos subseqüentes à realização da obra, a 50 anos, contados a partir do fim do ano civil de sua realização".[260]

---

[257] [Nota do Original] PELLEGRINI, Luiz Fernando Gama. Direito Autoral do Artista Plástico. São Paulo: Editora Oliveira Mendes, 1998, p. 21.
[258] Comentário à citação: TGI Nanterre, 13 janv. 1993, H. de P c/ Framatome. L'auteur d'un logiciel peut imposer, malgré la cession, que les versions futures porte mention de son nom en tant qu'auteur.
[259] [Nota do Original] Neste sentido ver Antonio CHAVES in RT 433/11.
[260] WACHOWICZ, Marcos, *op. cit.*: "A falta desta percepção sistêmica do software como elemento indissociável da Revolução Tecnológica acarreta também a existência de imprecisões no seu tratamento ao tentar amoldar programa aos clássicos institutos de Direito Autoral, no caso de publicação de uma obra. É preciso ter claro que o software não é publicado. Daí, diante desta imprecisão de técnica legislativa, podem-se vislumbrar as dificuldades para a comprovação do termo inicial de contagem do prazo prescricional. Contudo, pode-se considerar o termo inicial a partir da divulgação do software operada por sua comercialização, o que pode ser comprovado por meio de nota fiscal ou contrato de desenvolvimento do software. Por outro lado, a comprovação de sua criação para termo inicial, sem que haja a comercialização, dependerá de comprovação, sendo então importante o registro do software junto ao INPI para aferir a data de sua criação".

Note-se que o prazo não se esgota a partir da primeira versão ou forma do programa, mas daquela que a derradeira expressão se fixou e deu-se a público, muito embora os elementos anteriores a essa possam já ter entrado em domínio público. Ou seja, enquanto subsistir a proteção do último elemento, a totalidade funcional não estará livre à utilização, embora o código (e a arquitetura) esteja livre à cópia naquilo que a expiração beneficie.

[3] § 5. As limitações à exclusiva

As limitações aos direitos de propriedade intelectual representam oportunidades imanentes de uso do objeto protegido – no caso, os programas de computador – em face de interesses constitucionalmente protegidos que, no contexto específico, preponderam sobre a exclusividade deferida ao titular.

Já dissemos:[261]

> As limitações legais em matéria de propriedade intelectual – patentes, registro de cultivares, direitos autorais, etc. - representam uma conciliação entre interesses constitucionais fundamentais. De um lado, a esfera moral e patrimonial da criação humana, protegida pelo texto básico; de outros, interesses tais como a tutela à educação, o direito de citação, o direito à informação, o cultivo das artes no ambiente doméstico, etc.
> Argumentar-se-ia, talvez, que tais limitações seriam tomadas sempre como exceções, a serem restritamente interpretadas. Mas exceções não são, e sim confrontos entre interesses de fundo constitucional. Como já tive também a oportunidade de considerar, citando Canotilho: "As idéias de ponderação (Abwängung) ou de balanceamento (balancing) surge em todo o lado onde haja necessidade de "encontrar o Direito" para resolver "casos de tensão" (Ossenbühl) entre bens juridicamente protegidos. (...)
> Assim, não é interpretação restrita, mas equilíbrio, balanceamento e racionalidade que se impõe. Outra ponderação que se poderia fazer é que a interpretação se faria sempre em favor do autor. Assim, sempre se restringiriam as limitações ao direito autoral do art. 46 à sua expressão mais augusta. Porém não se argua, de outro lado, o intuito protetor da lei autoral, que faz interpretar em favor do autor as disposições negociais.

Quanto a este ponto recomenda-se ao leitor conferir o Cap. I [4]§5.7.(C) Da razoabilidade como limitação legal aos direitos, e no Cap. I, [14]§4.1. - Limitações como ponderação em abstrato de interesses e [14]§4.2. - Limitações e direito internacional.

---

[261] Denis Borges Barbosa (1999) Direito Autoral - Apresentações Gratuitas, http://denisbarbosa.addr.com/88.DOC.

[3] § 5.1. Da aplicabilidade da regra de três passos à lei de software

As limitações aos direitos autorais, na esfera internacional, seguem a chamada regra de três passos, assim configurados:[262]

Convenção de Berna, 9.2: Às legislações dos países da União reserva-se a faculdade de permitir a reprodução das referidas obras em certos casos especiais [1º passo], contanto que tal reprodução não afete a exploração normal da obra [2º passo] nem cause prejuízo injustificado aos interesses legítimos do autor [3º passo].
TRIPS/ADPIC art. 13: "Os Membros restringirão as limitações ou exceções aos direitos exclusivos a determinados casos especiais [1º passo], que não conflitem com a exploração normal da obra [2º passo] e não prejudiquem injustificavelmente os interesses legítimos do titular do direito [3º passo].

Assim só seria admissíveis limitações nos casos *especiais* (ou seja, restritos e claramente definidos); e não seria possível qualquer limitação que não fosse casuística.

Superado tal *passo*, verificar-se-ia se a limitação afeta a *exploração normal* da obra. "Normal" inclui, no caso, tanto o que vem ocorrendo no mercado, como o que potencialmente possa vir a ocorrer; a regra é que a limitação não possa transformar o seu beneficiário em competidor do titular dos direitos.[263]

Superado o segundo passo, considera-se então se a limitação pertinente aos *interesses legítimos* do titular. Os "interesses" podem ser patrimoniais ou de outra natureza. "Legítimos" serão tanto os interesses decorrentes de norma jurídica, quanto aqueles *não conflitantes* com o sistema jurídico. A noção do que é "injustificadamente" seria distinta do simplesmente razoável: pode-se admitir, por exemplo, uma certa perda de receita em favor de outros objetivos da lei nacional, mas se a lesão for considerável, há que instituir alguma forma de compensação.

Como notam alguns autores,[264] a norma internacional pode ser contrastada com outros parâmetros internacionais, como o provido pelos tratados relativos aos direitos

---

[262] Sigo aqui a definição jurisprudencial do caso case WT/DS160, de 2000, como comentada por Ginsburg, Jane C.,Toward Supranational Copyright Law? The WTO Panel Decision and the 'Three-Step Test' for Copyright Exceptions. Revue Internationale du Droit d'Auteur, January 2001. Available at SSRN: http://ssrn.com/abstract=253867 or DOI: 10.2139/ssrn.253867. Sobre as críticas à regra dos três passos no campo autoral, vide Declaração sobre o "Teste do Três Passos" do Direito do Autor. Revista da ABPI, (98): 63-67, jan.-fev. 2009. (Documento).
[263] Painel: "all forms of exploiting a work. which have, or are likely to acquire, considerable economic or practical importance, must be reserved to the authors." "Thus, it appears that one way of measuring the normative connotation of normal exploitation is to consider, in addition to those forms of exploitation that currently generate significant or tangible revenue, those forms of exploitation which, with a certain degree of likelihood and plausibility, could acquire considerable economic or practical importance." Decisão, par. 6.179 e 6.180.
[264] Por exemplo, SOUZA, Allan Rocha de, Os Direitos Fundamentais, Os Direitos Autorais a a Busca Pelo Equilíbrio, in GRAU-KUNTZE, Karin, e BARBOSA, Denis Borges (Org.), Ensaios de Direito Imaterial, Lumen Juris, 2009.

humanos, e sujeita a imperativos constitucionais que rejeitem – por exemplo – a exclusão dos *interesses subjetivos dos Estados* no tocante à aplicação da regra dos passos.

Temos, aqui, segundo entendo, um caso em que a norma brasileira pode excluir a aplicação da regra de três passos no tocante à proteção do software. Como se vê de nosso capítulo sobre direito constitucional, Cap. II [6]§2. - Criações Industriais, é de se entender que no nosso sistema, a proteção da criação tecnológica - da qual o programa de computador é um caso – esteja condicionada a elementos que não correspondem à regra de três passos do art. 13 de TRIPs. Ou seja, ainda que ordenada de forma análoga à norma autoral, a proteção do software se daria sob as condicionantes finalísticas constantes do art. 5º., XXIX e não àquelas dos art. 5º, XVII e XVIII, da Constituição de 1988. Esses elementos específicos às criações tecnológicas estão estudados no Cap. II, [5] § 1. 2. - A cláusula finalística.

Desta feita, no nosso sistema, poder-se-ia conceber uma imposição constitucional que distinguiria a *carga* pessoal e humana da criação autoral genérica, daquela *aplicação analógica* das normas autorais a um tipo de criação de escopo e organização assimilável à criação tecnológica.

Embora isso se dê sob uma peculiar aplicação do nossos sistema constitucional, ele reflete uma peculiaridade fática. Tanto por *destino* quanto por *organização criativa*, a produção dos programas de computador e sua circulação econômica seguem parâmetro específico, não comparável sequer às obras autorais, por exemplo, audiovisuais, onde a organização da produção tende a ser de caráter estritamente empresarial. Como notava John Hershley, na observação constante deste Cap. VII, [2]§2.12. - Comportamento, e não texto, não há *expressão* na criação de *software* mas ação técnica.

Além disso, como vimos acima, neste Capítulo, [2]§2.13. - Fins determinados, não será programa tutelado pela Lei 9.609/98 o que não direcione as máquinas de tratamento de informação para um *fim determinado*, ou seja, que transcenda a simples expressão.

Assim, vale postular que a norma de três passos do art. 13 de TRIPs, que subsume a um tipo de criação de natureza expressiva, não se aplique ao caso em estudo. O Acordo TRIPS distingue as limitações aos direitos exclusivos conforme sua *área de aplicação*. Presume-se, neste contexto, que idêntica reflexão seria suscitada, com maior ou menor sucesso, se levada à apreciação do órgão judicial da OMC.

Isso não configura, porém, uma lesão *necessária* das normas do Direito Internacional aplicável. Com efeito, a regra do art. 13 de TRIPS não é a única de "três passos" do tratado. Diz Claudio Lins de Vasconcellos.[265]

> No âmbito do DIPI, as limitações ao direito autoral assumem a forma de uma autorização genérica aos estados, baseada em uma série de princípios hermenêuticos. Tais princípios, como descrito na primeira seção deste trabalho, foram

---

[265] VASCONCELLOS, Claudio Lins de, Mídia e Propriedade Intelectual - A Assimetria da Eficácia do Marco Normativo Pós-Trips e a Indústria Televisiva, tese apresentada ao Programa de Doutorado em Direito Internacional e da Integração Econômica da Universidade Estadual do Rio de Janeiro, 2009.

integrados ao corpo da Convenção de Berna na revisão de 1971, sendo hoje mais conhecidos como "regra (ou teste) dos três passos".[266] A regra foi incorporada, na sua essência, pelo Acordo TRIPS (art. 13),[267] e pelos tratados da OMPI de 1996, o WCT (art. 10)[268] e o WPPT (art. 16).[269] No caso específico do TRIPS, com pequenas variações textuais, o princípio também limita (ou excepciona) direitos sobre desenhos industriais (art. 26, 2)[270] e patentes (art. 30).[271] No caso das patentes, o último estágio da regra leva em conta, além dos legítimos interesses dos titulares, "os legítimos interesses de terceiros".[272]

Desta forma, para compatibilizar a imposição constitucional ao direito internacional pertinente, poderia ser alvitrada a utilização de *outra* regra de três passos, qual seja:

TRIPs - ARTIGO 30
Exceções aos Direitos Conferidos
Os Membros poderão conceder exceções limitadas aos direitos exclusivos conferidos pela patente, desde que elas não conflitem de forma não razoável com sua exploração normal [1º Passo] e não prejudiquem de forma não razoável os interesses legítimos de seu titular [2º passo], levando em conta os interesses legítimos de terceiros [3º Passo].

---

266 [Nota do Original] Convenção de Berna, art. 9 (2): "Às legislações dos países da União reserva-se a faculdade de permitir a reprodução das referidas obras em certos casos especiais, contanto que tal reprodução não afete a exploração normal da obra nem cause prejuízo injustificado aos interesses legítimos do autor".
267 [Nota do Original] Acordo Trips, art. 13: "Os Membros restringirão as limitações ou exceções aos direitos exclusivos a determinados casos especiais, que não conflitem com a exploração normal da obra e não prejudiquem injustificavelmente os interesses legítimos do titular do direito".
268 [Nota do Original] Wipo Copyright Treaty, art. 10: "(1) Contracting Parties may, in their national legislation, provide for limitations of or exceptions to the rights granted to authors of literary and artistic works under this Treaty in certain special cases that do not conflict with a normal exploitation of the work and do not unreasonably prejudice the legitimate interests of the author."
269 [Nota do Original] Wipo Performance And Phonograms Treaty, art. 16: "(1) Contracting Parties may, in their national legislation, provide for the same kinds of limitations or exceptions with regard to the protection of performers and producers of phonograms as they provide for, in their national legislation, in connection with the protection of copyright in literary and artistic works. (2) Contracting Parties shall confine any limitations of or exceptions to rights provided for in this Treaty to certain special cases which do not conflict with a normal exploitation of the performance or phonogram and do not unreasonably prejudice the legitimate interests of the performer or of the producer of the phonogram."
270 [Nota do Original] Acordo Trips, art. 26 (2): "Os Membros poderão estabelecer algumas exceções à proteção de desenhos industriais, desde que tais exceções não conflitem injustificavelmente com a exploração normal de desenhos industriais protegidos, nem prejudiquem injustificavelmente o legítimo interesse do titular do desenho protegido, levando em conta o legítimo interesse de terceiros".
271 [Nota do Original] Acordo Trips, art. 30: "Os Membros poderão conceder exceções aos direitos exclusivos conferidos pela patente, desde que elas não conflitem de forma não razoável com sua exploração normal e não prejudiquem de forma não razoável os interesses legítimos de seu titular, levando em conta os interesses legítimos de terceiros".
272 [Nota do Original] GERVAIS, Daniel. Em Busca de uma Nova Norma... *Op. cit.*, pp. 208-209.

[3] § 5.2. Das limitações pertinentes à lei de software

A lei de *software* assim lista seu conjunto de limitações:

Art. 6º Não constituem ofensa aos direitos do titular de programa de computador:
I - reprodução, em um só exemplar, de cópia legitimamente adquirida, desde que se destine à cópia de salvaguarda ou armazenamento eletrônico, hipótese em que o exemplar original servirá de salvaguarda;
II - a citação parcial, para fins didáticos, desde que identificados o programa e o titular dos direitos respectivos;
III - a ocorrência de semelhança de programa a outro, preexistente, quando se der por força das características funcionais de sua aplicação, da observância de preceitos normativos e técnicos, ou de limitação de forma alternativa para a sua expressão;
IV - a integração de um programa, mantendo-se suas características essenciais, a um sistema aplicativo ou operacional, tecnicamente indispensável às necessidades do usuário, desde que para o uso exclusivo de quem a promoveu.

[3] § 5.3. Cópia de Salvaguarda ou Armazenamento

Permite-se a cópia do *programa de computador* (não de sua documentação, etc.) para salvaguarda. É caso, assim, de cópia autorizada para um fim específico, nos limites razoáveis para atender a tais fins. Não cabe engano quanto à especificação "uma só cópia": se, para atender *razoavelmente* o fim de salvaguarda é necessário mais de uma cópia, tal será permitida. Limitações, como já se enfatizou, não são interpretadas restritivamente, mas *funcionalmente*, mas não permitem cópias além do necessário para prover a função específica.[273]

A limitação se aplica, exclusivamente, à cópia legítima. Adquirida, licenciada, enfim, cuja utilização esteja em conformidade com a norma pertinente. Não há, aqui, interpretação modificativa.

---

[273] O art. L 122-6-1 do Código Francês segue idêntico viés: "II. La personne ayant le droit d'utiliser le logiciel peut faire une copie de sauvegarde lorsque celle-ci est nécessaire pour préserver l'utilisation du logiciel». No entanto, a limitação não operaria nos casos em que é desnecessário haver cópia de salvaguarda: "TGI Valence, 2 Juill. 1999, APP, SDRM, SNEP, SONY, autres c/ Pascal D. " La copie de sauvegarde est effectivement nécessaire pour les logiciels livrés sur des supports spécialement vulnérables, c'est-à-dire dont le contenu peut être altéré sans faute de l'utilisateur, tel un programme sur disquette. Tel n'est pas le cas du CD-ROM qui n'est exposé, comme tout autre bien, qu'aux dommages accidentels ou par manque de soins et non aux risques de dégradation logicielle ". Citamos aqui o Código Francês, em face de sua absoluta compatibilidade com a Diretiva Européia 91/250/CEE,, indicando, mediante tal norma nacional, na verdade o direito europeu pertinente.

Igualmente é facultada a cópia *para armazenamento*, ou seja, para operação no computador; neste caso, a cópia que deu azo à instalação permanece como de salvaguarda. A redação do dispositivo não permite uma pluralidade de cópias *de armazenamento*, vale dizer, instaladas, ainda que apenas uma dentre as instaladas tivesse uso ativo.

Assim, não se aplica *também* à lei do software a faculdade de cópia privada, no que a norma brasileira foge à tendência geral internacional.274

[3] § 5.3. (A) Jurisprudência: uma interpretação ampla

> Tribunal de Justiça de Santa Catarina
> Registre-se, apenas a título de esclarecimento, que a mera reprodução de programa de computador regularmente adquirido, desde que para uso próprio ou para necessidades específicas do usuário, não caracteriza a prática de pirataria, a teor do art. 6º da Lei nº 9.609/98. (...)
> Desta forma, ainda que alguns dos programas encontrados na rede de computadores da ré tenham sido copiados de um software original, tal não caracteriza a prática de pirataria, porquanto não existem quaisquer indícios de que a ré comercialize programas de computadores copiados, mormente por tratar-se de empresa do ramo da malharia. Apelação Cível n. 2007.036067-7, de Indaial, Relator: Des. Marcus Tulio Sartorato, Florianópolis, 4 de novembro de 2008.

[3] § 5.4. O direito de citação

O direito de citação é elementar no sistema autoral, e constante também do sistema de marcas. Representa, em princípio, a prevalência do interesse de uso livre da informação, naquilo que representa um interesse constitucional básico (vide o Cap. II, [7]§4.1. - Direitos patrimoniais, livre concorrência, e liberdade de informação e de expressão e [6]§3.5. - Os aspectos não-concorrenciais do desenho constitucional das marcas).

Dá-se esse interesse, por exemplo, quando se constrange o direito de excluir do titular de uma marca sobre o uso dela no uso cotidiano pelo público falante como exercício de liberdade de expressão, fora do contexto comercial e mesmo – agora por aplicação do princípio de proteção ao consumidor -, na propaganda comparativa.

Aqui também se identifica um propósito específico de exercício de liberdade - *o fim didático* – e se conforma a exclusiva a essa destinação. Entenda-se sempre que *limitações não são exceções*. Não se interpretam estritamente, mas adequadamente ao fim colimado, sem restrição nem extensões que não sejam as razoavelmente necessá-

---

274 SANTOS, Manoel J. Pereira dos, *op. cit*. Vide, também, do mesmo autor, A nova lei do software: aspectos controvertidos da proteção autoral. Revista da ABPI, nº 29, p. 21-28, agosto de 1997, p. 28.

rias para atender o objetivo em jogo. Não há aqui uma proteção ao titular *excepcionada*, mas um equilíbrio de interesses.

Assim, ainda que se deva respeito às opiniões que vedam a *reprodução parcial* dos programas para fins didáticos, por exemplo, por cursos ou programas de treinamento, o elemento crucial na aplicação da regra é exatamente o parâmetro indicado na regra de três passos (do art. 13 ou do art. 30 de TRIPs) quanto ao *uso normal do programa*: a citação não pode transformar o utente em competidor do titular. Mas qualquer coisa que transcenda o *uso didático necessário* é vedada, não pela regra convencional, e sim pela própria natureza constitucional da limitação.

No caso dos programas de computador, o uso didático não compreende apenas o uso *de expressão*, pois disso carece o meio criativo; é uso de *comportamento*, de funcionalidades tais como elas se configuram no programa em questão.

Note-se que é citação *parcial*, e a parte pertinente é aquela que satisfaz, sem exceder, a finalidade didática.

[3] § 5.5. Elementos necessários

Aqui não se está, a rigor, perante uma limitação. Só se protegem, por exclusivas de Propriedade Intelectual, os elementos livres, não necessários, como lembramos quanto aos desenhos industriais (vide igualmente Cap. III, [3] §5.1. (B) Teoria da distância em todos os atos confusórios):

> A vedação de registro da forma essencialmente por considerações técnicas ou funcionais aponta para um dos mais interessantes aspectos da Propriedade Intelectual, que é a apropriabilidade apenas da forma livre.

No direito americano do *copyright*, o princípio da *fusão* (merger doctrine) aponta para fenômeno análogo: a da distinção clássica entre *idéias*, livres de proteção (Vide Cap. I, [4] § 1.5. - A manutenção das idéias em estado não apropriável) e *forma*, quando se postula que só a expressão *livre* é protegida. Assim narra Manoel J. Pereira dos Santos:

> Um critério que se consolidou no direito comparado foi o de que a limitação de forma alternativa de expressão exclui a tutela legal. Em outras palavras, quando uma idéia possui apenas uma forma de expressão, ou seja, quando a expressão coincide com o conceito subjacente, a idéia se "funde" ("*merge*") com a expressão e esta não é protegida porque do contrário estar-se-ia reconhecendo um monopólio sobre a idéia.[275] Por essa razão, a teoria é às vezes denominada tam-

---

[275] [Nota do Original] Cf. Morrissey v. Procter & Gamble Co., 379 F.2d 675 (1st. Cir. 1967); CCC Information Servs., Inc. v. Maclean Hunter Market Reports, Inc., 44 F.3d 61 (2nd. Cir. 1994), cert. denied, 116 S. Ct. 72 (1995). "[C]opyright protection for programs does not threaten to block the use of ideas or program lan-

bém de "*idea-expression identity*",[276] ou seja, não há proteção quando existe uma identidade substancial entre a idéia e a forma de expressão. O mesmo ocorre quando a expressão é necessariamente incidental à idéia: se razões operacionais determinam a utilização de determinada expressão, não há espaço para a criatividade do programador.[277]

A "*merger doctrine*" foi consolidada no direito norte-americano no famoso caso *Baker v. Selden*,[278] que é um paradigma para determinar o âmbito da proteção autoral em obras utilitárias, no qual a Suprema Corte dos Estados Unidos entendeu que tabelas em branco para uso em sistemas de contabilidade não poderiam ser protegidas por constituirem um elemento essencial na prática contábil. Esta decisão estabeleceu um critério básico no direito norte-americano para a proteção de obras utilitárias: a distinção entre o processo e a descrição do processo. Nesse julgado, tribunal decidiu que aqueles elementos de uma obra que "*precisam necessariamente ser usadas como acessórias*" ("*must necessarily be used as incident to*") à idéia, sistema ou processo que a obra descreve, não são também protegidos pelo direito autoral.[279]

Como formulada nesse dispositivo, a doutrina geral da possibilidade de proteção da forma livre surge como inexistência de presunção de cópia nos casos em que a semelhança ou identidade se der pela existência de funcionalidade necessária. Assim, nesta imperfeita formulação, a impossibilidade de se dar exclusiva na forma necessária aparecerá na *cópia literal* de elemento de programa.

A lei prevê três hipóteses em que isso poderia ocorrer: por força das características funcionais de sua aplicação, da observância de preceitos normativos e técnicos, ou de limitação de forma alternativa para a sua expressão. A última hipótese é a determinante. Se a inexistência resulta de fatores *normativos* ou *técnicos* é indiferente: não há alternativa senão a codificação que induz à semelhança ou identidade.[280]

---

guage developed by others when that use is necessary to achieve a cretain result. When other language is available, programmers are free to read copyrighted programs and use the ideas embodied in them in preparing their own works..." ([A] proteção autoral para programas não ameaça bloquear o uso de idéias ou linguagem de programa desenvolvidos por outros quando esse uso é necessário para conseguir determinado resultado. Quando outra linguagem estiver disponível, os programadores são livres para ler programas de computador e usar as idéias neles incorporadas para preparar suas próprias obras...") ("National Commission on New Technological Uses of Copyrighted Works", Final Report 20, note 7 (1979). [apud KARJALA, Dennis S; MENELL, Peter S. *Op. cit.*, p. 180]. Vide também J.A.L. STERLING, J. A. *Op. cit.*, part 2, p. 24; KUTTEN, L. J. *Op. cit.*, p. 2-39.

276 [Nota do Original]Vide NIMMER, Raymond T. *Op. cit.*, p. 1-6.
277 [Nota do Original]Vide Bernacchi on Computer Law, v. 1, p. 3-98.
278 [Nota do Original] 101 U.S. 99 (1880).
279 [Nota do Original]101 U.S. 99 (1879), p. 104, cf. BIERCE, William B. *Op. cit.*, p. 3.
280 Vide PILNY, Karl H., Legal Aspects of Interfaces and Reverse Engineering - Protection in Germany, the United States and Japan IIC 1992 Heft 2 196

[3] § 5.6. A integração de programa

A fórmula desta limitação visa assegurar a integração de um programa, mantendo-se suas características essenciais, a um sistema aplicativo ou operacional, tecnicamente indispensável às necessidades do usuário, desde que para o uso exclusivo de quem a promoveu. Assim, utilizam-se *as informações* e a *tradução* do programa de forma que se possibilite a interoperabilidade dele com outro, independentemente de autorização do titular.[281]

A lei faculta tais atos quando a interoperabilidade atende as necessidades pessoais do beneficiário: "tecnicamente indispensável às necessidades do usuário, desde que para o uso exclusivo de quem a promoveu". Não cabe a limitação quando a interoperabilidade se dá para uso no comércio, já pela regra convencional de que não se pode interferir no *uso normal do programa*, vale dizer, competir com o titular. O direito comparado aponta para os parâmetros de *razoabilidade* dessa limitação.[282]

Não nos é possível dar interpretação restritiva a esta limitação, como a nenhuma outra. Com José Oliveira Ascensão, entendo que "*a descompilação é livre no direito brasileiro*", se e quando indispensável para os propósitos da integração.[283]

[3] § 5.6. (A) Jurisprudência: integração

> Tribunal de Justiça do Distrito Federal
"O uso não autorizado de um programa de computador lesa os direitos de seu autor, mas a integração desse mesmo programa num sistema aplicativo ou operacional, em

---

[281] Claramente se recusa aqui o preceito da lei geral autoral: "Art. 33. Ninguém pode reproduzir obra que não pertença ao domínio público, a pretexto de anotá-la, comentá-la ou melhorá-la, sem permissão do autor".

[282] Art. 122-6-1, V. La reproduction du code du logiciel ou la traduction de la forme de ce code n'est pas soumise à l'autorisation de l'auteur lorsque la reproduction ou la traduction au sens du 1º ou du 2º de l'article L.122-6 est indispensable pour obtenir les informations nécessaires à l'interopérabilité d'un logiciel créé de façon indépendante avec d'autres logiciels, sous réserve que soient réunies les conditions suivantes: 1º Ces actes sont accomplis par la personne ayant le droit d'utiliser un exemplaire du logiciel ou pour son compte par une personne habilitée à cette fin; 2º Les informations nécessaires à l'interopérabilité n'ont pas déjà été rendues facilement et rapidement accessibles aux personnes mentionnées au 1º ci-dessus; 3º Et ces actes sont limités aux parties du logiciel d'origine nécessaires à cette interopérabilité.Les informations ainsi obtenues ne peuvent être: 1º Ni utilisées à des fins autres que la réalisation de l'interopérabilité du logiciel créé de façon indépendante; 2º Ni communiquées à des tiers sauf si cela est nécessaire à l'interopérabilité du logiciel créé de façon indépendante;3º Ni utilisées pour la mise au point, la production ou la commercialisation d'un logiciel dont l'expression est substantiellement similaire ou pour tout autre acte portant atteinte au droit d'auteur.

[283] ASCENSÃO, José de Oliveira. Direito autoral. 2. ed. ref. e ampl. Rio de Janeiro: Renovar, 1997, p. 671 "Não encontramos referência expressa a esta matéria na lei brasileira. Mas o art. 7 IV permite 'a integração de um programa, mantendo-se as suas características operacionais, a um sistema aplicativo ou operacional, tecnicamente indispensável às necessidades do usuário, desde que para uso exclusivo de quem a promoveu'. Diretamente, autoriza-se uma adaptação, portanto uma transformação do programa. Mas esta pressupõe a descompilação. Na falta de preceito especial, devemos concluir que a descompilação é livre no direito brasileiro".

rede interna de computadores, desde que para o uso exclusivo de quem o promoveu, não constitui ofensa aos direitos do autor." Apelação Cível nº 1999.01.1.054799-9, da 1ª Turma Cível do TJDF, Rel. Des. Roberval Casemiro Belinati

[3] § 5.7. Outros atos permissíveis

Apontam-se, fora da listagem da Lei 9.609/98, um conjunto de outros atos permissíveis segundo o sistema jurídico próprio aos programas de computador:

[1] todos os atos necessários para permitir o uso do programa em exato acordo com sua destinação, inclusive a de *corrigir seus erros*, salvo a existência na respectiva licença ou cessão, de norma que se lhe contraponha.[284]
[2] os atos destinados a estudar, aperfeiçoar e, enfim, fazer a engenharia reversa do programa, sem com isso facultar a cópia de elementos deste em programa próprio, salvo sob as limitações pertinentes.[285]

Os dois exemplos, por si só, elucidam a questão da taxatividade, ou não, da lista de limitações.

[3] § 5.7. (A) Uso normal e reparo

O primeiro permissivo se inclina à natureza *técnica* e *comportamental* dos programas de computador, que se destinam a preencher uma *destinação* externa à forma. Ou seja, *servem* a alguma coisa, e só se pode entender que o sistema protetivo não resulte em impedir tal destinação.

Assim, o uso do programa em meio transiente, em memória volátil, *para processamento*, não poderá ser restrito com base nos direitos de exclusiva:[286]

LDA Art. 30. (...) § 1º O direito de exclusividade de reprodução não será aplicável quando ela for temporária e apenas tiver o propósito de tornar a obra, fonograma ou interpretação perceptível em meio eletrônico ou quando for de natu-

---

[284] Art. 122-6-1, I. Les actes prévus aux 1º et 2º de l'article L. 122-6 ne sont pas soumis à l'autorisation de l'auteur lorsqu'ils sont nécessaires pour permettre l'utilisation du logiciel, conformément à sa destination, par la personne ayant le droit de l'utiliser, y compris pour corriger des erreurs.Toutefois, l'auteur est habilité à se réserver par contrat le droit de corriger les erreurs et de déterminer les modalités particulières auxquelles seront soumis les actes prévus aux 1º et 2º de l'article L. 122-6, nécessaires pour permettre l'utilisation du logiciel, conformément à sa destination, par la personne ayant le droit de l'utiliser.
[285] Art. 122-6-1, III. La personne ayant le droit d'utiliser le logiciel peut sans l'autorisation de l'auteur observer, étudier ou tester le fonctionnement de ce logiciel afin de déterminer les idées et principes qui sont à la base de n'importe quel élément du logiciel lorsqu'elle effectue toute opération de chargement, d'affichage, d'exécution, de transmission ou de stockage du logiciel qu'elle est en droit d'effectuer.
[286] Poderá ser restrito, com base em licença ou outro meio obrigacional? Vide, abaixo, a discussão sobre os limites da licença como meio de expansão do poder de exclusão do titular.

reza transitória e incidental, desde que ocorra no curso do uso devidamente autorizado da obra, pelo titular.

Quanto a isso, nota Manoel J. Pereira dos Santos:[287]

A segunda razão é para viabilizar a manutenção ou suporte técnico, o desenvolvimento de melhoramentos e a introdução de modificações no programa originário. Os casos em que tal acesso é necessário não se limitam aos prestadores de serviços autorizados pelo titular do programa, mas incluem também legítimos usuários que, por considerações de ordem estratégica, optam pela faculdade de realizar diretamente os serviços de manutenção e suporte.[288] Mesmo se o usuário não assumiu contratualmente a manutenção e o suporte do software, circunstâncias existem em que o acesso ao código fonte será necessário, não só para a realização de modificações ou melhorias voluptuárias, mas também para a correção de erros e a atualização do software para os fins a que foi licenciado.[289]

[3] § 5.7. (B) O direito à evolução técnica

A escolha do sistema autoral importa em admissão de liberdade de adoção por terceiros das soluções técnicas, inclusive através de engenharia reversa, existentes no programas, salvo proteção dessa solução técnica através de patentes. O conteúdo do direito na modalidade *autoral* leva a essa limitação sistemática, ainda que não listada entre as do art. 6º da Lei 9.609/98.

Ainda que se amplie a proteção além do simples código (vide, acima, neste Capítulo, [2]§2.1.(C) Estrutura, seqüência e organização), não se protegerá, jamais, o programa em face de engenharia reversa (Vide este Capítulo, [2]§5.1.- O destino da engenharia reversa, o Cap. II, [5]§3.3.- A questão da engenharia reversa e Cap. VIII, [5] §15.2.- A questão da engenharia reversa).

---

287 SANTOS, Manoel J. Pereira dos, Software: Acesso Ao Código Fonte e Transferência de Tecnologia, in NERO, Patrícia Aurélia del, (Org.) Propriedade Intelectual e Transferência de Tecnologia, Editora Fórum, 2010. Mais uma vez aqui se recusa peremptoriamente a aplicação da LDA, Art. 33. Ninguém pode reproduzir obra que não pertença ao domínio público, a pretexto de anotá-la, comentá-la ou melhorá-la, sem permissão do autor. A aplicação da norma, no caso, confrontaria a leitura civil-constitucional que vincula o sistema de proteção ao programa aos parâmetros do desenvolvimento econômico e tecnológico do País. Note-se que aqui também não se tem deformação ou preenchimento da norma pelo princípio, mas somente recusa de aplicação da norma subsidiário, pois incompatível com o quadro constitucional.
288 [Nota do Original] Vide Michael D. Scott, Scott on Computer Law, vol. 2, New Jersey, Prentice Hall, 1992, p. 13-10. Richard L. Bernacchi, Peter B. Frank e Norman Statland, Bernacchi on Computer Law, vol. I, Boston, Little-Brown-and-Company, 1991, p. 7-47 e sgs. KUTTEN, L.J. Computer Software: Protection/Liability/Law/Forms, vol. 2, New York: Clark Bodman, 1991, p. 9-2.
289 [Nota do Original] Vide Etienne Montero, La Communication des Codes Sources de Logiciels, Revue de Droit Intellectuel – L'Ingenieur – Conseil, jan-fev 1995, No. 1-2, p. 61.

Se o fizéssemos, estaríamos ignorando o condicionamento da proteção do *software* à cláusula finalística do Art. 5º, XXIX, da Constituição, a ele aplicável.[290] Com efeito, a blindagem do programa à engenharia reversa importaria e frustrar o *desenvolvimento tecnológico*. Assim, igualmente, as limitações relativas às patentes (vide Cap. VI, [4] § 4.4.- Limites extrínsecos: Pesquisas e experimentos e [23] § 2. - Patente como modelo de aperfeiçoamento em inovação)

Se para tanto for necessária a descompilação, tal será autorizado, como vimos acima ao tratar da integração de programas.

[3] § 5.8. Exaustão dos direitos

O princípio da exaustão dos direitos, previsto como limitação no regime de marcas e de patentes (vide, quanto a estas, o Cap. VI, Seção [16] - Exaustão de Direitos de Patentes), constitui-se em verdade em uma decorrência da proteção exclusiva dos direitos intelectuais em geral:[291]

> Vê-se, dessa forma, que é tornada exclusiva *qualquer utilização da obra*. Mas há uma importantíssima consideração: fala-se no caso da *obra imaterial*, da criação autoral, e não do meio físico onde ela se incorpore.
> Assim, apesar da abrangência da norma, nota-se que, *a título de exercício do direito exclusivo*, descabe ao titular do direito autoral controlar as utilizações do citado *corpus mechanicum* da obra - por exemplo, o objeto físico, exemplar de um livro - após seu primeiro ato de disposição. Com a específica exceção do direito de distribuição, prevista no inciso VI do art. 29, toda e qualquer operação posterior com o *corpus mechanicum* recai no âmbito do direito comum.
> A tentativa de extensão ao *corpus mechanicum* dos direitos exclusivos relativos à obra imaterial - por exemplo, impedindo que o comprador de um livro ou disco o revenda ou empreste, sem por em causa a utilização da obra *imaterial* - pode se constituir até mesmo em abuso do direito exclusivo.[292] As restrições impostas após a primeira disposição apenas se justificariam nas mesmas condições em que quaisquer restrições seriam aceitáveis após a tradição do objeto físico do direito real.[293]

---

[290] Manoel J. Pereira dos Santos entende em contrário: "Não nos parece que o Legislador tenha implicitamente autorizado a prática dos atos necessários para a obtenção de elementos de interface que permitam a interoperabilidade de dois programas, consubstanciados no que usualmente se denomina engenharia reversa, muito menos a livre descompilação do programa, uma vez que configuram modalidades de reprodução, transformação e derivação da obra licenciada", em Proteção, *op. cit.* O autor, porém, afilia o regime do software ao regime autoral comum, e mantém entende que as limitações seriam sujeitas à interpretação restritiva.

[291] BARBOSA, Denis Borges, Propriedade Intelectual e Fotos Automáticas Tiradas Por Satélites, encontrado em http://denisbarbosa.addr.com/125.doc.

[292] Quanto à noção de abuso dos direitos neste contexto, vide nossa dissertação de mestrado Know How e Poder Econômico, de maio de 1982.

[293] Rothchild, John A., The Incredible Shrinking First-Sale Rule: Are Software Resale Limits Lawful?, Rutgers Law Review Volume 57 Fall 2004 Number 1.

Dois aspectos estruturais são suscitados nesta tensão:

[1] nenhum tratado internacional em vigor no Brasil tutela a regra de exaustão, que permanece inteiramente livre à vontade legislativa de cada país;
[2] um tratado em particular – o acordo TRIPs –, no entanto, apesar de ostensivamente omitir-se sobre a questão da exaustão de direitos, indica que cabem medidas para prevenir "o recurso a práticas que limitem de maneira injustificável o comércio".[294]

Quanto a este ponto, vale citar o que diz Maristela Basso:[295]

Durante as negociações da Rodada do Uruguai pretendeu-se dar a este artigo uma redação mais explícita. Não obstante, parece claro que sua intenção é reconhecer ao legislador nacional a plena liberdade para prover ou excluir o esgotamento dos direitos de propriedade intelectual no seu corpo legislativo interno, respeitados os limites impostos pelo próprio Acordo TRIPS.
O princípio do esgotamento internacional já constava no GATT - 1947, parágrafos 1º e 4º do art. III (Tratamento Nacional no Tocante à Tributação e Regulamentação Internas). De acordo com esses dispositivos, os produtos do território de uma parte contratante não podem receber da lei nacional sobre propriedade intelectual tratamento menos favorável que o outorgado aos produtos similares de origem nacional, evitando uma proteção discriminatória do produto nacional. Se aos produtos nacionais se aplica o esgotamento nacional, ao produto importado deve-se aplicar o princípio do esgotamento internacional, nas mesmas condições, desde que introduzidos no mercado da parte exportadora pelo titular do direito de propriedade intelectual, ou com o seu consentimento.
O art. 6º do TRIPS admite a possibilidade do esgotamento internacional dos direitos, isto é, a possibilidade de importar legalmente um produto protegido por direitos de propriedade intelectual, desde que tenha sido introduzido, no mercado de qualquer outro país, pelo seu titular, ou com o seu consentimento.
A possibilidade de "importações paralelas" faz parte da lógica do sistema da OMC. Como afirmou Tomás de las Heras Lorenzo, "a exclusão do esgotamento

---
294 TRIPs, art. 6º: ART. 6 - Para os propósitos de solução de controvérsias no marco deste Acordo, e sem prejuízo do disposto nos Artigos 3 e 4, nada neste Acordo será utilizado para tratar da questão da exaustão dos direitos de propriedade intelectual. O mesmo tratado, art. 8º. 2 - Desde que compatíveis com o disposto neste Acordo, poderão ser necessárias medidas apropriadas para evitar o abuso dos direitos de propriedade intelectual por seus titulares ou para evitar o recurso a práticas que limitem de maneira injustificável o comércio ou que afetem adversamente a transferência internacional de tecnologia
295 BASSO, Maristela, Os fundamentos atuais do direito internacional da propriedade intelectual, encontrado em www.cjf.gov.br/revista/numero21/artigo3.pdf, visitado em 19/4/2008.

internacional suporia uma distorção no sistema do GATT e um passo atrás na liberdade do comércio internacional".[296]

Afirma Correa que "o reconhecimento do princípio do esgotamento internacional do Acordo TRIPS pode ser visto como um reflexo lógico da globalização da economia em nível nacional. Esta solução é conveniente para assegurar a competitividade das empresas locais, que podem estar em desvantagem se se vêem obrigadas a comprar exclusivamente de distribuidores que aplicam preços mais altos que os vigentes em outro país".[297]

Assim é que, não vedado pelo direito internacional, e, a nosso entendimento, imposto pela sistemática dos direitos, o sistema de exaustão se aplica também ao campo dos programas de computador.[298]

Note-se, porém que a questão toma outro sentido no tocante aos direitos de locação do *corpus mechanicum*, como já visto acima. No caso de locação de vídeo ou de discos,[299] já se notava, mesmo antes da vigência da lei 9.610/98, certa tendência a incluir tais operações no interior da exclusividade. Tal lei, em seu art. 93, II, dando, aliás, guarida ao que dizia o art. 184, § 2º, do Código Penal, modificado pela Lei 8.635, de 16 de março de 1993, inclui a locação de fonogramas (ou videofonogramas) entre os direitos patrimoniais exclusivos do autor. A restrição elaborada pela lei se restringe à locação de exemplares de fonogramas ou videofonogramas, não abrangendo outras operações realizadas a outro título jurídico com os mesmos itens.

Pois o mesmo se aplica no tocante ao software: inclui-se dentre os direitos assegurados o direito exclusivo de autorizar ou proibir o aluguel comercial, não sendo esse direito exaurível pela venda, licença ou outra forma de transferência da cópia do programa. Tal regra não se aplica aos casos em que o programa em si não seja objeto essencial do aluguel.

[3] § 6. O registro do programa

[3] § 6.1. Função e eficácia

O registro do programa, como ocorre no conjunto do nosso sistema de direito autoral, *não* é elemento essencial da proteção. O titular do programa pode, mas não é obrigado a levar a registro sua criação. O registro é apenas uma forma de pré-consti-

---

[296] [Nota do original] El agotamiento del derecho de marca. Madrid, Editorial Montecorvo, 1994, p. 477.
[297] [Nota do original] Acuerdo TRIPS ...., p. 48-49.
[298] Sobre a aplicabilidade do princípio de exaustão também ao campo autoral, vide Quality King Distributors Inc v. L'Anza Research International Inc. 523 us 135 118 S.Ct. 1125 140 L.Ed.2d 254.
[299] Vide Costa Neto, Direito Autoral no Brasil, FTD, 1998, p. 122 e seguintes. Vieira Manso, Direito Autoral, p. 147, Ed. José Bshantsky, 1980. Henrique Gandelman, De Gutemberg à Internet, Record, 1997, p. 85. Acórdão da 6ª CC do TJERJ, AC 40.793.

tuir prova de originalidade ou de identidade de um programa, mesmo assim prova *juris tantum*, capaz de ser contraditada por outra evidência de maior peso.

No caso dos programas de computador, o papel meramente complementar do registro é feito claro pelo Art. 3º, § 2º, da Lei 9.609/98.

Como já se viu, a propriedade sobre os programas nasce do ato de criação original, e a presença de qualquer índice desta criação substituirá o registro em seu efeito *ad probandum tantum*.

[3] § 6.2. As normas do INPI

A legislação ora em vigor prevê que o Instituto Nacional da Propriedade Industrial seja o órgão de registro dos direitos relativos aos programas de computador. Não o fazia assim a norma revogada, que atribuía ao Conselho Nacional de Direitos Autorais o dever de eleger o órgão de registro; o CNDA, por sua vez, conferiu a tarefa ao INPI.

No regime da lei revogada, a demanda de registro junto ao Instituto foi surpreendentemente baixa, o que não obstou que a autarquia emitisse normas próprias sobre a matéria. A autorização legal explícita agora legitima a ação normativa, com os limites que derivam do sistema constitucional vigente.

[3] § 6.2. (A) Limites da norma

Tais limites são os da atividade regulamentar exercida por autoridade menor do Poder Executivo; não ultrapassarão, assim, o das formalidades indispensáveis ao registro, de acordo com a lei, assim como o das condições em que o objeto do registro possa permanecer em sigilo. Embora não possam, de nenhuma forma, criar exigência nova, não baseada em lei, os atos do INPI também não poderão escusar-se a fazer cumprir a legislação brasileira em geral, a pretexto de que tal excede os termos da Lei 9.609/98.

Com efeito, se a autarquia tem competência própria ou delegada, com base em legislação outra, não se isentará de seu cumprimento ao registrar ou denegar registro ao programa de computador; verificando o descumprimento de norma para a qual não tenha competência executiva, igualmente não poderá se furtar a suscitar a atenção do órgão ou entidade competente para restaurar o equilíbrio legal. Exemplo do primeiro caso é a função de agente auxiliar da fiscalização de tributos federais, deferida por lei à autarquia, cujo não exercício pela entidade poderá ser causa de responsabilização pessoal de seus titulares através de ação popular.

A delegação legislativa dá assim poderes e deveres correlativos ao INPI no tocante ao registro dos programas, ambos sob estrita tutela judicial.[300]

---

[300] Vide a Resolução INPI nº 58, de 14 de julho de 1998, que Estabelece normas e procedimentos relativos ao registro de programas de computador; Resolução INPI 171/08, de 05/03/2008, que Institui os novos formu-

[3] § 6.2. (B) Gratuidade do Registro

Segundo o Art. 17 da Lei 5.988/73, que continua em vigor em face da nova Lei Autoral, o registro seria gratuito.

O dispositivo obviamente não se aplica ao caso específico de registro do Art. 3o. da Lei 9.609/98, o qual implica em elevados custos para a Administração Pública, especialmente no caso em que o objeto do registro deva conservar-se sigiloso. A natureza essencialmente econômica - quase sempre empresarial - dos programas de computador também impõe à Administração o dever de fixar preço público adequado aos serviços de registro, sob pena de ferir a regra isonômica, segundo o parâmetro dos demais serviços análogos prestados pela autarquia. As normas baixadas pela autarquia incluirão, assim, o preço dos serviços pertinentes, segundo as autorizações superiores.

[3] § 6.2. (C) Legitimidade para o registro

Segundo a Lei 9.609/98, é o titular dos direitos ao programa de computador que pode requerer o registro. Outros carecerão da legitimidade para o pedido.

Quem é titular? O registro não é constitutivo do direito; assim, é legitimado ao pedido o criador - se reunir esta qualidade com a titularidade - o titular originário não criador, se este for o caso, ou os sucessores *inter vivos* ou *causa mortis*. Não há na Lei 9.609/98 o dispositivo do Código da Propriedade Industrial (Lei 9.279/96), segundo o qual se presume autor o requerente (Art. 6º, § 1º). Desta feita, uma vez suscitada a questão da titularidade, a autarquia ver-se-á impossibilitada de prosseguir o procedimento administrativo antes de resolver a preliminar de legitimidade - possivelmente deferindo a discussão à via judicial.

[3] § 6.2. (D) Do título do programa registrado

O título do *software* tem de ser novo, como é o invento patenteável perante o estado da técnica? Diz o José Oliveira Ascensão:[301]

> Por este prisma, os títulos dividem-se em três categorias:
> - os que são protegidos como obras;
> - os que não são protegidos;
> - os que são protegidos como títulos.

---

lários para apresentação de requerimentos e petições, relacionados ao Registro de Programa de Computador: Resolução Nº201/2009, de 10/03/2009, que "Institui o depósito da documentação técnica dos Pedidos de Registro de Programa de Computador no formato eletrônico e dá nova redação a dispositivos constantes na Resolução Nº 058/98".Resolução nº 204/2009, de 18/03/2009, Estabelece os valores das retribuições pelos serviços de Registro de Programas de Computador, e dá outras providências.

301 ASCENSÃO, José Oliveira, Direito de Autor e Direitos Conexos, Coimbra, 1993.

(...) em casos relativamente raros o título tem em si este significado. «Todos os anos, pela Primavera ou «.Anoitecendo, a vida recomeça" são já de si pequeninas obras. Só nestes casos merecem uma protecção autonomamente inspirada no direito de autor.
Isso vale para todos os sistemas jurídicos.

Vamos ver o que a Lei 9.610/98 fala de títulos:

Art. 8º Não são objeto de proteção como direitos autorais de que trata esta Lei:
VI - os nomes e títulos isolados; Lei 9.610/98 Art. 10. A proteção à obra intelectual abrange o seu título, se original e inconfundível com o de obra do mesmo gênero, divulgada anteriormente por outro autor.
Parágrafo único. O título de publicações periódicas, inclusive jornais, é protegido até um ano após a saída do seu último número, salvo se forem anuais, caso em que esse prazo se elevará a dois anos.
Art. 53. Mediante contrato de edição, o editor, obrigando-se a reproduzir e a divulgar a obra literária, artística ou científica, fica autorizado, em caráter de exclusividade, a publicá-la e a explorá-la pelo prazo e nas condições pactuadas com o autor.
Parágrafo único. Em cada exemplar da obra o editor mencionará:
I - o título da obra e seu autor;
II - no caso de tradução, o título original e o nome do tradutor;
Art. 88. Ao publicar a obra coletiva, o organizador mencionará em cada exemplar:
I - o título da obra;
Art. 80. Ao publicar o fonograma, o produtor mencionará em cada exemplar:
I - o título da obra incluída e seu autor;
Art. 81. (...) § 2º Em cada cópia da obra audiovisual, mencionará o produtor:
I - o título da obra audiovisual;

Assim, a proteção só abrange os títulos *originais*. Voltemos ao Ascensão. Diz ele (p. 601)

Não são protegidos os títulos que não forem originais, dispõe o art. 4.011. Esta qualificação deve ser interpretada. Se se entendesse a originalidade no sentido da criatividade que caracteriza a obra literária, exigir-se-ia para a protecção do título que ele fosse por si obra literária. Mas assim, estaria a confundir-se a protecção do título da obra com a protecção do título como obra. No art. 40;'1, a originalidade significa. Simplesmente a não banalidade. O título é protegido desde que traga algo de novo. Isto resulta do nº 2, onde se afirma que se considera que não. Satisfazem estes requisitos os títulos que enumera.

Podemos indicar vários títulos nestas condições: 1) Os que designam uma categoria, como *Manual de Informática, ou sé tomaram de qualquer modo designação usual. 2) Títulos constituídos por nomes de personalidades reais ou até mitológicas, como *Orfeu*. 3) Títulos comuns, como *Pas-de-deux" para urna dança, *Contraluz» para uma fotografia, ou "Composição" para uma pintura.

Resta a generalidade dos títulos. São aquela que, não sendo por si obras literárias, não são banais ou genéricos. Tem por isso capacidade caracterizadora.

São estes os títulos previstos no art. 4.011, sob a qualificação de originais, e os que nos interessarão de seguida.

Isto nos permite uma tripartição dos títulos em:— criadores; — genéricos; distintivos (s).

Mas não basta, para a proteção do título, que ele seja original. É preciso, ainda que ele seja "inconfundível com o de obra do mesmo gênero, divulgada anteriormente por outro autor"

O requisito aqui é de novidade relativa, apurada em face da divulgação anterior (não da criação, não do uso privado) de obra de outro autor.

Mais uma vez, e longamente, Ascensão:

(...) o art. 4.0 A exige cumulativamente que o título «seja original e não possa confundir-se com o título de qualquer outra obra do mesmo genero anteriormente divulgada ou publicada», A originalidade caracteriza o título por si, enquanto que a nao confundibilidade o caracteriza na relaçâo com outros títulos.

Uma vez que se exige a novidade, tem de se indicar o marco em que essa novidade se aprecia. É o momento da divulgação. Não tem importância que o autor tenha realizado uma autêntica tarefa de criação intelectual; se se verificar que há possibilidade de contusão com outro título, que ele porventura desconhecerá, já não poderá usar o título que criou. Mesmo que a sua criação tenha sido anterior, e ele possa prová-lo; basta que outrem se tenha adiantado na utilização para que ele esteja impedido de usar o título.

Ainda, pode não haver no título o mínimo de criação; por exemplo, imaginemos que o escritor denomina o seu romance "A Sagração da Primavera" Como esse título foi utilizado em obra musical e não literária, a utilização é livre. Isto confirma ulteriormente que não há no título a exigência de criação, própria da obra literária ou artística.

Enfim, o último requisito – o de "obra do mesmo gênero"

Esta distinguibilidade se apura em face de uma limitação de campo similar à especialidade marcária, mas não é vinculada, como na marca, a um mercado específico, mas a um gênero. Embora essa palavra tenha várias acepções, neste contexto significa "o mesmo tipo de obra", tendo como exemplo "no gênero drama, tragédia, transmissão e exibição cinematográfica" (art. 6º), não-audiovisual, em face de obra desse tipo (art. 85).

Ascensão:

A lei exige a não confundibilidade com o título de qualquer outra obra *do mesmo gênero". Assim, o titulo de urna ópera pode sem limitação ser utilizado numa poesia, ou o título de de um filme num quadro. De outras vezes a delimitação do gênero não é clara. Romance e obra teatral são gêneros diferentes, mas isso não pode significar que os títulos sejam reciprocamente apropriáveis.
Pensamos que há que pôr o acento, mais que numa distinção dos gêneros em abstracto, na própria susceptibilidade de confusão, que é a ratio da regra. O critério fundamental é o da cofundibilidade. Saberemos ser um gênero é diferente ou não consoante subsista a possibilidade ene confusão de obras.
Ninguém vai confundir uma pintura e um bailado por ambos se chamarem «Estados de alma», mas a confusão já poderá estabelecer-se entre uma sinfonia e um bailado. Se o público pode ser induzido em erro, no seu olhar distraído, pela identidade ou semelhança dos títulos, diremos que são do mesmo género.
Não basta assim o apelo que um nome conhecido suscita; nem a mera ignorância individual. A confundibilidade tem de se apurar perante o destinatário médio, e portanto (deve basear-se em valorações objectivas.
Com razão escreve por isso Ilubmann: "Há susceptibilidade de confusão não só quando o título é utilizado para obras da mesma espécie como ainda quando é utilizado para obras de espécies diversas. Assim, os títulos de livros e de filmes são susceptíveis de confusão, porque a mesma designação induz o público à convicção errônea de que o filme representa uma adaptação do livro; também títulos de televisão e de cinema são susceptiveis de confusão entre si" (...). Estas afirnações são acompanhadas das referências jurisprudenciais que as sustentam (...).

O titular de um *software* poderia além do título protegido por direito autoral também ter uma marca registrada para o seu produto. Mas, vale revisitar Ascensão:

Um título, mesmo que protegido pelo Direito de Autor e Direitos Conexos, pode ainda ser protegido por outros ramos. Pode ser protegido pela concorrência desleal, se o uso do título representar um acto de concorrência entre empresas; e pode ser protegido pelo Direito das Marcas.
Esta última hipótese verifica-se apenas quando se trate de uma obra cujo conteúdo seja variável (r). A obra única, como o livro, não tem marca; mas pode tê-la a obra que se divide em fracções, como a série televisiva. O título pode aí revestir

as características de marca, assegurando a identidade daquele produto ou serviço - i então possível recorrer, cumulativamente, à tutela pelo Direito das Marcas.

Não se pode dizer que o requerente de um pedido de registro de programa de computador é um "depositante", passando a denominá-lo "titular" somente após a publicação da concessão do registro na RPI. A titularidade da obra precede o registro. Ele é titular antes (se o for) e o é depois. Ou não é, com ou sem registro.

[3] § 7. A questão técnica na proteção pela Lei 9.609/98

[3] § 7. 1. O destino da engenharia reversa

> Vide Cap. II, [5] §3.3.- A questão da engenharia reversa e Cap. VIII, [5]§15.2.- A questão da engenharia reversa

É necessário estudar os efeitos de tal evolução no conceito de *reverse engineering* (engenharia reversa). Uma das desvantagens do Direito Autoral, na ótica dos titulares de direito, e uma de suas vantagens, na perspectiva dos criadores de novos programas competitivos, é que o direito autoral, não abrangendo a tecnologia, estaria aberto à desmontagem conceptual e à evolução técnica desta resultante.[302]

E será realmente necessária a existência da engenharia reversa?

A resposta desta última questão talvez possa ser encontrada na própria jurisprudência americana, na definição de *trade secret*.[303] A defesa contra a *reverse engineering* é a patente, e não qualquer outra modalidade de proteção que não atenda ao mesmo equilíbrio de interesses.

A importância das economias em desenvolvimento para o mercado específico de *software*, como produtoras ou consumidoras parece ser pequena. Assim, o estímulo à padronização e ao desenvolvimento imitativo nos países em desenvolvimento pode ser compatível com aqueles objetivos gerais, desde que, de um lado, auxilie decididamente na progressiva incorporação das economias em questão numa sociedade globalmente igualitária, e, de outro, não afete, de forma decisiva, a capacidade inovadora das economias centrais.

A *reverse engineering* pode ser um mecanismo de acesso a tais propósitos:[304] se a legislação facilita sua prática, ela tende a promover a competição imitativa e o rebai-

---

[302] "It is our view that the benefit to society from access to ideas that would otherwise be unavailable should be given considerable weight in any judicial determination of fair use, and the commercial setting in which decompilation frequently takes place should not necessarily preclude a finding of fair use" (Ordem de Advogados de Nova Iorque, 1989:152).

[303] Kewanee Oil v. Bicron Corp, citado anteriormente, p. 490: "trade secret law provides far weaker protection in many respects than the patent law. While trade secret law does not forbid the discovery of trade secret by fair and honest means, e.g. independent creation or reverse engineering, patent law operates against the world, forbidding any use of the invention for whatever purpose for a significant length of time".

[304] DAVIDSON, D.M. Reverse Engineering of Software. Computer Software, PLI, p. 102): "since software does not fit current reverse engineering policies, fit the policies to software; (...) consider reverse engineering policy a lever to turn up or down wealth/creation."

xamento de preços; se proíbe, a tendência é de diferenciação dos produtos, pela dificuldade de compatibilização e pelo reforço do poder de mercado dos grandes produtores internacionais. No contexto atual da economia brasileira, parece que a opção nacional só pode ser pela primeira alternativa.

Aceitas tais premissas, a legislação brasileira teria de ser interpretada para se adequar à necessidade de promover o desenvolvimento nacional, o que se impõe sem conflito com o preceito de TRIPS que obriga à proteção autoral.[305]

As exigências de tal mudança seriam as seguintes: a) que haja tratamento diferenciado para a informação tecnológica existente no *software* e para a informação vendida na forma de produto de *software*; b) que a proteção genérica do direito autoral seja reservada no nível da pirataria *strictu senso*, ou seja, a cópia servil ou a transliteração do código, efetuada por um competidor; c) que haja método adequado de proteger também o nível de estrutura, seqüência e organização; d) que se ampliem as hipóteses de não-aplicação do direito autoral, em particular no que toca ao acesso acadêmico e experimental, de forma que o uso do *software* alheio para criação de novos produtos não resulte em contrafação.

Um primeiro caminho - que aparentemente não é incompatível com os parâmetros TRIPS - seria estabelecer tratamento diferenciado quanto à cópia literal ou servil da expressão literal do código e quanto à utilização comum das mesmas estruturas, seqüências e organização. Nestas últimas, de cunho mais claramente tecnológico, a proteção poderia ser reservada à patente, com seus parâmetros mais precisos e exigentes·

Idealmente, talvez fosse mais adequado, para melhor aproveitar a natureza específica do *software*, criar um título de proteção cujo prazo pudesse ser, contra as normas do TRIPS, menor do que o da patente. Os especialistas referem-se a um prazo de 5 a 7 anos para a abertura ao acesso público do nível tecnológico do *software*.[306]

---

[305] UNCTAD- ICTSD, *op. cit.*, p. 157: "Reverse engineering may take place for a variety of purposes including research and the facilitation of compatibility (interoperability) to produce competing software, or software related products. Regardless of its purpose, the process of reverse engineering implicates the reproduction rights of the owner of the original computer program. In the United States, the appropriateness of a particular act of reverse engineering is a matter of judicial determination. U.S. domestic courts examine this practice on a case-by-case basis. In the European Union, however, reverse engineering is regulated by the Software Directive. This has led to distinct policies. In the United States, for example, courts have held that reverse engineering of software is permissible under certain conditions. These conditions are evaluated under the rubric of general limitations to copyright such as the fair use doctrine. Consequently, the underlying purpose of the use is of considerable importance in these cases. Reverse engineering for purposes of research is likely to yield favourable decisions to the defendant. Indeed, many commentators view this as an important policy tool in copyright law and that such purposes animate the objectives of having a copyright system in the first place. Reverse engineering in efforts to create compatible software has also been deemed permissible by courts in the United States. By contrast, Article 6 of the EC Software Directive conditions decompilation (reverse engineering) for compatibility purposes on the fact that the information necessary to accomplish compatibility must not have been previously readily available. Further, decompilation is to be confined to the aspects of the program related to the need for compatibility. Reverse engineering for purposes of creating competing products is prohibited. There is no specific exception for research, and the limited scope of decompilation permitted by the terms of the Directive is not to be construed in a manner that would unreasonably"

[3] § 7.2. Patentes relativas a programas de computador

Enquanto conjunto de instruções, código ou estrutura, o programa de computador em si não será nunca objeto de proteção por patente por ser expressão, não solução técnica. O programa de computador, naquilo que é objeto de direito autoral, é excluído da patenteabilidade.

Seção [4] Proteção dos programas de computador através de patentes

Já de há muito, e em várias oportunidades, tivemos oportunidade de nos defrontar com a matéria da patenteabilidade do *software*.[307] É essa apenas uma das formas de proteção de uma criação singular e complexa, que apresenta problemas muito específicos ao Direito.[308]

---

[306] DAVIDSON, D.M.:103): "even if release ideas into public domain (after 5 or 7 or 17 years), no need to release program copyright".

[307] Por exemplo, em nossos artigos Software and Copyright: A Marriage of Inconvenience ("The Copyright Magazine" da World Intellectual Property Organization de junho de 1988). Republicado em 1989 na Revista Tailandesa de Direitos Intelectuais, do Ministério da Justiça da Tailândia, no idioma do país; Bases para proteção do Software (Tecnologia vol. 5, 1988); The New Brazilian Software Proposal (Business Law Review, Londres, junho, 1985); Soporte Logico, la Mejorana y el Romero: Una Experiencia Brasileña. Anales del Forum Regional de Montevideo. Organizacíon Mundial de la Propriedad Intelectual. Genebra 1990; Programas de Computacíon y documentacíon técnica associada. (Revista de Derecho Industrial, no. 36, Buenos Aires, 1990; Programa de computador: vale a pena registrar? (Alpha Centauri 4, 1992); Digitaliza o Picasso? (Alpha Centauri 5, 1992); Sobre a Propriedade Intelectual, Ed. Universidade de Campinas (estudo disponível em meio magnético). Quanto ao problema tributário específico, foi objeto de nossa ponderação já em 1983 na monografia "Taxation of computer software in U.S. and foreign Law", apresentado como trabalho final do curso de Computer Law na Columbia University School of Law, sendo ainda tema de capítulo especial no nosso livro Tributação da Propriedade Industrial e do Comércio de Tecnologia (Ed. Resenha Tributária, 1983).

[308] SANTOS, Manoel J. Pereira dos, Objeto e Limites da Proteção Autoral de Programas de Computador, tese de doutorado defendida em agosto de 2003 na Faculdade de Direito da USp. "Historicamente, a alternativa inicial foi enquadrar os programas de computador no direito patentário. Essa possibilidade parecia a mais natural porquanto a finalidade real do software é dirigir as operações do computador e o direito patentário serviria para proteger o desenvolvimento das soluções técnicas implementadas pelo programa. No entanto, essa alternativa se mostrou de início inviável devido aos estritos requisitos de patenteabilidade estabelecidos na maioria das legislações. A falta de novidade e de aplicação industrial na maior parte dos casos, aliada à tradicional exclusão de métodos e programações, levou os legisladores a considerar insuscetível de patenteamento o programa per sei". E, mais adiante: "Conforme tivemos oportunidade de ressaltar inicialmente, o termo "software" compreende muito mais do que apenas o programa de computador e até mesmo sua documentação auxiliar, aos quais se tem reconhecido o caráter de obra intelectual. A constatação de que se trata de uma criação essencialmente utilitária e funcional, que agrega elevado valor tecnológico, suscita seu enquadramento legal em dois níveis diferentes: primeiro, em função de seu conteúdo técnico, e, segundo, em função de sua circulação como mercadoria, ou seja, como bem econômico. Aspecto altamente relevante nesta questão reside no fato de que os regimes protetivos possíveis não se excluem, sendo na verdade coexistentes. A insuficiência de um acarreta o recurso a outro como forma de atender mais completamente aos objetivos pretendidos pelo titular do direito. O que se tem verificado neste campo é uma certa evolução dogmática dos diversos institutos, ora alargando, ora reduzindo sua abrangência, como resposta à necessidade de manter um justo equilíbrio entre o interesse particular de recuperar seu investimento e o

[4] § 0.1. Guerras de religião e construção de direito

Escrevendo esta pequena introdução ao tema das patentes de programa de computador no dia 24 de setembro de 2009 – Dia Internacional contra a Patente de Software – não posso deixar de notar a natureza sectária e religiosa que tal questão assumiu neste tempo, como o tema germano do *software* livre.

A este autor, todo respeito merece a escalação do Palmeiras para o campeonato de 1950, pelo entusiasmo e dedicação que lhe votam os entusiastas. É um elemento precioso da antropologia urbana brasileira, e sua limitação temporal e temática não elimina o candor e a cadência dos seus torcedores. Respeito, porém, não implica em subscrição e camisas verdes.

Com efeito, não creio que patentes de *software* sejam, especialmente, mais daninhas ao público do que quaisquer outras. Segundo James Bessen e Michael J. Meurer,[309] aliás, fazem mais mal a seus donos do que ao público em geral. Isto também não faz este autor mais entusiasmado com esse tipo de patentes do que qualquer outro.

Nosso empenho, ao estudar o direito de patentes aplicável ao *software* parte de duas considerações básicas: não se abolirá a patente de *software* num estado de direito sem manifestação democrática através do Congresso. Pretender que tais patentes não existam porque não deveriam existir é acreditar que o Palmeiras não pode perder. Este autor não tem nada contra a abolição das patentes de *software*, aliás, como contra a abolição de todas.[310]

---

interesse público de difundir o conhecimento. Para o nosso estudo a menção a esses mecanismos legais tem o objetivo de ressaltar os diversos aspectos do "software" que requerem tutela jurídica e as formas encontradas para superar as deficiências de cada um, de maneira a melhor entender a problemática do objeto e dos limites da proteção autoral de programas de computador".

309 BESSEN, James e MEURER, Michael J., Patent Failure - How Judges, Bureaucrats, and Lawyers Put Innovators at Risk, Princeton University Press, March 2008: "Critically, software patents do seem to exhibit some marked differences from other patents when it comes to litigation costs. Software patents are more than twice as likely to be litigated as other patents; patents on methods of doing business, which are largely software patents, are nearly seven times more likely to be litigated. And, despite being a relatively new area for patenting, software patents accounted for 38 percent of the total cost of patent litigation to public firms during the late 1990s. (...) Although not all software patents suffer from abstract or overly broad claims, software technology is especially prone to these problems. Indeed, software patents are much more likely than other patents to have their claim construction reviewed on appeal-an implicit indication that parties to lawsuits have fundamental uncertainty over the boundaries of these patents. This uncertainty leads to more frequent litigation and substantially higher litigation costs. Software patents are not just like other patents. The problems of software patents-problems arising partly from the nature of the technology and partly from the way the courts have treated this technology-are a substantial factor in the overall poor performance of the patent system. (...) Our estimates suggest that the litigation burden imposed by patents is growing, and the performance of the patent system will continue to deteriorate. Moreover, the trends suggest that the deterioration might be particularly bad for software patents and other patents used in information technology (IT) industries-not only is the rate of litigation per software patent rising, but the share of software patents out of total patents continues to grow rapidly".

310 Quanto aos efeitos benéficos da extinção de todas as patentes, vide SCHIFF, Eric. Industrialization without national patents. Princeton University Press, 1971, que conta como a Suíça e a Holanda prosperaram ao recusar tal sistema em sua economia.

Em segundo lugar, porque, existindo, é indispensável uma análise detalhada e a mais precisa possível, para evitar que – pela cegueira dos aficionados – as patentes quando inevitáveis sejam concedidas e implementadas fora de seu desenho legal específico. É o que pretendemos fazer.

[4] § 1. Direito autoral e patentes: como distinguir os objetos

Como se viu, temos um regime de proteção típico dos programas de computador que segue, em parte, o da Lei 9.610/98, que protege no Brasil os Direitos Autorais.

No entanto, com as muitas alterações introduzidas pela Lei 9.609/98 – a chamada Lei do software –, e a natureza claramente tecnológica dos programas de computador, inegavelmente estamos, na Lei em vigor, na presença de uma modalidade diversa do direito autoral padrão.[311]

[4] § 1.1. Patentes relativas a programas de computador

Enquanto conjunto de instruções, código ou estrutura, o programa de computador em si não será nunca objeto de proteção por patente por ser expressão, não solução técnica. Como já se disse o programa de computador, naquilo que é objeto de direito autoral, é excluído da patenteabilidade.

Exclusão de patenteabilidade do objeto protegido pela Lei 9.609/96

Assim, tudo o que é objeto do regime específico, é excluído do campo da patente. Neste sentido, e só nesse, pode-se entender o acórdão do STJ:

> RECURSO ESPECIAL Nº 443.119 - RJ (2002/0071281-7) RELATORA: MINISTRA NANCY ANDRIGHI
> RECORRENTE: NVL *SOFTWARE* E MULTIMIDIA LTDA
> RECORRIDO: REINALDO DE PAULA MACHADO E OUTRO
> EMENTA Direito civil. Recurso especial. Ação de conhecimento sob o rito ordinário. Programa de computador (*software*). Natureza jurídica. Direito autoral (propriedade intelectual). Regime jurídico aplicável. Contrafação e comercializa-

---

[311] Nossa primeira lei especial foi a 7.646 de 1987. Vide, para os autores anteriores à primeira lei brasileira de software, BAPTISTA, Luiz Olavo. A proteção dos programas de computador em direito comparado e internacional. Rio de Janeiro: Revista Forense, Vol 293, p. 121 e AMARAL, Cláudio de Souza. A aplicabilidade do direito autoral à proteção software. Rio de Janeiro: Revista Forense, Vol. 290, p. 41. Par uma visão mais recente, SOUZA, Márcia Cristina Pereira. Proteção jurídica do software. Encontrada no sítio da Justiça Federal: http://www.cjf.gov.br/revista/numero3/artigo18.htm, acessado em 19.10.2006; SANTOS, Daison Fabrício Ziili dos. A propriedade intelectual dos programas de computador. Monografia para obtenção do título de bacharel em Direito, Florianópolis, Universidade Federal de Santa Catarina, 1997. SICCA, Gerson dos Santos. A proteção da propriedade intelectual dos programas de computador. Encontrada no site do Senado: http://www.senado.gov.br/web/cegraf/ril/Pdf/pdf_142/r142-02.PDF, acessado em 19.10.2006.

ção não autorizada. Indenização. Danos materiais. Fixação do quantum. Lei especial (9610/98, art. 103). Danos morais. Dissídio jurisprudencial. Não demonstração. - O programa de computador (*software*) possui natureza jurídica de direito autoral (obra intelectual), e não de propriedade industrial, sendo-lhe aplicável o regime jurídico atinente às obras literárias. - Constatada a contrafação e a comercialização não autorizada do *software*, é cabível a indenização por danos materiais conforme dispõe a lei especial, que a fixa em 3.000 exemplares, somados aos que foram apreendidos, se não for possível conhecer a exata dimensão da edição fraudulenta. - É inadmissível o recurso especial interposto com fulcro na alínea 'c' do permissivo constitucional se não restou demonstrado o dissídio jurisprudencial apontado. - Recurso especial parcialmente provido.

Com efeito, como o voto da relatora indica, o que tem a natureza jurídica de direito autoral não é o software, mas a proteção jurídica deste:

O *software*, ou programa de computador, como disciplinado em leis específicas (9.609/98 e 9.610/98), possui natureza jurídica de direito autoral (trata-se de 'obra intelectual', adotado o regime jurídico das obras literárias), e não de direito de propriedade industrial. Esse entendimento resulta não apenas da exegese literal dos arts. 7º, inc. XII, da Lei nº 9.610/98 e 2º da Lei nº 9.609/98 e das expressivas contribuições de diversos doutrinadores[3], mas também da interpretação, a contrario sensu, do dispositivo da lei de propriedade industrial (Lei nº 9.279/96, art. 10, inc. V) que afasta a possibilidade jurídica de se requerer a patente de programa de computador, por não o considerar seja invenção, seja modelo de utilidade. Se o direito de propriedade industrial, como positivado no Brasil, expressamente rechaça proteção ao *software*, não resta outra solução senão a de aceitá-lo enquanto modalidade de direito de propriedade intelectual (autoral), pois do contrário ficaria o seu titular despido de qualquer proteção jurídica a reprimir atos de contrafação.

Como disciplinado em leis específicas. Assim, uma vez que se proteja um determinado elemento das tecnologias da informática pelos mecanismos da Lei 9.609/98, esse elemento estará, como programa de computador em si, excluído do âmbito de patenteamento.

A duplicidade de proteções é um sério problema constitucional; já dissemos em nossa tese de doutorado que "a lógica repele a coexistência de duas exclusividades excludentes sobre o mesmo objeto".[312] Tem assim, relevância o julgado do STJ, inclu-

---

312 BARBOSA, Denis Borges, O fator semiológico na construção do signo marcário, tese de doutorado em Direito Internacional apresentada à UERJ em 2006, p. 241.

sive quanto ao aspecto, nele não levantado, da vedação constitucional, resultante do chamado *princípio da especificidade das proteções*.[313]

[4] § 1.2. A proteção dos elementos técnicos do programa de computador

No entanto, nada impede que se tenha uma marca e uma patente sobre um mesmo produto posto no mercado; e ele ainda poderá ser objeto de registro de desenho industrial, quanto a seus aspectos ornamentais, de modelo de utilidade quanto a aspectos meramente construtivos de menor inventividade, de direito autoral sobre texto ou imagem nele inclusa, etc.

Aqui, no entanto, não há cumulação de proteções sobre o mesmo objeto (ainda que possa haver sobre o mesmo produto posto em circulação):

"Além disso, em alguns ordenamentos jurídicos a dissociação do " *software*" do "hardware" levou a doutrina e a jurisprudência a deixarem de reconhecer os elementos "mecânicos" ou "técnicos" do programa de computador, pois se considerou que este é essencialmente um processo mental ou matemático, o que levou os tribunais a negarem a possibilidade de patenteamento. Isso resulta também do fato de que o algoritmo, que constitui um elemento central da programação, é visto basicamente como um método de resolução de problemas matemáticos. Por essa razão, é fundamental distinguir entre um programa de computador que implementa um algoritmo e o algoritmo, que foi implementado, em si mesmo. Somente o primeiro poderia ser patenteado. É como a distinção entre idéia e expressão no Direito de Autor."[314]

Assim, em um programa podem-se incorporar soluções técnicas e, mais, pode-se através dele ou com seu suporte dar a certas soluções o caráter de ação prática *sobre o universo circundante*, vale dizer, aquele requisito do concreto e *técnico* (a natureza de invento) que exigem as leis de patentes.[315] São estas as chamadas "invenções implementadas por meio de *software*".[316]

---

313 BARBOSA, Denis Borges, As bases constitucionais do sistema de proteção das criações industriais, in Coursebook de Propriedade Intelectual, GVLaw, Ed. Saraiva, 2006, item 1.3.1.2.
314 SANTOS, Manoel J. Pereira dos, *op. cit.* Vide, também, do mesmo autor, A nova lei do software: aspectos controvertidos da proteção autoral. Revista da ABPI, nº 29, p. 21-28, agosto de 1997.
315 Tal ocorreu no primeiro caso levado à Suprema Corte dos Estados Unidos de um pedido de patente relativa a programa de computador (Diamond v. Diehr): o programa de computador viabilizava o controle de abertura de uma câmara de tratamento de borracha artificial, repetindo incessantemente o calculo de um algoritmo segundo os dados dos sensores de pressão e temperatura.
316 Também tem sido reconhecido como patenteáveis certas outras invenções relativas a programas de computadores, sendo dentre estas particularmente importantes as de caráter adjetivo, ou seja, aquelas que contenham métodos ou soluções de programa. Vide, a este respeito, Denis Borges Barbosa, Programas de compu-

Como analisamos em trabalho específico,[317] o sistema patentário tem sido suscitado reiteradamente para atender determinadas soluções de problemas que podem, ou não, ter caráter técnico.

Deixando de lado a questão dos efeitos da patenteabilidade indiscriminada de invenções de software sobre a política tecnológica e industrial,[318] cabe aqui apenas precisar quando este caráter técnico existiria.

Que tipos de inventos de software podem ser protegidos por patente

A patente "de *software*" é uma patente como qualquer outra. Terá idêntica avaliação quanto aos requisitos gerais, para o que se encaminha o leitor ao capítulo VI desta obra.

O ponto vestibular da análise é a aplicação do art. 10 do CPI/96, que elenca como não sendo invento (veja-se Cap. VI, [2] §2):

V - programas de computador em si;

Sobre isso, dissemos na seção indicada:

A listagem do art. 10 indica apenas uma presunção de fato: as figuras listadas, *em princípio*, não representam o invento caracterizado pelo texto constitucional como o fator determinante da atração do sistema de patentes.

Como se verá em cada um das figuras abaixo detalhadas, cada vez que uma das hipóteses, superando a presunção, efetivamente se constituir em uma solução técnica para um problema técnico, haverá *incidência do sistema de patentes*,

---

tador y documentacíon tecnica associada, in Revista de Derecho Industrial, 1990. Uma visão distinta da questão estará em ABRANTES, Antonio Carlos Souza de. Patentes de programas de computador: um estudo dos fundamentos de exame e análise de estatísticas do setor. Encontrada em: http://www.nepi.adv.br/doutrina/patentes_programas.htm, acessado em 20.10.2006.

317 BARBOSA, Denis Borges, Programas de Computacíon y documentacíon técnica associada (Revista de Derecho Industrial, no. 36, Buenos Aires, 1990).

318 Cabe aqui enfatizar que este parecerista se opõe, como cidadão, ao rebaixamento dos padrões de análise de patentes em geral, inclusive, e especialmente, as relativas a programas de computador. Certamente, não se justifica em nada, a não ser a falta de preparo dos examinadores ou razões mais sombrias, que se aplique a um pedido de patentes nessa área padrões menos estritos do que na área mecânica. Por razões que se citam, aliás, em nosso A Inconstitucionalidade da patente pipeline, Revista da ABPI, agosto de 2006, não se deve a tais pedidos qualquer benefício quanto à dúvida de patenteabilidade; a interpretação é sempre restritiva. Outra coisa, no entanto, é a oposição política e econômica ás patentes de software, que certamente cabe no campo político, mas não em sede de parecer, onde se expõe o jus datum. Veja-se, Pedro Antônio Dourado de Rezende e Hudson Flávio Meneses Lacerda, Computadores, Softwares e Patentes, encontrado em http://www.cic.unb.br/docentes/pedro/trabs/LACFREE2005.html, visitado em 16/11/06.; COHEN, Julie E. LEMLEY, Mark A. Patent scope and innovation in the software industry., encontrada em: http://www.law.georgetown.edu/faculty/jec/softwarepatentscope.pdf, acessado em 19.10.2006; AHARONIAN, Greg. 40,000 questionable software patents by the end of the decade. Encontrada no sítio: http://www.bustpatents.com, acessado em 19.10.2006 e HART, Robert. HOLMES, Peter. REID, Peter. The economic impact of patentability of computer programs, encontrado em: http://ec.europa.eu/internal_market/indprop/docs/comp/study_en.pdf, acessado em 20.10.2006.

para aplicar os requisitos próprios desse sistema (novidade de patentes, atividade inventiva e inexistência de proibição).

Assim, passemos a definir quando haverá a incidência do sistema de patentes no tocante às invenções de *software*.

[4] § 2. Patentes relativas a invenção com inclusão de software

O caso inaugural em matéria de patentes de software, Diamond v. Diehr, julgado pela Suprema Corte dos Estados Unidos em 1981, certamente enfrentou e resolveu as dúvidas anteriores quanto à admissibilidade em tese do software ao campo das patentes. A Corte entendeu que uma reivindicação versando sobre uma matéria - que é legalmente patenteável - não se torna impatenteável só por usar uma fórmula matemática, ou um programa de computador.

Como fixou aquele tribunal, sempre que uma reivindicação contendo uma fórmula matemática leva a cabo ou aplica essa fórmula numa estrutura ou em um processo na qual, considerado num todo, a fórmula está desempenhando uma função que a lei de patentes tem o propósito de proteger (por exemplo, transformando ou reduzindo um bem a um estado diferente, ou a uma coisa diversa), tal reivindicação poderá ser patenteada. Tal tipo de objeto de patente é, freqüentemente, designado CII (computer implemented inventions).

Por sua importância, vale transcrever aqui a ementa de tal decisão inaugural:

Diamond V. Diehr, 450 U.S. 175 (1981) 450 U.S. 175, Argued October 14, 1980. Decidido 3 de Março de 1981.
Os Réus apresentaram um pedido de patente requerendo invenção para um processo de moldar borracha crua não alterada e sintética em produtos curados e precisos. Mesmo se isso já era possível, por uso das relações já conhecidas entre a cura, o tempo e temperatura, calcular por meios de uma equação matemática estabelecida quando abrir a pressionadora de moldar e remover o produto curado, de acordo com os réus a indústria não tinha sido capaz de precisamente mensurar a temperatura na impressora, tornando, então, difícil de fazer as necessárias computações para determinar o tempo de curar adequado. Os réus caracterizaram sua contribuição à técnica consiste no processo de mensurar constantemente a temperatura dentro do molde, alimentando um computador com as medições, o qual repetidamente recalculava o tempo de cura pelo uso de equações matemáticas e então sinalizava um instrumento para abrir a maquina no tempo adequado. As reivindicações dos réus foram rejeitadas pelo examinador com fundamento em que elas não se ajustavam à matéria patenteável regulada pelo 35 U.S.C. 101, que prevê concessão de patentes para quem quer que invente ou descubra qualquer processo, máquina, manufatura ou composto novo e útil

ou qualquer melhoramento destes, novo e útil...." O órgão recursal do escritório de patentes mas o tribunal federal reverteu a decisão.

Decidiu-se: A matéria descrita pelos pelos Réus é protegível sob 101, pp. 181-193.

(a) Para os fins da seção 101, um "processo" é um "ato, ou uma série de atos, realizados na matéria a ser transformada e reduzida a um estado ou coisa distinto. Se novo e útil é tão patenteável como se fosse uma parte de maquina. .... A maquinaria indicada como adequada a perfazer o processo pode ou pode não ser nova ou patenteável." Cochrane v. Deener, 94 U.S. 780, 788. Os processos industriais como reivindicados pelos réus para transformar a borracha crua, não alterada e sintética, a outras coisas ou outros estados são, historicamente, tidos como aptos a serem protegidos pela lei de patentes pp. 181-184.

(b) Ainda considerando que uma formula matemática, como uma lei da natureza, não pode ser objeto de patente, cf. Gottschalk v. Benson, 409 U.S. 63; Parker v. [450 U.S. 175, 176] Flook, 437 U.S. 584, os réus não buscam patentear uma fórmula matemática, mas sim o processo de curar borracha sintética. Apesar de o processo utilizar uma equação matemática bem conhecida, não buscam monopolizar o uso desta equação, salvo em conjunto com todos os outros passos do processo pretendido. Uma reivindicação voltada a uma matéria que é patenteável não se torna ilegal só porque usa uma fórmula matemática, um programa de computador ou um computador digital. As reivindicações dos réus devem ser consideradas como um todo, não sendo adequado dissecar as reivindicações em elementos novos e velhos e aí ignorar a presença dos elementos antigos na análise. As questões se uma invenção particular se adequa aos requerimentos de novidade do of 35 U.S.C. p. 102 ou a falta de obviedade requerida pelo 103 não afetam a determinação se a invenção se adequa à categoria de assunto sujeito a proteção patentária sob 101, p. 185-191.

(c) Quando um pedido contendo formula matemática implementa ou aplica a formula em uma estrutura ou processo que, quando vista como um todo, atua de forma que as leis patentárias buscam proteger (ex. transformando ou reduzindo algo em diferente estado ou coisa), então o pedido satisfaz os requerimentos do 101, p. 191-193.[319]

---

[319] Diamond V. Diehr, 450 U.S. 175 (1981) 450 U.S. 175, Argued October 14, 1980. Decided March 3, 1981. Respondents filed a patent application claiming invention for a process for molding raw, uncured synthetic rubber into cured precision products. While it was possible, by using well-known time, temperature, and cure relationships, to calculate by means of an established mathematical equation when to open the molding press and remove the cured product, according to respondents the industry had not been able to measure precisely the temperature inside the press, thus making it difficult to make the necessary computations to determine the proper cure time. Respondents characterized their contribution to the art to reside in the process of constantly measuring the temperature inside the mold and feeding the temperature measurements into a computer that repeatedly recalculates the cure time by use of the mathematical equation and then signals a device to open the press at the proper time. The patent examiner rejected respondents' claims on the ground that they were drawn to nonstatutory subject matter under 35 U.S.C.

Desta forma,

a) não reivindicando a equação matemática em si, mas apenas seu uso numa determinada tecnologia de processo, e
b) sendo tal tecnologia – como um todo, e sem segregação do programa ou equação – aceitável sob os critérios de que existe invento (o que, em nosso sistema, seria a satisfação do requisito do art. 10 da CPI6).

Ter-se-ía superado o problema desta fase inicial do exame da patente. Pode-se então passar à questão da novidade e atividade inventiva.

Note-se que só tem predicados de exclusividade a reivindicação tomada como um todo; não se podem segregar os elementos internos de uma reivindicação para se extrair deles, isoladamente, o monopólio. Assim, a inclusão de um programa de computador, de um algoritmo ou de um método matemático numa reivindicação não exclui terceiros do uso desses elementos isoladamente.

[4] § 3. Indo além da noção de "invenção com inclusão de software"

Diante os parâmetros da decisão Diehr, nada de excepcional se poderia suscitar quanto à idéia de uma patente relativa a programa de computador em face do sistema

---

101, which provides for the issuance of patents to "[w]hoever invents or discovers any new and useful process, machine, manufacture, or composition of matter, or any new and useful improvement thereof...." The Patent and Trademark Office Board of Appeals agreed, but the Court of Customs and Patent Appeals reversed.
Held: Respondents' claims recited subject matter that was eligible for patent protection under 101, p. 181-193.
(a) For purposes of 101, a "process" is "an act, or a series of acts, performed upon the subject-matter to be transformed and reduced to a different state or thing. If new and useful, it is just as patentable as is a piece of machinery.... The machinery pointed out as suitable to perform the process may or may not be new or patentable." Cochrane v. Deener, 94 U.S. 780, 788. Industrial processes such as respondents' claims for transforming raw, uncured synthetic rubber into a different state or thing are the types which have historically been eligible to receive patent-law protection, p. 181-184.
(b) While a mathematical formula, like a law of nature, cannot be the subject of a patent, cf. Gottschalk v. Benson, 409 U.S. 63; Parker v. [450 U.S. 175, 176] Flook, 437 U.S. 584, respondents do not seek to patent a mathematical formula, but instead seek protection for a process of curing synthetic rubber. Although their process employs a well-known mathematical equation, they do not seek to pre-empt the use of that equation, except in conjunction with all of the other steps in their claimed process. A claim drawn to subject matter otherwise statutory does not become nonstatutory simply because it uses a mathematical formula, computer program, or digital computer. Respondents' claims must be considered as a whole, it being inappropriate to dissect the claims into old and new elements and then to ignore the presence of the old elements in the analysis. The questions of whether a particular invention meets the "novelty" requirements of 35 U.S.C. 102 or the "nonobviousness" requirements of 103 do not affect the determination of whether the invention falls into a category of subject matter that is eligible for patent protection under 101, p. 185-191.
(c) When a claim containing a mathematical formula implements or applies the formula in a structure or process which, when considered as a whole, is performing a function which the patent laws were designed to protect (e. g., transforming or reducing an article to a different state or thing), then the claim satisfies 101's requirements, p. 191-193.

da Propriedade Industrial. Uma invenção CII será necessariamente protegida nos sistemas jurídicos que não tenham vedação formal.[320]

Porém ficou claro que a demanda da indústria por um nível mais elevado de proteção para o software não poderia ser atendida por critérios tão ortodoxos. Dissemos num artigo publicado em 1988 na Revista Copyright da WIPO:

> Actually, no state of the (physical) nature is affected by the utilization of a *software*, except in the few cases when the program was employed as a part of an industrial system controlling mechanical, electric or chemical apparata; incidentally, the first U.S. patent on computer *software* was granted precisely in such a industrial context: the program governed the opening of a valve according to sundry sensorial data.
>
> Even though the physical effect requirement may be progressively dispensed with in the very few countries where programs are patentable (what, in the author's feeling is a trend to be accounted for), the inventive level or novelty in a *software* creation is usually much lower than that required for granting a patent: much more perspiration than inspiration is required in the making of a program.[321]

Realmente, uma série de alterações sucessivas no entendimento do escritório de patentes americano e dos tribunais inferiores daquele país estendeu a proteção da patente para matérias em que o caráter técnico e a aplicação técnica não estavam tão claras, e provavelmente a atividade inventiva inexistia.[322]

---

320 Já dizia AMARAL, Cláudio de Souza, A aplicabilidade do direito autoral à proteção do software, Revista Forense – Vol. 290 Doutrina, p. 41, em 1984: "Um princípio parece estar assentado na prática de vários Estados: quando um programa de computador faz parte de um processo industrial global acionando a aplicação física do programa, ou quando utilizado em harmonia com uma combinação nova e original de elementos elétricos e mecânicos, tem em geral sido considerado patenteável por fazer parte do conjunto. Por exemplo, quando um programa é utilizado para controlar a operação de uma máquina-ferramenta, fazendo parte do processo total, acredita-se que seja patenteável, desde que apresente as características exigidas de novidade, utilidade e originalidade.(Citando ROBERT H. BARRIGAR, Legal Protection of Software from Unauthorized Use. Proprietary and Contractual Rights, in Canadian Patent Reporter, 1977, vol, 30 (2d), n. 2, ps. 159-176.)"

321 BARBOSA, Denis Borges, Software and Copyright: A Marriage of Inconvenience ("The Copyright Magazine" da World Intellectual Property Organization de junho de 1988). Realmente, nenhum estado da natureza (física) é afetado pela utilização de um software, exceto em poucos casos quando o programa foi empregado como uma parte de um aparato industrial mecânico, elétrico ou químico para controlar o sistema; Incidentalmente, as primeiras patentes americanas programas de computador foram concedidas precisamente em um contexto industrial: o programa governou a abertura de uma válvula de acordo com os dados sensoriais. Mesmo que a exigência física do efeito possa progressivamente ser dispensada como em muito poucos países onde os programas são patenteáveis (o que, no sentimento do autor é uma tendência ser esperada), o nível inventividade ou de novidade em uma patente de software é geralmente muito mais baixo do que aquele requerido para se conceder uma patente: muito mais transpiração do que a inspiração é requerida na realização de um programa.

322 Para uma precisa e inspirada crítica de tal procedimento, vide <www.upside.com/texis/mvm/opinion/story?id=382a24f90> e <www.wirednews.com/news/politics/0,1283,34695-1,00.html>

Assim narra o Relatório de fevereiro de 2002 da Comunidade Européia:

Entretanto, o estudo claramente identifica a preocupação acerca da patenteabilidade das implementações feitas através de programas de computador nos Estados Unidos. Tais preocupações relacionam-se, em primeiro lugar, à concessão de patentes alegada "claramente inválidas" (em particular as destinadas ao e-commerce), ou seja, patentes que são concedidas para as invenções que não são novas ou a que falte a atividade inventiva. Em segundo lugar, as patentes para invenções executadas por computador podem favorecer indevidamente a posição de mercado dos grandes agentes. Em terceiro lugar, as patentes para inovações incrementais - que são típicas da indústria do *software* - envolvem custos econômicos de descobrir quem são os titulares das patentes e de negociar as licenças necessárias.[323]

Assim, o interesse em se ter a proteção, a qualquer custo, para o *software*, efetivamente causou um rebaixamento dos parâmetros de exame no âmbito do USPTO.[324]

Mais ainda, como já indicado ao analisar o tema das patentes de métodos de negócio, passou-se naquele país, desde Diehr, a desconsiderar o requisito clássico do efeito técnico do invento, em favor de um critério de mera utilidade prática (o critério adotado pelo caso *State Street*).

[4] § 3.1. As legislações que proíbem patente relativa a programa de computador "em si mesmo"

A liquefação dos critérios de patenteabilidade no direito americano se tornou possível, com facilidade, eis que não há naquela legislação vedação expressa contra a patente de programas de computador em si mesmo. Tal vedação literal existe – no entanto - na lei brasileira, na francesa e na Convenção Européia. Temos, assim, que explorar outro caminho diverso daquele seguido pela evolução do Direito Americano, para considerar as hipóteses em exista tal vedação expressa.

---

[323] "However, the study also clearly identifies concerns about the patentability of computer-implemented inventions in the U.S. They relate, first, to the grant of allegedly "clearly invalid patents" (in particular for e-commerce), that is patents which are granted for inventions that are either not new or where inventive step is on the face of it lacking. Second, patents for computer-implemented inventions might strengthen big players' market positions. And, third, patents for incremental innovation which is typical of the software industry entail the economic costs of figuring out the patent holders and negotiating the necessary licenses". Proposal for a DIRECTIVE OF THE EUROPEAN PARLIAMENT AND OF THE COUNCIL on the patentability of computer-implemented inventions, 20.02.2002, Doc. COM (2002) 92 final. 2002/0047 (COD), encontrado em http://europa.eu.int/eur-lex/lex/LexUriServ/site/en/com/2002/com2002_0092 en01.pdf, visitado em 7 de novembro de 2006.
[324] ALBUQUERQUE, Roberto Chacon. A proteção das invenções relacionadas a programas de computador nos Estados Unidos. Rio de Janeiro: Revista da ABPI, nº 57, março de 2002.

Acompanhemos o raciocínio do acórdão francês no caso Schlumberger,[325] apreciando exatamente um sistema jurídico onde há vedação expressa:

> «A norma legal que proíbe a patenteabilidade dos programas de computador é uma disposição excepcional, que deve ser sujeita a interpretação restritiva; não há que dúvida que as alterações introduzidas na matéria em 1978, com o propósito de fazer preciso que só os programas de computadores em si mesmo seriam excluídos, (...)somente demonstram a vontade do legislador sobre este ponto.
> Um processo não pode estar proibido de patenteabilidade somente pelo motivo que uma ou várias de suas etapas são feitas por um computador em face do comando de um programa; tal entendimento importaria, efetivamente, em excluir do domínio da patenteabilidade a maioria das invenções importantes recentes, que necessitam da intervenção de um programa de computador; e tal solução traria resultados aberrantes no plano jurídico.
> Logo, não se pode prender-se à argumentação de que um programa de computador não pode constituir uma invenção industrial patenteável, sem que se cuide de distinguir se tal programa permita ou não a obtenção de um resultado industrial. Tal é o caso em tela, no qual os programas de computador só intervêm em certas etapas determinadas dos processos reinvindicados na invenção."[326]

A invenção – no caso Schlumberger - conseguia permanentemente detectar as características físicas de um terreno, detectar e avaliar as jazidas de petróleo. Para realização destas tarefas era **necessária** a utilização de um programa de computador. A Corte francesa entendeu que parte do procedimento incluso no programa de computador detinha um caráter industrial, pois possuía um objeto concreto (a indústria de petróleo), uma aplicação técnica (sucessão de etapas concretas e materialmente executáveis) e chegava a um resultado técnico (obter a representação física das características de um terreno – efeito técnico industrialmente utilizável).

---

325 Arrêt Schlumberger de la Cour d'appel de Paris, du 15 juin 1981.
326 "La disposition légale qui prescrit la brevetabilité des programmes d'ordinateurs est une disposition exceptionnelle qui doit faire l'objet d'une interprétation restrictive; certes les modifications intervenues à ce sujet en 1978, précisant que seuls les programmes d'ordinateurs pris en tant que tels sont exclus, (...) explicitent seulement la volonté du législateur sur ce point.
Un procédé ne peut être privé de la brevetabilité pour le seul motif qu'une ou plusieurs de ses étapes sont réalisées par un ordinateur devant être commandé par un programme; une telle solution aboutirait, en effet, à exclure du domaine de la brevetabilité la plupart des inventions importantes récentes qui nécessitent l'intervention d'un programme d'ordinateur et une telle solution aboutirait à des résultats aberrants sur le plan juridique.
Dès lors, ne peut être retenue l'argumentation selon laquelle ne peut constituer une invention industrielle brevetable un programme d'ordinateur, sans qu'il y ait lieu de distinguer si celui ci peut ou non permettre d'obtenir un résultat industriel.
Tel n'est pas le cas en l'espèce, les programmes d'ordinateur n'intervenant que dans la mise en œuvre de certaines étapes du procédé revendiqué dans l'invention."

O Tribunal considerou que um programa de computador não poder não ser privado de sua patenteabilidade pelo simples motivo de que uma ou várias de suas etapas serem realizadas por um computador que deve ser comandado por um programa. Tal interpretação, com efeito, excluiria do domínio da patenteabilidade maior parte das invenções importantes recentes que necessitam da intervenção um programa de computador e que tal solução conduziria a um resultado aberrante sobre o plano prático.

[4] § 3.2. Interpretação do art. 10 do CPI/96

Note-se que, no caso, o Tribunal de Apelação de Paris entendeu que a "exceção" à patenteabilidade, ou seja, a regra que só um invento seria suscetível de proteção, deveria ser interpretada restritivamente. Desta feita, sempre que houver um invento, a simples menção de um software no relatório ou nas reivindicações não importaria em negativa de patente. De forma contrária, deixar-se-ia de proteger muitas invenções.

Não nos é possível concordar com o caminho interpretativo da decisão Schulemberger, para sua aplicação ao ambiente brasileiro, eis que não cabe ver uma exceção à regra geral de patenteabilidade o requisito de que haja invento; tal é um pressuposto, e não uma exceção.

No art. 10 define-se o que é o objeto da proteção, o que é invento. Através de tal norma, ainda que por construção negativa, se está construindo a noção de invento, a partir da noção constitucional. Antes de tal definição, não cabe qualquer restrição. Exceção seria, por exemplo, a exclusão de patenteabilidade do art. 18, nunca a aplicação do art. 10.[327]

No Direito Brasileiro, aliás, não é aplicável a regra de que as exceções a direitos de propriedade intelectual se interpretem restritamente. Luis Roberto Barroso assim afirma:[328]

> Nesse contexto, não há dúvida de que o monopólio concedido ao titular da patente é um privilégio atribuído pela ordem jurídica, que excepciona os princípios fundamentais da ordem econômica previstos pela Constituição. Desse modo, sua interpretação deve ser estrita, não extensiva.[329] Repita-se: o regime monopolístico que caracteriza o privilégio patentário justifica-se por um conjunto de razões, que serão apreciadas a seguir, mas, em qualquer caso, configura um regime excepcional e, portanto, só admite interpretação estrita.[330]

---

[327] Nunca se esquecendo, além disso, que os requisitos prévios à patente devem ser examinados cuidadosamente e o direito de exclusiva, uma vez concedido, deve ser interpretado restritivamente. Vide o nosso Uma Introdução à Propriedade Intelectual, 2ª edição, Lumen Juris, 2003.

[328] "O privilégio patentário deve ser interpretado estritamente, pois restringe a livre iniciativa e a concorrência":

[329] [Nota do original] Carlos Maximiliano, Hermenêutica e Aplicação do Direito, 1980, p. 227 e 234-237.

[330] [Nota do original] A interpretação estrita de normas de exceção é tema pacífico na jurisprudência do Supremo Tribunal Federal: "(...) A exceção prevista no § 5º do art. 29 do ADCT ao disposto no inciso IX do

Diogo de Figueiredo,[331] ao pronunciar-se sobre o tema, avalia que:

"os princípios que definem liberdades preferem aos que as condicionam ou restringem; e os que atribuem poderes ao Estado, cedem aos que reservam poderes aos indivíduos, e os que reforçam a ordem espontânea têm preferência sobre os que a excepcionam" (grifos da transcrição).

A liberdade, obviamente, é de iniciativa e de informação, coarctadas pelos privilégios e direitos de exclusiva. A ordem espontânea é o do fluxo livre das idéias e das criações, e da disseminação da tecnologia. O ato do Estado que cumpre estabelecer peias é o da concessão do direito excepcional da propriedade intelectual.

E, como ensina Carlos Maximiliano,[332]

"O Código Civil [de 1916] explicitamente consolidou o preceito clássico – Exceptiones sunt strictissimae interpretationis ("interpretam-se as exceções estritissimamente") – no art. 6º da antiga Introdução, assim concebido: 'A lei que abre exceção a regras gerais, ou restringe direitos, só abrange os casos que especifica'", dispositivo hoje consagrado no art. 2º, § 2º, da vigente Lei de Introdução ao Código Civil [de 1916].

Continua o pensamento afirmando que igual orientação deve ser adotada para aquelas normas que visem à concessão de um privilégio a determinadas pessoas, pois:

"o monopólio deve ser plenamente provado, não se presume; e nos casos duvidosos, quando aplicados os processo de Hermenêutica, a verdade não ressalta nítida, interpreta-se o instrumento de outorga oficial contra o beneficiado e a favor do Governo e do público."[333]

No entanto, no Direito Brasileiro, está claro que o *software* em si mesmo não resulta em patente; e mesmo as criações relativas ao programa de computador terão proteção denegada enquanto tenham só um efeito prático – mas não técnico. Esse é o sentido da hipótese do art. 10, que não lista exclusões políticas à patenteabilidade, mas – ao contrário - indica os casos de carência de qualquer solução para um

---

art. 129 da parte permanente da Constituição Federal diz respeito apenas ao exercício da advocacia nos casos ali especificados, e, por ser norma de direito excepcional, só admite interpretação estrita, não sendo aplicável por analogia e, portanto, não indo além dos casos nela expressos, nem se estendendo para abarcar as conseqüências lógicas desses mesmos casos, (...)." (STF, ADIn. nº 41/DF, Rel. Min. Moreira Alves, DJ 28.6.91)

331 A Ordem Econômica na Constituição de 1988, artigo publicado na Revista da Procuradoria Geral do Estado/RJ nº 42, pg. 59.
332 Hermenêutica e Aplicação do Direito, Ed. Forense, 18ª ed., p. 225.
333 Ob. cit., p. 232.

problema técnico, a ausência de concretude da solução, e os casos de criação estética:[334]

Assim, claro está que – em tese – a menção de um software no relatório ou reivindicações de um pedido brasileiro não implica automaticamente em exclusão do privilégio. De outro lado, a menção de um efeito técnico no relatório ou nas reivindicações – onde também conste o software - não garante por si só a patenteabilidade.

[4] § 3.3. A patenteabilidade do software na EPO

Escolhemos nos dedicar, neste passo, à consideração do tratamento do nosso tema na jurisprudência administrativa do Conselho de Recursos do Escritório Europeu de Patentes por três razões de relevo:

a) muito embora sujeita recentemente a severas críticas por parte da sociedade civil,[335] tal organização internacional é sujeita às constrições de um texto legal muito similar ao brasileiro;[336]
b) ainda que levando em conta as evoluções mais recentes de sua jurisprudência, o EPO permanece muito mais próximo do modelo de análise de patenteabilidade que consagra o invento patenteável como o concreto ("mudança dos estados da natureza"), como o impõe o modelo constitucional brasileiro.
c) apresenta condições de acessibilidade e sindicabilidade quanto ao material de jurisprudência, que permite uma visão exata e continuada dos problemas discutidos e das tendências de análise.

---

[334] Data maxima venia, assim da resposta do Grupo Brasileiro à Question 158 – The Patentability of Business Methods, no Congresso da AIPPI, em Melbourne, 2001: opinião do Grupo Brasileiro, por Esther M. FLESCH, Lelio SCHMIDT, Rana GOSAIN, Antonio Mauricio p. ARNAUD, Manoel J. Pereira SANTOS, e Dirceu p. de Santa ROSA.
[335] Em especial pela prática de harmoinização trilateral com os Escritórios americano e japonês em matéria de prática, em estilo que se alega ser inclusive contra legem. Tais críticas, certamente merecidas quando se afrontam certos valores societais como a liberdade de uso do domínio público e a manutenção de níveis adequados de proteção, em face não só dos interesses do investimento, mas especialmente da sociedade, não nos podem deixar de considerar que há muito mais constância e autonomia da jurisprudência EPO em comparação com os modelos americano e australiano. E essa constância se aproxima muito mais da hipótese constitucional brasileira.
[336] Estudos indicam que, apesar de uma postura mais próxima do sistema EPO e do sistema americano, o Escritório europeu ainda mantém uma leitura bem mais restritiva do que o do americano. Vide Christoph Laub, International Software Patent Filing: The Problem of Statutory Subject Matter in view of Legal Standards at the EPO-USPTO and Economic Implications, Academic Year 2004/2005, Master's Thesis (Munich Intellectual Property Law Center (MIPLC)), encontrado em http://www.miplc.de/research/master_theses/2004_2005/abstracts/abstract_laub.pdf.

[4] § 3.3. (A) Posição da EPO em 1995

Singer, em seus comentários de 1995 à Convenção Européia de Patente, apontava que os programas de computadores em si tinham sido excluídos da proteção pelo sistema de patentes europeu, assim como na maioria dos outros sistemas de patentes no mundo. As primeiras decisões proferidas pelo Escritório Europeu de Patentes sobre esta matéria ocorreram em 1986 e 1987.[337] A convenção Européia de Patentes regula a patenteabilidade dos programas de computador no artigo 52:

---

337 SINGER, Romuald & SINGER, Margarete. The European patent convention – A comentary. London: Sweet & Maxwell, 1995, p. 113 e ss. Decisãoes da EPO: 1987-1990.
T208/84, OJ EPO, 1987 14* was concerned with data handling through the use of a computer. The board held that although the data handling could it self be described in mathematical terms and need the employment of a computer to be put into effect, nonetheless the data handling was a concrete operation. The claim was directed to a technical process and thus did not seek protection for the mathematical method as such. That decision was developed by a later decision of the Physics Board, T 26/86, OJ EPO 1988,19*, in a case concerning X-ray apparatus which worked with the aid of a computer to ensure optitnum exposure. An invention may be patentable if it covers non-technical, as well as the essential technical features (headnote I). The second headnote draws attention to the fact that there is no necessity in European law to give any relative weighting to technical and non-technical features. If there are technical features, that suffices. The decision drew attention at page 23 to the fact that in this respect the EPO has not followed the lead of German law, which compares the relative importance of the technical and non-technical features, and requires a predominance of technical substance as a condition for patentability. Tradução: "relacionava-se com uso de dados pelo computador. O Conselho entendeu que apesar do manuseio de dados poder ser descrito em termos matemáticos e a necessidade de emprego ser utilizado, ainda assim o manuseio de dados era uma operação concreta. O pedido era direcionado a um processo técnico e portanto, não buscava proteção ao método matemático como tal. Esta decisão foi posteriormente desenvolvida por uma decisão posterior do Conselho de Física Physics Board, T 26/86, OJ EPO 1988,19 (...) em um caso relativo a aparato de raio X que trabalhava com auxilio de computador para assegurar a melhor exposição. Uma invenção pode ser patenteável se ela cobre matéria não técnica, além das características técnicas essenciais (Nota I) A nota 2 atentava ao fato de que não há necessidade na lei Européia que se atribua peso relativo a fatores técnicos e não técnicos. Havendo fatores técnicos, isso basta. A decisão enfatizou a p. 23 que ela não seguiu no pertinente o precedente do direito alemão, que compara a importância relativa dos elementos técnicos e não técnicos, e requer a predominância de substancias técnicas como condição para patenteabilidade".
T107/87 [1987-92] CLBA 18* was concerned with a process for storing or converting redundant data elements in a process for compression/ decompression of data and held that such a technical process ought in principle to be patentable". Tradução: "relativa a um processo de arquivamento e conversão de elementos e dados redundantes em um processo para compressão/decompressão de dados, entendendo que tal processo técnico deve em princípio ser tida como patenteável."
T 115/85, OJ EPO 1990, 30*, concerned a word processing system, arranged to give certain messages automatically concerning what was happening in the input/output device. To do this, the program made reference to certain built-in tables. In the view of the Board, the presentation of information concerning the condition of an apparatus, such as a word processor, involved a technical problem. The inclusion of a computer, or computer program as one integer in a claim, is not a claim to the program itself. That applies no less even if the underlying idea of the invention resides in the use of a program, as was confirmed in 142/87(5.10.89). In T 115/85 (above) it was observed, obiter (Reasons point 10), that an invention which would be patentable in accordance with conventional patentability criteria should not be excluded from protection merely because a computer program is an essential element. However, it did not follow that a computer program could under all circumstances be considered as constituting a technical means sufficient of itself to support a patent. Tradução: "Relativa a sistema de processamento de palavras, organizadas para dar determinadas mensagens automaticamente no tocante ao que ocorria no dispositivo de entrada e saída.

Denis Borges Barbosa

Parágrafo Segundo: Exclusões de patenteabilidade:
1 – Descobertas científicas, teorias e métodos matemáticos

Para fazê-lo, o programa fazia referência a determinadas tabelas incorporadas. Na visão do Conselho, a apresentação de informação relativa à condição de um aparelho, tal como processador de palavras, envolvia um problema técnico. A inclusão de um computador, ou programa deste como integrante de uma reivindicação do pedido, não é uma reivindicação de programa em si mesmo. Isto se aplica mesmo nas hipóteses em que a ideia básica da invenção concerne o uso de um programa, como foi confirmado no caso 142/87(5.10.89). Em T 115/85 (acima) observou-ser, obiter causa (Rasões ponto 10), que uma invenção que seria patenteável com os critérios convencionais não deveria ser excluída de proteção meramente porque um programa de computador é um elemento essencial. Entretanto, não afirmou que um programa de computador poderia sempre ser considerado como provendo os meios técnicos suficientes para dar causa a uma patente."

In T 6/83, OJ EPO 1990, 5*, a computer related invention concerning the co-ordination and control of communication between programs and data files held in different locations was held to be patentable, notwithstanding the fact that for its implementation certain software was needed. Tradução: Em (...) uma invenção relativa a computador relativa à cordenação e controle de comunicação entre arquivos de programas e dados tidos em diferentes localizações foi tida como patenteável apesar do fato de que para sua implementação determinado software era necessário.

In both of these decisions, the Boards held that the inventions involved solving a problem which was essentially technical and that the attainment of such a technical effect could be regarded as an invention within the meaning of Article 52(1). Em ambas estas decisões os Conselhos entenderam que as invenções envolviam a solução de problema essencialmente técnico e que o atingimento de tal efeito técnico podia ser vista como uma invenção para os efeitos do Artigo 52(1).

In T 163/85, OJ EPO 1990, 379*, a colour television signal having certain technical features was held to be patentable. The Board drew a distinction between the information carried by the signal, which is plainly unpatentable, and the technical form of the signal, which can be directly detected by technological means and therefore could not be considered to be an abstract entity, despite its transient character (Reasons point 2). Tradução: Em T 163/85, OJ EPO 1990, 379 um sinal de TV a cores tendo determinadas características técnicas foi tido como patenteável. O Conselho fez distinção entre a informação carregada pelo sinal, que claramente não é patenteável, e a forma técnica do sinal, que pode ser diretamente detectada por meios tecnológicos e, portanto, não pode ser considerada uma entidade abstrata, apesar de seu caráter transiente. (razões ponto 2)

In contrast, T 51/84, OJ EPO 1986, 226*, was a case in which an application was rejected on the ground that the main claim was not limited to any identifiable technical means for carrying out the alleged invention. It was concerned with the protection of sound recordings from unauthorized copying, and proposed the provision of a coded label, without limitation as to how that coding might be produced. Tradução: Em contraste T 51/84, OJ EPO 1986, 226, foi um caso em que um pedido foi rejeitado com base em que o pedido principal não era limitado a nenhum meio técnico identificável para implementar a invenção alegada. Tratava-se da proteção de gravações de sons contra cópias não autorizadas, e propunha a provisão de uma etiqueta codificada, sem limitação de como este codificação poderia ser produzida.

Various decisions have dealt with inventions in the field of word processing. According to T 22/85, OJ EPO 1990, 12*, an information retrieval system which involved abstracting documents, storing the abstracts, and retrieving the appropriate ones in response to inquiries fell within the exclusion of "schemes, rules and methods for performing mental acts", under Article 52(2)(c) and 52(3). The cases relating to word processing treat the subject as involving a linguistic activity, which is abstract or intellectual, rather than as a patentable technical contribution. T 38/86 OJ EPO 1990, 384*, held that solving a linguistic problem with the aid of conventional hardware was not patentable. It is only if a technical contribution is made to the art that an alleged invention involving a computer may be patentable. On similar grounds, applications were refused in T 121/85 [1987-92] CLBA 18; T 52/85 [1989] E.p. O.R. 454; T 65/86 [1990] E.p. O.R. 181; T 186/86 (5.12.1989); T 158/88, OJ EPO 1991,566*; and T 95/86 [1987-92] CLBA 18. In contrast, T 110/90 [1995] E.p. O.R. 185, acknowledged that a method of transforming a source document in a first editable form into a target document in a second editable form might be patentable. Tradução: Várias decisões lidaram com invenções na área de processamento de textos. De acordo com T 22/85, OJ EPO 1990, 12*, um sistema de localização de informações que envolvia abstração de documentos, arquivamento dos resumos e

2 – Criações estéticas;
3 – Esquemas, regras e métodos para executar atos mentais, jogos ou negócios e programas para computadores;
4 – apresentação de informações.
(3) As disposições do parágrafo 2 devem excluir a patenteabilidade do assunto ou atividades referentes naquela provisão somente no que um pedido de paten-

---

localização dos adequados em resposta às perguntas encaixava-se na exclusão de "esquemas, regras e métodos para atuar em atos mentais", sob Art. 52(2)(c) e 52(3). Os casos relativos a processamento de textos tratam o assunto como envolvendo uma atividade linguística, que é abstrata ou intelectual, e não uma contribuição técnica patenteável.. T 38/86 OJ EPO 1990, 384*, entendeu que solucionar um problema linguístico com ajuda de hardware convencional não era patenteável. Somente se uma contribuição técnica é feita no campo técnico que uma invenção alegada envolvendo um computador pode ser patenteada. Semelhantemente, foram recusados em T 121/85 [1987-92] CLBA 18; T 52/85 [1989] E.p. O.R. 454; T 65/86 [1990] E.p. O.R. 181; T 186/86 (5.12.1989); T 158/88, OJ EPO 1991,566*; and T 95/86 [1987-92] CLBA 18. Contrariamente, T 110/90 [1995] E.p. O.R. 185, reconheceu que o método de transformar um documento fonte em uma forma primeiramente editável em um documento fim pode ser patenteada.
A technical contribution was established T 769/92 (31.5.1994 to be reported) where the claims identified a computerized management system involving the use of five identified files and five processing devices carrying out specified functions. These claims were held not to be excluded from patentability. The different files in the memory, and the manner in which by different processing means, or in different processing steps, the input data and data stored were handled were not part of any conventional general-purpose computer. What was claimed was not merely an act of programming, but rather concerned a stage of activities involving technical considerations to be carried out before programming could start. To like effect was the decision in T 59/93 (20.4.1994) in which it was held that a method for interactive rotation of displayed graphic objects enabled the user achieve a finer degree of control over the rotate action, and therefore fulfilled the requirement of being of a technical nature. Tradução: Entendeu-se que havia um contributo técnico no caso T 769/92 (31.5.1994 a ser relatada) em hipótese onde as reivindicações identificavam um sistema de administração computadorizada envolvendo o uso de cinco arquivos identificados e cinco instrumentos de processamento implementado funções especificadas. Tais reivindicações foram consideradas não excluídas de patenteabilidade. Os diferentes arquivos na memória, e a forma em que por diferentes meios de processamento, ou diferentes passos de processamento, os dados incluídos e arquivados eram manuseados não eram parte de qualquer computador de uso geral. O que era pedido não era meramente um ato de programação, mas relacionava-se a um estágio de atividades envolvendo considerações técnicas a serem implementadas antes da programação se inicializar. Para efeito semelhante, a decisão T 59/93 (20.4.1994) entendeu que o método para rotação interativa de objetos gráficos dispostos permitia ao usuário alcançar um controle maior sobre a ação rotacional, e portanto cumpria o requerimento de natureza técnica.
T 603/89, OJ EPO 1992, 230*, held that even where the subject matter of a claim involved both technical and non-technical elements, but technical means was not used to solve any technical problem, the combination was not patentable. Tradução: O caso T 603/89, OJ EPO 1992, 230 entendeu que mesmo quando a matéria da reivindicação incluía elementos técnicos e não técnicos, mas meios técnicos não eram utilizados para solucionar qualquer problema técnico, a combinação não era patenteável.
The expression "presentations of information" in Article 52(2)(d), is taken from the PCT, Rule 39.1(v) and is concerned with content of the information. In contrast, if what is involved is a new device for the presentation of information, e.g. a new and superior kind of computer screen, it may be patentable (see Guidelines for Examination (C-IV, 2.2) under the heading "Presentations of information"). Tradução: A expressão 'apresentação de informações' no Art. 52(2)(d) é tirada da Regra PCT 39.1 (v) e relaciona-se com o conteúdo da informação. Contrariamente, se o que é envolvido é um instrumento novo para apresentação de informação ex. uma nova e superior forma de tela de computador, pode ser patenteável (vide as Diretrizes de Exame (C-IV, 2.2) sob o título "Apresentações de Informação....).

te Europeu ou patente Européia relaciona-se com tal assunto ou atividades como tal.[338]

[4] § 3.3. (B) As alterações na EPO de 2001

Em uma importante alteração nos parâmetros de exame da EPO, os Guidelines foram emendados em outubro de 2001 para precisar o seguinte:

> Embora "programa computador" figure entre os elementos enumerados pelo art. 52 (2), que são excluídos de patenteabilidade, se o objeto reivindicado apresenta um caráter técnico, este não é excluído da patenteabilidade pelas disposições da art. 52 (2) e (3) da CEP.
> Entretanto, teoricamente, uma operação de transmissão de dados controlada por um programa de computador pode da mesma maneira ser realizada através de circuitos especiais, e a execução de um programa comporta sempre efeitos físicos, correntes elétricas, por exemplo.
> De acordo com a decisão T 1173/97, estes efeitos físicos normais não poderiam em si serem suficientes para conferir um caráter técnico um a programa de computador. Em contrapartida, se programa de computador é capaz de produzir, quando é transmitido por um computador, um efeito técnico suplementar que vai além destes efeitos técnicos normais, ele não é excluído da patenteabilidade, desde que seja reivindicado como tal.
> Este efeito técnico suplementar pode ser já conhecido, de acordo com o estado da técnica. Um efeito técnico suplementar suscetível de conferir um caráter técnico a um programa de computador pode residir, por exemplo, no controle de um processo industrial, no tratamento de dados que representam entidades físicas, no funcionamento interno do computador como tal ou nas suas conversões sob a influência do programa e pode, por exemplo, ter uma incidência na eficácia ou a segurança de um método, sobre a gestão dos recursos informáticos necessários ou ainda sobre o débito de transferência dos dados numa ligação de comunicação.[339]

---

[338] Paragraph 2 (Exclusions of patenteability) 1.discoveries, scientific theories and mathematical methods; 2. aesthetic creations; 3. schemes, rules and methods for performing mental acts, playing gam es or doing business, and programs for computers; 4. presentations of information. (emphasis added) Paragraph 3 (3) The provisions of paragraph 2 shall exclude patentability of the subject-matter or activities referred to in that provision only to the extent to which a European patent application or European patent relates to such subject-matter or activities as such.

[339] « Bien que les "programmes d'ordinateurs" figurent parmi les éléments exclus de la brevetabilité qui sont énumérés à l'art. 52(2), si l'objet revendiqué présente un caractère technique, il n'est pas exclu de la brevetabilité par les dispositions de l'art. 52(2) et (3) CBE.
Théoriquement cependant, une opération de traitement de données contrôlée par un programme d'ordinateur peut de la même manière être mise en oeuvre au moyen de circuits spéciaux, et l'exécution

A questão preliminar enfrentada pelo EPO foi, assim, o de excluir a vedação absoluta constante na legislação, para interpretar o texto legal à luz da doutrina do caráter técnico. Curiosamente, a doutrina se constrói, no Direito da EPO, indutivamente a partir da listagem de matérias que – segundo a Convenção Européia – não são inventos por falta de caráter técnico.

[4] § 3.3. (C) A avaliação da tecnicidade no exame da atividade inventiva

Na proposta de diretiva da Comunidade Européia de fevereiro de 2002,[340] o critério essencial para determinar a patenteabilidade dos programas de computador foi

---

d'un programme comporte toujours des effets physiques, des courants électriques par exemple. D'après la décision T 1173/97, ces effets physiques normaux ne sauraient en eux-mêmes suffire à conférer un caractère technique à un programme d'ordinateur.

En revanche, si un programme d'ordinateur est capable de produire, lorsqu'il est mis en oeuvre sur un ordinateur, un effet technique supplémentaire allant au-delà de ces effets techniques normaux, il n'est pas exclu de la brevetabilité et ce, qu'il soit revendiqué en tant que tel ou en tant qu'enregistrement sur un support. Cet effet technique supplémentaire peut être connu d'après l'état de la technique. Un effet technique supplémentaire susceptible de conférer un caractère technique à un programme d'ordinateur peut résider, par exemple, dans le contrôle d'un processus industriel, dans le traitement de données représentant des entités physiques ou dans le fonctionnement interne de l'ordinateur proprement dit ou de ses interfaces sous l'influence du programme et peut, par exemple, avoir une incidence sur l'efficacité ou la sécurité d'un procédé, sur la gestion des ressources informatiques nécessaires ou bien encore sur le débit de transfert des données dans une liaison de communication ».

340 Wikipedia, http://en.wikipedia.org/wiki/Directive_on_the_patentability_of_computer-implemented_inventions, visitado em 7 de novembro de 2006. "The European Union (EU) Directive on the patentability of computer-implemented inventions (2002/0047/COD) was a proposal for an EU law which aimed to harmonise EU national patent laws and practices, which involved the granting of patents for computer-implemented inventions provided they meet certain criteria. The proposal became a major focus for conflict between those who regarded the directive as a way to codify the case law of the Boards of Appeal of the European Patent Office in the sphere of computing, and those who asserted that the directive is an extension of the patentability sphere, not just a harmonisation, that ideas are not patentable and that the expression of those ideas is already adequately protected by the law of copyright. Following several years of debate, the proposal finally fell when the European Parliament rejected it by an overwhelming majority (648 to 14) in a vote on 6 July 2005 (...) Parliament's decision to strike down the final draft has the effect that national laws will not be harmonised. National legislatures may continue to enact laws allowing patents on computer-implemented inventions, should they wish to do so, and national courts may enforce such laws. The European Patent Office, which is not legally bound by any EU directive but generally adapts its regulations to new EU law, has no reason or incentive to adapt its practice of granting patents on computer-implemented inventions under certain conditions, according to its interpretation of the European Patent Convention and its Implementing Regulations". Tradução: "A diretiva da União Européia sobre a patenteabilidade de invenções implementadas por computadores (2002/0047/COD) foi uma sugestão que visava harmonizar as legislações nacionais e as práticas dos países componentes do bloco, que envolvia a garantia de patentes para invenções implementadas por computadores, tendo sido encontrados certos elementos. A proposta tornou-se um importante foco de conflito entre aqueles que defendiam a diretiva como um caminho para codificar os casos da lei do Boards of Appeal da Escritório de Patentes Europeu na área de computadores e aqueles que defendiam que a diretiva seria uma extensão da área de patenteabilidade, não apenas uma harmonização, que idéias não são patenteáveis e que a expressão destas idéias são adequadamente protegidas pela lei de Copyright. Seguindo-se consideráveis anos de debate, a proposta final veio quando o parlamento europeu rejeitou com a maioria absoluta (648 contra 14) em votação em 6 de julho de

exatamente o efeito técnico suplementar a que se referem as Guidelines, como um acréscimo qualificador da exigência de atividade inventiva. O programa, para ser patenteado, superando a proibição genérica de patentear softwares "em si mesmos", deveria ter um tipo de atividade inventiva que seja apurado num campo técnico.

O raciocínio supõe que todo programa de computador capaz de rodar numa máquina, estaria num "campo técnico". Mas isso não satisfaria o requisito do caráter técnico. Para que se tenha uma patente relativa a programa de computador seria necessário verificar que a atividade inventiva existe no campo técnico. Ou seja, que a solução seja técnica e não só relativa a um ambiente técnico.

Traduzindo essa construção para os termos do sistema jurídico brasileiro: há uma proposta de solução útil, pelo simples fato de que há um programa de computador; como a solução também está expressa num meio técnico – e não na abstração da mente – se satisfaz o primeiro elemento do requisito de industrialidade – o objeto técnico. Mas isso não satisfaz o requisito como um todo. É preciso que o efeito da solução seja técnico.

E vem aqui o elemento crucial da análise: não é o primeiro efeito técnico (o rodar num computador) que é o pertinente ao exame de patenteabilidade. O fato de a criação se expressar num meio técnico apenas é um pré-requisito à patente. A invenção, se houver, deverá ser apurada no elemento da proposta criativa que transcender esse requisito, e causar algum tipo de efeito técnico, envolvendo os estados da natureza.

Note-se: não se apuraria – segundo a proposta européia de 2002 – esse efeito técnico suplementar num exame vestibular, inicial, mas no momento em que se estivesse avaliando a atividade inventiva.

Veja-se a análise da proposta da Comunidade Européia, segundo o seu relatório:

> O nº 2 prevê como requisito para a existência de uma actividade inventiva que um invento que implica programas de computador dê um contributo técnico, ou seja, um contributo para o progresso tecnológico, num domínio técnico, que não seja óbvio para uma pessoa competente na tecnologia (artigo 2º).
> Este requisito deve ser visto como uma qualificação e não um substituto para a definição de actividade inventiva, conforme é apresentada no artigo 56º da CPE, o qual prevê que um invento deve ser considerado como apresentando uma actividade inventiva se, tendo em conta o progresso tecnológico, não for óbvio para uma pessoa competente na tecnologia.

2005 (...) A decisão do Parlamento encerrou a questão, tendo por efeito que as legislações nacionais não seriam harmonizadas. Legislações nacionais podem continuar permitindo a normatização de patentes sobre invenções implementadas por patente, e deveriam visar isso, e as cortes nacionais podem cassar essas leis. O Escritório Europeu de Patente, que não é legalmente restrito por qualquer diretiva da União Européia, mas geralmente adapta seus regulamentos para as novas leis européias, não tem razão ou incentivo para adaptar suas práticas para garantir patentes sobre invenções implementadas por computadores sob certas condições, de acordo a interpretação da Convenção Européia de Patentes e seus regulamentos de implementação".

Efectivamente, trata-se já de um requisito geral para todos os inventos patenteáveis, embora, naturalmente, durante a avaliação da actividade inventiva dos inventos nos domínios em que raramente surge uma questão de temas excluídos (por exemplo, em matéria de mecânica), normalmente não haja necessidade de se considerar se um contributo para o progresso tecnológico é de natureza técnica ou não.

Assim, considerar-se-á que um invento que implica programas de computador cujo contributo para a tecnologia anterior não tenha um carácter técnico não representa uma actividade inventiva, mesmo que o contributo (não técnico) para a tecnologia anterior não seja óbvio. Ao avaliar a actividade inventiva, as questões quanto ao que se deve incluir no progresso tecnológico e no conhecimento da pessoa competente devem ser determinadas de acordo com os critérios aplicados na avaliação da actividade inventiva em geral.[341]

Dessa maneira, como qualquer outro caso previsto no art. 52(2) do Tratado Europeu (norma equivalente ao nosso art. 10 do CPI\96), seria – segundo a Diretriz proposta - concedida patente a uma criação relativa a programa de computador quando no objeto do pedido houvesse uma contribuição técnica ao estado da arte. A simples interação do *software* e o hardware não conferiria qualquer contribuição técnica; para tanto seria necessário discernir um efeito técnico além dessa interação.

Sob tais parâmetros, haveria um efeito técnico suplementar à simples interação quando o programa causasse uma redução ao tempo e de acesso à memória, um melhor controle de um elemento de robô ou aperfeiçoada recepção ou codificação de um sinal de rádio. Haveria esse efeito mesmo quando o efeito técnico fosse interno ao sistema informático.

Como se verá a seguir, a análise corrente da EPO, a partir do caso Hitachi\Auction de maio de 2004, inverteu a ordem de consideração do fator técnico, que passou a ser considerado previamente ao exame de novidade e atividade inventiva.

[4] § 3.3. (D) Parâmetros correntes da EPO

Como se analisará mais abaixo, a partir de 2004, o Conselho de Recursos do EPO passou a analisar a existência de invento – a concretude da solução – como medida inicial, e não mais como elemento da análise de atividade inventiva.[342]

---

341 Proposta de Diretriz, mencionada, documento 20.02.2002, Doc. COM (2002) 92 final. 2002/0047 (COD).
342 Tal modificação se deu com a decisão do caso T 258/03, Hitachi\Auction (Reasons 3.1) "The structure of the EPC (...) suggests that it should be possible to determine whether subject-matter is excluded under Article 52(2) EPC without any knowledge of the state of the art (including common general knowledge)". Tradução: "A estrutura da EPC (...) sugere que seria possível determinar se o assunto é excluído sob Art. 52(2) EPC sem qualquer conhecimento do estado da arte (incluindo conhecimento geral comum). Seguiremos, neste segmento, a análise constante de http://en.wikipedia.org/wiki/Software_patents_under_the_European_Patent_Convention, visitado em 8 de novembro de 2006.)

Agora, será considerado satisfeito o parâmetro de caráter técnico se a criação se valer meios técnicos, inclusive o computador.[343] Assim, o programa de computador, por definição vinculado a uma máquina de tratamento de informações, será invento.[344]
No entanto,

a) a apuração de novidade se fará no elemento técnico (que será o que causa o segundo efeito da proposta de 2002),
b) a base de apuração da atividade inventiva também será o estado da tecnologia (caso T 172/03 - excluído o programa de computador como expressão ou codificação) e
c) o parâmetro do "homem do ofício", em relação ao qual será mensurado o grau de contribuição da criação à sociedade, será o do conhecedor médio do setor da tecnologia (T641/00). Todos os campos de criação mencionados no Art. 52(2) (o nosso art. 10 do CPI) serão excluídos do âmbito de apuração da atividade inventiva.

Vale dizer, num caso em que se reivindica uma criação envolvendo programa de computador, não se rejeita integral e liminarmente o exame do pedido, como se faria num método matemático puro. Mas todas demais fases de exame porão entre parênteses o programa, para apurar a contribuição que a criação faz ao estado da técnica, concentrando-se nos demais aspectos do pedido. O fato de haver o programa reivindicado deflagra as outras fases do exame, mas *só causa esse efeito*.

Assim, em um *software* relativo ao setor de seguros, o "homem do ofício" não será um perito em seguros, mas um engenheiro de hardware ou um especialista em gerência de memória de processamento.

Continuam, desta forma, intactos os parâmetros segundo os quais os processos relativos à matéria técnica (CII) serão patenteáveis (se novos e inventivos), haja ou não programa de computador envolvido (Caso Vicom, T 208/84).

---

[343] Na verdade, qualquer meio técnico ainda menos complexo, configurará invento; excluídas seriam, apenas, as criações efetivamente abstratas. "[we are] aware that [our] comparatively broad interpretation of the term "invention" in Article 52(1) EPC will include activities which are so familiar that their technical character tends to be overlooked, such as the act of writing using pen and paper. Needless to say, however, this does not imply that all methods involving the use of technical means are patentable. They still have to be new, represent a non-obvious technical solution to a technical problem, and be susceptible of industrial application." Tradução: "Estamos cientes que nossa interpretação comparativamente ampla do termo invenção no Art. 52(1) EPC incluirá atividades que sejam tão familiares que seu caráter técnico tende a ser ignorada, como ato de usar caneta e papel. É desnecessário mencionar, entretanto, isto não implica que todos os métodos envolvidos os meios técnicos que são patenteáveis. Tais itens ainda tem de ser novos, representar uma solução não-óbvia para problemas técnicos, e serem suscetíveis de aplicação industrial."

[344] As decisões administrativas da EPO não vinculam o Judiciário dos países membros. Para um exemplo de rejeição dos parâmetros EPO como indicados pelo tribunal especializado alemão, vide http://www.rws-verlag.de/bgh-free/volltext6/vo106647.htm.

Também serão patenteáveis - como *produtos* - os programas postos numa máquina (T1173/97 "IBM" e T935/97 "IBM"), mas sob o critério do efeito técnico suplementar, que vá além da simples interação entre *software e hardware.*[345]

Já simples métodos de negócios ou outras criações abstratas de efeito meramente prático – nos quais as eventuais novidade e inventividade estejam no método comercial e não no programa que o suporta – continuam vedadas, exatamente sob a regra Hitachi Auction.

[4] § 4. Parâmetros legais brasileiros de patenteamento de software

Passemos, agora, a determinar quais os critérios que, sob o Direito brasileiro vigente, estabelecem a patenteabilidade de aspectos relativos a programas de computador.

Para fazê-lo, aplicaremos a interpretação constitucional dos princípios relevantes, as normas do sistema da Propriedade Intelectual como um todo, o repertório de problemas e soluções do direito comparado, quando relevante, e as soluções das diretrizes do INPI já publicadas, no que pertinentes.

[4] § 4.1. O programa de computador em si

Como se interpreta a vedação do art. 10, V, do CPI, segundo a qual não é *invento o programa de computador "em si"*? Essa discussão tem sido travada em todos os sistemas normativos em que idêntica expressão é prevista.[346]

Quatro hipóteses são possíveis. *Em primeiro lugar*, a de que a presença de um *software* (por si...) numa reivindicação impediria a patente.[347]

---

[345] Colocado em fórmula (Bernhard Jünger Dir. 2.2.12, 11.6.2002, encontrado em http://www.tecpar.br/appi/News/epobiz.ppt, visitado em 16/11/06, o parâmetro EPO para programas como produto é assim expresso:
"IF (Program comprises features causing further effects, i.e. going beyond those, caused by inherent physical interactions between every program and a computer)
IF (these effects are technical OR
solve a technical problem OR
the implementation of the solution involves technical considerations)
THEN it is not merely a computer program as such. Fields excluded under Article 52(2) and (3) EPC are not considered technical in character"
"Se (Programas compreendem características causando efeitos futuros. Por exemplo indo além dos efeitos causados por interações físicas inerentes a todo programa e o computador)
Se estes efeitos são técnicos OU
Solucionam um problema técnico OU
A implementação da solução envolve considerações técnicas)
ENTÃO não é meramente um programa de computador. Os campos excluídos sob Art. 52(2) e (3) EPC não considerados ter caráter técnico".

[346] Vide WACHONICZ, Marcos. Propriedade Intelectual do Software & Revolução da Tecnologia da Informação. Curitiba: Juruá, 2004, p. 104-106.

[347] Seguindo a primeira hipótese encontramos a decisão do caso Mobil Oil. Neste caso esta empresa americana depositou um pedido de patente no INPI francês que consistia em um método de escolher pigmentos atra-

Tal interpretação certamente colide com o sentido do art. 10, que tem carga predominantemente declarativa – o sentido da norma é precisar qual o campo de aplicação sistêmica da proteção patentária. Quais contribuições à Humanidade, conquanto meritórias, não oferecem soluções utilitárias: descobertas, concepções abstratas, etc. Quais contribuições, embora provejam soluções úteis, não oferecem soluções cujo efeito é técnico e concreto. Assim, só as demais contribuições – as que oferecem soluções úteis e técnicas -, poderão ser examinadas para obtenção de patente.

O Art. 10 não proíbe nenhuma patente; ele define o campo da patente. Quem estabelece proibições, em nosso sistema, é o art. 18 da Lei 9.279/96. Nele, não há proibições de *proteção de inventos relativos a programa de computador*. Assim, o art. 10 apenas declara o fato de que *enquanto não tiver um efeito técnico*, uma contribuição relativa a programa de computador não valerá patente.

Essa interpretação, assim, não se ajusta ao Direito Brasileiro.

A *segunda hipótese* é a de que a patente seria impossível se a contribuição for nova e inventiva, mas tais predicados estiverem no programa de computador tal como definido pelo art. 1º da Lei 9.609/98, e não nos elementos técnicos relativos ao programa. Essa interpretação não colide com o disposto do art. 10.

Se a novidade e a inventividade estiverem na expressão do algoritmo que consiste no programa de computador, tais elementos originais e inovadores não terão nenhum efeito técnico, no sentido de concreto e relativo aos estados da natureza. Assim, exclui-se da apuração da novidade e inventividade quanto à patente o *objeto da proteção* da Lei 9.609/98.[348]

Assim, essa hipótese se ajusta ao direito brasileiro em vigor.

A *terceira hipótese*, e que tem certa acolhida, é que não prejudica à patente o fato de haver *software* nas reivindicações, desde que haja um efeito externo de natureza

---

vés de um programa de computador. Este pedido foi rejeitado pelo INPI francês e a empresa propôs ação judicial contra tal decisão. A empresa perdeu em primeira instância. O tribunal francês decidiu por manter a decisão do INPI alegando em sua fundamentação que "o legislador claramente manifestou a vontade de que todos os programas de computadores de não considerar programas de computador como invenções industriais, não podendo ser estes protegidos como tais." Em sua apelação a empresa americana argumentou que "se os programas de computador em si mesmos não são patenteáveis, os resultados técnicos que eles produzem são, consequentemente, a Corte de Apelação Francesa não poderia excluir da patenteabilidade o procedimento, pela razão de que este procedimento feito pelo programa de computador permitia que se obtivesse um resultado técnico. A Corte de Apelação não reverteu a decisão de primeira instância, argumentando que as reivindicações do pedido de patente não apresentavam um procedimento técnico, nem um método técnico, nem um aparelhamento, se referia a manifestamente apenas a um programa ou uma série de instruções para o desenvolver das operações de uma máquina calculadora, que não é susceptível de ser patenteável. (Tribunal d Justiça de Paris, 22 de maio de 1973. Recurso rejeitado pela Corte de Cassação em 28 de maio de 1975)

[348] A decisão T208/84 de 15.07.86 sobre pedido de VICOM Systems Inc.: uma reivindicação direcionada a um processo técnico realizada por um software não pode ser considerada um programa de computador em si. A mistura de características técnicas e não técnicas consideradas como um todo, desde que produza uma contribuição ao estado da técnica, é passível de patenteabilidade.

física (como no caso Diehr ou Schlumberger).³⁴⁹ Assim, não seria proteção do programa de computador *em si* a patente deferida para uma invenção *implementada por computador*, quando haja um efeito externo ao sistema, e os predicados forem verificados em face desse efeito externo. Essa é uma alternativa de interpretação da expressão "em si" que certamente se ajusta ao Direito Brasileiro.³⁵⁰

A última alternativa é a de que se protegerá a alegada invenção se nela existir uma solução técnica (nova e com atividade inventiva) para um problema técnico, mesmo que o problema e a solução estejam inteiramente contidos no próprio computador – como quando o *software* provê mais velocidade de processamento ou economia de memória.³⁵¹

---

349 Vide o caso EPO. T26/86, Koch and Sterzel, X-Ray apparatus, encontrado em http://legal.european-patent-office.org/dg3/biblio/t860026dx1.htm. A decisão trata de equipamento para raio-x onde um programa de computador calcula os tempos de exposição de cada tubo raio-x de modo a garantir sua utilização ótima aumentando sua vida útil. O sistema consiste no uso de um programa novo, num hardware conhecido, produzindo um efeito técnico novo, evitar os tubos de raio-X a sobrecarga, muito embora tal efeito seja produzido ao fim da computação, estando desta forma programa de computador e aparelho agindo em separado. A corte entendeu que tal separação é irrelevante para caracterização do efeito técnico. A Câmara de Recursos concluiu que pedidos que consistam de uma mistura de característica técnicas e não técnicas não estarão impedidos de serem patenteados, não importa qual o peso que estas duas características possuam no invento como um todo.

350 Cabe aqui uma enérgica advertência aos examinadores de patentes do INPI e aos peritos em ações judiciais. A simples alquimia de reivindicações, fingindo que não se está reivindicando software quando, na verdade, o fazendo, é um abuso de direito e um estelionato qualificado, quanto ao qual responderão os servidores públicos que o admitirem. Cumpre, em nosso sistema constitucional, evitar o que descrevem. Julie E. Cohen e Mark A. Lemley Patent Scope and Innovation in the Software Industry, "The Diehr decision and its appellate progeny created what might be termed "the doctrine of the magic words." Under this approach, software was patentable subject matter, but only if the applicant recited the magic words and pretended that she was patenting something else entirely. During the 1980s and early 1990s, knowledgeable patent attorneys did exactly that, claiming software inventions as hardware devices, pizza ovens, and other "machines." As developed by the PTO and the Federal Circuit prior to 1994, the "otherwise statutory process or apparatus" limitation was not much of a limit at all. Nearly any physical element or step would suffice to render statutory a claim that recited a mathematical or "mental process" algorithm, even if the physical element or step was well known or an industry standard and the mathematical algorithm was the only novel component of the invention. Tradução: "A decisão no caso Diehr e sua sequência de outras decisões recursais criou o que poderia ser chamada de "doutrina das palavras mágicas";. O software podia ser patenteado, mas somente se o depositante recitasse as palavras mágicas e fingisse que pretenderia patentear algo distinto. Durante os anos 80' e início dos anos 90', os advogados especializados em patentes fizeram exatamente isto, reivindicando patente de software como dispositivos de hardware, fornos de pizzas e outras "máquinas". Com os desenvolvimentos ocorridos no escritório de patentes e no Tribunal Federal, a partir de 1994, as limitações legais segundo as quais se patentearia o software desde que "se relacionasse a outros processos e aparelhos ", não resultaram em grandes limitações. Quase qualquer elemento ou passo físico era bastante para s'uigarantir patenteabilidade a um reivindicação que enunciasse um algoritmo matemático ou de "processos mentais", mesmo se o elemento ou passo físico fosse bem conhecido ou um padrão da indústria, e o algoritmo matemático fosse o único aspecto novo da invenção". Estudo encontrado em http://www.law.berkeley.edu/journals/clr/library/cohen-lemley01.html, visitado em 16/11/06.

351 È a posição corrente do Conselho de Recursos da EPO, como expressa no caso T928/03, Konami, Video Game System, encontrado em http://legal.european-patent-office.org/dg3/biblio/t030928eu1.htm. Vide também a decisão T06/83 de 06.10.88 sobre pedido da IBM trata de programa de controle para transferência de dados entre processadores numa rede de telecomunicações, em que as características do sistema inde-

Entendo que não há qualquer requisito legal determinando que o efeito técnico seja externo ao sistema; deve, sim, haver um efeito técnico. Ora, o efeito em análise – mesmo se interno ao sistema -, não se circunscreve a um caráter abstrato simplesmente prático. Qual seria um efeito não técnico? O recital do art. 10, incisos III, V, VI e VII precisa o que sejam tais efeitos, aos quais é vedado o patenteamento.

Assim, entendo que – em nosso Direito – pode haver patente quando a contribuição implique em efeito técnico, mesmo dentro do sistema.

Uma proposta da doutrina nacional

Na doutrina nacional, há uma proposta de interpretação da expressão "em si":

"O acréscimo do termo acaba por revelar que o programa, ele mesmo, não é considerado invenção. Mas quando o dito programa estiver instalado em um 'hardware' (equipamento) e o funcionamento deste 'hardware' depender do programa, então este conjunto poderá ser considerado invenção".[352]

Assim, segundo tal interpretação, o programa enquanto código não passaria pelo filtro do art. 10 – a patente seria denegada; mas, uma vez reivindicado como elemento de um sistema (*software* e hardware) - o **todo** atenderia ao requisito de caráter técnico.

Ocorre que tal programa é de emprego necessário em máquinas automáticas de tratamento da informação, dispositivos, instrumentos ou equipamentos periféricos, baseados em técnica digital ou análoga, para fazê-los funcionar de modo e para fins determinados (na descrição da Lei 9.608/98). Todo programa de computador é concebido como voltado a um sistema e tirando sua racionalidade desse fato – ao contrário do que ocorre com métodos matemáticos, sistemas de contabilidade, etc., também previstos no art. 10.

Não nos parece razoável tal interpretação, aplicada por si só. Tomada à letra, simplesmente concederia legitimidade sob o art. 10 do CPI/96 para todo e qualquer programa imaginável – que atendesse aos demais requisitos legais. Assim, seria desprovido de sentido o disposto no art. 10, V, do CPI/9, o que derrota a regra de utilidade das normas jurídicas – não cabe interpretá-las de forma a negar-lhes todo e qualquer sentido.

---

pendem da natureza dos dados a serem transmitidos. O objetivo da invenção é o de divisão das tarefas com unidades de processamento menos poderosas. Cooperação entre processadores envolve essencialmente procedimentos de interrupção onde toda a ação de transferência de dados é iniciada pelo processador principal. No presente caso, pedidos transmitidos ao processador remoto são precedidos por um identificador indicando ao processador remoto que tal transferência deva ser tratada como se tivesse sido gerada localmente. Embora sem envolver qualquer modificação na estrutura física da rede ou dos processadores, o invento constitui solução de um problema técnico.

[352] DI BLASI, Gabriel; GARCIA, Mário S.; MENDES, Paulo p. M., "A Propriedade Industrial", Ed. Forense, Rio de Janeiro, 1997, p. 132.

O caráter técnico da invenção de programa não pode ser definido simplesmente pelo fato de que o programa perfaz, num ambiente concreto, as funções de instrução à maquina que ele é suposto fazer.[353] A proposta de Di Blasi – que corresponde em termos gerais ao padrão corrente americano ou australiano de análise – de forma alguma seria aceitável no sistema da EPO.[354] Por muito mais razão, é repelido pelo modelo constitucional brasileiro (vide a parte inicial deste estudo).[355]

A interpretação adequada ao art. 10, V, da Lei 9.279/96

Assim, parece adequado interpretar o dispositivo do art. 10, V, da seguinte forma:

a) O programa de computador, tal como definido pelo art. 1º da Lei 9.609/98 (programa *em si*) é sempre excluído da patenteabilidade.

b) Mais ainda, o programa de computador, tal como definido pelo art. 1º da Lei 9.609/98, ainda que reivindicado como sistema (programa posto em

---

[353] Vide a decisão da EPO em http://legal.european-patent-office.org/dg3/biblio/t950931eu1.htm, em parte modificada pelo caso Hitachi\Auction, citado a seguir.

[354] A rejeição dessa postura foi expressa mais recentemente em 2004 no caso Hitachi/Auction method, encontrado em http://legal.european-patent-office.org/dg3/biblio/t030258ex1.htm, no qual, embora ampliando significativamente o conceito de invenção, que podia ser reconhecida mesmo num complexo de elementos técnicos e não-técnicos (tratava-se de uma novo sistema de leilões através de software), o Conselho de Recursos da EPO determinou que o locus onde se apura a novidade e a atividade inventiva é o requisito técnico da invenção.No caso, a novidade estava na proposta do leilão, que não é técnica.

[355] Assim, inaplicável no nosso direito a construção da jurisprudência americana no caso Alappat, 33 F.3d 1526 (Fed. Cir. 1994) (en banc). Como um voto dissidente da decisão pondera: uma pianola tocando Brahms não se torna uma outra máquina se toca Chopin. A decisão é descrita por Cohen e Lemley, *op. cit.*: "In 1994, the en banc Federal Circuit decided In re Alappat, opening a new era in software patent protection. The decision established that the "otherwise statutory process or apparatus" requirement may be satisfied by the simple expedient cf drafting claims to include a general purpose computer or standard hardware or memory element that would be necessary for any useful application of the algorithm. The Alappat court reasoned that "a general purpose computer in effect becomes a special purpose computer once it is programmed to perform particular functions pursuant to instructions from program software." Tradução: "Em 1994, a decisão do plenário do Tribunal Federal de Recursos no caso In re Alappat abriu uma nova era para a proteção patentária do software. A decisão estabeleceu que o requisito de que o invento deveria ser apurado em "um processo ou aparelho que fosse por si patentável" poderia ser satisfeito pela simples expediente de escrever o pedido para incluir uma proposta geral de computador ou padrão de hardware ou elemento de memória que poderiam ser necessários para uma aplicação útil de um algoritmo. A corte de Alappat fixou que "um computador genérico torna-se um computador específico toda vez que é programado para uma função particular por um programa de computador". Refuta-se aqui como incompatível como o Direito Brasileiro, exatamente por isso, o disposto na proposta de Diretrizes de análise DIRPA (sem data 1990 a 1995?) página 94, como reportado por Antonio Abrantes, em http://www.comciencia.br/presencadoleitor/artigo19.htm, visitado em 16/110/06, "A concessão de patentes de invenção que incluem programas de computador para realização de um processo ou que integram equipamentos que realizam tais processos tem sido admitidos pelo INPI há longos anos. Isto porque não pode uma invenção ser excluída de proteção legal, desde que atendidos os requisitos convencionais de patenteabilidade, meramente pelo fato de que para sua implementação utilizem programas de computador. Assim o programa de computador em si é excluído de proteção patentária, todavia, se o programa controla a operação de um computador mesmo convencional, de modo a alterar tecnicamente o seu funcionamento, a unidade resultante do programa e do computador combinados pode ser uma invenção patenteável como método ou dispositivo".

ação num *hardware*) não é levado em conta para apurar *onde está a invenção*.

c) No entanto, os elementos técnicos, relativos a programa do computador, desde que excluídos da definição do art. 1º da Lei 9.609/98, podem ser levados em conta para apurar se há – ou não – uma contribuição ao estado da técnica suscetível de ser premiada com uma patente.

d) No caso em que a contribuição esteja contida em programa de computador reivindicado para que se faça seu emprego *necessariamente em um sistema específico*, compreendendo máquinas automáticas de tratamento da informação, dispositivos, instrumentos ou equipamentos periféricos, baseados em técnica digital ou análoga, para fazê-los funcionar de modo e para fins determinados, presume-se que esteja satisfeito o critério de *objeto técnico*.

e) Para que se considere tal contribuição suscetível de ser considerada invento, é preciso, além de ter *objeto técnico*, ter um *efeito técnico*, qual seja, uma atuação concreta seja externamente, seja internamente ao sistema, mas de qualquer forma *técnica*.

f) Em todas as hipóteses, para a apuração da novidade e atividade inventiva, uma vez superado o filtro do art. 10, não se considerarão os aspectos indicados nas letras a) e b) acima; serão considerados apenas a eventual novidade e atividade inventiva existente em c) ou, ainda, na funcionalidade resultante da aplicação do programa num sistema específico, *no que exceda à simples satisfação do requisito b)*.

[4] § 4.2. O exame da criação relativa a programa de computador

Examinemos, agora, quais os passos relevantes da análise das patentes relativas a programas de computador, no sistema brasileiro.[356]

Quanto às modalidades de reivindicações, poderá haver invenções relativas a programas de computador compreendendo *produtos ou atividades*.[357]

---

[356] Pela sua relevância, levamos em contas as recentes alterações no caminho do exame seguido no Reino Unido, como alterado no momento em que se escrevia este parecer, segundo se lê em http://www.-patent.gov.uk/patent/p-decisionmaking/p-law/p-law-notice/p-law-notice-subjectmatter.htm. Segundo o novo critério, o INPI do Reino Unido passou a seguir a seguinte processualística: "The test approved by the Court comprises the following steps: (1) properly construe the claim (2) identify the actual contribution (3) ask whether it falls solely within the excluded subject matter (4) check whether the actual or alleged contribution is actually technical in nature". Traduzindo: "O teste aprovado pela Corte compreende os seguintes passos: (1) interpretar adequadamente a reivindicação (2) identificar a contribuição real (3) verificar se o contributo não está exclusivamente na matéria não patenteável (4) Verificar se a contribuição efetiva ou alegada é realmente técnica em sua natureza." Ou seja, uma vez fixado o contributo - que Vander Haeghen chamava de objeto do invento, ou seja, sua diferença específica em face do estado da técnica -, ter-se-á que estabelecer se tal objeto esta inteiramente contido no que seria o art. 10 do CPI/96. Se não estiver assim contido, então passa-se a examinar se o contributo é técnico.

[357] Diretrizes do INPI relativas ao setor farmacêutico, *op. cit.* "1.4 Existem dois tipos básicos de reivindicações: aquelas que se relacionam a objetos (compostos, produtos, aparelhos, dispositivos, etc.) e aquelas que se rela-

Um exame de patenteabilidade começará por se determinar o contributo do invento, ou seja, o que nele se destaca do estado da técnica.

Em seguida, determinará se há objeto técnico, ou seja, se o programa de computador em questão se propõe a resolver um problema técnico específico, constituindo uma solução técnica *num sistema (hardware e software em interação) determinado*. Assim, *por exemplo*, idéias gerais de programação, fórmulas de geração de algoritmos, assim como quaisquer outras criações que não identifiquem quais máquinas, dispositivos, instrumentos ou equipamentos periféricos a que a criação se destina, ou não especificando o modo e o fim determinado que a criação pretenda atuar - **não** superarão a barreira liminar do art. 10.[358]

Um programa de computador, reivindicado para que se faça seu emprego *necessariamente em um sistema específico*, compreendendo máquinas automáticas de tratamento da informação, dispositivos, instrumentos ou equipamentos periféricos, baseados em técnica digital ou análoga, para fazê-los funcionar de modo e para fins determinados, poderá ser objeto de exame de novidade e atividade inventiva como produto, mas apenas se identificar *um efeito técnico específico* – suplementar ao requisito anterior. O modo e fim deste funcionamento serão então objetos da análise na forma que se lerá a seguir.

Se esses modo e fim forem relativos a um campo técnico, se prosseguirá análise do pedido de proteção da criação *como produto*. De outro lado, se esse modo ou fim se referirem a certas outras áreas cobertas pelo art. 10, interrompe-se o exame, para declarar a pretensão impatenteável.[359]

Esses fins que impedem o patenteamento são, por exemplo, o processamento de concepções matemáticas, de conhecimento abstrato, de lingüística ou textos em geral, a criação, transformação de obras literárias, arquitetônicas, artísticas e científicas ou qualquer criação estética, ou a simples apresentação de informações, ou, ainda, esque-

---

cionam a atividades (processos, usos, aplicações, métodos, etc.). Neste sentido, e com o único objetivo de simplificar, se enquadram as reivindicações relativas a "objetos" como reivindicações de "produto" e as relativas a "atividades" como reivindicações de "processo"".

[358] Conforme Antonio Abrantes: "Um manual de exame do início da década de 90 no INPI escreve: "A concessão de patentes de invenção que incluem programas de computador para realização de um processo ou que integram equipamentos que realizam tais processos tem sido admitidos pelo INPI há longos anos. Isto porque não pode uma invenção ser excluída de proteção legal, desde que atendidos os requisitos convencionais de patenteabilidade, meramente pelo fato de que para sua implementação utilizem programas de computador. Assim o programa de computador em si é excluído de proteção patentária, todavia, se o programa controla a operação de um computador mesmo convencional, de modo a alterar tecnicamente o seu funcionamento, a unidade resultante do programa e do computador combinados pode ser uma invenção patenteável como método ou dispositivo", vide http://denisbarbosa.blogspot.com/.

[359] Certas áreas, pois os métodos de tratamento, etc. cobertos também pelo art. 10, não constituem campos necessariamente excluídos do âmbito técnico. Pelo menos em certos casos, a vedação é, na verdade, um caso de recusa política permissível sob o art. 17 de TRIPs no âmbito do art. 18 do CPI/96. Tal foi a conclusão a que chegaram os autores da revisão do art. 52 (2) da EPC em 2000, com o que deve-se concordar. Também o todo ou parte de seres vivos, até alguma evolução futura da bioinformática, não recai no campo de nossas preocupações.

mas planos, princípios ou métodos comerciais, contábeis, financeiros, educativos, publicitários, de sorteio e de fiscalização.[360]

Admitir o patenteamento de criações *de produto* relativas a um programa de computador com tais fins derrotaria os propósitos do art. 10. Há aqui, um imperativo jurídico, que reserva a patente para incentivar a resolução de problemas da ordem concreta, sem prevenir a existência de outras proteções, sob outras equações constitucionais. Evidentemente que seriam preservados os interesses do investidor na geração de tais programas, pela proteção pela lei do *software*, que é uma das alternativas constitucionais possíveis. A patente não é.

Coisa diversa é a reivindicação de uma criação relativa a programa de computador que se refira *a processo*.

Neste caso, se o fim a que se destina o processo se insere no campo técnico, prosseguir-se-á o exame de novidade e atividade inventiva. Se, no entanto, o processo referir-se a um daqueles elementos, já mencionados, do art. 10 do CPI/96, para os quais se nega proteção *por patente*, esse exame se concentrará inteiramente nos demais aspectos da criação. Ainda que se possa apurar a novidade da criação relativa ao *todo*, aspectos concretos e abstratos, será na contribuição relativa ao campo da *mutação dos estados da natureza*, e não no elemento abstrato, que se fará o exame de atividade inventiva.[361]

---

[360] Veja-se, ilustrativamente, as diretrizes do INPI antes mencionadas, "2.6.1 Uma reivindicação de composição cuja única característica seja a presença de um determinado produto confere proteção também para este produto em si. Desta forma, uma reivindicação de composição caracterizada tão-somente por conter um produto não patenteável (p. ex. um extrato natural), não pode ser concedida, uma vez que viria a proteger o próprio produto não patenteável'. Vide ainda Antonio Abrantes, loc. Cit., "Concordo que a definição do significado da palavra técnico seja construído socialmente. Isto se percebe quando se acompanha cronologicamente como o USPTO e a EPO foram cada vez mais alargando o conteúdo das patentes de software permitidas a ponto de que o que antes era exceção agora virou regra. O que eu coloquei nos meus e-mails anteriores é que o significado da palavra técnico em antropologia e historias das ciências/tecnologia sempre foi bem amplo. Esta divergência entre o uso da palavra pelos tribunais e seu uso corrente no meu entender é que foi o alvo das principias criticas as patentes de software. A EPO, por exemplo, é bastante confusa a respeito quando tenta dar uma definição do que seja a palavra técnica. "in order to be patentable, an invention must be of a technical character to the extent that it must relate to a technical field, must be concerned with a technical problem and must have technical features in terms of which the matter for which protection is sought can be defined in the patent claim". É uma definição cujo predicado da frase explica o sujeito, ou seja, uma definição tautológica que pouco esclarece. É por isso que o INPI nos casos de patentes de software não mais rejeita uma patente de software por ela não ser de natureza técnica, porque na verdade o software de modo geral resolve problemas de natureza técnica, visto que a palavra possui significado amplo. Há indeferimento quando o requerente não da uma aplicação pratica para o software, ou acaba caindo nos demais impedimentos do artigo 10 (método matemático, apresentação de informações, método financeiro)".

Para ser patenteável, uma invenção deve ter seu caráter técnico relacionado com um campo técnico, deve ser concernente a uma problema técnico e deve ter características técnicas, nos termos da matéria para a qual se quer a proteção, de forma que esta possa ser definida na reivindicação da patente.

[361] Vide, como exemplo de que esse procedimento é comum à PI, e não só típico do patenteamento relativo a programas de computador, o Caso I-7079 da Corte Européia de Justiça, de 9 de outubro de 2001: "74. That distinction applies to work on the sequence or partial sequence of human genes. The result of such work

Mais uma vez, o parâmetro de exame será o do homem versado na área técnica, não na área abstrata; e ainda que o processo se refira à criação dotada de novidade e inventividade quanto – por exemplo – a resultados estéticos, contábeis ou jurídicos, essas contribuições práticas serão *excluídas da análise*. Desta feita, ainda que, num processo químico, o contributo de economicidade possa compor o índice de não obviedade, as vantagens não técnicas do processo serão, no caso, irrelevantes neste tipo específico de análise.

[4] § 4.3. Justificativa da interpretação adotada

Tal critério resulta, essencialmente, da leitura sistemática do sistema brasileiro de Propriedade Intelectual, sob a ótica determinante do seu especialíssimo contexto constitucional. Assim, mesmo se o instrumental analítico que conduz a tais conclusões leve em conta a experiência dos problemas suscitados em direito comparado, o aproveitamento dessa experiência tem de se adaptar o regime jurídico nacional.[362]

Com efeito, o simples transplante de soluções geradas em outros sistemas, por mais atraente e conveniente que seja, e por mais que atenda os interesses econômicos particulares, se contrapõe à ordem pública nacional. O sistema jurídico expressa uma vontade democraticamente elaborada, em que, no caso brasileiro, há uma presença necessária do interesse público e da sociedade.

Segundo esses critérios, assim, e na exata compreensão da decisão do STJ citada, não se concederá patente para o programa de computador em *si mesmo*, mas não se negará patente a invenções que atendem as exigências da Lei, ainda que compreenderem programas de computador.

---

can give rise to the grant of a patent only if the application is accompanied by both a description of the original method of sequencing which led to the invention and an explanation of the industrial application to which the work is to lead, as required by Article 5(3) of the Directive. In the absence of an application in that form, there would be no invention, but rather the discovery of a DNA sequence, which would not be patentable as such. 75. Thus, the protection envisaged by the Directive covers only the result of inventive, scientific or technical work, and extends to biological data existing in their natural state in human beings only where necessary for the achievement and exploitation of a particular industrial application". Tradução: "Aquela distinção tse aplica às criações relativas às sequências ou parte da seqüência de gens humanos. O resultado da criação pode resultar em patente somente se a aplicação é acompanhada, ao mesmo tempo, por uma descrição do método original de seqüência que resulta numa invenção ou numa explanação da aplicação industrial para que o trabalho é destinado, como requerido pelo artigo 5(3) da diretiva. Na ausência de uma aplicação naquela forma, não haveria invenção, mas descoberta de uma seqüência de DNA, que não seria patenteável enquanto tal. 75. Então, a proteção vislumbrada pela Diretiva cobre apenas o resultado do trabalho inventivo, científico ou técnico, e estende para informações biológicas existentes no estado natural do ser humano somente onde necessário para a obtenção ou exploração de uma aplicação industrial determinada."

362 Veja-se a crítica a essa aplicação direta de parâmetros divergentes do sistema brasileiro em Antonio Carlos Souza de Abrantes, Patentes de programas de computador: um estudo dos fundamentos de exame e análise de estatísticas do setor, manuscrito.

[4] § 5. Uma conclusão

Não se conclua aqui que as patentes de *software* sejam neutras perante a economia brasileira. Não se está postulando na análise que se fez acima, que *quaisquer* inventos, uma vez que atenderem os requisitos do art. 10 da Lei 9.279/96, mereçam patentes. Muito pelo contrário. As exigências gerais de novidade, de atividade inventiva, de suficiência descritiva e – pricipalmente – de concretude das reivindicações devem ser impostas a tais tipos de pedidos de patentes, com tanta equanimidade e rigor quanto a qualquer outro tipo de pretensão.

Notam Bessen e Meurer:[363]

> Patents on software are *not* just like other patents. The evidence shows that software patents are particularly prone to litigation and to disputes over patent boundaries, a concern that has been raised about them since the 1960s. We attribute these problems to the abstract nature of software technology; too many software patents claim all technologies with similar form or all means of achieving a result, when the actual invention is much more limited and often trivial. (...) But overall, software patents likely have a far greater influence on the performance of the patent system. Software patents are, in fact, responsible for a major share of patent lawsuits. They thus play a central role in the failure of the patent system as a whole. Any serious effort at patent reform must address these problems and failure to deal with the problems of software patents—either with softwarespecific measures or general reforms—will likely doom any reform effort.

Não deve haver, no Brasil, patente triviais e obscuras de *software*. Não deve haver patentes que não sejam tão sólidas e claras quanto uma patente de química ou de mecânica. Os males que Bessen e Meurer apontam no sistema americano se deveram à atitude casual e parcial de que tais patentes se beneficiaram no sistema americano. Uma patente de *software* só será igual a uma patente de *hardware* que tenha igual funcionalidade (como os examinadores do INPI tem insistido) se os rigores e exigências desta sejam exatamente impostas àquelas, especialmente os rigores na construção de reivindicações.

Seção [5] A propriedade intelectual na circulação econômica do software

Os direitos da Propriedade Intelectual têm especial importância na circulação econômica do *software*, pois, ao contrário do que ocorre em grande número de outros bens sujeitos às exclusivas de propriedade intelectual, os programas de computa-

---

[363] BESSEN, James e MEURER, Michael J., Patent Failure, *op. cit.*,

dor e a respectiva documentação técnica associada são vendidos, alugados, etc., *sob vínculo contratual.*

Vale dizer, uma máquina patenteada, ou um carro cujo *design* encontre guarida sob uma exclusiva ornamental de desenho industrial, são vendidos ou locados sem que o comprador ou locador se vincule a um pacto de licença ou cessão. O bem, uma vez cedido, vendido, etc., flutua ao abriga da regra de exaustão de direitos.

Como mencionamos acima:

Pela regra de exaustão, os efeitos da exclusiva, em face de um *corpus mechanicum* (vide sobre essa noção, Cap. I, [4] §1.9.- A oposição *corpus mysticum* e *corpus mechanicum*) se encerram ao momento em que o titular tem a primeira oportunidade de reaver seu investimento, em face da criação intelectual. Vendeu, alienou de alguma forma econômica, pôs no comércio através de locação ou similar, esgota-se a exclusiva, para só então aplicar-se o direito comum.

No entanto, como já vimos (neste Capítulo, [1]§4.2.- O problema das tecnologias autoduplicativas), o *software* é uma tecnologia que tem, como os entes biológicos, a capacidade de auto-replicação, a natureza de *memes*.[364] Cada unidade de *software*, inclusive para a possibilidade que atue na memória de uma CPU, processando, é sujeito a cópia. Seja em memórias voláteis, seja *também* numa cópia para uma memória de massa, a cópia é elemento inarredável de sua funcionalidade.[365]

Para criar um freio jurídico à replicação não autorizada, vale dizer, para impedir que cada usuário se transforme num competidor potencial do titular dos direitos, os métodos de circulação do *software* pressupõem, assim, que esta se dê ao amparo de um vínculo obrigacional, que reitere e reforce o direito exclusivo. Na verdade, os sistemas obrigacionais constituem hoje elementos mais importantes da proteção dos interesses dos titulares do que o direito de exclusiva.[366]

---

[364] Sobre a noção de memes em relação à Propriedade Intelectual, vide COTTER, Thomas F., "Memes and Copyright". Tulane Law Review, Vol. 80, 2005, em http://ssrn.com/abstract=826465, COTTER, Thomas F., Prolegomenon to a Memetic Theory of Copyright: Comments on Lawrence Lessig's The Creative Commons, 55 FLA. L. REV. 779 (2003); FRIED, Michael S., The Evolution of Legal Concepts: The Memetic Perspective, 39 JURIMETRICS 291 (1999); JONES, Colin p. A. s, Law and Morality in Evolutionary Competition (And Why Morality Loses), 15 U. FLA. J.L. & PUB. POL'Y 285 (2004); STRAKE, Jeffrey Evans, Are We Buyers or Hosts? A Memetic Approach to the First Amendment, 52 ALA. L. REV. 1213 (2001)..

[365] Os métodos de proteção física ou lógica contra a cópia do software não são objeto do nosso estudo nesse passso. Não que não sejam importantes. Pelo contrário, como nota YU, Peter, em Currents and Crosscurrents in the International Intellectual Property Regime, Social Science Research Network Electronic Paper Collection at:http://ssrn.com/abstract=578572: "Increasingly, intellectual property rightsholders have resorted to the use of protection outside of the international intellectual property regime. For example, rights-holders have used mass-market contracts, including shrinkwrap and clickwrap licenses, to protect their intellectual works. Other rights-holders also have relied on technological protection measures to protect their creative works".

[366] SAMUELSON, Pamela, The U.S. Digital Agenda at WIPO, 37 VA. J. INT'L L. 369 (1997)supra note 247, at 438: "other developments, such as widespread use of shrinkwrap licenses or electronic equivalents that

[5] § 0.1. Um prefácio a um livro de Marcos Wachowicz

O aparecimento do *software* como um problema de direito da propriedade intelectual ocorre no momento – nos fins dos anos 70'- em que ele entra no mercado como *produto*. Antes, na era mesozóica dos *mainframes*, programas de computadores eram objeto de contratos entre partes determinadas, normalmente o vendedor e o comprador do hardware.

A nova lei americana de direitos autorais de 1976 iniciou a transformação dos pactos de não-concorrência, que resguardavam o *software* na era antiga, em direitos *erga omnes* com um jeitão de propriedade. Sem ter uma "propriedade", eficaz contra o comprador não identificado que levava o DOS v.1 da farmácia da esquina de casa (como este prefaciador fez em 1982, na 71'com Columbus...), adeus informática como indústria de massa.

Mas nem esse vínculo de direito bastou. Logo se criou a ficção das "licenças de desembrulho", laço contratual em que a manifestação de assentimento do comprador seria abrir o celofane. Obrigacional e real ao mesmo tempo. Não foi suficiente, ainda. Especialmente em softwares de jogos, para os quais o efeito dissuasor da propriedade e da licença era diminuto, adicionou-se ao todo proteção física contra a cópia, o que acabou ganhando *status* de direito com o Tratado de Direitos Autorais da OMPI de 1996.

Ainda não basta. Com uma descomunal campanha publicitária e política, os investidores em software (e nessas coisas em tudo similares, discos e DVDs) tentam inculcar no público e nos governos a noção de que cópia é uma infração moral, política e eticamente reprováveis. Proteção real, obrigacional, física e metafísica. Curiosamente, a primeira medida legislativa para adaptar o direito autoral clássico ao *software* tem sido, uniformemente, a erradicação dos direitos morais.

(Dizem que certa *software house* baiana ainda confia em práticas de quimbanda para evitar o uso não autorizado, somando um estrato esotérico à massa folheada de proteções).

Cópia, eis o problema. A propriedade intelectual, como uma forma de opressão à liberdade de mercado e de iniciativa, se justifica exatamente em face de situações como essa: bens do intelecto produzidos *para o mercado*, que pressuponham investimento significativo, e sejam sujeitos à facilidade de cópia. Essa facilidade de cópia se configura como uma *falha de mercado* – uma necessidade de intervenção estatal para corrigir o que a liberdade de concorrência não resolve.

O caso especial do *software*, como a aplicação de outras tecnologias na área da biotecnologia ou no próprio campo autoral, é que se tem um objeto que permite cópia por autoduplicação. O *corpus mechanicum* ele mesmo traz em si a possibilidade de reproduzir o intangível. Não estamos mais, como no caso das tecnologias de reprodu-

---

substantially limit user rights, as well as emerging use of encryption and other technological protections may make the balancing principles of copyright law something of an historical anachronism".

ção do início da propriedade intelectual, num tempo em que a cópia pressuporia uma atividade *empresarial*, com releitura de um livro, recomposição em tipos móveis, impressão, etc. O consumidor final copia e se satisfaz ou, sem investimento e esforço, entra no mercado como distribuidor.

Assim, seria justificável o direito de exclusiva autoral.... que o inevitável Ruy Barbosa, escrevendo sobre a Constituição de 1891, dizia, comparando a liberdade de iniciativa e o direito autoral: "Não há só diversidade, senão até antagonismo, e essencial, entre as duas, uma das quaes é a declaração de uma liberdade, a outra a garantia de uma propriedade exclusiva".

No caso dos direitos autorais, a restrição à liberdade se configura mais evidentemente como negativa ao acesso à informação. Em fevereiro de 2003, a Suprema Corte americana enfrentou exatamente essa questão – que a propriedade sobre os bens do intelecto nega a liberdade de informação – argumentando que não há lesão maior, pois que o *direito autoral não protege conteúdo, mas forma* (Eldred v. Ashcroft).

A decisão é interessantíssima. Conclui-se que o uso do direito autoral para proteger soluções de conteúdo é inconstitucional.

A solução para esse impasse – a colisão entre a facilidade de cópia do *software* e a negativa de proteção de substância – estaria na patente. Mais uma camada de proteção. Mas os requisitos clássicos da patente, inclusive os da concretude da solução técnica patenteada não se adequam à natureza do *software*; ora, mudem todos eles. E vem a prática americana, na qual se passou a exigência de que a solução técnica implicasse em mudança de elementos físicos para outra, sutilmente diversa, onde se protegesse "any transformation of data that produces a useful, concrete, and tangible result" (o caso State Street). A transformação não seria mais na natureza física... mas na informação.

Tanta mudança, tanta transformação na Propriedade Intelectual, para resultados, enfim, tão discutíveis. O *software* merece tudo isso, pela contribuição que oferece à sociedade?

Desde a crítica hegeliana, pode-se distinguir na contribuição de um novo objeto introduzido na esfera humana entre *o aumento de conhecimento* e o *aumento de utilidade*. O compromisso filosófico da propriedade intelectual é garantir que o estimulo ao conhecimento fosse compatível com o aumento da utilidade, negando o que Hegel possivelmente classificaria como alienação. Negando o prêmio da utilidade cega, sem conhecimento.

Assim, no campo das patentes, se exige a publicação como pressuposto do privilégio; assim, no direito autoral, se institui o privilégio para garantir a publicidade dos inéditos. Quando se alvitrou o uso de certos mecanismos do direito autoral para a proteção do *software*, minha reação foi de abandono desse pressuposto da propriedade intelectual. Sem o aumento do conhecimento, proteção à simples utilidade, estamos em alguma coisa que não mereceria o adjetivo "intelectual".

Suscitei esse problema num estudo da Universidade de Campinas, em 1990:

No caso das tecnologias autoduplicáveis, no entanto, a simples descrição da solução técnica nem sempre é suficiente. O relatório pode ser inútil para demarcar o direito, afetar o estado da arte ou propiciar o acesso ao conhecimento· Nestes casos, há, freqüentemente, a alternativa do depósito do próprio objeto protegido numa instituição adequada - que terá provavelmente os mecanismos necessários de proteção biológica.

As características deste tipo de tecnologia fazem com que o acesso às inovações possa estar segregado do conhecimento da tecnologia. Como se disse, a mutação na capacidade técnica da indústria não corresponde necessariamente a uma mudança no estado da arte. O acesso à tecnologia implica repetibilidade da solução técnica, mas não da capacidade intelectual de reprodução dos passos de tal solução.

Também no caso do *software*, que não tem (ao menos por enquanto) caráter de produto biotecnológico, geralmente há possibilidade de autoduplicação, pois o acesso a uma cópia do programa permite, à falta de proteção artificial, a repetição ilimitada do mesmo. Mas, ao contrário do que freqüentemente ocorre na área biotecnológica, o *software* é quase sempre suscetível de descrição verbal.

As novas leis de proteção de programas de computador (ainda que não as leis de patentes aplicáveis a tais programas) têm, no entanto, deixado de exigir a exposição verbal da tecnologia ou a transcrição em linguagem natural das instruções, limitando muitas vezes tal requisito ao montante do programa necessário para identificá-lo em sua individualidade no caso de contrafação (Barbosa, 1988b).

As legislações mais recentes têm concedido, assim, proteção a tecnologias opacas, cuja consagração jurídica não resulta em acréscimo efetivo ao conhecimento técnico. Isto não é decorrência necessária das novas tecnologias (como indica o caso do *software*), mas escolha política consciente. Talvez a mais importante das decisões da política industrial e tecnológica, no momento, seja a do nível mínimo de acesso à tecnologia que justifica proteção. Pergunta-se se acesso aos resultados da tecnologia é suficiente ou se exigiria o conhecimento.

Por tal razão, quando me foi dada a oportunidade de propor, com Manoel Joaquim Pereira dos Santos e Raymundo Nonato Botelho de Noronha, o primeiro projeto oficial brasileiro de proteção ao software, pareceu razoável compensar esse prestígio à alienação com alguma compensação social. Na justificativa do projeto (vide New Brazilian Software Proposal (1985) (Business Law Review, Londres, 1985):

Choosing the middle way - neither patent nor copyright - seems to be the Brazilian final stand as regards the protection of computer software. A Bill submitted to the Senate last November 1 is a clear indication of this: it protects software owners against copying, but goes further by preventing the unauthorised use of the software, for instance, in the employment of a program to feed hardware other than that originally allowed, or the sale of the copy to a third party. On the other hand, the proposed legislation grants a 15-year tem of protection, a much shorter period than that provided by the copyright laws (but the same extension as a Brazilian patent), and creates a rather complex compulsory licence mechanism both on the grounds of relevant national interest and plain non working. At the end of the term of protection, the software (in source coda) is published and enters into public domain.

(...)The November 1984 Bill is clearly an example of the "middle way" approach to software protection. As in the case of copyrightable works, it provides for the protection of expression and not (as in the patent laws) of content. As in the case of patents, the use of work (and not only copying of it) is protected. (..)

What the Brazilian proposal basically intends is to provide Brazil with the means by which the national interest may be compatible with the need to protect the software developer's investment, both as regards local and the foreign-produced software. The specific characteristics of the software technology and its conflicting requirements have imposed a new kind of protection within the general parameters of the existing intellectual property laws but which is, at the some time, closer to the developmental targets of a third world country.

A razão principal pelo qual a SEI, o INPI e o CNDA escolherem um regime *sui generis* em 1983 era fazer um adequado balanceamento de interesses em relação à proteção do software, como seria inescapável em face dos parâmetros constitucionais pertinentes. Como tive ocasião de narrar em artigo publicado na revista Copyright, da Organização Mundial da Propriedade Intelectual:[367]

A 1983 report from the Brazilian Patent Office, while considering all those problems previously indicated, stresses also the need to compatibilize the software protection with the other existing means of protection, as well as with the remaining body of national law relevant to the computer industry. According with such report, the points to consider are the following:

the protection must be made compatible with the legislation already covering other technological creations, in order to prevent negative effects to such existing system.

the tax, exchange and foreign investment rules applicable to software must not diverge from the legislation governing other technologies, lest to set unjustifiable preferences or to impose groundless requirements on the new object of protection.

---

[367] Software and Copyright: A Marriage of Inconvenience ,publicado nas edições em inglês e em francês do The Copyright Magazine da World Intellectual Property Organization, Genebra, junho de 1988.

the rights and privileges provided by the law to the software owners must be compensated by equivalent benefits to the community at large, in a proportion comparable to the balance of interests resulting from the patent system. This must be true particularly in which it regards to the wide spreading of the technological knowledge after a convenient term of undisclosure.

the term of legal protection (as different of the term of undisclosure) must be shorter than the economic life of the software product, in order to enable the community to enjoy an equitable share of the benefits of the technological creation.

the protection should exclude the ideas and technological concepts implied in the software creation, as this field is already covered by the patent system.

the software developer should be entitled to choose between subjecting his creation to the exclusive protection or to leave it undisclosed under the trade secret rules.

the utilization of the software and not only its copying should be protected.

Esse projeto *oficial* nunca foi transformado em lei, por razões de interesses da política externa brasileira, e é apenas um documento da história do nosso subdesenvolvimento. Mas, falando sobre software, é inescapável repetir o episódio.

[5] § 0.2. Programa produto e programa *ad hoc*

Cabe aqui distinguir os chamados programas-produto e os *softwares* gerados por encomenda.[368] Quanto aos primeiros, diz Tarcísio Queiroz Cerqueira:

> "Software produto é o programa de computador licenciado para usuários indistintos, que pode ser adquirido e necessitar nenhuma, ou pouca atividade para implantação e uso, comercializado em lojas, como se fosse mercadoria, juntamente com seus manuais de uso, ou pedido através dos correios, por mídia eletrônica, etc.
>
> É comum o produtor e o usuário situarem-se distantes, sem se conhecerem - quando se trata de um programa pronto, ou quase pronto. A maior atividade para implantação e uso que pode ser requerida é a adequação as características, ambiente e equipamentos do usuário.
>
> O *software* produto pode ser adquirido embalado, juntamente com sua documentação, quando o adquirente paga o preço de uma só vez e recebe, assemelhando-se o ato a uma compra e venda, como se o *software* fosse mercadoria e pudesse, normal e comummente, ser comprado e vendido."[369]

---

[368] Foi o surgimento do programa-produto, nos fins da década de 70', que introduziu novas demandas de proteção jurídica, de tratamento tributário e inéditos procedimentos de comercialização. Dissemos em "(...) Marriage of Inconvenience: "The growth of computer consumption in the seventies and the Microcomputer Era of the eighties then rendered it impossible to keep on protecting softwares on the basis of trade secret or contract. Once microcomputers entered the market by the tens of millions, the demand for exclusive protection grew with the added exposure to the new buyer with whom no contractual or confidential relationship was meaningful: programs were now being sold in supermarkets like sausages".

[369] CERQUEIRA, Tarcísio Queiroz, Software, Direito Autoral e Contratos, ADCOAS, 1993, p. 103-104.

Os *softwares* gerados sob encomenda constituem-se não exatamente numa categoria de programa, mas num estágio no sistema de produção e circulação do produto. Pode ser "por encomenda" o programa gerado para um consumidor único ou aquele que se destina, através de um distribuidor ou comercializador, que o encomenda, a ser comercializado como programa-produto.

Outra forma de comercialização é adequada para tais serviços; nem por isso deixa de haver circulação econômica. Como lembra o ilustre autoralista, professor das Arcadas, Antonio Chaves:

"E ninguém elabora programas a não ser com a intenção de comercializá-los. Pelo menos não é usual".370

Na verdade, há que se considerar três categorias de contratos, que se distinguem conforme o teor de padronização do *software*:

a) contratos relativos a *software* feito sob medida, nos quais o provedor se compromete a desenvolver, a partir do nada, um produto adaptado às necessidades do cliente, seja para uso, seja para comercialização por este para o consumidor em geral;

b) contratos relativos a *software* produto, nos quais pode haver previsão de serviços acessórios de manutenção, ou assistência técnica quanto a dúvidas e inadaptações;

c) contratos relativos à adaptação de um *software* produto às necessidades específicas de um cliente.371

A circulação física do *software*, em particular o programa-produto,372 configura circulação econômica de bens materiais ou prestação de serviços?

O Direito francês chegou a desenvolver nomenclatura específica para o programa-produto, os quais são conhecidos como *progiciel*, enquanto que, como visto, o *software* em geral é denominado *logiciel*.373 É assim, pertinente a citação:

---

370 CHAVES, Antonio, Direitos Autorais na Computação de Dados, Ed. Ltr 1996, p. 110.
371 Vide Derecho Informático, de CORREA, Carlos et allii, Depalma, Buenos Aires, 1987, p. 185.
372 Pois que, quase universalmente, o software específico circula como serviço: a análise, a codificação, os testes, a manutenção, o contínuo desenvolvimento de novas versões de programas "não-produto" é tratado como serviço e tributado como tal.
373 Diz o clássico André Lucas, em seu Le Droit de l'Informatique, PUF 1987, p. 185: "On peut également opposer le logiciel sur mesure, développé pour les besoins d'une personne ou d'une entreprise determinée, et le logiciel standardisé ou progiciel".

"Les contrats ayant pour object la réalization d'un logiciel sont des contrats de *service* et plus particulièrement de contrats de *louage d'ouvrage*. Par opposition, le contrat de progiciel porte sur la commercialisation d'un *bien*, plus particulièrement d'un *produit* (d'où parfois l'appelation de programme-produit ou *program-package*)".[374]

Seria a empreitada (*locatio operis, louage d'ouvrage*), assim, o que se tem no contrato de desenvolvimento de *software* por encomenda.[375] Mas a circulação do *software*-produto não se faz através da compra e venda. Como notam os mesmos autores,

"Au point de vue de la nature juridique, le contrat de progiciel ne s'assimile pas à une vente et ne donne par conséquent pas lieu au jeux des garanties découlant légalement du contrat de vente".[376]

Não circulando através da venda de bens, o *software* cumpre sua destinação econômica através de outra forma jurídica. É o que explica Cerqueira:

"No entanto, mesmo perfazendo a aparência de uma compra e venda, o que se dá é a aquisição pelo licenciamento de uso.
O titular dos direitos de propriedade do programa produto, mesmo estando distante das vistas do usuário, continuará mantendo, sobre o bem intelectual que acabou de ser adquirido para uso, o seu direito de propriedade - e o adquirente deve, apenas, usar o programa produto, com limitações".[377]

O autor segue a tendência doutrinária predominante, que identifica na hipótese um contrato de licença. Não é outra, aliás, a opção legal brasileira, eis que prescreve a Lei 9.609/98:

Art. 9º - O uso de programa de computador no País será objeto de contrato de licença.

---

[374] BELLEFOND, Linant de, e A. Hollande, Les Contrats Informatiques, J.Delmas, 1984, p. 99.
[375] Nota MANSO, Eduardo Vieira, Contratos de Direito Autoral, Revista dos Tribunais, 1989, p. 16, corretamente, que se tem na verdade, contrato de utilização de obra futura (regulado pelo Art. 36 da Lei 5.998/73) e não de empreitada. Esta última se daria apenas quando o encomendante não adquirisse direitos autorais sobre o software; exemplo da hipótese seria a encomenda de programa para resolver problema específico do encomendante, sem que este adquira direitos de reprodução e exploração econômica do software em si mesmo. O mesmo sustenta em sua obra monográfica Carlos Alberto Bittar, Direito de Autor na Obra feita sob encomenda, Ed. RT, 1977, p. 105 e seg.
[376] *Op. cit.*, p. 99.
[377] *Op. cit.*, loc. cit.

Mas porque tal definição legal? O que diferenciaria tão radicalmente o *software*, em face de um livro ou um disco (produções intelectuais igualmente comercializadas em larga escala), a ponto de obrigar a mantença de relação contratual permanente entre o titular dos direitos intelectuais e o usuário do programa?

A questão é que, no caso do *software*, como no de variedades de plantas e microrganismos, tem-se um objeto tecnológico de alta reprodutibilidade. Ao contrário de um livro, que exige - mesmo na era pós-Xerox - máquinas especiais para reprodução, a cópia de um programa é não só fácil, mas, conforme se tem mantido, indispensável para sua utilização.[378]

Vale dizer, cada usuário tem à disposição, sem maior dificuldade, os meios mecânicos para a reprodução ilimitada de cópias. Enquanto que o titular do livro exerce quanto ao eventual copiador os poderes que derivam do efeito *erga omnes* de seus direitos exclusivos, a prática internacional tem-se valido uniformemente de relação contratual formal[379] entre o usuário e o titular do programa.

[5] § 1. Dos contratos de Propriedade intelectual relativos ao software

[5] § 1.1. A liberdade de pactuação de tais contratos

A distinção entre programa-produto e outras modalidades de circulação do *software* não pode empalidecer a noção de que o *software produto* não é o *corpus mechanicum*, mas o bem imaterial nele jacente.

Disse-o o Min. Sepúlveda Pertence no RE 176.626-SP, DJU de 11.12.98:

> O comerciante que adquire exemplares para revenda, mantendo-os em estoque ou expondo-os em sua loja, não assume a condição de licenciado ou cessionário dos direitos de uso que, em conseqüência, não pode transferir ao comprador: sua posição, aí, é a mesma do vendedor de livros ou de discos, que não negocia com os direitos do autor, mas com o *corpus mechanicum* de obra intelectual que nele se materializa. Tampouco, a fortiori, a assume o consumidor final, se adquire um exemplar do programa para dar de presente a outra pessoa.

E, na mesma decisão, mais adiante:

---

[378] De nosso Sobre a Propriedade intelectual: "No caso do software geralmente há possibilidade de autoduplicação, pois o acesso a uma cópia do programa permite, à falta de proteção artificial, a repetição ilimitada do mesmo". Dizíamos em nosso Computer and Copyright: a Marriage of Inconvenience: "For computer programs are, like plant varieties, copy-prone products. Except for complex (and mostly ineffectual) physical or logical protective schemes, programs are liable to be copied easily - in fact they are conceptually destined to be copied (though not for commercialization)".

[379] Por vezes, presumida, como no caso das shrink wrap licenses do direito estadual americano, nos quais - segundo a lei local - o rompimento do envólucro do produto faz presumir a manifestação de vontade do usuário em vincular-se à licença.

Os contratos de licenciamento e cessão são ajustes concernentes aos direitos de autor, firmados pelo titular desses direitos – que não é necessariamente, o vendedor do exemplar do programa – e o usuário do *software*.

Assim, a construção contratual se afeiçoa às peculiaridades do sistema de circulação do software. Como nota Ruy Saavedra, citado no mesmo acórdão:[380]

Nas relações com os seus clientes a empresa produtora de *software* surge como proprietária do *software* que ela cria e comercializa, quer se trate de *software* **standard**, comercializado em massa, quer de *software* concebido especificamente em função das necessidades de um utilizador em particular. Com efeito, mesmo neste último caso, a propriedade do *software* permanece, habitualmente, na titularidade da empresa que o realizou; mas nada impede que as partes estipulem o contrário, no caso de o cliente querer proteger o seu investimento solicitando que lhe seja cedida a propriedade do *software*, se ele tiver financiado totalmente os custos de desenvolvimento.

Diferentemente sucede nas relações com o utilizador de um *software* **standard**, porque este vocaciona-se a ser comercializado junto de uma clientela potencialmente vasta: a propriedade do *software* em si, normalmente, nunca é cedida ao cliente, apenas um direito de uso não exclusivo. Isso não obsta a que se considere que o cliente adquire as "manifestações físicas" do *software*, com todas as prerrogativas ligadas a esta propriedade, se a licença de uso lhas tiver concedido a título definitivo e por um preço.

Tendo assim atenção para o nosso tema – a proteção da propriedade intelectual, e só dela – vale enfatizar que, como se esclarecerá adiante, é perfeitamente plausível que se tenham contratos de licença, cessão, e outras modalidades de direito, *quanto ao corpus mysticum*. É deste, e não das questões relativas à manifestação física do *software*, ou de suas funcionalidades, que tratamos nesta obra. Diz Carlos Correa:[381]

La naturaleza jurídica de los acuerdos contractuales puede variar considerablemente, según el tipo de software transferido, y conforme al alcance de las obligaciones del proveedor:
1) La venta, o más propiamente dicho, la cesión de derechos con respecto al software implica la trasferencia de los derechos de propiedad que corresponden al proveedor; esta modalidad resulta infrecuente para los paquetes de software, pero es normal en los contratos para el desarollo de software a medida, conforme al cual el cliente se convierte en el propietario de los programas desarollados;

---

[380] SAAVEDRA, Rui, A Proteção Jurídica do software e a Internet, Don Quixote, Lisboa, 1998.
[381] CORREA, Carlos, *et alii*, Derecho Informático, Depalma, p. 184/185).

2) El contrato de licencia es el acuerdo contractual más común, particularmente para los paquetes de software. Esta modalidad se basa en la existencia de un derecho de propiedad que es retenido por el proveedor, mientras autoriza su uso.

Não obstante a existência de contratos "mais comuns", há liberdade de vontade em relação às obrigações constituídas em face do bem imaterial:

Não existe um controle estatal, nos contratos de licença de software mais efetivo. O que a lei contemplou foi a existência de cláusulas consideradas abusivas, as quais não deverão constar nos citados contratos.estes são exteriorizados por licenças de uso e protegem os criadores de programas de atos violadores de propriedade. Estas cláusulas visam criar limites, obrigação de não fazer aos contratantes, porque caso fizerem serão responsabilizados penal e civilmente.
Por serem contratos seguem as regras estatuídas pelo Código Civil, na sua formação e protegem o consumidor por não admitir cláusulas abusivas, limitação da autonomia da vontade entre as partes, o dever de informar e a proteção legal contra os vícios e defeitos de produtos ou serviços colocados no mercado. As cláusulas contratuais serão interpretadas de maneira mais favorável ao consumidor. A lei do consumidor (Lei 8.078/90) é um instrumento eficaz de equilíbrio entre as partes contratantes, para evitar que o fornecedor pratique condutas desleais ou abusivas e o consumidor também aproveite-se dos benefícios legais da lei para reclamar injustificadamente direitos.[382]

[5] § 1.2. Um rol de possibilidades

A liberdade contratual, aliás, se manifesta em uma diversificação nominal de espécies:[383]

Os tipos mais freqüentes de contratos que envolvem informática que as relações de consumo são mais visíveis, são aqueles que envolvem compra e venda seja de software seja de hardware, bem como assistência técnica e contrato de prestação de serviço. São os tipos de freeware,[384] semi-freeware,[385] sharewa-

---
[382] BARROS, Carla Eugênia Caldas, Manual de Direito da Propriedade Intelectual, Editora Evocati, 2007. A autora, aqui, a suscitar a aplicação do CDC, indica a existência uma responsabilidade autônoma sobre a funcionalidade do spftware, que é paralela, mas alheia à propriedade Intelectual. Há outra relação em face do CDC, quanto às obrigações de Propriedade Intelectual, como se vê abaixo.
[383] Idem, eadem.
[384] [Nota do original] "o termo freeware não possui uma definição amplamente aceita mas é usado com programas que permitem a redistribuição mas não a modificação, e seu código fonte não é disponibilizado. Não são softwares livres". HEXSEL, Roberto – O que é software livre? http://www.softwarwlivre.gov.br/swlivre. Acesso em 11 abr 2006.
[385] [Nota do original] "Software semi-livre é o software que não é livre, mas é concedida a permissão para que indivíduos o usem, copiem, distribuam e modifiquem, incluindo a distribuição de versões modificadas,

re,[386] shareware em domínio público,[387] software livre,[388] software comercial,[389] software proprietário.[390]

[5] § 2. Da licença

O titular de um *software*, como o dono de um apartamento, tem meios legais de impedir o uso do objeto de seu direito por qualquer pessoa não autorizada: ninguém pode invadir o imóvel, ou rodar um programa protegido, sem dar conta de seus atos segundo o que a lei dispõe. Isto é o mesmo que dizer que os direitos incidentes sobre um *software*, como os resultantes da propriedade dos bens materiais, se exercem, indistintamente, contra todas as pessoas: e a ninguém é facultado esbulhar apartamentos ou violar direitos sobre o programa de computador.

Na definição de Paul Roubier,[391] no contrato de licença o titular de um direito de monopólio de exploração concede a uma pessoa, total ou parcialmente, o gozo de seu direito de exploração. Tal definição, clássica como é, faz com que se classifiquem tais contratos (como, de resto, os de edição) como de concessão de direitos autorais[392]

Uma noção de licença *de software* seria a seguinte:

> Nesse contrato o objeto é a concessão de parte dos direitos patrimoniais do autor, consubstanciados no direito de exploração da obra, gerando o direito de o licenciado reproduzir o programa, sublicenciar a terceiros para comercializá-lo e, ainda, conceder ele mesmo licenças de uso.[393]

---

desde que o façam sem o propósito de auferir lucros. Exemplos de software semi-livre são as primeiras versões do Internet Explorer da Microsoft, algumas versões do Browsers da Netscape e o Star Office." Idem.

386 [Nota do original] "é o software disponibilizado com a permissão pra que seja redistribuído, a sua avaliação implica no pagamento pela sua licença. Geralmente, o código fonte não é disponibilizado e portanto modificações são impossíveis." Idem.

387 [Nota do original] "Software em domínio público é software sem copyright. Alguns tipos de cópia, ou versões modificadas, podem não ser livres porque o autor permite que restrições adicionais sejam impostas na redistribuição do original ou e obras derivadas." Idem.

388 [Nota do original] "Os softwares Livres, conhecidos como CopyLeft, é o programa que está em domínio público, totalmente liberado e sem dono. Também seu código fonte pode estar liberado e visível. Esse software 'w feito de forma anônima, ou seja, sem atribuir direitos autorais a ninguém, ou por pseudônimo." FERRARI, Alexandre Coutinho, Proteção Jurídica de Software – Guia prático para programadores e Webdesigners. São Paulo, Novatec, 2003, p. 97.

389 [Nota do original] "Software comercial é o software desenvolvido por uma empresa com o objetivo de lucrar com sua utilização. Note que comercial e proprietário não são o mesmo. A maioria do software comercial é proprietário mas existe software livre que é comercial e existe software não livre não-comercial."Idem.

390 [Nota do original] "é um produto próprio, com interesses próprios e não comerciais. É propriedade do seu criador e protegido como os demais pelas leis convencionais. (...) tamanha distinção faz com que esse software seja praticamente inexistente no universo comum do cotidiano, mas existe e é reconhecido nessa obra, por encontrar amparo em lei." Idem, p. 117/119.

391 Le Droit de Proprieté Industrielle, t. II/260, Paris, Recueil Sirey, 1954.

392 Eduardo Vieira Manso, Contratos de Direito Autoral, Revista dos Tribunais, 1989, p. 40.

393 AMAD, Emir Iscandor, Contratos de Software "Shrinkwrap Licenses" e "Clickwrap Licenses", Rio de Janeiro: Renovar, 2002, p. 82.

A licença é precisamente uma autorização, dada por quem tem o direito sobre o *software*, para que uma pessoa faça uso do objeto do seu direito. Esta autorização tem um aspecto puramente negativo: o titular do *software* promete não empregar os seus poderes legais para proibir a pessoa autorizada do uso do objeto do seu direito. Tem, porém, uma aspecto positivo, qual seja, o titular dá ao licenciado o direito de explorar o *software*, com todos os poderes, instrumentos e meios que disto decorram.

Enfatizando um ou outro aspecto, os vários sistemas jurídicos vêem a licença como um contrato aproximado ao de locação de bens materiais,[394] ou, se tomado o lado negativo, como uma promessa formal de não processar a pessoa autorizada por violação de direitos. Neste último sentido, a mais antiga tradição do direito americano[395] e considerável tendência entre os autores jurídicos.[396]

A corrente que favorece a aproximação entre licença e a locação, por sua vez, exige do licenciador o cumprimento de uma série de obrigações, que configuram o contrato como de natureza substantiva: quem loca tem de dar o apartamento em condições de moradia.[397] A esta última corrente tem-se filiado tradicionalmente o Direito da Propriedade Industrial no Brasil e, igualmente, a Lei do *Software*.

Com efeito, os parâmetros legais do Direito Brasileiro quanto à relação jurídica de locação se encontram, em geral, presentes no tocante às licenças de *software*. Diz o Código Civil:

> Art. 565- Na locação de coisas, uma das partes se obriga a ceder à outra, por tempo determinado, ou não, o uso e o gozo de coisa não fungível, mediante certa retribuição.

O exercício dos direitos relativos ao *software*, objeto da licença, consistem exatamente no uso e no gozo dos programas que, para sua efetiva aplicação, implicam necessariamente numa reprodução, suscetível de proteção autoral. Exercício do direito intelectual, e não só uso do suporte físico.

---

[394] Uma licença sem royalties, acompanhando o mesmo raciocinio, se assemelharia ao comodato.
[395] Por exemplo, o julgado da Suprema Corte no caso Henry V.Dick, 224 U.S. 1, e sólida jurisprudência resultante.
[396] Vide, por exemplo, J.Morel *apud* Sabatier, Marc: L'exploitation des Brevets, Lib. Techniques 1976, p. 61; M. Planiol, *apud* Magnin, François, Know How e Propriété Industrielle, Lib. Techiques, 1974, p. 271; Newton Silveira, Licença de Uso de Marcas, Tese, F. Direito USP, 1982, p. 91; Caravellas, Guilherme, Contratos de Licencia y de Transferencia de Tecnologia, Buenos Aires, Ed. Heliosta, 1980, p. 20.
[397] Chavanne e Burst J., Droit de la Propriété Industrielle, Dalloz, 1976, p. 84; Pontes de Miranda, Tratado, Vol. XVI, p. 351; Gama Cerqueira, Tratado, 2a. Ed. 1982, p. 260; Ramella, Le Nouveau Regime dos Brevets d'Invention, Ed. Sirey 1979, p. 206, p. 125; Leonardos L. O Contrato de Licença in Anuario da Propriedade Industrial, 1978, p. 41; Roubier, Paul, Le Droit de la Propriété Industrielle, L. Sirey, 1952; Vo. II. p. 260; Ramella, Agustin, Tratado, Vol. I, Madrid, 1913, p. 225. Contrários: Mathely, Raul, Le Droit Français des brevets d'invention, Paris, 1974, p. 385; Ascarelli, Tulio, Teoria de la Concurrencia y de los Bienes Imateriales Barcelona, Bosch Ed. 1970, pág, 350

Ora, o direito em si, cujo exercício se autoriza - por oposição ao disquete ou outro meio físico - é claramente infungível. De outro lado, embora não sendo coisa, no sentido material, o direito sobre o *software* é bem móvel por definição legal.

[5] § 2.1. Modalidades de licença

A licença pode ter várias formas. Pode ser simples ou exclusiva; aquela é a autorização de exploração, sem que o licenciador assuma o compromisso de não mais explorar direta ou indiretamente o objeto do privilégio. A licença exclusiva, que implica em renúncia do direito de exploração por parte do licenciador,[398] se aproxima economicamente da venda do direito, embora juridicamente o licenciador continue como titular do direito.

Existem, igualmente, licenças parciais, que se limitam a autorizar a exploração de parte do direito (e.g.; só a exclusividade de uso do *software* em tal máquina).

[5] § 2.2. A prova do contrato de licença

A questão da prova de uma relação contratual de licença é tratada pela Lei 9.609/96:

> Art. 9º - O uso de programa de computador no País será objeto de contrato de licença.
> Par. único. Na hipótese de eventual inexistência do contrato referido no caput deste artigo, o documento fiscal relativo à aquisição ou licenciamento de cópia servirá para comprovação da regularidade do seu uso.

Tal disposição se configura como proteção do licenciado, e não como imposição de forma. Evidentemente, não será ilícita a cópia baixada da internet, e paga por cartão de crédito, num contexto em que não há emissão de nota fiscal. Igualmente não será ilícita a cópia de *software* cuja aquisição não importe em fato gerador de tributo.

[5] § 2.2. (A) Jurisprudência: Prova da licença não depende de nota fiscal

> Tribunal de Justiça do Rio Grande do Sul
> RESPONSABILIDADE CIVIL. AÇÕES CAUTELAR DE PRODUÇÃO ANTECIPADA DE PROVA E INDENIZATÓRIA, CUMULADA COM ABSTENÇÃO DE

---

[398] Certos autores entendem que a licença exclusiva só implica em renúncia a conceder novas licenças; o licenciador poderia explorar diretamente seu invento. Chavanne e Burst, p. 86. Esta definição, porém, será dada pelo contrato.

PRÁTICA DE ATO. PROGRAMAS DE COMPUTADOR. AUSÊNCIA DE LICENÇA DE USO. CONTRAFAÇÃO. SUCUMBÊNCIA.
A regularidade do uso de um software, de acordo com o art. 9º da Lei nº 9.609/98, é comprovada mediante a apresentação do respectivo contrato de licença e, na sua falta, pelo documento fiscal relativo à aquisição. A não comprovação da existência dos respectivos contratos de licença gera dever de indenizar os danos materiais, que devem corresponder às importâncias dos softwares indevidamente utilizados/copiados, consoante prova técnica nesse sentido. Conhecido o número exato de programas utilizados sem a correspondente licença, não incide na espécie a regra contida no art. 103 da Lei nº 9.610/98. Se a conduta da demandada não se amolda a nenhuma das hipóteses previstas no art. 107 da mesma lei, também as conseqüências nele previstas devem ser afastadas. (...)
(Apelação Cível nº 70008191470, Décima Câmara Cível, Tribunal de Justiça do RS, Relator: Jorge Alberto Schreiner Pestana, Julgado em 29/09/2005);
> Superior Tribunal de Justiça
"Conquanto o contrato de licença e o documento fiscal devam ser preferencialmente considerados na comprovação da regularidade do programa de computador, nada impede que o magistrado forme sua convicção com base em outros elementos de prova apresentados pelas partes, como os discos originais de instalação dos softwares", Resp 913008, Quarta Turma. Min. Luis Felipe Salomão, 25/08/2009

[5] § 2.3. Contratos tácitos. As licenças Shrinkwrap

O *software* circula em meio físico como uma barra de chocolate ou uma chave de fenda; por isso mesmo, como contamos acima, "logo se criou a ficção das "licenças de desembrulho", laço contratual em que a manifestação de assentimento do comprador seria abrir o celofane. Obrigacional e real ao mesmo tempo".
A descrição de Emir Amad o explica:[399]

Como peculiaridade, esse novo tipo de contrato "auto-executável" vinha estampado do lado de fora da caixa lacrada, correspondendo à ruptura do lacre à aceitação, pelo usuário, dos termos ali propostos. As licenças passaram, então, a ser inseridas por baixo do plástico transparente que envolvia a embalagem que continha a mídia onde o "software" tinha sido instalado. Por vezes essa licença era impressa na própria caixa do produto onde, de forma clara, se informava ao consumidor que o rompimento ou a abertura do invólucro da caixa denotavam o

---

[399] AMAD, Emir Iscandor. Contratos de Software "Shrinkwrap Licenses" e "Clickwrap Licenses". Rio de Janeiro: Editora Renovar, 2002, p. 91-92.

consentimento dos usuários aos termos ali postos. Daí o nome "Shrinkwrap License".

Portanto, passou a ser consenso no mercado especializado que o rompimento do lacre que envolvia a caixa contendo a mídia e manuais do "software", como também os termos da licença, se configurava em aceitação do mesmo. Evidentemente, aos juristas coube a tarefa de se discutir se tal consenso de mercado tinha ou não respaldo legal.

Na verdade, uma vez surgida a internet, a mesma ficção de um contrato tácito e de adesão foi transferida ao novo meio, através do chamado contrato *browse-wrap*:[400] aqui, a manifestação de vontade seria presumida pela visita ao *site*.

Em todos os casos, o que se configura é um problema específico de propriedade intelectual (mas não só): a construção de uma relação obrigacional em que se postula a aceitação daquele que adquire, de alguma forma, o bem físico onde se contém o bem imaterial, ou inicia a baixa, da internet, de um determinado *software*.

[5] § 2.3. (A) A ficção de uma aceitação voluntária

A questão é *status* jurídico de uma relação entre partes em que não cabe negociação e os termos do comportamento a ser seguido são ditados apenas por uma delas. Qual a natureza desta relação? Mais uma vez, o Min. Sepúlveda Pertence no RE 176.626-SP, DJU de 11.12.98:

> No caso do software-produto, esses ajustes assumem, geralmente, a forma de contratos de adesão, aos quais o usuário se vincula tacitamente ao utilizar o programa em seu computador. As cláusulas desses contratos – voltadas à garantia dos direitos do autor, e não à disciplina das condições do negócio realizado com o exemplar – limitam a liberdade do adquirente da cópia quanto ao uso do programa, estabelecendo, por exemplo, a proibição de uso simultâneo do software em mais de um computador, a proibição de aluguel, de reprodução, de decomposição, de separação dos seus componentes e assim por diante.

Como indicamos acima, em particular no campo dos programas-produto, incide sobre o licenciamento de programas de computador (e outras formas de circulação em suporte digital de bens intelectuais, como o filme ou fonograma) as normas do direito do consumidor, não só quanto à funcionalidade (que é matéria estranha à Propriedade Intelectual) quanto à própria vinculação da licença.

---

[400] Vide a extensa análise que faz PARDINI, Anibal, Las Condiciones de Uso de los sitios web y los browse-wrap agreements, em KLOR, Adriana Deyzin de, *et alii* (org.), DeCITA, Revista de direito do comércio internacional, 5/6.2006, Fundação Boiteux, Florianopolis, 2006.

Nota Bruno Lewicky:[401]

Estes "contratos por clique" são típicos contratos de adesão, vez que são préelaborados, de forma rígida, por somente umas partes. Como todo contrato de adesão, trazem vantagens – principalmente quanto à celeridade e à praticidade – para ambas as partes contratantes. A distribuição dos riscos, entretanto, é fundamentalmente assimétrica na contratação por adesão, tendo em vista que uma das partes, profissionalmente habituada à celebração daqueles contratos, saberá tanto prever as condições que melhor lhe satisfazem como se defender das acusações triviais que lhe possam ser dirigidas – e, numa visão macroscópica (sempre necessária quando se fala em contratação maciça), lidará com os custos decorrentes destes contratempos judiciais de uma forma que lhe seja lucrativa. Daí a necessidade de controle, inerente aos contratos de adesão; e é neste âmbito, do controle da contratação por adesão que se deve analisar a "aceitação" de tais mecanismos pelo consumidor.

No caso dos contratos por clique firmados com o auxílio da internet, há um risco a mais, como lembra Ronaldo Lemos: a volatilidade, uma vez que estes, em regra, ficam hospedados em um site. Esta característica permite a alteração, posterior à celebração, do conteúdo do contrato, dificultando sobremaneira a prova das condições contratadas. Na doutrina americana já se entendeu que tais pactos podem representar tentativas unilaterais de descartar, por meio de um contrato de adesão, princípios de ordem pública, não podendo, assim, merecer prestígio. No Brasil a solução não pode ser outra.

A conseqüência é clara: a cláusula contratual por meio da qual o consumidor teria "anuído" com aquela restrição torna-se nula de pleno direito, por força do *caput* do art. 51 do Código de Defesa do Consumidor. Tem-se por não-escrita, e aqui não é possível que o titular dos direitos autorais tente invocar o § 2º do mesmo art. 51, sustentando que a retirada da cláusula lhe causa um ônus excessivo.

E, igualmente, Patrícia de Oliveira Areas[402]

Existem ainda os casos em que o contrato de software, principalmente o de licença, é considerado contrato de adesão. São os chamados contratos shrinkwrap licenses e clickwrap licenses, muito utilizados no meio informático, com destaque para as licenças de software-produto, destinadas a usuários indistintos, a quem cabe aceitá-las ou não. A tais contratos aplicam-se as mesmas normas dos

---

401 LEWICKI, Bruno Costa, Limitações aos direitos do autor: Releitura na perspectiva do direito civil contemporâneo Tese apresentada ao Programa de Pós-graduação da Faculdade de Direito da Universidade do Estado do Rio de Janeiro como requisito parcial para a obtenção do Grau de Doutor em Direito Civil. Orientador: Gustavo José Mendes Tepedino, 2007.

402 *Op. cit.*, p. 40.

contratos de adesão, expressas no CDC e no CC (arts. 423 e 424), determinando que a interpretação será favorável ao consumidor em caso de dúvida, sendo nula a cláusula que estipule renúncia antecipada do aderente a direito próprio da natureza do contrato. Esses contratos estão previstos no art. 54 do CDC.

Note-se que nada se antepõem a tais contratos por serem tácitos; a objeção é serem assimétricos:[403]

> Para existência e validade de um contrato são necessários os seguintes elementos: capacidade das partes, idoneidade do objeto e legitimação para realizá-lo (elementos extrínsecos) e acordo e forma (intrínsecos). Examinando os últimos elementos verificamos que há necessidade de mútuo consentimento – que, segundo Orlando Gomes cristaliza-se com a integralização das vontades distintas - sendo necessária a comunicação das vontades, que pode ser verbal, escrita ou simbólica, direta ou indireta, expressa, tácita ou presumida. Apesar do direito brasileiro validar o contrato oral, não exigindo forma escrita para todos os contratos, esta última forma é preferida. (...)
> Deve-se notar que o silêncio de uma das partes somente significa consentimento quando a parte silenciosa tem o dever de falar, ou seja, quando há presunção legal ou por acordo anterior entre as partes em que o silencio seja considerado aceitação. O artigo 111 do Código Civil dispõe: "Art. 111. O silêncio importa anuência, quando as circunstâncias ou os usos o autorizarem, e não for necessária a declaração de vontade expressa." Ou seja, somente nestes casos será considerado aceito o objeto do contrato se não for devolvido em certo lapso de tempo. Entretanto, certos modos de comportamento que implicam atuação da vontade, levarão a ser considerada uma manifestação indireta.
> O ato da parte de, por exemplo, pagar às empresas prestadoras de serviço pode ser considerado prova de que um contrato existia entre elas, ainda que não se possa provar que os termos do acordo. A prova de que a parte tinha conhecimento do conteúdo de tais minutas e que anuiu com as mesmas poderá ser feita por outros meios, entretanto.

Assim, para se determinar a existência real e juridicamente efetiva de contrato de licença de uso pode-se depreender da atuação das partes no decorrer de sua interação subsequente.[404]

---

[403] BARBOSA, Ana Beatriz Nunes, A importância do contrato verbal, encontrado em indexet.gazetamercantil.com.br/arquivo/2003/10/02/321/A-importancia-do-contrato-verbal.html e http://www.ucam-sc.com.br/open.php?id_ses=42&pk=25&fk=1.

[404] CC Art. 113. Os negócios jurídicos devem ser interpretados conforme a boa-fé e os usos do lugar de sua celebração.

[5] § 2.4. As cláusulas restritivas em contratos de software

Assim, cuida-se da assimetria das vontades das partes nos contratos tácitos de *software* em especial, mas não só. Contra a regra geral dos contratos autorais, nos quais se deve interpretação *pro autore*, nos contratos de *software* cabe interpretação *pro societatis*, sejam eles tácitos e sobre programas produto, quer sejam pactuados por escrito e entre partes não hipossuficientes.

Com efeito, a própria lei estabelece restrições à liberdade de pactuação do titular do direito, em atenção ao potencial ofensivo de contratos abusivos neste campo da Propriedade Intelectual, não só à parte mais fraca, mas à concorrência e à sociedade. A Lei 9.609/98 assim prescreve:

> Art. 10. (...)
> Par. 1º - Serão nulas as cláusulas que:
> I - limitem a produção, a distribuição ou a comercialização, em violação às disposições normativas em vigor;
> II - eximam qualquer dos contratantes das responsabilidades por eventuais ações de terceiros, decorrentes de vícios, defeitos ou violação de direitos de autor.

[5] § 2.4. (A) Alcance das vedações legais

As exclusivas da Propriedade Intelectual representam um equilíbrio cuidadoso de interesses contrastantes tanto no âmbito constitucional quanto no campo internacional:[405]

> "Ao reconhecer ao autor a propriedade da obra e seu direito à exploração econômica da mesma de toda forma e maneira, a lei não negligencia quanto a operar uma ponderação entre valores e interesses contrapostos; tal ponderação não é irrazoável na medida em que se faça em harmonia com os princípios constitucionais, seja com vistas à tutela da liberdade da arte e da ciência (art. 33), seja em matéria de tutela da propriedade, em relação também à obra intelectual (art. 42), seja de tutela do trabalho em todas suas formas, no contexto do qual deve se incluir a atividade livre da criação intelectual (art. 35). Tal ponderação resulta em um acordo simultâneo dos vários interesses, mediante o incentivo da produção artística, literária e científica, a favorecer o pleno desenvolvimento da pessoa humana (art. 3º) e a promover o desenvolvimento da cultura (art. 9º). Tais

---

[405] TRIPs ART. 7º – A proteção e a aplicação de normas de proteção dos direitos de propriedade intelectual devem contribuir para a promoção da inovação tecnológica e para a transferência e difusão de tecnologia, em benefício mútuo de produtores e usuários de conhecimento tecnológico e de uma forma conducente ao bem-estar social e econômico e a um equilíbrio entre direitos e obrigações.

fins, que indicam a estreita conexão entre a tutela dos autores e tutela da cultura são, no entanto, razoavelmente conciliáveis, como já entendeu esta Corte (decisão 361 de 1988) com a liberdade da iniciativa econômica (art. 41) dos outros sujeitos de direito (produtores, revendedores, licenciados) em um equilíbrio que leve em conta os custos e riscos do empreendimento; e são também conciliáveis com os direitos de todos à fruição da obra artística e com o interesse geral à propagação da cultura". Tribunal Constitucional da Itália, Acórdão na ADIN 108/1995.[406]

O interesse do titular do direito de autor, de não ver sua obra explorada sem a sua autorização para fins comerciais de terceiros, é confrontado com o interesse protegidos pela liberdade artística de outros artistas, sem que com isso, e por meio de um diálogo artístico e processo criativo em relação a obras já existentes, possa surgir o risco de violações de natureza financeira ou de conteúdo. Quando, como no caso em questão ocorre, partindo-se da consideração da liberdade de expansão artística [künstlerischen Entfaltungsfreiheit], uma pequena intervenção nos direitos de autor que não comporta em si um risco de desvantagem econômica perceptível (por exemplo redução de vendas vgl. hierzu BGH, GRUR 1959, S. 197 <200>), então os interesses de exploração do titular do direito de autor devem ceder frente aos interesses de aproveitamento (da obra) para possibilitar a discussão artística." Decisão do Tribunal Constitucional alemão no caso "Germania 3" (BVerfG, 1 BvR 825/98 vom 29.6.2000).

A própria Cláusula de Patente reflete uma ponderação entre a necessidade de incentivar inovação e evitar monopólios que afetem a competição sem significar concomitantemente qualquer avanço no 'Progresso da Ciência e Artes úteis'. Como notamos no passado, a cláusula contém tanto uma outorga de poder como também determinadas limitações sobre o exercício daquele poder. O Congresso não pode criar monopólios de patentes por duração ilimitada, nem poderá 'autorizar a emissão de patentes cujos efeitos sejam o de remover o conhecimento existente em domínio público ou restringir o livre acesso a materiais já disponíveis.' Graham v. John Deere Co. de Kansas City, 383 U. S. 1, 383 U. S. 6 (1966). Desde o princípio as leis federais de patentes incorporaram um balanço cuidadoso entre a necessidade de promover a inovação e o reconhecimento que imitação e aperfeiçoamento através de imitação são ambos necessários para a própria invenção e que constituem a verdadeira essência da vitalidade de uma economia competitiva (...) O sistema federal de patente, portanto, incorpora o resultado de uma ponderação cuidadosamente elaborada para incentivar a criação e divulgação de avanços novos, úteis e não óbvios em tecnologia e em desenho industrial, em troca do direito exclusivo de utilizar a invenção por um período de anos.

---

[406] BARBOSA, Denis Borges; BARBOSA, Ana Beatriz Nunes; KARIN Grau-Kuntz. A Propriedade Intelectual na Construção dos Tribunais Constitucionais. Rio de Janeiro: Lumen Juris, 2009.

Suprema Corte dos estados Unidos, Bonito Boats v. Thunder Craft Boats, 489 U.S. 141 (1989).

Este equilíbrio – como visto, universalmente indicado - não pode ser alterado por convenções entre partes privadas, mesmo que em estado de igualdade. Propriedade intelectual não é nunca uma relação privada pura:

'O escopo limitado que tem o titular do monopólio legal de copyright, como a duração limitada requerida pela Constituição, reflete um balanço de pretensões competitivas em face do interesse público. O trabalho criativo deve ser encorajado e recompensado, mas a motivação privada deve, no fim das contas, servir para promover a ampla disponibilização da literatura, música e outras artes. O efeito imediato de nossa lei de copyright é assegurar uma justa recompensa pelo trabalho criativo do autor. Mas o objetivo último deste incentivo é estimular a criatividade artística em prol do bem geral público.' O único interesse dos Estados Unidos e o fim principal em conferir o monopólio, 'já foi entendido por esse Tribunal', encontra-se nos benefícios gerais obtidos pelo público das obras dos autores.' Fox Film Corp. v. Doyal, 286 U.S. 123, 127. Vide Kendall v. Winsor, 21 How. 322, 327-328; Grant v. Raymond, 6 Pet. 218, 241-242. Quando mudanças tecnológicas tornam seus termos literais ambíguos, a Lei de Copyright deve ser interpretada sob a luz deste fim básico" Twentieth Century Music Corp. v. Aiken, 422 U.S. 151, 156 (1975). Suprema Cort dos Estados Unidos, Sony Corp. Of Amer. V. Universal City Studios, Inc., 464 U.S. 417 (1984).

Em suma, as partes não podem dispor dos elementos de equilíbrio estabelecidos em lei, pois esses elementos *não são disponíveis.*

È nesse sentido que o art. 10 da Lei 9.609/98 indica a ineficácia das cláusulas das licenças de uso de software que limitem a produção, a distribuição ou a comercialização, em violação às disposições normativas em vigor. Entenda-se: não se evita a ineficácia das disposições de uma licença de uso de *software* arguindo que nenhuma lei *veda* a proibição contratual do *reverse engineering,* ou do direito de adaptação ou reparo. Simplesmente tais vedações são incompatíveis com o equilíbrio legal de direitos e obrigações.

Ou seja, a parte, mesmo se não hipossuficiente, falece ao licenciado do direito de renunciar às limitações legais. Tais limitações não são direitos dele, mas regras impessoais de direito, cujo propósito é garantir a eficácia do sistema.[407] A exigência de tais limitações, ou sua aceitação, são abuso de direitos.

---

[407] HOVENKAMP, Herbert J., The Intellectual Property-Antitrust Interface, Social Science Research Network electronic library at: http://ssrn.com/abstract=1287628.

[5] § 2.4. (B) Abuso e direitos autorais

A noção de que o abuso de direitos pode alcançar o campo autoral já é consolidada. No direito americano, resultou de uma aplicação da doutrina elaborada em relação às patentes. Embora se ache cada vez mais ligada à prática antitruste, há uma autonomia da tese de abuso de direitos autorais, que enfatiza o tema de desvio de finalidade:

> The grant to the [author] of the special privilege of a [copyright] carries out a public policy adopted by the Constitution and laws of the United States, "to promote the Progress of Science and useful Arts, by securing for limited Times to [Authors] ... the exclusive Right... " to their ["original works"]. United States Constitution, art. I, J 8, cal. 8 [17 U.S.C-A- 1102]. But the public policy that includes [original works] within the granted monopoly excludes from it all that is not embraced in the [original expression]. It equally forbids the use of the [copyright] to secure an exclusive right or limited monopoly not granted by the [Copyright] Office and that it is contrary to public policy to Grant it".[408]

E, adiante na mesma decisão:

> [W]hile it is true that the attempted use of a copyright to violate antitrust law probably would give rise to a misuse of copyright defense, the converse is not necessarily true - a misuse need not be a violation of antitrust law in order to comprise an equitable defense to an infringement action. The question is not whether the copyright is being used in a manner violative of antitrust law (such as whether the licensing agreement is "reasonable„), but whether the copyright is being used in a manner violative of the public policy embodied in the grant of a copyright.[409]

A noção de abuso de direitos autorais é tão viva, ou talvez ainda mais, na legislação européia. Embora fundamentando a decisão numa violação das regras européias de concorrência, o julgamento do caso Magill pela corte suprema européia igualmente considerou o desvio de finalidade como elemento crucial de análise.[410]

---

[408] Lasercomb America, 911 F.2d at 976.
[409] Idem, p. 978.
[410] Corte Europeia, no caso Magill, cit.: "However, the Court of First Instance rook the view that, while it was plain that the exercise of an exclusive right to reproduce a protected work was not itself an abuse, that did not apply when, in the light of the details of each individual case, it was apparent that the right was being exercised in such a ways and circumstances as in fact to pursue an aim manifestly contrary to the objectives or Article 86. In the event, the Court of First Instance continued, the copyright was no longer being exercised in a manner which correspond to its essential function, within the meaning of Article 36 of the Treaty, which was to protect the moral rights in the work and to ensure a reward for the creative effort, while respecting the aims of, in particular, Article 86."

Já Manoel Joaquim Pereira dos Santos,[411] mais ancorado na textura constitucional brasileira, assim entende:

> Nos Estados Unidos desenvolveu-se uma teoria bastante interessante denominada de "*copyright misuse*". Derivada do seu equivalente em direito patentário ("*patent misuse*"), é aplicada como um princípio de "*common law*", visto não resultar de norma legislativa, e é baseada no conceito de equidade, com o objetivo de evitar que o titular de um monopólio legítimo exerça abusivamente seu poder para controlar a concorrência. No direito de tradição romanística, ao qual se filia nosso sistema jurídico, o equivalente à teoria do "*copyright misuse*" seria o princípio do "*abuso de direito*", eventualmente enquadrado como uma prática anti-concorrencial.[412] O Art. 187 do novo Código Civil acolhe o conceito de que "*também comete ato ilícito o titular de um direito que, ao exercê-lo, excede manifestamente os limites impostos pelo seu fim econômico ou social, pela boa-fé ou pelos bons costumes*".
>
> Em nosso direito, a utilização dos direitos de propriedade intelectual para dominar o mercado e impedir ou limitar o acesso ou dificultar o funcionamento de fornecedores pode configurar uma infração da ordem econômica. Nesse sentido, dispõe o Art. 21, XVI, da Lei n° 8.884, de 11 de junho de 1994, ao tipificar como conduta abusiva "*açambarcar ou impedir a exploração de direitos de propriedade industrial ou intelectual ou de tecnologia*". O princípio constitucional tutelado é o da *liberdade de concorrência*, previsto no inciso IV do Art. 170, da Constituição Federal, que cuida da atividade econômica.

Num desenvolvimento no direito brasileiro, Eliane Y. Abrão propõe uma visão bastante extensa da noção de abuso de direitos autorais, sem necessariamente distinguir entre abuso de direitos e limitações[413] a esses mesmos direitos:[414]

> Quais os fins sociais a que visam as leis autorais? A promoção da cultura e o avanço do conhecimento, que não se esgotam no privilégio temporário conferido ao autor e à obra. Para que os fins sejam colimados é preciso que diversos autores tenham direitos exclusivos em relação às suas obras, como manda a Constituição, respeitando os outros direitos exclusivos de outros autores sobre outras obras ainda que semelhantes e transeuntes de universos afins. (...)

---

411 Princípios Constitucionais e Propriedade Intelectual – O Regime Constitucional do Direito Autoral, manuscrito, 2004.
412 [Nota do original] Vide DREXL, Josef. What is protected in a computer program: copyright protection in the United States and Europe. Munchen: Max Planck Institute, 1964, p. 91.
413 Do nosso Uma Introdução à Propriedade Intelectual, 2ª ed.: "As chamadas "limitações" (...) representam, na verdade, elementos constitutivos da atribuição do direito, ainda que de caráter negativo (...) trata-se de um rol de limitações legais (daí, involuntárias, objetivas e incondicionais) à exploração da patente".
414 Eliane Y. Abrão, Direitos de Autor e Direitos Conexos, Editora do Brasil, 2002, p. 218.

Ocorre abuso de direito autoral quando se pleiteia a proteção para métodos, sistemas, formatos, idéias e todos os demais atos e conceitos que se encontrem dentro do campo de imunidade do direito autoral.

Ocorre abuso de direito autoral quando se restringem as limitações impostas aos usos livres das obras em função da ordem pública ou de direitos alheios, impedindo que uma pessoa ou grupo de pessoas exerçam a crítica ou o estudo de obra preexistente independente de comunicação.

Ocorre abuso de direito autoral quando o agente ou o órgão investido da arrecadação dos direitos de utilização pública autuam a representação teatral, ou a execução musical realizada gratuitamente para fins didáticos, ou em ambientes domésticos.

Ocorre abuso de direito autoral quando se tenta influir na liberdade criativa do intérprete, ou quando se investe contra a paródia ou a caricatura alegando ofensa inexistente.

Ocorre abuso de direito autoral quando as pessoas que necessitem da criação de um autor, como matéria-prima de sua atividade profissional, abusam de sua superioridade econômica ou política para açambarcar através de contratos leoninos todas as formas de uso de uma obra, por todos os meios e processos, com alcance e comercialização garantida em todos os países, sem limitações no tempo. Cometem abuso de direito os herdeiros que impedem o uso regular das obras criadas pelo autor impondo ônus excessivos ou embaraços à livre circulação do bem cultural.

Ou seja, hipossuficiente ou não, carecem poderes ao licenciado para aceitar cláusulas que restrinjam ou eliminem o equilíbrio propiciado pelas exclusivas de *software*. Se hipossuficiente, os instrumentos do direito consumerista o socorrerão; não hipossuficiente, os abusos que tolerar, pois irrelevantes ou compensatórios a seu interesse, carecerão de estofo de legalidade, pois ao aceitar tais disposições, o licenciado renunciou ao que não era seu.

Nenhum agente estatal poderá, assim, dar guarida ou execução a uma cláusula abusiva ou restritiva num contrato de licença de *software*: não ocorre violação de obrigação em cláusula abusiva, no que a vedação do abuso não se dá em proteção às partes, mas à sociedade. Uma cláusula de renúncia ao direito de *reverse engineering* é tão injudiciável quanto a cláusula de mora num contrato de compra e venda de cocaína entre traficantes.

[5] § 2.4. (C) Abuso de direitos e abuso de poder econômico

Até agora, discutimos a noção de abuso sem levar em conta o impacto específico do comportamento das partes do contrato nas condições objetivas da concorrência. Diversamente do que ocorre com a doutrina do abuso de direitos de exclusiva, a noção de abuso de poder econômico presume uma análise de uma situação de mercado e de poder de mercado. Fruto de uma elaboração jurídica diversa da prática americana antitruste, tal noção não se contrapõe necessariamente à medula do Sherman Act.

Como nota Corwin Edwards:[415]

> "Em alguns países, o conceito de ação contrária ao interesse público é definido na frase 'abuso do poder econômico', que resume atitudes desenvolvidas durante vários séculos, pela inter relação de instituições religiosas, políticas e econômicas. O termo é perfeitamente entendido por aqueles que com ele se familiarizaram, embora não tenha sentido para um observador norte-americano. Antes da reforma, a atitude da igreja era de não desafiar a existência do poder econômico temporal, nem preocupar-se com a sua concentração, mas aceitando as hierarquias do poder, insistir para que tal poder fosse moralizado e se tornasse religioso. Toda a conquista de poder trazia uma correspondente conquista de deveres. O fracasso em assumir seus deveres instituía uma conduta imoral e irreligiosa. Essa concepção é claramente uma precursora do conceito legal atual de abuso do poder econômico, a qual sobreviveu à Reforma, não somente nos países católicos, mas também naqueles países nos quais o protestantismo adotou a concepção de que as atividades comerciais privadas têm deveres morais correspondentes à sua autoridade."

O órgão de defesa da concorrência brasileiro assim definiu, apoiando-se em autores jurídicos, o que seria poder de mercado:

> Modesto Carvalhosa, invocando os ensinamentos de Hossiaux, define o poder econômico como "a capacidade de opção econômica independente, naquilo em que essa capacidade decisória não se restringe às leis concorrenciais de mercado. Titular do poder econômico, portanto, é a empresa que pode tomar decisões econômicas apesar ou além das leis concorrenciais de mercado". Em comentário ao conceito acima transcrito, Sérgio Varela Bruna afirma: " (...) A situação de poder econômico (...) expressa a condição de independência na tomada das decisões econômicas, ou seja, a possibilidade de se tomar decisões fora dos limites que o mercado imporia em regime concorrencial puro".[416]

A noção resulta da tradição da Economia Política, de que as relações econômicas são "permeadas de relações de poder entre diferentes agentes".[417] Nesse campo, a definição de "poder econômico" se constrói em duas etapas lógicas e históricas

---

[415] *Apud* Alberto Venâncio Filho, A intervenção do Estado no Domínio Econômico, Fundação Getúlio Vargas, 1967, págs. 291 e 292.
[416] Procedimento Administrativo nº 08012.005660/2003-19, Representante: Intermarítima Terminais Ltda., Representados: Tecon Salvador S/A.
[417] Os trechos a seguir são de Manoel Possas. (1996). "Os conceitos de mercado relevante e de poder de. mercado no âmbito da defesa da concorrência". Revista do IBRAC, 3 (5). O autor, ao se referir à mudança de

Em particular, do ponto de vista jurídico, por mais indeterminada que seja a noção de poder econômico e complexa a sua conceituação, trata-se de formar juízo sobre seu exercício supostamente abusivo, o que impõe inexoravelmente a fixação de critérios objetivos(...) a noção de poder de mercado é um pouco mais familiar e manejável na análise econômica, sendo ademais, claramente, a forma básica pela qual o poder econômico é exercido no âmbito dos mercados. (...) poder de mercado é simplesmente - e de forma algo simplista - definido como poder de fixação discricionária de **preços** num dado mercado.

A visão clássica do poder de mercado, assim, na tradição que indicamos ser a de Adam Smith, concentra-se no índice "preço" e na capacidade de manipulação deste como denotação de poder. No entanto, esse poder, a partir de certo momento da doutrina econômica, não se caracteriza necessariamente como nocivo à economia e ao direito:

> "(...) a possibilidade de auferir lucros monopolísticos - e com isso deter algum **poder de mercado** - passa a ser vista como um fenômeno **normal** no âmbito do processo competitivo, e não mais necessariamente como uma anomalia condenável por intrinsecamente oposta ao bem-estar social e ao interesse dos consumidores. Não só o poder de mercado passa a ser tolerável, a menos de seu exercício **abusivo** - como a jurisprudência de defesa da concorrência, bem mais que a ortodoxia econômica, está há muito preparada para admitir - como, mais que isso, torna-se até mesmo **desejável** em muitas situações, notadamente em atividades econômicas caracterizadas pelo dinamismo inovativo e tecnológico, nas quais é preciso assegurar alguma perspectiva de apropriação privada de lucros acima do "normal" para que os investimentos produtivos e em P&D, voltados a ativos específicos, de alto risco e incerteza quanto ao retorno esperado, possam ser realizados no nível e ritmo adequados."

Assim, ao contrário das noções próprias do direito antitruste americano, que se articulam num conteúdo de intencionalidade (dolo de monopolizar)[418] a idéia de *abuso* desse poder ganha maior repercussão nos direitos europeu e da América do Sul. Elaboram-se assim as categorias de posição dominante[419] e de abuso dessa posição.[420]

---

perspectiva na censurabilidade do poder de mercado, essencialmente se refere a Schumpeter, J. A. Capitalism, Socialism and Democracy. Londres, Allen & Unwin, 1943, cap. 7. Essa noção de poder de mercado como poder político é classificada por Posner como "populismo".

418 Richard Posner, Antitrust Law, 2ª ed., p. 37.: "The offense was no longer the charging of a monopoly price- it was the conspiracy, the attempt, to charge a monopoly price. No evidence that the defendants were likely to succeed in their attempt was required."

419 Numa versão de divulgação da autoridade européia, "Uma empresa detém uma posição dominante se o seu poder econômico lhe permite operar no mercado sem ter em conta a reacção dos seus concorrentes ou dos consumidores intermédios e finais", encontrado em http://europa.eu.int/comm/competition/citizen/citizen_dominance_pt.html#what, visitado em 31/01/2005.

420 *Loc. cit.*,"Deter uma posição dominante não é negativo em si mesmo, se resultar da eficiência da empresa. Porém, se esta explorar esse poder para asfixiar a concorrência, trata-se de uma prática anticoncorrencial

Mas tais considerações apenas fazem introduzir a questão do abuso no âmbito do direito público da concorrência. Não é necessário haver lesão objetiva à concorrência para se invalidar uma cláusula abusiva em contratos de propriedade intelectual. Se houver abuso de poder econômico, é uma razão a mais para se rejeitar a disposição, e outros agentes públicos entram em jogo. Mas é só um acréscimo de poder sancionatório a uma situação que *já* era antijurídica.

[5] § 2.4. (D) Limites à produção, a distribuição ou a comercialização

Assim, a Lei de Software, ao vedar a introdução de cláusulas que imponham limites à produção, distribuição ou à comercialização proíbe o abuso não só do licenciador em situações de consumo (coisa que recai sob o CDC), mas o abuso de pactuação mesmo entre partes não hipossuficientes em condições que excedem, irrazoavelmente, o equilíbrio assegurado sob o exercício da exclusiva da Lei 9.609/98.

Note-se que a norma veda as limitações impostas por qualquer das partes. Não tem o caráter protetivo seja ao *autor*, seja ao *consumidor*, mas à sociedade.

A limitação à produção, distribuição e comercialização, que a lei considera nula -entenda-se – é aquela que possa ocorrer tanto na própria circulação do *software*, como também a montante (por exemplo, a limitação de que o licenciado gere seus próprios *softwares* através do *reverse engineering*) ou a jusante (proibição de que o licenciado comercialize sapatos ou formulários com auxílio do *software*).

De outro lado, a proibição não é formal e literal. Como vimos no Cap. V, [5]§ 2.8. - A regra da razão, nenhum rol, por mais exaustivo e detalhista que seja, pode prever todos os fatos que, em face de situações jurídicas concretas, transformam o tipo abusivo em lícito; nenhuma, ou quase nenhuma prática é abusiva per si, independentemente das situações concretas.

[5] § 2.4. (E) Da aplicação da regra da razão ao art. 10 da Lei 9.609/98

O que vem a ser a regra da razão?
Regra da razão é um princípio de acordo com o qual a decisão sobre a proibição ou não de uma determinada iniciativa empresarial deve ser tomada contrastando os custos resultantes das suas conseqüências anticompetitivas com os ganhos que a justificam de uma ótica comercial – em termos de economias obtidas, segurança do consumidor, reputação etc.[421]

---

que constitui um abuso. É, pois, o abuso da posição dominante que é proibido pelo artigo 82º do Tratado CE."

[421] PINHEIRO, Armando Castelar e SADDI, Jairo, CURSO DE LAW & ECONOMICS, encontrado em http://www.iadb.org/res/laresnetwork/files/pr251finaldraft.pdf, visitado em 25/9/2009.

No tocante ao Direito da Concorrência brasileiro vigente, a aplicação de tais princípios se acha prevista quanto a atos e contratos em geral pela Lei 8.884/94, em seu art. 54.[422] Em tal disposição se prevê que acordos firmados entre competidores ou outras pessoas, que de outra forma possam resultar na dominação do mercado relevante de bens e serviços, devem ser autorizados pelo CADE.[423]

Não obstante possa ser verificada, em tese, a lesividade do acordo, ainda assim será deferida a autorização se o acordo:

a) tiver por objetivo aumentar a produtividade, ou melhorar a qualidade de bens e serviços, ou propiciar a qualidade de bens ou serviço; e, além disto,
b) os benefícios resultantes sejam distribuídos eqüitativamente entre os seus participantes, de um lado, e os consumidores ou usuários finais, de outro; e
c) não implique na eliminação de parte substancial do mercado relevante; e
d) sejam observados os limites de restrição à concorrência estritamente necessários para atingir os seus objetivos.

Mesmo no caso em que as quatro condições não sejam atendidas, poderá haver a autorização se forem satisfeitas três delas (por exemplo, seja eliminada a concorrência numa parte substancial do mercado), mas não sejam prejudicados os consumidores e seja atendido motivo preponderante da economia nacional e do bem comum.

De outro lado, como tivemos ocasião de indicar em na dissertação de nosso primeiro mestrado:[424]

a regra da razão, sob os princípios constitucionais brasileiros não é aplicada sob a ótica exclusiva da proteção á concorrência. Sem dúvida, a concorrência, como ferramenta valiosa para o desenvolvimento das empresas habilitadas a disputar um mercado, será, será, de uma forma ou de outra, central nas preocupações do conselho; mas os interesses do desenvolvimento deverão prevalecer em suas considerações.

Com efeito, como indicamos acima, não somente o abuso *ao poder econômico* é vedado, mais o abuso às exclusivas – ainda que sem efeitos anti-concorrenciais – é objeto de tutela em nosso sistema jurídico. No entanto, também a esse título a análise de eficiência jurídica é devida.

---

[422] Aperfeiçoando um mecanismo já constante da Lei 4.137/62, em seu art. 75.

[423] O pedido é necessário, por disposição expressa da lei, sempre que houver concentração econômica, através de agrupamento societário e qualquer dos participantes tiver faturamento anual superior a 400 milhões de reais (desde janeiro de 2005, apurados só segundo o faturamento brasileiro) ou participação no mercado igual ou maior de 20%. Mas qualquer outro caso de acordos entre concorrentes ou não, que tenham o efeito de limitar a concorrência ou dominar os mercados está sujeito à autorização.

[424] BARBOSA, Denis Borges, Know How e Poder Econômico, Mestrado em Direito Empresarial. Universidade Gama Filho, UGF, Brasil, Orientador: Fabio Konder Comparato. Ano de Obtenção: 1982.

Como nota Karin Grau-Kuntz[425]

O ponto de partida para o critério Kaldor-Hicks é o "ótimo de Pareto", critério este expresso na noção de que uma situação econômica será caracterizada como ótima quando não for possível melhorar a situação de um agente econômico, ou quando não for possível maximizar ainda mais uma utilidade para este agente econômico, sem ao mesmo tempo degradar a situação ou a utilidade de qualquer outro agente. Tomando esta noção como base chega-se à conclusão de que uma determinada medida política, *leia-se aqui uma norma de direito*, fomentará a eficiência quando ela:
a) for capaz de trazer benefícios para no mínimo uma pessoa;
b) quando os perdedores desta medida puderem (potencialmente) ser compensados pelo ganhador. A conseqüência de uma medida tomada nestes moldes seria o fomento do bem-estar social.

[5] § 2.4. (F) Da isenção do licenciador perante violação de direitos de terceiros

Como se viu, o Art. 10 da Lei de Software também declara ineficazes as disposições:

Art. 10. (...) Par. 1º - Serão nulas as cláusulas que: (...)
II - exima qualquer dos contratantes das responsabilidades por eventuais ações de terceiros, decorrentes de vícios, defeitos ou violação de direitos de autor.

Aqui também o dispositivo claramente não tem o caráter protetivo seja ao *autor*, seja ao *consumidor*. A lei exige que nenhuma as partes num contrato de licença de uso de *software* seja subtraída à responsabilidade seja pelos vícios e defeitos de funcionalidade (o que é matéria de direito civil ou do CDC), seja por violações de direitos de propriedade intelectual. Direito de autor, neste caso, será entendido no sentido do direito intelectual como um todo, que é, no nosso sistema, sempre direito de autor.

[5] § 2.5. Da cessão

Como vimos, a Lei de *Software* distingue licença e cessão de direitos.[426] O que é cessão? Para o Direito Autoral (e o Direito em geral), é um acordo entre partes que

---

[425] GRAU-KUNTZ, Karin, Sobre o abuso do direito de pedir de patente, manuscrito, Setembro de 2009.
[426] Art. 27 - (...) Parágrafo único - Serão nulas as cláusulas que: a) fixem exclusividade; b) limitem a produção, distribuição e comercialização; c) eximam qualquer dos contratantes da responsabilidade por eventuais ações de terceiros, decorrente de vícios, defeitos ou violação de direitos de autor.

tem como propósito a mudança do titular dos direitos sobre o programa, transferindo de uma pessoa para outra a propriedade sobre o mesmo.

Como nota Pontes de Miranda:[427]

> TRANSFERÊNCIA TOTAL E TRANSFERÊNCIA PARCIAL. - O direito autoral de reprodução é transferível, como o é o domínio dos outros bens imóveis e móveis, por ato ente vivos, ou a causa de morte. Com a transferência total, deixa de ter qualquer direito autoral de reprodução o alienante: se não tem direito autoral de personalidade, que é intransferível, nem ligou o nome à obra, nenhum direito autoral lhe resta. (...) "A transferência pode ser de algum elemento do direito autoral de reprodução, desde que esse elemento possa constituir direito dominical parcial. A cisão pode ser a) temporal ou b) espacial, ou c) de conteúdo. A cisão de conteúdo também pode ser no tempo, ou no espaço, qualitativa ou quantitativa. Assim, se A transferiu a B todo o direito autoral de exploração por dez anos, estabeleceu-se propriedade intelectual resolúvel a termo; se o transferiu até que B inicie a feitura de obra coletiva sobre a mesma matéria, estabeleceu-se propriedade intelectual resolúvel sob condição. Se A transferiu a B o direito autoral de exploração nos Estados de São Paulo e Paraná, cindiu, espacialmente, o direito, o que é permitido, em direito de propriedade intelectual, se o elemento da exploração se compadece com tal discriminação no mundo jurídico. Se A transfere direito autoral de exploração em representação teatral, e não em representação cinematográfica ou radiodifusiva, a cisão foi qualitativa; e seria quantitativo-espacial se se acrescentou no negócio jurídico que a representação teatral somente seria no Estado de São Paulo, ou qualitativo-temporal se em São Paulo, até 1960; ou qualitativo-quantitativo-espácio-temporal, se somente em São Paulo, em duzentas sessões, até 1960.

Assim, a transmissão pode ser global ou parcial, conforme compreenda ou não a totalidade dos direitos transmissíveis. Tem-se transmissão parcial quando o negócio jurídico estabelece limites quanto à área geográfica, quanto à extensão ou modalidade dos direitos.

É concebível também uma cessão de direitos de programa para o Brasil, que não se estenda a outros países; ou do direito de adaptar ou utilizar um programa numa certa máquina, mas não em outra; ou dos direitos sobre alguma versão de um programa, mas não das subseqüentes - desde que não se verifique o abuso de poder econômico, com lesão ao consumidor ou à capacidade de desenvolvimento tecnológico do País.

Na prática comercial e na legislação em vigor, licença e cessão são coisas diversas.[428] Licença – como vimos - é a autorização concedida para a exploração do direito

---

[427] PONTES DE MIRANDA, Tratado de Direito Privado, Rio de Janeiro: Borsoi, 1971, p. 76-77.
[428] Dentro da noção genérica de cessão também estaria a constituição de outros direitos: por exemplo, o usufruto, o penhor, etc, importando em oneração do direito do titular do programa.

(como no caso de locação de bens físicos), enquanto a cessão é negócio jurídico que afeta o direito em si (como a venda de um apartamento).[429]

> Ocorre que, na tradição brasileira do Direito Autoral, sob a influência do Direito Francês, a noção de "cessão" sofre de uma incerteza conceitual notável:
> O contrato de cessão de direitos autorais é típico no direito brasileiro (...) em que se opera a substituição subjetiva do titular de tais direitos. (...)
> Sem atentar para a ambiguidade da palavra 'cessão', os legisladores passaram a se valer dela sem nenhum critério científico, empregando-o ora no sentido de mero cumprimento de obrigação de transferir, mesmo temporariamente, direitos autorais, ora no de sua alienação definitiva, total ou parcial. (...)
> No Direito Autoral Francês (...) é altamente duvidosa a possibilidade de cessão de direitos autorais sobre qualquer tipo de obra intelectual.[430]
> Assim é que, à falta do hábito - no âmbito autoral brasileiro do uso da expressão "licença" -, a falta de critério científico leva ao emprego da palavra "cessão" para descrever tanto transferências de direitos (e.g., venda) quanto autorizações para o exercício dos direitos (e.g. locação). Claro está, porém, que mesmo fora do campo do *software* (onde há previsão legal específica) existe campo para a licença autoral.

É o que nota, ainda, o mesmo autor:

> Nos quadrantes da ainda chamada Propriedade Industrial, a concessão é negócio jurídico típico, porquanto expressamente regulado para a outorga de licença de exploração de patentes e para uso de marcas (...)
> Em matéria de Direito Autoral, as coisas de passam de maneira praticamente igual, sendo a concessão a modalidade de negociação que transfere ao seu beneficiário a faculdade de utilizar a obra intelectual, publicamente e com fins econômicos, sem que idêntico direito deixe de integrar o patrimônio do concedente .

[5] § 2.5. (A) Da aplicação subsidiária da Lei 9.610/98

Aqui, também, a lei geral autoral é aplicável à noção de cessão de *software*, com a importante ressalva de que as normas protetivas ao autor recebem uma particular restrição (vide este Capítulo, [2]§ 4.8.- Das normas protetivas ao autor): como nota José Oliveira Ascensão,

---

429 Notamos a decisão do nosso Conselho de Contribuintes no RV 1.855 (Rev.Trib. nº 3, p. 172) segundo a qual "para efeito de tributação, a cessão de direitos autorais equipara-se à locação de bens móveis, sendo tributada no ISS à alíquota de 5%." Se se tratasse, no caso, efetivamente de um contrato de transmissão de direitos, e não de exercício de direitos, locação não haveria.
430 Eduardo Vieira Manso, *op. cit.*, p. 23.

porque a mera organização pode dar faculdades patrimoniais, mas não tem conteúdo ético que justifique as faculdades pessoais do autor.

No campo do Direito Autoral, pela Lei 9.610/98, a Cessão (entendida como *transferência total ou parcial, definitiva ou temporária* de direitos) assim está regulada:

Art. 49. Os direitos de autor poderão ser total ou parcialmente transferidos a terceiros, por ele ou por seus sucessores, a título universal ou singular, pessoalmente ou por meio de representantes com poderes especiais, por meio de licenciamento, concessão, cessão ou por outros meios admitidos em Direito, obedecidas as seguintes limitações:

Note-se que o regime de transferência de direitos (cessão *stricto sensu*) ou de exercício dos direitos (licenciamento ou concessão) é de *liberdade* de pactuação, sujeita apenas às limitações estritamente indicadas. Salvo quando indicadas expressamente abaixo, *não* se aplicam as limitações de capítulo às cessões entre o titular que não é autor, e terceiros.

I - a transmissão total compreende todos os direitos de autor, salvo os de natureza moral e os expressamente excluídos por lei;

O inciso se refere à transmissão total, ou seja, à cessão *strictu senso*, e exclui de seu âmbito os direitos morais (e outros inalienáveis por lei). Assim, a cessão-alienação é sobre os direitos patrimoniais. A limitação dos direitos extrapatrimoniais da Lei 9.609/98 obviamente deixa ensejo muito maior à possibilidade de cessão neste caso.

II - somente se admitirá transmissão total e definitiva dos direitos mediante estipulação contratual escrita;

Outra vez referindo-se à cessão *strictu senso*, a lei exige forma escrita. Vide o art. 50 da lei, que exige forma escrita mesmo para a cessão parcial de direitos. Esta norma não se aplica no caso em que o cedente é titular não-autor.

III - na hipótese de não haver estipulação contratual escrita, o prazo máximo será de cinco anos;

Aqui, abrangendo todas as modalidades de transmissão de direitos e de exercício de direitos, e não só a cessão-alienação, a lei limita aos cinco anos o prazo do negócio jurídico relativo a direitos autorais que não tenha tomado a forma escrita. Obviamente, a cessão definitiva, com o sendo, não terá tal limitação temporal. Esta norma não se aplica no caso em que o cedente é titular não-autor.

IV - a cessão será válida unicamente para o país em que se firmou o contrato, salvo estipulação em contrário;

Ao contrário do que ocorre no campo da propriedade industrial de marcas e patentes, o direito autoral sob as Convenções tem alcance imediato e universal – nos países convencionais. Mas a cessão regulada pela lei brasileira (e leia-se aqui cessão-alienação) é limitada *ao país em que se firmou o contrato*. Assim, salvo expressa menção de eficácia no Brasil, a cessão-alienação firmada na França não terá eficácia em relação ao território brasileiro. Esta norma não se aplica no caso em que o cedente é titular não-autor.

V - a cessão só se operará para modalidades de utilização já existentes à data do contrato;

Parece razoável entender que essa disposição não se refira exclusivamente à cessão-alienação; pelo contrário, amplia-se a todas as formas de transferência de direitos autorais – ou de seu exercício. Válida em sua plenitude no caso de obras expressivas cobertas pela lei geral, esta limitação é incompatível com o regime próprio da lei 9.609/98, naquilo em que ela restringe o uso do *software* conforme os propósitos do *desenvolvimento tecnológico e econômico*. Esta norma não se aplica nem o caso em que o cedente é titular autor. A interpretação civil-constitucional nega a aplicabilidade subsidiária da norma geral nesse caso.

VI - não havendo especificações quanto à modalidade de utilização, o contrato será interpretado restritivamente, entendendo-se como limitada apenas a uma que seja aquela indispensável ao cumprimento da finalidade do contrato.

Trata-se aqui de uma regra de interpretação das obrigações, e não uma norma preceptiva, que imponha a natureza de tais obrigações. Podem-se pactuar todas as modalidades de transferência de direitos e de exercício de direitos; mas, em qualquer caso, interpretar-se-á o pactuado em favor do cedente (licenciante, etc.) segundo o parâmetro do *mínimo indispensável à satisfação do fim expresso do ajuste*. Assim, se o contrato de edição prevê a elaboração de um fonograma com obras musicais do editado, doze ou quatorze obras serão abrangidas pelo contrato, como o mercado o indica, e não sessenta. Esta norma, igualmente protetiva ao autor, não se aplica no caso em que o cedente é titular não-autor.

Art. 50. A cessão total ou parcial dos direitos de autor, que se fará sempre por escrito, presume-se onerosa.

É tanto da transferência de direitos, quanto do seu exercício, o que se fala aqui; veja-se o § 2º. A presunção de onerosidade é *juris tantum*, e será contestada por cláusula expressa no contrato.

§ 1º Poderá a cessão ser averbada à margem do registro a que se refere o art. 19 desta Lei, ou, não estando a obra registrada, poderá o instrumento ser registrado em Cartório de Títulos e Documentos.

O registro da obra, previsto no art. 19, é optativo. Assim, ao contrário do que ocorria no regime da lei anterior, a cessão não exige registro, mas apenas *pode tomar* forma pública.

§ 2º Constarão do instrumento de cessão como elementos essenciais seu objeto e as condições de exercício do direito quanto a tempo, lugar e preço.

Configura-se aqui mais uma vez a oscilação conceitual da noção de "cessão". Tanto a menção a tempo quanto ao "exercício do direito" presume modalidades de negócio jurídico que não se limitaria à cessão-alienação.

Art. 51. A cessão dos direitos de autor sobre obras futuras abrangerá, no máximo, o período de cinco anos.
Parágrafo único. O prazo será reduzido a cinco anos sempre que indeterminado ou superior, diminuindo-se, na devida proporção, o preço estipulado.

A hipótese aqui é de cessão (alienação ou exercício de direitos) sobre obra futura. Compatível com os limites da lei civil (locação de serviços) e da Constituição quanto à liberdade de trabalho, não se terá tal negócio em excesso aos cinco anos, adotando-se o recurso de adequação ao limite legal, e não de nulidade do acordo – solução compatível com a proteção ao autor. Esta norma não se aplica no caso em que o cedente é titular não-autor.

[5] § 2.6. Jurisprudência: Licença e cessão

> Tribunal de Justiça do Paraná
Superado esse ponto, passemos então à mais tormentosa questão: a previsibilidade - ou não - da transferência em caráter definitivo dos direitos de exploração econômica do programa Urbanroutes.dll à apelante.
4.2 Conforme já dito, os instrumentos contratuais de prestação de serviços firmados entre Perform e União (f. 64/70) e entre Perform e CNPC (f. 72/79) não esclarecem, de forma expressa, a quem caberá a propriedade do código-fonte

após o desenvolvimento do software. A apelante, por seu turno, reportou-se às cláusulas contratuais correlatas ao objeto1, e concluiu o seguinte:

i) a cláusula fala em "disponibilizar" e tal verbo indica que haveria transferência do programa;

ii) as apeladas formularam preço sabendo das implicações do contrato, e, quanto a isso, afirma que "R$ 200.000,00" seria um valor excessivo para que o contrato fosse apenas de mero licenciamento;

iii) pagou para que ela própria pudesse promover as manutenções necessárias ao programa, e, para tanto, necessita ter acesso aos códigos-fonte;

iv) o contrato se referiu a "licenciamentos" sendo um de propriedade e outro de uso;

v) ainda que se tenha reportado ao termo "licenciamento", a intenção das partes era de que houvesse a cessão do código fonte; e, desta forma, cumpre dar lugar ao disposto no art. 112 do Código Civil;

vi) não há proteção de know-how, pois os softwares estão sujeitos à lei de direitos autorais e não à lei de propriedade industrial;

vii) em meros contratos de licenciamento, não há previsão de que sejam transferidos "softwares de prateleira";

viii) nos contratos de licença de uso são inseridas cláusulas que proíbem a cessão, venda, dação, locação, alteração ou realização de cópias sem autorização;

ix) se o contrato fosse de licença não haveria previsão de que as contratadas repassassem orientações necessárias à manutenção do sistema.

Desde logo, esclareço que "fazer valer a intenção das partes" (art. 112, CC/2002) não é o mesmo que "considerar declarada vontade não escrita". A intenção das partes é apreendida mediante análise do conjunto das disposições contratuais, afastando-se eventualmente o conteúdo "literal" das palavras. Não obstante, não há espaço para "presunções", em especial se forem contra legem ou se não há indício de consenso entre os contratantes. Tendo em conta tal advertência, constato que, a rigor, as variadas conclusões acima reportadas não nascem do contexto contratual em si, senão, provém do exclusivo ponto de vista da apelante.

Primeiramente, "disponibilizar"2 não é sinônimo de "transferir propriedade". Já no que tange ao termo "licenciamento", não se trata de palavra cuja exegese é "livre", decorrendo apenas da semântica. Nada disso. Trata-se de termo que possui "conotação jurídica própria", a qual, obviamente não pode ser ignorada. Quanto a isso, importa considerar o disposto nos arts. 9º e 10º da Lei 9609/98 (dispõe sobre a proteção da propriedade intelectual de programa de computador, sua comercialização no País, e dá outras providências):

Art. 9º. O uso de programa de computador no País será objeto de contrato de licença.

Art. 10. Os atos e contratos de licença de direitos de comercialização referentes a programas de computador de origem externa deverão fixar, quanto aos tributos e encargos exigíveis, a responsabilidade pelos respectivos pagamentos e estabelecerão a remuneração do titular dos direitos de programa de computador residente ou domiciliado no exterior.

Licenciar pode implicar então, de acordo com a lei, a contratação do uso de programa de computador, ou, alternativamente, aquisição dos direitos de comercialização do mesmo. Ao que se conclui, não estaria havendo aquisição do programa para fins de "comercialização", pois Perform tinha por desiderato precípuo transferi-lo a um destinatário específico: qual seja o Município de São Paulo. Obviamente, um programa desenvolvido tendo em conta as especificidades de um Município (transporte coletivo) não poderia ser vendido para outro. Por outro lado, o componente genérico que "calculava rotas entre dois pontos de uma cidade" já havia sido desenvolvido anteriormente (Unicao e Maxidata), sendo difícil crer que as titulares desse bem tivessem em mira aliená-lo, dado seu "potencial mercadológico". Infere-se, portanto, tratar-se de "licença de uso".

De mais a mais, deparando-se o julgador em situação de dubiedade quanto à cessão ou não dos direitos autorais sobre a obra intelectual, cumpre-lhe recorrer ao disposto no art. 4º da Lei 9610/98, tal qual já o fez o prolator da sentença:

Art. 4º Interpretam-se restritivamente os negócios jurídicos sobre os direitos autorais.

Importa destacar ainda ser inviável que a contratante do serviço - Perform Informática Limitada - fique com a propriedade do programa já que o instrumento fala em "licenciamento". Não há lógica em se estabelecer "licença de propriedade", e, assim, se o domínio fosse decorrente do contrato de prestação de serviços não seria preciso mencionar a "licença" dos softwares. Por conseguinte, vislumbro a "ressalva" a que se refere a regra do art. 4º da Lei 9609/98.

Quanto ao mais, registro não ser imperativa a presença de cláusula que proíba "cessão, comercialização,..." do software, pois tais proibições são imanentes ao licenciamento de uso. No que diz respeito ao preço ("R$ 200.000,00") não há provas de ser "incompatível" para um contrato de licença. Não houve demonstração técnico-pericial dessa afirmação, pelo quê, não há base para acolhê-la. Ademais disso, o parâmetro de comparação sugerido (preço da licença dos produtos Microsoft) não pode ser adotado, dada a absoluta diversidade entre as situações. Evidente que um usuário de software desenvolvido pela Microsoft paga apenas pelo uso de um "programa padrão"; diversamente, o programa em litígio foi especificamente desenvolvido para atender as necessidades da apelante, e, obviamente, tal serviço tem um preço; agregando-se a esse valor, há a contraprestação correlata à permissão de uso, além dos eventuais serviços de apoio e suporte (manutenção, orientações,...).

Prosseguindo o raciocínio, reitero que não há como afirmar que os valores pagos "alcançariam" a entrega do código-fonte, não sendo possível concluir que Perform "pagou" para que ela própria pudesse promover as manutenções neces-

sárias (ausência de prova pericial que avaliasse o valor do serviço e do componente em si). A referência a "softwares de prateleira" nada prova de per si, e, o fato de o contrato prever a "orientação" sobre manutenção do sistema não se mostra incompatível com a mera licença de uso do programa. Mesmo um simples usuário carece de informações precisas, não sendo "presumível" que para as atividades de "orientação e manutenção" seja necessária a disponibilização do código-fonte. Por fim, a incidência das disposições da Lei de Direitos Autorais é incontroversa, não sendo feita sequer menção à "transferência de know-how" ou à Lei de Propriedade Industrial.
17ª Câmara Cível do Tribunal de Justiça do Estado do Paraná, Apelação Cível Nº 509.240-0. Relator: Des. Lauri Caetano da Silva. Curitiba, 08 de outubro de 2008.

[5] § 2.6. (A) Jurisprudência: licença não é edição

> Tribunal de Justiça de São Paulo
Ação de obrigação de não fazer, cumulada com indenização: uso não licenciado de programas de computador - Sentença: procedência - Recurso: Ré. Inicial: pedido de apuração da indenização na fase de cumprimento, por arbitramento - Condenação, desde logo, ao pagamento de quantia correspondente a 3.000 vezes o valor de mercado do mais caro dentre os cincoenta e oito programas fraudulentos encontrados - Critério de mensuração do prejuízo não constante da inicial: princípio dispositivo (art. 128, CPC) - Julgamento ultra petita: caracterização - Art. 103, par. único, da Lei n. 9.610, de 19.2.1998: inaplicabilidade diante do número definido de cópias não licenciadas encontradas. Cautelar antecedente de vistoria e busca e apreensão: apresentação de laudo, sem oferecimento de quesitos de esclarecimento - Dispensa, nos autos principais, de dilação probatória - Preliminar de cerceamento de defesa: atipicidade. Programas desoftware: proteção legal (art. 2o, § 4o, Lei 9.609, de 19.2.1998) - Reciprocidade: Convenção de Berna (1986), ratificada em Paris (1971), subscrita pelo Brasil e USA (Dec. 76.699/75). Uso de cópia não licenciada: violação de direito autoral que não se confunde com a de edição (art. 29, I e II, Lei 9.610) - Obrigação de indenizar de acordo com o art. 944, CCi: inaplicabilidade dos arts. 102 e 103 da Lei 9.610. Recurso provido em parte.
Apelação com Revisão 4194854700. Relator: Claudio Lima Bueno de Camargo
1ª Câmara de Direito Privado B.Data de Julgamento: 22/06/2009. Data de Publicação: 29/06/2009

[5] § 3. Das licenças de software "livre"

Uma das forma mais consagradas de utilização do sistema da propriedade intelectual é o chamado *software livre*, método de comercialização no qual se condiciona a circulação dos programas a quatro cânones básicos:

[1] os utilizadores podem livremente usar o programa para qualquer fim
[2] podem eles examinar o programa para entender seu funcionamento
[3] podem, além disso, destruir livremente o programa
[4] podem, por fim, aperfeiçoar o programa livremente

Assim, programa livre não é, de nenhuma forma, programa gratuito:[431]

Qu'est-ce qu'un logiciel libre ? D'après les statuts de l'Association Francophone des Utilisateurs de Linux et des Logiciels Libres (AFUL), « *sont considérés comme libres les logiciels disponibles sous forme de code source* », c'est-à-dire un logiciel dont l'architecture interne est partagée et diffusée librement, toute personne pouvant participer à l'élaboration du produit en proposant ses propres améliorations.
Il n'y a donc aucune référence à une quelconque valeur économique du logiciel, en effet libre n'est pas gratuit, l'ambiguïté résultant de l'expression d'origine « free software », « free » signifiant en anglais « libre » et « gratuit ». Ainsi que le souligne un auteur « *ces freeware, nés aux Etats-Unis, témoignent de la culture libertaire des premiers usagers des réseaux, et de la tradition universitaire de libre circulation des idées et des techniques*ȯ.[432]
Ce qui différencie un logiciel libre d'un logiciel commercial réside dans la diffusion ou non du code source du produit. En effet un logiciel commercial est livré seulement sous la forme de code exécutable (uniquement compréhensible par l'ordinateur) alors que les logiciels libres sont fournis avec leur code source.

Assim, o que determina a singularidade dessa forma de comercialização é a aplicação, como elemento estrutural da circulação do *software*, a possibilidade de construção colaborativa que foi objeto de nossos comentários, neste Cap. VII, em [2]§ 4.3. - Da criação colaborativa.
Assim é que Carla Caldas,[433] ao descrever essa modalidade, assim indica;

Existe ainda outro tipo de licença bastante usual na transação com o software livre, é a licença GPL.[434] Esta licença fora concebida nos Estados Unidos, logo seus termos são aqueles utilizados pelo ordenamento jurídico americano. Nesta licença, o objeto contratual serão os direitos de usar, copiar, alterar e redistribuir o software que o autor autorizará à parte licenciante. Uma característica ineren-

---

431 BAILLY, Yannick, La Protection Juridique Des Logiciels Libres, encontrado em http://www.net-iris.fr/veille-juridique/doctrine/873/la-protection-juridique-des-logiciels-libres.php, visitado em 21/9/2009.
432 [Nota do original] Y. EUDES. « Vive le logiciel libre ». Article paru dans « le Monde Multimédia » semainc du 18 mars 1996.
433 *Op. cit.*
434 A entidade jurídica autorizada a convolar Licença GPL é a Free Software Foundation.

te a este tipo de licença é a questão da reciprocidade. Tudo que advier do objeto contratual será também disponibilizado, nos mesmos termos do pactuado na licença.

No caso de colaboração pura, sem propósitos econômicos diretos ou indiretos, é um modelo de particular interesse humano. Como nota Ascensão:[435]

> A disponibilização, de direitos intelectuais à comunidade, total ou parcial, particularmente através do potentíssimo meio de comunicação que é a internet, é um gesto de solidariedade e de dedicação pelo agregado em que nos integramos que há todos os motivos para louvar e fomentar.
> O titular dos direitos, particularmente quando este coincide com o criador intelectual titular originário, está em geral disponível para liberar a utilização da obra para fins que considere justificados, mesmo quando não recebe nenhuma remuneração e não se propõe qualquer forma de lucro indireto. Ele quer antes de mais que a obra chegue ao público e presta-se a favorecê-lo quando obstáculos práticos frustrariam esse desfrute. Por isso facilmente disponibiliza a obra quando a ocasião se propicia.
> Fá-lo mais individualmente que pelo recurso a esquemas institucionalizados, como os creative commons. Supomos que por inércia e não por rejeição desses esquemas. Poupa assim um esforço de informação da técnica e significado desses procedimentos. É lamentável que assim aconteça, pois a integração nesses esquemas permitiria ter ao seu serviço uma categoria de significado pré-definido, nas modalidades que preferisse. É pois desejável que os esforços de informação prossigam, para facilitar a escolha e poupar surpresas aos gestos de solidariedade dos autores.

[5] § 3.1. Marat, Cohn Bendit, Richard Stallman e a arqueologia da revolução permanente

Direitos Autorais e TRIPs
Denis Borges Barbosa e Ana Beatriz Nunes Barbosa (2005)[436]
Este artigo foi redigido em um processador de texto de livre acesso. Tal *software* é também utilizado pelo Governo Federal Brasileiro e seus entes relacionados.

---

435 ASCENSÃO, José Oliveira, Modelos Colaborativos em Direitos Autorais, *op. cit.*
436 Publicado como BARBOSA, Denis Borges. Counting Ten for TRIPs: Author Rights and Access to Information - A Cockroach's Viewof Encroachment (November 4, 2005). Available at SSRN: http://ssrn.com/abstract=84256. Em espanhol: ADPIC, la primera década: Derechos de autor y acceso a la información. Una perspectiva latinoamericana. In: Bernard Remiche; Jorge Kors. (Org.). Propiedad intelectual y tecnología. El Acuerdo ADPIC diez años después: visiones europea y latinoamericana. Buenos Aires: Faculdad de Derecho de la Universidad de Buenos Aires, 2006, v., p. -371. Em Francês, BARBOSA, Denis Borges; KORS, J.; REMICHE, B. ADPIC, première décennie: droits d'auteur et accès à l'information.Perspective latino-americaine. L'Accord ADPIC: dix ans après. Belgica: LARCIER, 2007, v., p. 373-446.

O uso do mesmo foi determinado pelo Instituto de Informação Tecnológica em Brasília,[437] ente responsável por especificar quais computadores e softwares a união usa. A agência está longe de ser uma voz isolada, tendo o Presidente Lula oficialmente dado suporte a este programa.

O Ministério da Cultura repetidamente endossou o movimento Creative Commons e a difusão de obras de livre acesso e planejou a emissão de uma diretiva de pública no tocante a direitos autorais.[438] Ministro da Cultura do Brasil, Gilberto Gil, seguindo esta premissa, ofertou um número de suas obras para acesso ao público.[439] De fato, a ênfase na informação e tecnologia de livre acesso ou domínio público é um aspecto peculiar do governo brasileiro.

Mas, de onde veio isso? *Post hoc ergo propter hoc?* Esta atitude resultaria do ambiente TRIPs? Um instrumento internacional dedicado aumentar direitos de propriedade intelectual faria o governo brasileiro divergir de constrições de propriedade intelectual? Entendemos que sim.

O TRIPs fez com que o Brasil e a maioria dos países latinos americanos promovessem ações contínuas de Propriedade Intelectual. Novas leis e novas estruturas foram introduzidas, às vezes em prejuízo de necessidades mais fortes da sociedade.

O Ministério de Justiça Brasileiro tem atualmente um Conselho anti-pirataria, visando esmagar indústrias relacionadas. Como membro adjunto deste Conselho,

---

437 Vide http://www.iti.gov.br. O livro 'Desenvolvimento de Tecnologia Aberta e Estudo sobre o Software Livre e a legislação brasileira encontram-se disponíveis em http://www.iti.gov.br/twiki/bin/view/Main/Dta.

438 Isso não é uma iniciativa isolada. O Decreto Venezuelano 38.095 publicado em 28 de Dezembro de 2004 obriga a administração pública dar prioridade ao uso de software livre em todos os sistemas, projetos e serviços de computação. Também incentive funcionalidades do público em geral de livre acesso: "O Executivo Nacional promoverá o uso em geral de Software Gratuito desenvolvido com padrões abertos na sociedade, para o qual ele desenvolverá mecanismos em aberto para treinar e instruir usuários na utilização do Software Gratuito Desenvolvido com Padrões Abertos". Uma iniciativa prévia Peruana em 2002 foi abortada, aparentemente após a reação de emitentes de software.

439 Gilberto Gil - Financial Times de 14 de Outubro de 2005 – acerca do recente estatuto de propriedade intelectual (PI), no tocante ao aumento de proteção da propriedade intelectual suprimindo o conhecimento e retesando a criatividade, desenvolvido pela Royal Society of Arts em Londres. Palestrando em uma conferência das nações unidas este ano, o Ministro declarou que sem um ambiente de PI flexível, a criatividade sofre: O Estado de S. Paulo - SP, 18/03/2005 "Gil acredita que as leis de propriedade intelectual precisam ser flexíveis para 'garantir a continuidade da criatividade' e para que essas inovações sejam 'compartilhadas'. Falando em Genebra após reuniões na Organização das Nações Unidas, o ministro lembrou do exemplo do software livre como uma forma de garantir um maior acesso da população à uma inovação tecnológica." O Ministério deve iniciar uma nova política pública de copyright em 2006, como "the present policy based in repressive measures is bound to failure". O Jornal - AL, Da Redação, 31/08/2005 - O ministro Gilberto Gil, falando a especialistas em proteção de direitos intelectuais num seminário em São Paulo, no Sesc Pinheiros, afirmou ontem que considera "um atalho para o fracasso" a manutenção de uma política de direitos autorais baseada somente na repressão e sem considerar a emergência de novos formatos tecnológicos. Gil disse que, em 2006, uma das metas do Ministério da Cultura será a formulação de uma "política pública de direito autoral", outro tema que certamente vai criar focos de conflito, como foi o debate sobre a criação de uma agência para fiscalizar o cinema e o audiovisual.' Leis de propriedade intelectual podem ser uma barreira à criatividade se não forem flexíveis', afirmou".

posso afirmar que este é mais comentado pela imprensa que o Conselho de Direitos Humanos, também sob o mesmo Ministério. Cortes especializadas[440] e Forças Especiais foram criadas para tal fim, apesar do aumento de recursos pessoais e orçamentários não ter sido proporcionalmente estendido a outras necessidades, como combate ao crime organizado.[441]

Isso tudo não pode ser plenamente atribuído ao ambiente da TRIPs. A pressão de fontes diplomáticas e de outras causou algumas das inovações a ultrapassarem e por vezes exceder o escopo do TRIPs. A lei de Direitos Autorais não prevê nenhuma exceção para fins educacionais: na minha Faculdade, o diretor foi apreendido pela polícia quando copiando algumas páginas de um de seus próprios livros para utilizar na sala. Estou certo que este comportamento não é determinado pelo TRIPs. A obrigação de direitos pessoais sob a cláusula constitucional de dignidade humana evitou que obras históricas e artísticas viessem à luz mesmo se fossem essenciais a uma perspectiva social de nossa cultura. Aqui também não haveria responsabilidade TRIPs.

A adoção de políticas de domínio público pelo governo brasileiro é uma reação contra estas liberalidades públicas e levantamento de barreiras para entrada, somente parcialmente atribuídas ao TRIPs. Muitos desses direitos excessivos decorreram de parlamentares induzidos pela pressão de grupos internacionais e lobistas em suas interpretações dos TRIPs. Muitas das distorções do sistema de PI no Brasil, quando em face de interesse público, são criações do congresso e da justiça brasileira.

[5] § 3.2. Um modelo policitatório

No caso de modelos colaborativos abertos, o titular dos direitos estabelece uma *proposta obrigacional receptícia*: a renúncia ao seu poder de excluir é *uma oferta*, que simultaneamente impõe a sujeição daquele que a aceita regras específicas.

Nada de novo neste modelo jurídico: a *oferta de licença de patentes* prevista na Lei 9.279/98 (art. 64) é um exemplo dessa proposta obrigacional receptícia (vide o Cap. VI, [17] § 1. - Oferta de licença). Os efeitos econômicos de tal oferta de licença foram extansamente analisados por Edith Penrose.[442]

---

[440] A justiça especializada do 2º TRF no Rio de Janeiro, sede do INPI, é na verdade um tribunal previdenciário onde assuntos de PI são 3% do total. Entretanto, esta concentração de assunto em 3 varas e 2 tribunais alterou a tendência da jurisprudência, por exemplo, na recente mudança de visão do primeiro tribunal no sentido que o TRIPS não obriga a prorrogação de patentes emitidas antes de 2000.

[441] Em minha experiência como litigante, tais forças especiais da polícia não são especialmente eficientes quando comparadas ao aparato de obrigação legal padrão. Muito pelo contrário, a divisão especializada estabelecida em São Paulo foi desativada sob alegações de improbidade.

[442] PENROSE, Edith T. La Economia Del Sistema Internacional De Patentes, Siglo Veintiuno, 1974.

A singularidade do modelo colaborativo é que não só se oferta o *uso* mas também *a co-autoria* num processo sucessivo e aberto. Para facilidade negocial e padronização de um *negócio sucessivo*, a oferta remete a um conjunto de normas que constituem não só um contrato padrão mas um *estatuto*. Vale dizer, uma norma abstrata e impessoal, mas privada.

Economicamente, o que se tem é um modelo de *private ordering*, no qual o autor ou titular do software constitui um simulacro de sistema jurídico aberto, mas coativo em seus termos.[443]

O estatuto toma uma forma aparente de *norma erga onmes*. Nota Ascensão:

No âmbito patrimonial, as cláusulas autorais têm, por sua natureza, caráter absoluto. As disposições feitas pelo licenciado que as viole podem ser impugnadas pelo licenciante. As cláusulas têm eficácia *erga omnes*, pelo que o concedente as pode opor a terceiros, ainda que este as desconhecesse. É um efeito análogo ao dos direitos reais mas que aqui é mais violento, porque não há um registro público em que o terceiro possa confiar. Apenas lhe restará voltar-se contra o licenciado, responsabilizando-o pela frustração da vicissitude com ele contratada por ter disposto de mais direitos do que tinha.

É uma forma específica dos negócios jurídicos unilaterais de *outorga de poder* a que se refere Pontes de Miranda em seu Tratado de Direito Privado § 3.561 Espécies de negócios jurídicos unilaterais). O *nomen juris* dessa promessa de apoderar quem quer do público que se comprometer a receber e implementar o *estatuto da colaboração* é a policitatio ou policitação.[444]

---

[443] MADISON, Michael J. Of Coase and Comics, or, The Comedy of Copyright, Social Science Research Network Electronic Paper Collection: http://ssrn.com/abstract=1397657: "Similar case studies are needed to understand the phenomenon of cultural "order without law." The prospect of Coasean private ordering by close-knit groups might produce many of the innovation-related benefits of patent- or copyright-driven innovation, without the costs associated with enforcement of intellectual property laws. Whether this is so in practice is an empirical question". Vide RICHMAN, Barack D. Firms, courts, and reputation mechanisms: towards a positive theory of private ordering. In: Columbia Law Review, NY, vol. 104, no. 8, 2004, p. 2328-2368. Disponível no sítio do SSRN: http://ssrn.com/abstract=565464. Acessado em 03/03/2009, Lee, Peter, Toward a Distributive Commons in Patent Law (May 22, 2009). Wisconsin Law Review, Forthcoming; UC Davis Legal Studies Research Paper No. 177. Available at SSRN: http://ssrn.com/abstract=1408813, SCHWARTZ, Paul M., Property, Privacy, and Personal Data, 117 HARV. L. REV. 2055, 2110 (2004) " "[i]nstitutions shape the legal and social structure in which property is necessarily embedded"

[444] PONTES DE MIRANDA, *op. cit.*, "§ 3.615. Posição do problema após as criticas às teorias unilateralísticas 1.Remissões ao direito sobre a "pollicitatio". A promessa de recompensa é aplicação ou extensão da poilicitatio romana obrigatura. Poilicitatio, definiu L. von ARNDTS (Lehrbuch der Pandekten, 8ª ed., 408 s.), chama-se, em sentido estreito, a promessa unilateral, que produz obrigação, sem que se faça mister a aceitação da outra parte. Passou ele revista aos casos romanos, como a promessa à cidade e o votum. Quanto ao direito moderno, escreveu no mesmo conceito deve incluir-se a promessa de recompensa, isto é, a promessa pública a pessoa indeterminada que pratique algum ato. Entenda-se: ato positivo ou negativo".

Entenda-se: o autor ou titular de obra intelectual aponta ou desenha um *estatuto de colaboração* (por exemplo, o contido numa Licença GPL) enunciando a todo aquele do público, sem exceção, que se comportar de acordo com o estatuto:

[1] que não exercerá contra ele o poder de excluir o uso, a modificação e a comunicação a terceiros.
[2] que garantirá a ele, irrevogavelmente, a parcela designada no *estatuto de colaboração* o exercício irrestrito dos poderes intrínsecos à situação de titular.

Por tal razão Ascensão se refere a um efeito *erga omnes*; na verdade, o efeito primário é *pro omnes*: todos que aceitarem a sujeição ao *estatuto de colaboração* serão apoderados. Como o poder sob o estatuto inclui o *poder de excluir terceiros do uso do software* – salvo sob o idêntico estatuto -, a aparência é de um efeito *erga omnes*.

Como estatuto, porém, o referencial normativo é estático e conservador. Ele permite uma previsibilidade sistêmica de comportamentos: sabe-se que o *software* gerado será regulado em sua circulação por um conjunto de normas cujo pressuposto é a liberdade de uso, comunicação e aperfeiçoamento, mas o próprio sistema é fechado. Assim, é essencialmente conservador.

Mas não há um mecanismo de mutação sistêmica. Não se prevê, por exemplo, a possibilidade de *apropriação* do *software* segundo outros pressupostos, em fase seguinte da circulação. Um modelo alternativo, essencialmente revolucionário, é o sistema de contratos procriativos de que fala Jennejohn:

> Generative contracts do more than establish decision rules for the parties to follow or rights upon which either party may rely. They are not simply bylaws. Rather, they establish a practice that directs, though does not determine, the parties' relationship towards a common (if emergent) goal. They are purposive. Thus, these contracts have more purpose than a political constitution or a corporate charter even though they retain aspects of both institutions' indeterminacy. In short, these contracts are new, hybrid creatures.[445]

No entanto, esta mutabilidade como regra conflita com a natureza dogmática do movimento do software livre.[446]

---

[445] JENNEJOHN, Matthew C. Collaboration, Innovation, and Contract Design. Columbia Law and Economics Working Paper Series, no. 319, junho de 2007. Disponível no SSRN: http://papers.ssrn.com/paper.taf?abstract_id=1014420, acessado em 13/01/2009.

[446] Goodwins, Rupert: Free software and fundamentalism: "Richard Stallman is a phenomenon; a man whose views are so compartmentalised into right and wrong that it's hard to avoid the suspicion that he's cheerfully parodying himself. His fundamentalist ethos is that free software is good and everything else is bad", encontrado em http://news.zdnet.co.uk/software/0,1000000121,2091033,00.htm, visitado em 25/9/2009.

[5] § 3.2. (A) Essas licenças são... licenças?

Não obstante o modelo acima descrito, se têm nessas licenças de *software* livre o mesmo modelo contratual descrito acima neste Capítulo, em [4] § 3.- Da licença?

Não há dúvida que sim. Ao deferir a terceiros, por uma oferta impessoal, uma parcela de seus poderes, o autor ou titular permite o *exercício de suas faculdades*, resultantes de uma exclusiva de Propriedade Intelectual. Uma interpretação analítica do sistema do *estatuto de colaboração* indica a persistência de poderes não cedidos pelo titular original. Nem há renúncia a seus poderes próprios, garantidos pela exclusiva autoral, pelos terceiros que, eventualmente, além de simplesmente usarem o programa como simples consumidores, optem por produzir obra derivada.

Todos eles, autor originário e autor das obras derivadas, aliás, assumem um dever de não renunciar seus poderes exclusivos. Não há dedicação da obra ao domínio público; não há cessão dos poderes de exclusiva a um órgão tutelar. Nada da solidariedade a que se refere Ascenção: o modelo colaborativo aqui é proprietário e essencialmente reitera o controle jurídico por uma cadeia sucessória complexa.

Coisa similar ocorre nos sistemas de administração estáticos de exclusivas, como os *patent pools*. O sistema, neles, é condominial ou societário. No modelo do *software livre* não há co-titularidade ou gestão societária de bens dedicados a fins comuns, mas uma cadeia de licenças, sucessiva e diacrônica, que por sua complexidade não chegam a desfigurar a natureza contratual descrita.

Com efeito, há o que se poderia descrever como o exercício de propriedade, com o *jus fruendi* implementado de forma a que se faculte, eventualmente, a derivação e – com ela – a aquisição de uma nova propriedade a jusante, apenas condicionando o exercício desta propriedade ao exercício de idêntico licenciamento a jusante num processo de derivação.

A uniformidade de comportamento, se o *estatuto de colaboração* for obedecido, no entanto gera um comportamento de *private ordering*, que se propõe ter maior eficiência do que o domínio público *strictu senso*. Cada um dos titulares e licenciantes sucessivos se sujeita a uma regra de *preservação ambiental*,[447] como os condôminos em uma área de parques e florestas.

---

[447] KWALL, Roberta Rosenthal, The Author as Steward 'For Limited Times': A Review of 'The Idea of Authorship in Copyright'. Boston University Law Review, Vol. 88, 2008; Tulane Public Law Research Paper No. 08-02; The DePaul University College of Law, Technology, Law & Culture Research Paper No. 09-004. Available at SSRN: http://ssrn.com/abstract=1095047, "In the context of private ordering, we see this view emerging in the cultural environmentalism literature that analogizes the politics of the public domain to those underscoring environmental protection. For example, recently Molly Shaffer Van Houweling examined the notion of cultural conservation easements with respect to the General Public License (GPL) and Creative Commons licenses, analogizing these tools to real property conservation easements. Owners of property subject to these agreements remain in possession of their property, but are restricted in how they can use their property pursuant to the specific terms of these easements or licenses. Van Houweling notes that the underlying idea is to leverage private property rights to serve the public's interest in resources that might otherwise be undersupplied, be they wildlife, habitats, pretty views of open

Seção [6] Os aspectos de propriedade intelectual da tributação do *software*

A complexidade das questões abordadas se reflete na completa confusão entre os tributaristas nacionais e estrangeiros quanto à imposição fiscal sobre a circulação econômica do *software*.

[6] § 1. Da construção da tributação do *sofware*

[6] § 1.1. Primórdios do regime de tributação: tributos federais

Desde 1979, se teve como agente regulador do mercado brasileiro de *softwares* a Secretaria Especial de Informática, vinculada ao Conselho de Segurança Nacional. Já em março de 1980, a Secretaria reuniu uma Comissão Especial, constituída de representantes de órgãos de Governo, das Universidades, das Associações de Classe e da iniciativa privada, para tentar um diagnóstico e fazer recomendações quanto à política da nova Secretaria quanto ao Setor.

As conclusões do grupo, editadas no início de 1981, não representam inovação significativa quanto às linhas do modelo de desenvolvimento geral da economia brasileira, concretizado nos últimos três lustros. Reconhecendo a necessidade do incentivo e da regulação do Estado no setor específico, a Comissão recomendou a implantação de um sistema de benefícios creditícios e fiscais, o favorecimento a iniciativa na nacional sem repúdio ao capital estrangeiro, ao mesmo tempo em que apontava a necessidade da privatização, em especial no setor de serviços de processamento de dados.

No que toca à regulação do comércio internacional de *software*, a Comissão indicou a necessidade de atuação conjunta do Instituto Nacional da Propriedade Industrial e da Secretaria Especial de Informática, de forma a acoplar a experiência de quem se encarrega já há anos da análise de importação de tecnologia em geral, com o conhecimento específico da área de informática, o que é função da SEI. Por Ato Normativo conjunto, os dois órgãos criaram um sistema unificado de análise e decisão sobre a importação de tecnologia na área, inclusive a de *software* (AN INPI 53/SEI 13).

Num ponto específico, a Comissão mostrou especial prudência. Levando em conta que, até fevereiro de 1980, nenhum país havia institucionalizado o regime jurídico do *software* (os EUA o fizeram nesta época optando pela proteção como *copyright* e, conforme decisão da Suprema Corte de 1981 também, em outros casos, por patente), o grupo recomendou enfaticamente que não caberia a definição aqui e agora de um sistema de direito para os programas de computadores, equivalentes aos das

---

spaces, or accessible raw materials for future intellectual activity. Viewed in terms of the author as steward model, all of these devices can be seen as voluntary assumptions of duties by property owners".

marcas e patentes. A proteção que dão os contratos e as regras de concorrência desleal parecia suficiente, no balanço geral dos interesses brasileiros.

De outro lado, foi altamente recomendada a criação de um Registro Nacional de *software* que, reunindo os dados sobre os produtos comercializados ou gerados no país, assegurasse ao mesmo tempo vantagem creditícias e fiscais para os *softwares* registrados de origem interna. Através do registro, se regulariam os pagamentos financeiros relativos à aquisição do programa, sem incorrer nos perigos que a criação de uma nova forma de propriedade imaterial poderia trazer ao desenvolvimento da indústria nacional.

Tal encomenda tomou a seguinte forma:

"Registro de *software* e Serviços
Considerando:
1) Que devem existir mecanismos que possibilitem um conhecimento dos produtos e serviços de *software* comercializados no país;
2) Que é de interesse do país a identificação, de forma precisa, da conveniência de se importar determinados tipos de *software*;
3) Que se deve estabelecer formalmente uma lista de preços de produtos de *software*, para reforçar a prática de desvinculação da venda de *software* da de equipamentos;
4) Que a criação de um mecanismo de controle de *software* poderá vir a formar subsídios para a proteção ao produtor de *software*;
Recomenda:
1) Que a SEI crie um mecanismo de registro de todo produto de *software* comercializado no país;
2) Que a SEI emita Ato Normativo instruindo todos os órgãos públicos, da Administração Federal direta e indireta, a adquirirem exclusivamente produtos de *software* para os quais tenham sido emitidos certificados de registro;
3) Que a SEI emita Ato Normativo instituindo mecanismos que vincule a concessão de autorização de importação de equipamentos, ao registro do *software* que os acompanhe;
4) Que a SEI obtenha junto ao Ministério da Fazenda emissão de instrumento legal regulamentado a dedutibilidade dos custos de aquisição de produtos de *software* na rubrica de despesas ou custos operacionais, exclusivamente nos casos em que tenha sido emitido certificado de registro do *software* em questão;
5) Que a SEI obtenha junto aos órgãos financiadores oficiais BNDE, FINEP, BACEN, BB (FIPEC), a instituição de mecanismos que condicionem a aprovação de projetos de qualquer natureza, parcial ou totalmente apoiados em linhas de financiamentos oficiais, e que envolvem a aquisição de produtos de *software*, à prévia emissão do certificado de registro do *software* em questão;

6) Que a SEI providencie a emissão de um instrumento legal estabelecendo que o registro de *software* cuja produção não tenha sido comprovadamente realizada no país, somente se processará após a prévia averbação pelo INPI do contrato de prestação de serviços ou de transferência de tecnologia correspondente'
7) Que a SEI/INPI estudem a caracterização do *software* (transferência de tecnologia direito autoral, propriedade industrial), inclusive quanto à remessa de divisas e suas alíquotas;
8) Que a SEI atue junto ao Banco Central para que não seja permitido o envio de remessas a título de direitos autorais sobre o *software*, incluindo manuais e documentação necessária."

Dentro destes parâmetros, como já divulgado pela imprensa em meados de 1981, os órgãos interessados diretamente na questão elaboraram um projeto de legislação, dispondo sobre o registro e a situação do *software* perante o imposto sobre a renda das pessoas jurídicas.

Mantendo a competência natural dos órgãos envolvidos na questão da importação de tecnologia de informática, o texto divulgado criava o registro, confiando-a à SEI, assim como a averbação dos contratos de importação de *software* e de serviços de informática, dividindo o encargo entre a Secretaria, o INPI e o Banco Central. A dedutibilidade a remissibilidade das importâncias ficaria dependente do cumprimento de tais formalidades.

Tal legislação alteraria, desta feita, o sistema vigente, descrito por nós, como membro da Comissão, no respectivo relatório, da seguinte forma:

Situação atual.
"O Dec. 84.067, de 8.10.79, ao criar a SEI, deu-lhe competência para manifestar-se tecnicamente sobre os contratos de transferência de tecnologia da área de informática, ressalvada a competência do INPI; elaborar e instituir normas e padrões de contratação de *software* e serviços pelos órgãos da administração federal em geral; pronunciar-se sobre quaisquer contratos de serviços de processamento ou transmissão de dados efetuados no exterior, mesmo se o interessado não integrar a Administração Federal.

A contratação no exterior está regulada pelas disposições do Dec.-lei 1.418, de 3.9.75, que submetem à tributação na fonte de 25% todas as remessas ao exterior à conta de serviços técnicos. As disposições ora citadas cobrem tanto o processamento de dados quanto os serviços de geração por conta de terceiros, e a manutenção de *software* e de equipamentos.

A remessa para pagamento de *software* e serviços ao exterior também está sujeita à alíquota de 15% (nota: elevado definitivamente a 25% pela Res. BACEN 672) sobre o contravalor em cruzeiros do montante de divisas constantes do câmbio.

Estão livres da tributação na fonte instituída pelo Dec. 1.418 o processamento ou geração realizada como parte de estudos de planejamento ou programação econômica, de viabilidade e localização, engenharia de conjuntos industriais, consultoria e pesquisa de material, desde que realizadas integralmente no exterior, contratadas a preço certo ou *cost plus*, e constem de projetos de relevante interessa nacional aprovados pelo Presidente da República, caso a isenção seja autorizada pelo Ministério da Fazenda (Dec.-lei 1.446, de 13.2.76).

O mesmo Dec.-lei 1.418/75, por sua vez, institui um benefício fiscal para a exportação de serviços e de *software* excluindo do lucro tributável percentagem igual à do faturamento de exportação sobre o faturamento total. O Governo Federal poderá, nos termos do diploma citado, prestar garantia do Tesouro Nacional de *bid-bond e performance bond* aos serviços contratados par ao exterior (tb. Portaria ME 223/76).

O Parecer Normativo 79/75 da RF considerou o *software* de aplicação, quando adquirido no exterior, como transferência de tecnologia, podendo ser lançado como custo ou despesas operacional, e estando sujeito aos limites e condições de deduções legais. Os limites vigentes são os da Portaria MF 436/58, que estipula um máximo de 5% da receita líquida da operação interna (ver também o art. 6º do Dec. 1.730, de 17.12.79). Para que haja dedutibilidade é necessário o registro de contrato de *software* e ou serviços correspondentes no BACEN (Lei 4.506/64, art. 52, "c"). Não é dedutível o pagamento por filial (ou subsidiária) à matriz no exterior (Lei 4.506/64, art. 52, parágrafo único), ou os pagamentos realizados sem a aprovação do INPI (Dec. 76.186/75, art. 176, § 2º, IN SRF 05/74 e PN 102/75). No caso de pagamentos à matriz no exterior, a importância em questão, além de não ser dedutível, é acrescida ao lucro e tributada como tal, incidindo inclusive no imposto suplementar do art. 43 da Lei 4.131/62."

Como pode ser visto, o *software* "de aplicação" seguia, àquela época, o regime da assistência técnica, e os serviços de informática, outros que o de repasse de *software*, o dos serviços técnicos em geral. O que ocorreria com o chamado *software* "básico" ficava um pouco obscuro, tendo em vista a redação do PNCST 79/75:

Modernamente, a aquisição de um computador é sempre acompanhada de vários equipamentos complementares (periféricos), considerados indispensáveis à operacionalidade do computador. Este, e o conjunto de equipamentos a ele incorporados, costumam ser designados, em linguagem de processamento de dados, como *hardware*. Em contrapartida, e segundo terminologia também específica, os implementos utilizados pelo computados em sua operacionalidade, mas não integrantes do equipamento de computação propriamente dito, são chamados de *software*.

Os equipamentos complementares ou periféricos nos quais se incluem alguns tipos de programas, também conhecidos como "*software* de base", compõem o *hardware*, e podem ser levados ao ativo fixo. O preço de aquisição corresponde à inversão de capital e, quando remetido ao exterior, não sofre incidência do Imposto de Renda na fonte.

Por outro lado, os programas de computação a serem utilizados na operacionalidade do computador (que corresponderiam ao "*software* de aplicação", quando adquiridos no exterior, constituem transferência de tecnologia.

Nestes casos, o pagamento de preço dos programas está sujeito aos limites, condições e incidências do tributo previstos nos art. 175 e 176 do RIR - Dec. 58.406/66 (assistência técnica, científica, administrativa e semelhantes). Para efeitos de dedutibilidade como despesas operacionais da empresa que paga ou credita as importâncias correspondentes à remuneração referida tecnologia, cumpre atentar par ao § 2º, alíneas "a" e "b" do art. 176 do RIR, além da Instrução normativa do SRF 5, de 8.1.74."

No entendimento da época, assim, o *software* "básico" acederia ao produto físico, sendo tributado em seu sobrevalor pelos impostos reais. O entendimento do Fisco neste parecer, porém, parecia descabido. No entanto, o PNCST (SNM) 20/81, tratando da classificação das máquinas automáticas de tratamento da informação, enfatizava a noção de que pelo menos uma parcela do *software* (se bem que não necessariamente todo o *software* "básico) estaria contida ou pelo menos aderiria para efeitos tributários ao bem físico; com efeito, dizia o parecer:

"As máquinas digitais de tratamento da informação, para se incluírem na posição 84.53, devem ter uma capacidade global de memória que lhes permita registrar, além do(s) programa(s) de tratamento e dos dados a tratar, um programa que lhes permita traduzir (programa de tradução) a linguagem convencional em que os programas são escritos (Algol, Assembler, Cobol, Fortran, PL/1, RPG, etc.) numa linguagem utilizável pela máquina. Uma parte dos dados e do(s) programa(s) pode ser provisoriamente registrada em memórias mas essas máquinas devem ter uma memória principal, diretamente acessível, para execução de um determinado programa e cuja capacidade seja, pelo menos, suficiente para registrar as partes dos programas de tratamento e de tradução e os dados, necessários par ao tratamento em curso (Nota Legal 84-3, A, da NBM).

Um sistema digital completo de tratamento da informação compreende, pelo menos:

a) uma unidade central de tratamento ou processamento (UCP), que abrange os *elementos aritméticos e lógicos*, os órgãos de comando (ou controle) e verificação e, em geral, a memória principal;

b) uma unidade de entrada, que recebe as informações e as transforma em sinais aptos para serem tratados pela máquina; e
c) uma unidade de saída, que transforma os sinais fornecidos pela máquina em uma forma acessível (textos impressos, gráficos, etc.) ou em dados codificados para outras utilizações (tratamento, comando, etc.).
A memória principal, ou memória de trabalho, é aquela à qual o processador (*elementos aritméticos e lógicos* e órgãos de comando e controle) tem acesso direto e instantâneo. Além destas, existem memórias às quais o processador tem acesso indireto, ou seja, através de canais de entrada e de saída, e que são geralmente representadas pelas unidades periféricas de discos magnéticos, tambores magnéticos ou cartões magnéticos. Estas memórias complementam a memória principal e constituem a memória secundária ou memória de massa" (grifamos). Assim, embora se fará a distinção entre as máquinas e os programas (de tratamento; de tradução; convencionais), entende-se que na VCP, existam "elementos aritméticos e lógicos" a ela intrínsecos. De outro lado há entre os programas citados os de "tradução" e os de "tratamento", que, segundo o parecer, fazem parte da máquina, embora possam ser classificados entre os *softwares* "básicos".

O parecer também aflorava a questão do chamado *firmware*:

"Os diferentes órgão fornecedores das máquinas de tratamento da informação que constituem memórias, *elementos aritméticos e lógicos*, órgãos de comando ou controle ou 'grãos da adaptação, apresentados como módulos ou placas intercambiáveis, isto é, constituídos por um certo número de microestruturas eletrônicas, componentes elétricos discretos, dispositivos mecânicos, etc., montados sobre uma placa de circuito impresso, mas desprovidos de gabinete próprio e exclusivo, não se consideram como unidades no sentido da posição 84.53, e sim como partes dessas unidades, como em que pertencem ao domínio da posição 84.55 da NBM"(grifamos).

Isto nos levou a tentar definir, exclusivamente para os efeitos fiscais de nosso interesse á época, o que era *software*. O já mencionado Relatório propõe uma definição indireta, ao se referir aos "sistemas informáticos".

"É o *software* que incorpora o conhecimento sobre um dado sistema ou processo. Constitui o que se poderia chamar a "inteligência" dos sistemas informáticos. Estes, compreendendo na forma mais ampla: computadores, *software*, redes de comunicações e sensores (equipamentos de instrumentação) podem, na atualidade, atuar sobre os mais variados sistemas ou processos, automatizando-os e reduzindo a presença do homem a um mínimo indispensável. (Ex. Controles científicos, administrativas, robóticas, etc.)."

A definição legal que se tinha, então, era a da Seção 101 do título 17 do *United States Code* (alterado pela *Public Law* 96-517 de 12.12.80):

> A *computer program* is a set of statements or instructions to be used directly or indirectly in a computer in order to bring about a certain result.

Infinitamente mais elaborada era a noção de *software (logiciel)* das Disposições-Tipo para a proteção do *software* editadas pela Organização Mundial da Propriedade Intelectual. O documento LPCS/I/2 daquela organização, que propunha as bases de um futuro tratado sobre a questão, retratava a definição das Disposições-Tipo da seguinte forma:

> Le terme "logiciel" serait ainsi défini comme désignant soit un programme d'ordinateur, soit une description de programme ou une documentation auxiliaire, soit plusieurs de ces éléments. Le "programme d'ordinateur" est défini dans les dispositions types (article 1.i) comme "un ensemble d'instructions pouvant, une fois transposé sur un support déchiffrable par machine, faire indiquer, indiquer, faire accomplir ou faire obtenir une fonction, une tâche ou um résultat particulier par une machine capable de faire du traitement de l'information.
> On entend par "description de programme" "une présentation complète d'operations, sous forme verbale, schématique ou autre, suffisamment délaillée pour déterminer un ensemble d'instructions constituant un programme d'ordinateur correspondant" (article 1, ii des dispositions types). On entend par "documentation auxiliaire" "toute documentation autre qu'un programme d'ordinateur ou une description de programme, crée pour faciliter la compréhension ou l'aplication d'un programme d'ordinaterur, par exemple des descriptions de problème et des instructions à l'usage d'un utilisateur" (article. iii° des dispositions types). La caractéristique essentielle de cette définition est que "logiciel" n'est pas identique à "programme d'ordinateur". Un programme d'ordinateur n'est que l'ensemble d'instructions qui permet de commander le fonctionnement d'un ordinateur ("machine capable de faire du traitement de l'informations"). d'une façon déterminée".

Ter-se-ia, assim o programa de computador propriamente dito (o conjunto de instruções para comandar a máquina) e uma série de dados complementares, compreendendo-se o todo na noção de *software*. Tal definição faz evidente a ligação do *software* com os meios usuais de transmissão de tecnologia: além das instruções de máquinas haveria as instruções dirigidas ao receptor humano, e o todo seria o *software*.

Ambas as definições, a sintética e a analítica, não abordavam as distinções entre *software* "de base" e o "de aplicação" ou ainda aquelas entre os programas de tratamento, de tradução ou de linguagem convencional. Na verdade, a distinção que se entendia importante, no caso, para os efeitos do IRPJ, não é uma destas, mas a que existe entre a receita da venda de um bem e da prestação de um serviço (aí genericamente incluído a locação de bens, a licença de direitos, a prestação de assistência técnica ou serviços técnicos, etc.).

A questão, numa perspectiva mais científica, era a do elemento de conexão da tributação: o lucro das operações de venda de mercadoria é tributado no domicílio do vendedor, enquanto que as receitas dos serviços técnicos e de assistência técnica, sob o regime do art. 6º do Dec.-lei 1.418/75 era tributado no Brasil se aqui fosse a fonte de pagamento.

A distinção não era, e continua a não ser fácil, mesmo porque nem sempre se pode confundir a passagem de dados e serviços. Sobre a questão do *know-how* (no ponto comparável ao *software*), disse Ulhôa Canto:

> O dispositivo em foco alude à prestação de serviços, e o *know-how* nem sempre se comunica, necessariamente, através daquela. Com efeito, não é incomum que se o adquira pela compra de uma planta, um manual, ou até de máquinas ou equipamentos patenteados, os quais constituem, exclusivamente, a própria essência do *know-how*, utilizado por quem o fabricou, e não continuadamente ensinado ou comunicado. Assim, quem paga pela máquina ou pelo equipamento, ou pela disponibilidade de uma fórmula ou pelo uso de um processo ou de uma técnica, estará incorporando ao seu patrimônio o *know-how* resultante da compra de um bem ou da cessão de direitos, negócios jurídicos e modalidades de troca totalmente diversos da locação de serviços como figura de contrato, ou de prestação de serviços como forma de produção econômica de riqueza.

Da mesma forma que, um tanto imprecisamente Ulhôa Canto vê o *know-how* nas plantas, manuais e até nas máquinas, o *software* está em discos, fitas e até mesmo intrínseco em componentes "inteligentes" das máquinas de tratamento da informação. Para o caso do *know-how*, o tratamento jurídico na área do IRPJ é mais fácil, pois o art. 52 da Lei 4.506/64 fala expressamente em "desenhos e instruções" como sendo o objeto dos serviços de "envio ao país", quando provenientes do exterior.

Curiosamente, a lei de 1964 antecipava o afluxo cada vez maior das "instruções" enviadas ao país, para o receptor humano e, agora, o eletrônico. A classificação do *software* como uma forma de assistência técnica, assim, poderia ser proposta, como o foi na análise transcrita, mais acima, do Relatório da Comissão de *Software* e Serviços da SEI. De qualquer forma, para os efeitos da lei tributária, ao menos no que toca à assistência técnica, o envio de desenhos e "instruções" do exterior é um serviço.

Porém não o é a importação de máquinas compradas no exterior, embora com *know-how* implícito. A lei e o bom senso repugnariam a tributação desta compra como serviço, embora aceitem a dupla tributação (real, sobre o bem, e a que recai sobre o serviço) quando o bem é importado em locação (vide a Lei 6.066/74). Em suma, não é a materialidade de bem, mas a natureza da relação jurídica que sobre ele se exerce, que leva à tributação em análise.

Esta reflexão se impunha, aliás, à luz do raciocínio do PNCST 79/75, ao dizer que os valores dos softwares de base, constantes dos periféricos, são levados ao ativo fixo e, portanto, não sofrem a tributação do IR de fonte quando enviados ao exterior. Ao assim considerar, o parecer entendia que aquilo por ele denominado de *"software de base"* acompanharia a natureza jurídica do *hardware* adquirido. O fato é que o chamado *"software* de base" não era, e claramente se vê que não é, vinculado ao *hardware*, de forma acompanhá-lo em sua situação jurídica.

O que poderia ter dito o parecer - e certamente era esta sua intenção - é que os elementos lógicos e aritméticos inerentes à máquina - e que dela não se destaquem, acompanham sua situação jurídico-fiscal. Os outros elementos dos sistemas informáticos - inclusive os do *"software* de base" que não possam ser considerados inerentes à máquina - são tributáveis a título de transferência de tecnologia. O problema é que, num meio de evolução tão espantosa e indescritivelmente rápida como o da informática, o que é inerente a uma máquina depende de cada marca, de cada modelo, de cada ano e mesmo, lamentavelmente, para o jurista acostumado com a postura hierática do Direito, de cada mês.

Um índice útil para determinar se o elemento em questão é inerente ou não à máquina é a previsão, no contrato que ampara a transferência do uso ou posse da mesma, ou em outro negócio jurídico mas constituindo uma mesma unidade negocial, de disposições específicas sobre o uso ou disponibilidade do *software* em questão. Se é necessário estabelecer uma relação jurídica diferenciada, com base ou não em distinções do Direito Objetivo (por exemplo, nos EUA, o *copyright* sobre o *software*), se terá um objeto negocial autônomo, dando possivelmente origem a uma tributação separada.

Uma distinção final que se impunha era entre o *software* e os serviços de informática, processamento de dados, treinamento, etc. ainda se realizados com o uso de *software*. Estes seriam normalmente tributáveis como serviços técnicos, exceto no caso que se configurarem como subsidiários à comunicação do *software* (treinamento, implantação, manutenção) e estiverem abrangidos em sua remuneração. Também se constituiriam serviços técnicos a empreitada de elaboração de *software* sob encomenda, para uso próprio do encomendante, para a preço fixo ou na base *cost-plus* e a consulta a base de dados no exterior.

À época, os contratos de comunicação de *software* eram objeto de averbação pelo INPI, sob consulta a Secretaria Especial de Informática, nos termos do AN/INPI 53/SEI 13; da mesma forma, os demais contratos de serviços de informática, de elaboração de *software* sob encomenda, para uso próprio do encomendante, e de consulta a base de dados no exterior. Tratando-se de contratos de transferência de tecnologia em geral, a averbação no INPI seria requisito de dedutibilidade, nos termos do art. 233, § 3º, do então vigente RIR/80.

[6] § 1.2. Ainda os primórdios: tributação estadual e local

Com interesses divergentes, em particular no sistema tributário brasileiro, as autoridades fiscais se degladiaram pelo poder de arrecadar sobre a relevantíssima comercialização de programas de computador.
No Rio de Janeiro, a Secretaria Municipal de Fazenda, em resposta a consulta da ASSESPRO - Associação Brasileira das Empresas de Serviço de Informática e da empresa Nasajon Sistema Ltda., interpretando o alcance do item XXII da Lista constante do art. 8§ do CTM e citando o Ato Normativo nº SEI 13/ INPI 55, assim como o Ato Normativo SEI nº 22/83, entendeu que o *software*, com sendo tecnologia,
"não é mercadoria em sentido técnico-jurídico, nem econômico, para receber uma incidência tributária que se caracteriza pela sua materialidade. Por conseguinte a tecnologia não se insere entre os bens sobre os quais possa incidir o ICM"
Como resultado de tal entendimento, foi editado, com as alterações introduzidas pela Lei Municipal 792/85, o Dec. Municipal 2.978/81 que, no item pertinente da lista de serviços, dizia:
"locação de bens móveis (corpóreos e incorpóreos) (...)"
O mesmo entendimento foi reiterado na Instrução Normativa nº 4 -SMF, de 14 de março de 1991 (DORio de 14/3/91), que aprovava parecer da Coordenação de Consultas e Estudos Tributários. Transcreve-se:
"Ressaltamos que os bens móveis locados podem ser corpóreos ou incorpóreos. Assim sendo, também são bens móveis aqueles incorpóreos que possuem existência abstrata, criados pelo homem, mas que representam um valor economicamente apreciável, e que possam ter sua utilização cedida mediante certa retribuição em dinheiro, isto é, que possam ser locados".
Número considerável de Municípios manteve o mesmo tratamento tributário.[448]
O Estado do Rio de Janeiro, inobstante o caminho adotado pela recita municipal da capital, persistiu na tributação pelo ICMS dos mesmos itens.[449]
Entendimento mais diversificado teve o Tribunal Estadual de Impostos e Taxas de S. Paulo,[450] ao determinar que os programas de computador desenvolvidos por encomenda tenham a característica de serviços, sujeitos, pois, ao ISS muni-

---

[448] Vide Tratamento tributário do Software, de Luciana Rosanova Galhardo, in Boletim ABDI, *loc. cit.*, p. 8. A autora menciona acórdão do TJESP onde a natureza de fato gerador do ISS estaria configurada no tocante aos programas de computador.
[449] Parecer do eminente Procurador do Estado Marcos Juruena Villela Souto de nº PG-3 7/91-MJVS. Do mesmo autor, vide Boletim ADCOAS nº 34, de dezembro de 1991, p. 1.158 e 1.159.; idem, Informativo ABDI nº 13, outubro de 1992, p. 8.
[450] Boletim TIT nº 214 de 5 de julho de 1985.

cipal, enquanto que os *softwares* comercializados como produtos acabados seriam sujeitos ao ICMS.

Igualmente matizado é o tratamento tributário que resultou, no Estado de São Paulo, para as operações de circulação de mercadorias relativas a programas de computador, por força do Dec. 35.674 de 15 de setembro de 1992. A norma definiu como base de cálculo pertinente o dobro do valor de mercado de seu suporte físico (o disquete), excluindo assim da incidência do tributo estadual o valor do *software* propriamente dito.

Em escala internacional, verificava-se a tendência de tratar diferenciadamente os fatos geradores relativos a programas-produto e *software* sob encomenda. É o que conclui a International Fiscal Association em estudo recente:

"There is common agreement that sales of packaged software ("off the shelf", "canned", "standard program", etc.) are transfers of goods, even where the seller treats the buyer as mere license with limited rights. On the other hand, provision of costumized software developed or the needs of a particular user is almost always treated as transfer of services ".

À luz da norma vigente até a Lei Complementar Federal 116, nossa convicção era de que, no sistema tributário brasileiro, a licença de uso de *software* configura fato gerador do imposto municipal. Aliás, sempre foi esse nosso entendimento no tocante à tributação das licenças.[451]

Com efeito, aceito o pressuposto de que se trata de espécie do gênero locação de bem móvel, ter-se-ia em princípio a hipótese do item 79 da lista anexa à LC 56/87, ou do inciso LXXIX do Dec. Municipal 10.514/91.

Neste entendimento, o Conselho de Contribuintes do Município do Rio de Janeiro, em decisão notável:

"(...) a cessão, pelo Código Civil se equipara a uma venda, esta atendo às coisas corpóreas e a cessão às incorpóreas - mas ambos a uma transferência.
Por sua vez o Código Civil, ao conceituar a locação define o seu conceito: (cita) Entendo assim que o licenciamento, autorização, permissão, ou consentimento, por prazo certo ou indeterminado, da coisa que se identifica infungível - como uma locação de bem móvel.
Assim, o cedente (...) ao conceder licença a uma terceira pessoa (...) embora o contrato possa ser apelidado de licenciamento, ou autorização ou permissão -, se caracteriza juridicamente como arrendamento ou locação, sujeitando-se aos tributos legais".[452]

---

[451] Relatório Geral do 42º Congresso Internacional de Direito Financeiro e Fiscal, Amsterdam, 1988, in Cahiers de Droit Fiscal International, vol. LXXIIIb.
[452] p. de Reconsideração nº 759, voto do Conselheiro Benedicto de Azevedo Barros (Rev. Trib. No. 2, p. 173). No mesmo sentido, RV e Ex-Officio nº 1833 (Rev. Trib., nº 2, p. 181).

Em 1992, o Superior Tribunal de Justiça consagrou a mesma tese:

"Direitos autorais são considerados bens móveis, podendo ser cedidos ou locados. A permissão para utilização de criações artísticas é direito do autor e o direito autoral, para fins legais, considera-se bem móvel que pode ser locado. A autora transferiu a terceiros o direito autoral, sem transferir a propriedade. Houve locação, mas isto é, para os efeitos legais, prestação do serviço e a base de cálculo é o preço do serviço. Recurso provido".[453]

De outro lado, em decisão de 1989, o Tribunal de Alçada Cível do Rio de Janeiro havia perfilhado a tese oposta:

"IMPOSTO SOBRE SERVIÇOS - CESSÃO DE DIREITOS AUTORAIS ININCI-DÍNCIA

O ISS é incidente sobre serviços prestados. As atividades devem ser incluídas na relação, mas é difícil o enquadramento de todas as atividades possíveis e os termos amplos podem levar a injustiças. Prevalece a máxima "in dubio contra fiscum". Pelos contratos se verifica que a autora cedente se obriga a ceder à contratada obras fotográficas e serem produzidas por um de seus sócios, com o fim de serem aquelas fotos incluídas em determinado álbum. Findo o prazo de cessão, as fotos deverão ser devolvidas à cedente, podendo por ela ser utilizados e reproduzidos em quaisquer outras publicações. A cessionária se obriga a pagar à cedente pela cessão, não tendo a cedente nenhum direito sobre a obra que seria editada. Não se trata aqui de prestação de serviços fotográficos, hipótese em que a contratante ficaria como proprietária das fotos que o contratado produzisse em razão do contrato de prestação de serviços, ou quando muito haveria co-propriedade entre os contratantes sobre as fotos. No contrato de cessão a termo, findo o prazo as fotos reverterão ao cedente que delas poderá utilizar-se livremente. Assim, também aqui estamos diante de uma cessão de direitos autorais, não importando que esta cessão seja feita futuramente, ou seja, a termo. Os direitos autorais são bens incorpóreos, todavia consideradas móveis por força de lei, para que pudessem receber maior proteção do ordenamento jurídico e fiscalização quanto ao seu uso. Todavia esta mobilização de natureza artificial, não o deixou passível a tratamento absolutamente idêntico àquele emprestado às coisas móveis, por sua própria. Assim, os direitos autorais não podem ser locados, mas sim cedidos. Se a cessão for total, o direito passa ao patrimônio do cessionário, guardadas as restrições impostas pela Lei específica, não havendo que se falar em

---

[453] STJ - Ac. unân. da 1ª T., publ. em 16.11.92 - RESP 26596-1 SP - Rel. Min.Garcia Vieira - Munícipio de São Paulo x Maurício de Souza Produções Ltda. - Advs. Marlene Thereza Ferreira Conti e Guarany Edu Gallo.

incidência de ISS. Se a cessão for parcial, significa que findo o tempo do contrato voltará ela à posse do cedente, restando, todavia para o cessionário o produto resultante da utilização daquele direito pelo prazo contrato. A lista do ISS é taxativa. Se a hipótese cessão parcial de direitos autorais não consta da mesma, não há do tributo nos contratos objeto do presente processo como exigir o recolhimento".[454]

Caberiam reparos ao aresto, malgrado a excelência do seu ilustre relator, eis que se incide claramente na confusão entre cessão (modalidade assimilada à compra e venda) e concessão (modalidade assimilável à locação) de Direitos Autorais.

Mas, no tocante às licenças de uso de *software*, a *ratio decidendi* do acórdão não se aplica. Ao contrário do que ocorreria, segundo entende a decisão, no âmbito das obras de arte fotográficas, o contrato de licença de *software* é típico na lei civil, previsto na Lei 9.609/98, e, como visto, integra o gênero locação. Não se exige mais para a tipificação tributária.

Quanto à hipótese de geração de *software*, não parecia haver dúvidas – como ainda não há hoje - quanto à sua classificação tributária. Seja como elaboração de estudos, projetos e programas, seja como processamento de dados (o que, aliás, não é) não se tem dúvida da incidência do ISS.[455]

[6] § 2. O tratamento tributário atual

[6] § 2.1. O *corpus mechanicum* e o *corpus mysticum*

No campo das incidências sobre comércio exterior, desde 1989 se tornou clara a distinção entre o *suporte físico* e o programa de computador como vetor de incidência: aquele sujeito aos impostos e demais exações sobre a circulação de bens físicos.[456]

---

[454] TACiv. RJ - Ac. unân. da 4ª Câm., reg. em 26.07.89 - ap. 536 - Rel. Juiz Semy Glanz - Município do Rio de Janeiro x Marigo Comunicação Visual Ltda.
[455] E qual tratamento teria a cessão de software? Serviço não é; nem, em princípio, venda de bens. A eventual saída de um disquete do estabelecimento cedente dificilmente configuraria fato gerador do ICMS sobre o valor do item intangível cedido; a tributação se esgotará no campo da incidência federal sobre ganhos de capital. De outro lado, a geração do software sob encomenda elimina a hipótese da cessão pura e simples. Mas esta é matéria para elaboração específica.
[456] PORTARIA Nº 181, DE 28 DE SETEMBRO DE 1989 Dispõe sobre a tributação dos rendimentos correspondentes a direitos autorais na aquisição de "software, pagos a beneficiários residentes ou domiciliados no exterior. O Ministro de Estado da Fazenda, no uso de suas atribuições, RESOLVE: Serão tributados na forma dos arts. 554 e 555, I, do Regulamento do Imposto de Renda aprovado pelo Decreto nº 85.450, de 4 de dezembro de 1980 - RIR/80, os rendimentos correspondentes a direitos autorais pagos a beneficiários residentes ou domiciliados no exterior na aquisição de programas de computadores - "software", para distribuição e comercialização no País ou para uso próprio, sob a modalidade de cópia única. O suporte informático estará sujeito à incidência do imposto de importação e do imposto sobre produtos industrializados. 2.1 - O valor aduaneiro do suporte informático não abrange o custo ou o valor do programa, desde que este custo ou valor conste, no documento de aquisição, destacadamente do custo ou do valor do suporte físico propria-

Restava a definição entre a incidência, no campo dos tributos sobre a circulação interna, da modalidade impositiva (estadual) típica aos bens físicos, ou aquela (municipal) relativa aos serviços especificados.

[6] § 2.1. (A) A construção do Supremo Tribunal Federal

No julgamento do RE 176.626 (Primeira Turma do STF), o Min. Sepúlveda Pertence fixou a distinção, para efeitos tributários, entre o programa produto e o licenciamento ou cessão do direito de uso de software, que não o programa-produto. O entendimento foi que "A produção em massa para comercialização e a revenda de exemplares do corpus mechanicum da obra intelectual que nele se materializa não caracterizam licenciamento ou cessão de direitos de uso da obra, mas genuínas operações de circulação de mercadorias, sujeitas ao ICMS".

> RECURSO EXTRAORDINARIO- RE-176626 / SP
> Relator: Min. SEPULVEDA PERTENCE
> Publicação: DJ DATA-11-12-98 PP-00010 EMENT VOL-01935-02 PP-00305
> Julgamento: 10/11/1998 - Primeira Turma
> EMENTA: (...) III. Programa de computador ("software"): tratamento tributário: distinção necessária. Não tendo por objeto uma mercadoria, mas um bem incorpóreo, sobre as operações de "licenciamento ou cessão do direito de uso de programas de computador" " matéria exclusiva da lide ", efetivamente não podem os Estados instituir ICMS: dessa impossibilidade, entretanto, não resulta que, de logo, se esteja também a subtrair do campo constitucional de incidência do ICMS a circulação de cópias ou exemplares dos programas de computador produzidos em série e comercializados no varejo — como a do chamado "software de prateleira" (off the shelf) — os quais, materializando o corpus mechanicum da criação intelectual do programa, constituem mercadorias postas no comércio.
> ICMS e Programas de *software*
> (RE 176.626-SP, DJU de 11.12.98)
> Min. Sepúlveda Pertence (relator)
> **Relatório:** RE, a̲, contra acórdão do Tribunal de Justiça de São Paulo que julgou procedente ação declaratória ajuizada pela recorrida, visando ao reconhecimento da não-incidência do ICMS sobre operações de *"licenciamento ou cessão de direito de uso de programas de computador"*. Lê- se no aresto recorrido (f. 293/296): [...]

---

mente dito. 2.2 - Não ocorrendo a situação mencionada no subitem anterior, tomar-se-á para determinação do valor aduaneiro o custo ou o valor da transação, integralmente. 3. O imposto de que trata o item 1 incidirá inclusive nos casos em que a operação de câmbio, para pagamento do direito autoral, seja efetuada na forma da Resolução nº 1.552, de 21 de dezembro de 1988, do Conselho Monetário Nacional.

No RE, deixa claro o recorrente que não pretende cobrar o imposto sobre a venda de programas feitos sob encomenda *"para atender às necessidades específicas de um cliente"*, quando o que se tem é serviço típico, sujeito, em princípio, à competência tributária dos Municípios. É diferente, no entanto – diz o Estado – *"a hipótese do chamado 'software de prateleira' que, como o nome sugere, encontra-se à venda em indistintos pontos, servindo a uma gama tão grande de usuários que pode também ser chamado de 'software produto', já que é produzido em série, atendendo a um número infinito e indefinido de usuários"*. Aí, arremata, o que existe é circulação de mercadoria, não prestação de serviço.

Argumentou o Estado (f. 314/315):

"No caso dos programas de computador, há que se fazer certas distinções, a fim de atender às peculiaridades da questão. Com efeito, não se nega que o 'software' seja fruto de uma produção intelectual do programador e que, por isso, optou o legislador pátrio por protegê-lo como se protege o direito autoral.

Todavia, o fato de ser o programa de computador protegido pela lei dos direitos autorais não implica no fato de não se poder caracterizá-lo como mercadoria.

Quem adquire um livro, por exemplo, não obstante possa ter o domínio sobre o objeto corpóreo que o mesmo representa, não adquire propriedade sobre a obra intelectual nele contida. Da mesma forma o programa de computador: quem adquire o disquete contendo o programa, passa a ter o domínio sobre o disquete e não sobre a obra intelectual que ele contém.

Da mesma forma, um programa de computador pode ser reproduzido em escala industrial e vendido no mercado como acontece, por exemplo, com os processadores de texto compatíveis com a linha de computadores IBM PC/XT, tais como a "Carta Certa" e o "Wordstar". Qualquer pessoa pode entrar em uma loja de suprimentos de artigos para informática e adquirir um programa sem que lhe seja prestado qualquer tipo de serviço pelo autor do programa.

Há que se destacar que o legislador, quanto tornou os programas de computador passíveis de proteção pela lei de direitos autorais, quis evitar a reprodução e comercialização desautorizados, isto é, a venda de programas "piratas".

Assim sendo, os programas de computador, uma vez reproduzidos em escala industrial e colocados à venda em lojas, que formam estoques, tornam-se mercadorias circuláveis. As operações de circulação, por sua vez, são fato gerador do ICMS."

Nesse arrazoado apóia o Estado a alegação de contrariedade ao art. 155, I, b, CF, *"que outorgou aos Estados competência para instituição de imposto sobre operações relativas à circulação de mercadorias"*. Sustenta, por outro lado, que ao situar na competência dos Municípios a tributação da atividade em causa, o acórdão ofendeu o art. 156, IV, CF, pois a comercialização de programas de computador não está definida na lei complementar a que alude o citado dispositivo.

O Superior Tribunal de Justiça negou provimento ao REsp, reafirmando a tese de que o *software*, por não ser mercadoria, está excluído do campo de incidência do ICMS. Lê-se no voto condutor dessa decisão, da lavra do em. Min. Garcia Vieira (f. 421/424): [...]

O il. Subprocurador-Geral Flávio Giron opina pelo não conhecimento do RE, por falta de prequestionamento, pois, suscitada a matéria constitucional em embargos de declaração, mas negando-se o tribunal a quo a pronunciar-se a respeito, impunha-se a interposição do recurso por negativa de prestação jurisdicional, como assentado pela Segunda Turma no AGRAG 136.378, da lavra do em. Min. Marco Aurélio. [...]

É o relatório.

Voto: Rejeito a preliminar de falta de prequestionamento suscitada no parecer do Ministério Público. Como acentuei no julgamento do RE 210.638 (DJ 19.6.98), verbis:

"...a rejeição dos embargos não impede que, no julgamento do recurso extraordinário, se considere prequestionada a matéria neles veiculada, como resulta, a contrario sensu, da Súmula 356, desde que sobre essa matéria tivesse de pronunciar-se o órgão julgador.

A teor da Súmula 356, o que se reputa não prequestionado é o ponto indevidamente omitido pelo acórdão primitivo sobre o qual "não foram opostos embargos declaratórios". Mas, se opostos, o Tribunal **a quo** se recuse a suprir a omissão, por entendê-la inexistente, nada mais se pode exigir da parte. Não desconheço opiniões em contrário no Tribunal (cf. **e.g.**, RE 208639, Inf. STF nº 78). Estou, porém, **data venia**, em que reclamar ainda aqui a interposição de recurso extraordinário para, reconhecida a nulidade do acórdão que se negou a completar a decisão, compelir a tanto o Tribunal **a quo** para só depois admitir o recurso de mérito é formalismo incompatível com a instrumentalidade, a economia e, de conseqüência, a efetividade do processo, cuja inadequação sobe de ponto em tempos de congestionamento da Justiça como o que vivemos."

No caso, procurou o Estado, oportunamente, mediante embargos declaratórios, ver discutido sob ângulo constitucional o problema da conceituação do *software* como mercadoria, satisfeita, com a interposição deles, a exigência do prequestionamento (Súmula 356). [...]

A dificuldade que de fato encontrei na admissibilidade do recurso advinha do trânsito em julgado da decisão do STJ: com efeito, se se entendesse que a matéria aqui debatida tem solução bastante no plano da legislação ordinária, a motivação infraconstitucional daquele aresto haveria de ser tida como suficiente à manutenção do julgado e o STF já não poderia enfrentar o problema constitucional veiculado no recurso extraordinário.

Não me parece, no entanto, que a lei ordinária possa oferecer solução satisfatória, e muito menos definitiva, à questão posta nos autos.

A controvérsia, a meu ver, é insolúvel sem a precisão do conceito de "mercadoria", contido no art. 155, II, CF, e essencial à demarcação do âmbito constitucional de incidência possível do ICMS, incluído por aquele dispositivo na competência do Estado.

Passo ao exame do mérito do recurso.

Estou, de logo, em que o conceito de mercadoria efetivamente não inclui os bens incorpóreos, como os direitos em geral: mercadoria é bem corpóreo objeto de atos de comércio ou destinado a sê-lo.

Ora, no caso, o que se pretende é a declaração de inexistência de relação jurídica de natureza tributária entre a autora e o Estado, relativamente às operações de *"licenciamento ou cessão de direito de uso de programas de computador"*: trata-se, pois, de operações que têm como objeto um *direito de uso*, bem incorpóreo insuscetível de ser incluído no conceito de mercadoria e, conseqüentemente, de sofrer a incidência do ICMS.

Essas, com efeito, a caracterização e a conseqüente modalidade de proteção jurídica do *software* consagrados no direito comparado.

"O que individualiza o software em relação aos outros instrumentos a serviço da informação" – assinala Rui Saavedra, em preciosa monografia acadêmica apresentada à Universidade de Coimbra ("A Proteção Jurídica do *software* e a <u>Internet</u>, Don Quixote, Lisboa, 1998, p. 106/107) – *"é a sua natureza imaterial na medida em que ele mesmo é constituído por informação – a qual não tem substância tangível, e é, em si, um bem imaterial. O software apresenta-se, pois, como um produto, simultaneamente, utilitário e imaterial. Sendo o software um dos chamados 'bens informacionais' ou 'produtos de informação', ele não pode ser objecto duma protecção eficaz contra os actos dos não proprietários. Tal protecção só poderá relevar do Direito Intelectual, ou seja, através da organização de um 'direito de exclusivo' a favor daqueles que elaboram o software".*

É esse *"direito de exclusivo"* – que não é mercadoria, nem se aliena com o licenciamento de seu uso –, que se deve declarar fora do raio de incidência do ICMS, como exatamente concluíra, nos lindes do pedido, a decisão recorrida.

Dessa exclusão, entretanto, não resulta que de logo se esteja também a subtrair do campo constitucional de incidência do mesmo tributo a circulação de cópias ou exemplares de programas de computador produzidos em série e comercializados no varejo, isto é, do chamado *" software de prateleira".*

Procede, com efeito, a distinção conceitual em que insiste o Estado.

Classifica Rui Saavedra (ob. cit., p. 29) os programas de computador, segundo o *grau de standardização*, em três categorias: os programas <u>standard</u>, os programas por encomenda e os programas adaptados ao cliente.

"Os **programas standard**", observa o autor, "constituem, em regra, pacotes (packages) de programas bem definidos, estáveis, concebidos para serem dirigidos a uma pluralidade de utilizadores - e não a um utilizador em particular -, com vista a uma mesma aplicação ou função. São, portanto, concebidos para tratamento das necessidades de uma mesma categoria de utilizadores (por exemplo, a contabilidade dos escritórios de advogados). Mas possibilitam uma configuração adequada para que cada utilizador, em concreto, encontre solução para a sua realidade específica - serão o "esqueleto" a que falta o "revestimento muscular". São como que "vestuário de pronto-a-vestir". Este software "produto acabado", é aquilo que os franceses denominam *progiciel*, neologismo criado partindo dos termos "produit" e "logiciel". Alguns destes programas - dependendo da sua compatibilidade - podem ser utilizados em diferentes equipamentos. São programas fabricados em massa e, como são vocacionados a um vasto público, são até comercializados nos hipermercados - daí que também se fale aqui de software "off the shelf". O seu desenvolvimento comercial chegou a proporções tais que movimenta cifras de vários milhões. Alguns desses programas proporcionaram fortunas aos seus criadores".

Já os programas "por encomenda" ou "à medida do cliente" são desenvolvidos a partir do zero para atender às necessidades específicas de um determinado usuário. Escreve a propósito Rui Saavedra (loc. cit., p. 29/30):

"Em todo o mundo, os serviços informáticos das empresas desenvolvem programas para atender às necessidades internas. Mas, paralelamente, há empresas produtoras de software (as chamadas software *houses*) que fazem programas para os seus clientes conforme o pedido e as solicitações destes, e que visam satisfazer as respectivas necessidades específicas. Trata-se de "**programas aplicacionais**", que geralmente não se mantêm estáveis e acabados como os "**programas standard**"; pelo contrário, são continuamente adaptados, corrigidos e melhorados para responder aos requisitos internos e externos das empresas."

Por fim, "os **programas adaptados ao cliente** (customized) constituem uma forma híbrida entre os programas **standard** e os programas à medida do cliente. Baseiam-se em programas **standard** que são modificados para se adequarem às necessidades de um cliente particular (customization). Essa adaptação pode ser realizada tanto pelo fornecedor do programa como pelo próprio utilizador".

Seja qual for o tipo de programa, contudo, é certo, não se confundirão a aquisição do exemplar e o licenciamento ou cessão do direito de uso, também presente até quando se cuide do *software* "enlatado" ou "de prateleira".

"Nas relações com os seus clientes" – ensina Rui Saavedra (ob. cit., p. 79) – "a empresa produtora de software surge como proprietária do software que ela cria e comercializa, quer se trate de software **standard**, comercializado em massa, quer de software concebido especificamente em função das necessidades de um utilizador em particular. Com efeito, mesmo neste último caso, a propriedade do software permanece, habitualmente, na titularidade da empresa que o realizou; mas nada impede que as partes estipulem o contrário, no caso de o cliente querer proteger o seu investimento solicitando que lhe seja cedida a propriedade do software, se ele tiver financiado totalmente os custos de desenvolvimento".

"Diferentemente sucede" – assinala o autor – "nas relações com o utilizador de um software **standard**, porque este vocaciona-se a ser comercializado junto de uma clientela potencialmente vasta: a propriedade do software em si, normalmente, nunca é cedida ao cliente, apenas um direito de uso não exclusivo. Isso não obsta a que se considere que o cliente adquire as "manifestações físicas" do software, com todas as prerrogativas ligadas a esta propriedade, se a licença de uso lhas tiver concedido a título definitivo e por um preço".

Os contratos de licenciamento e cessão são ajustes concernentes aos direitos de autor, firmados pelo titular desses direitos – que não é necessariamente, o vendedor do exemplar do programa – e o usuário do *software*.

No caso do *software*-produto, esses ajustes assumem, geralmente, a forma de contratos de adesão, aos quais o usuário se vincula tacitamente ao utilizar o programa em seu computador. As cláusulas desses contratos – voltadas à garantia dos direitos do autor, e não à disciplina das condições do negócio realizado com o exemplar – limitam a liberdade do adquirente da cópia quanto ao uso do programa, estabelecendo, por exemplo, a proibição de uso simultâneo do *software* em mais de um computador, a proibição de aluguel, de reprodução, de decomposição, de separação dos seus componentes e assim por diante.

[...]

Já Correa, Espeche, Zalzuendo e Batto ("Derecho Informático", Depalma, p. 184/185), depois de observarem que "el software, particularmente en su forma estándar, se ha convertido en un objeto de comercio, una mercaderia comercializada en distintas formas, según su función y su grado de estandarización", esclarecem:

"La naturaleza jurídica de los acuerdos contractuales puede variar considerablemente, según el tipo de software transferido, y conforme al alcance de las obligaciones del proveedor:

1) La venta, o más propiamente dicho, la cesión de derechos con respecto al software implica la trasferencia de los derechos de propiedad que corresponden al proveedor; esta modalidad resulta infrecuente para los paquetes de software, pero es normal en los contratos para el desarrollo de software a medida, conforme al cual el cliente se convierte en el propietario de los programas desarrollados;

2) El contrato de licencia es el acuerdo contractual más común, particularmente para los paquetes de software. Esta modalidad se basa en la existencia de un derecho de propiedad que es retenido por el proveedor, mientras autoriza su uso."

O licenciamento, como disse, não se confunde com as operações realizadas com o exemplar do programa. Nesse sentido, observa o já citado Rui Saavedra que, *verbis* (ob. cit., p. 79/80)

"... quando o software standard é licenciado – a licença é uma permissão para fazer algo que de outro modo seria ilícito –, há na verdade dois contratos: por um lado, um contrato para que sejam fornecidas as manifestações físicas do software; e por outro, um contrato para atribuição de uma licença de uso do *software*. O contrato pelo qual o cliente é investido na posse do software será um contrato de compra e venda ou de doação se a propriedade sobre os meios físicos for transmitida ao licenciado; se não houver essa transmissão, tratar-se-á de um contrato de locação ou, porventura, de comodato. Mas o contrato de licença subsiste paralelamente, e é importante porque - como veremos - os produtores de software, após a entrega do exemplar do software, continuam preocupados em proteger os direitos de propriedade intelectual sobre o software por eles criado, e em impor restrições ao uso do software entregue."

De fato. O comerciante que adquire exemplares para revenda, mantendo-os em estoque ou expondo-os em sua loja, não assume a condição de licenciado ou cessionário dos direitos de uso que, em conseqüência, não pode transferir ao comprador: sua posição, aí, é a mesma do vendedor de livros ou de discos, que não negocia com os direitos do autor, mas com o *corpus mechanicum* de obra intelectual que nele se materializa. Tampouco, *a fortiori*, a assume o consumidor final, se adquire um exemplar do programa para dar de presente a outra pessoa. E é sobre essa operação que cabe plausivelmente cogitar da incidência do imposto questionado.

A distinção é, no entanto, questão estranha ao objeto desta ação declaratória, reduzido ao licenciamento ou cessão do direito de uso de programas de computador, bem incorpóreo sobre o qual, não se cuidando de mercadoria, efetivamente não pode incidir o ICMS; por isso, não conheço do recurso: é o meu voto.

Posteriormente, outras decisões vieram a confirmar o mesmo entendimento:

RECURSO EXTRAORDINARIO- RE-199464 / SP
Relator: Min. ILMAR GALVAO
Publicação: DJ DATA-30-04-99 PP-00023 EMENT VOL-01948-02 PP-00307
Julgamento: 02/03/1999 - Primeira Turma
EMENTA: TRIBUTÁRIO. ESTADO DE SÃO PAULO. ICMS. PROGRAMAS DE COMPUTADOR (SOFTWARE). COMERCIALiZAÇÃO. No julgamento do RE 176.626, Min. Sepúlveda Pertence, assentou a Primeira Turma do STF a distinção, para efeitos tributários, entre um exemplar standard de programa de computador, também chamado "de prateleira", e o licenciamento ou cessão do direito de uso de software. A produção em massa para comercialização e a revenda de exemplares do corpus mechanicum da obra intelectual que nele se materializa não caracterizam licenciamento ou cessão de direitos de uso da obra, mas genuínas operações de circulação de mercadorias, sujeitas ao ICMS. Recurso conhecido e provido.
RECURSO EXTRAORDINARIO- RE-191732 / SP
Relator: Min. SEPULVEDA PERTENCE
Publicação: DJ DATA-18-06-99 PP-00024 EMENT VOL-01955-03 PP-00433
Julgamento: 04/05/1999 - Primeira Turma

EMENTA: ICMS: incidência: comercialização, mediante oferta ao público, de fitas para "vídeo-cassete" gravadas em série. Tal como sucede com relação ao computadores (cf. RE 176626, Pertence, 11.12.98), a fita de vídeo pode ser o exemplar de uma obra oferecido ao público em geral "e nesse caso não seria lícito negar-lhe o qualificativo de mercadoria", ou o produto final de um serviço realizado sob encomenda, para atender à necessidade específica de determinado consumidor, hipótese em que se sujeita à competência tributária dos Municípios. Se há de fato, comercialização de filmes para "vídeo- cassete", não se caracteriza, para fins de incidência do ISS municipal, a prestação de serviços que se realiza sob encomenda com a entrega do serviço ou do seu produto e não com sua oferta ao público consumidor.

Também a partir de 1999, o STF anunciou uma série de decisões no julgamento recursos extraordinários apresentados pelo Estado de São Paulo, todos por decisão unânime, em matéria inteiramente análoga, decidiu que deveria cobrar o Imposto sobre Circulação de Mercadorias e Serviços (ICMS) na venda de filmes para videocassete. Por unanimidade, a Turma entendeu que filme para videocassete comercializado seria tratado como mercadoria, devendo ser cobrado o ICMS sobre a sua venda (inciso II do artigo 155 da Constituição Federal). (Primeira Turma, RE 179560, RE 194705, RE 196856, Segunda Turma, (RE 164599).[457]

[6] § 2.2. A questão do licenciamento de software como prestação de serviços

O item 79 da Lista anexa à LC 56 previa "a locação de bens móveis". São bens móveis os direitos, inclusive os de propriedade imaterial; muitos autores[458] conside-

---

[457] RE-191732 / SP Relator Ministro SEPULVEDA PERTENCE Publicação DJ DATA-18-06-99 PP-00024 EMENT VOL-01955-03 PP-00433 Julgamento 04/05/1999 - Primeira Turma Ementa EMENTA: ICMS: incidência: comercialização, mediante oferta ao público, de fitas para "vídeo-cassete" gravadas em série. Tal como sucede com relação ao computadores (cf. RE 176626, Pertence, 11.12.98), a fita de vídeo pode ser o exemplar de uma obra oferecido ao público em geral " e nesse caso não seria lícito negar-lhe o qualificativo de mercadoria ", ou o produto final de um serviço realizado sob encomenda, para atender à necessidade específica de determinado consumidor, hipótese em que se sujeita à competência tributária dos Municípios. Se há de fato, comercialização de filmes para "vídeo- cassete", não se caracteriza, para fins de incidência do ISS municipal, a prestação de serviços que se realiza sob encomenda com a entrega do serviço ou do seu produto e não com sua oferta ao público consumidor

[458] Chavanne e Burst J., Droit de la Propriété Industrielle, Dalloz, 1976, p. 84; Pontes de Miranda, Tratado, Vol. XVI, p. 351; Gama Cerqueira, Tratado 2ª ed. 1982, p. 260; Ramella, Le Nouveau Regime des Brevets d'Invention Ed. Sirey 1979, p. 206, p. 125; Leonardos L. O Contrato de Licença... in Anuário da Propriedade Industrial, 1978, p. 41; Roubier, Paul, Le Droit de la Propriété Industrielle, L. Sirey, 1952; Vol. II. p. 260; Ramella, Agustin, Tratado Vol. I, Madrid, 1913, p. 225; Contrários: Mathely, Paul, Le Droit Français des brevets d'invention, Paris, 1974, p. 385; Ascarelli, Tulio, Teoria de la Concurrencia y de los bienes inmateriales Barcelona, Bosch Ed. 1970, pág, 350; a esta última corrente tradicionalmente se filiava o Direito da Propriedade Industrial no Brasil (vide AN INPI 17/76, 13 e 15).

ram o licenciamento de patentes ou marcas como negócios jurídicos do gênero das locações. Sempre se questionou, pois, se não seria tributável o licenciamento de direitos de propriedade intelectual em geral pelo ISS.

Na verdade, no regime da LC 56, quer se opte pela exaustividade da lista, quer se entenda pelo seu caráter de mera relação exemplificativa, era difícil não tributar os *royalties* pelo ISS.

Neste sentido, aliás, o STJ:

RECURSO ESPECIAL Nº 26.598-1 - SP (92.0021494-0)
Primeira Turma (DJ, 16.11.1992). Relator: O Exmo. Sr. Ministro Garcia Vieira. Recorrente: Municipalidade de São Paulo. Recorrido: Maurício de Souza Produções Ltda. Advogados: Drs. Marlene Thereza Ferreira Conti e outros e Guarany Edu Gallo. (JSTJ e TRF - Volume 42 - Página 283)
EMENTA: - ISS - DIREITOS AUTORAIS - LOCAÇÃO DE BENS MÓVEIS - PRESTAÇÃO DE SERVIÇO - BASE DE CÁLCULO. Direitos autorais são considerados bens móveis, podendo ser cedidos ou locados. A permissão a terceiros de utilização de criações artísticas é direito do autor e o direito autoral, para fins legais, considera-se, bens móveis que podem ser locados. A autora transferiu a terceiros o direito autoral, sem transferir a propriedade. Houve locação, mas isto é, para os efeitos legais, prestação do serviço e a base de cálculo é o preço do serviço (Decreto-lei 406/68, art. 9º).

No entanto, o STF, em uma lamentável e atécnica decisão, entendeu diversamente, não quanto à classificação de royalties como pagamento de locação de bens móveis imateriais, mas de excluindo o próprio inciso de locação de bens móveis da lista da LC 56:

RECURSO EXTRAORDINARIO- RE-116121 / SP
Relator: Min. OCTAVIO GALLOTTI. Rel. Acórdão Min. MARCO AURÉLIO. Publicação: DJ 25-05-01 P.17 EMENT VOL-2032-04 P.669. Julgamento: 11/10/2000 - Tribunal Pleno
Ementa - TRIBUTO - FIGURINO CONSTITUCIONAL. A supremacia da Carta Federal é conducente a glosar-se a cobrança de tributo discrepante daqueles nela previstos. IMPOSTO SOBRE SERVIÇOS - CONTRATO DE LOCAÇÃO. A terminologia constitucional do Imposto sobre Serviços revela o objeto da tributação. Conflita com a Lei Maior dispositivo que imponha o tributo considerado contrato de locação de bem móvel. Em Direito, os institutos, as expressões e os vocábulos têm sentido próprio, descabendo confundir a locação de serviços com a de móveis, práticas diversas regidas pelo Código Civil, cujas definições são de observância inafastável - artigo 110 do Código Tributário Nacional. Observação Votação: Unânime, quanto ao conhecimento e por maioria quanto ao resultado,

vencidos os Ministros Octávio Gallotti, Carlos Velloso; Ilmar Galvão; Nelson Jobim e Maurício Corrêa. Resultado: Conhecido e provido. Acórdãos citados: RE-71758; (RTJ-66/165); RE-100779; (RTJ-109/799); RE-106047; (RTJ-116/811); RE-112947; (RTJ-125/361); RE-113383; RE-115103; RE-116772; (RTJ-156/666).

Constante da lista anexa ao projeto que deu origem à LC 116, o respectivo item recebeu veto, com base nessa decisão.[459] É a submissão, por via de veto, a uma má e reprovável decisão de nossa corte constitucional.

No entanto, tal entendimento, a nosso ver, tem aplicação imediata, dando efeitos imediatos à eliminação do item, mesmo perante as administrações locais que, dado à falta de efeitos *erga omnes* da decisão do STF em RE, continuavam a postular a sua aplicação.[460]

De outro lado, novas incidências foram criadas pela Lei Complementar Federal 116, entre elas, as dos itens 3, Serviços prestados mediante locação, cessão de direito de uso e congêneres, 3.02 - Cessão de direito de uso de marcas e de sinais de propaganda e 1.05 – Licenciamento ou cessão de direito de uso de programas de computação.

Custando ver o que fez privilegiar o inciso 3.01 no veto, eis que a torta decisão do STF poderia ser também a eles aplicada, entendo que agora serão tributáveis pelo ISS:

os *royalties* pagos por marcas e
os pagamentos por cessão de uso ou licenciamento de *software*.

Em qualquer dos dois casos, a incidência se verifica tanto no caso de beneficiários no País ou no exterior.

---

[459] Razões de veto - "Verifica-se que alguns itens da relação de serviços sujeitos à incidência do imposto merecem reparo, tendo em vista decisões recentes do Supremo Tribunal Federal. São eles: O STF concluiu julgamento de recurso extraordinário interposto por empresa de locação de guindastes, em que se discutia a constitucionalidade da cobrança do ISS sobre a locação de bens móveis, decidindo que a expressão "locação de bens móveis" constante do item 79 da lista de serviços a que se refere o Decreto-Lei nº 406, de 31 de dezembro de 1968, com a redação da Lei Complementar nº 56, de 15 de dezembro de 1987, é inconstitucional (noticiado no Informativo do STF nº 207). O Recurso Extraordinário 116.121/SP, votado unanimemente pelo Tribunal Pleno, em 11 de outubro de 2000, contém linha interpretativa no mesmo sentido, pois a "terminologia constitucional do imposto sobre serviços revela o objeto da tributação. Conflita com a Lei Maior dispositivo que imponha o tributo a contrato de locação de bem móvel. Em direito, os institutos, as expressões e os vocábulos têm sentido próprios, descabendo confundir a locação de serviços com a de móveis, práticas diversas regidas pelo Código Civil, cujas definições são de observância inafastável." Em assim sendo, o item 3.01 da Lista de serviços anexa ao projeto de lei complementar ora analisado, fica prejudicado, pois veicula indevida (porque inconstitucional) incidência do imposto sobre locação de bens móveis".

[460] Prefeitura Municipal de Belo Horizonte. Consulta 240/2003 "ISSQN – LOCAÇÃO DE BENS MÓVEIS EM GERAL, EXCETO CESSÃO DE ANDAIMES, PALCOS, COBERTURAS E OUTRAS ESTRUTURAS DE USO TEMPORÁRIO – NÃO INCIDÊNCIA. Salvo a cessão onerosa para uso temporário de andaimes, palcos, coberturas e outras estruturas, não se submete ao ISSQN o aluguel de bens móveis em geral, excluída do rol tributável anexo à Lei Complementar 116/2003 por veto do Executivo Federal quando da sanção do Projeto de Lei que originou a referida Lei."

Entendo, porém, argüível na hipótese a distinção feita pelo STF[461] entre software de prateleira (tributável pelo ICMS) e software que não atenda essa característica, esse sim sujeito ao ISS.

[6] § 2.3. A tributação pela CIDE

A Lei nº 10.168/2000 criou o Programa de Estímulo à Interação Universidade-Empresa para o Apoio à Inovação, cujo objetivo principal é estimular o desenvolvimento tecnológico brasileiro, mediante programas de pesquisa científica e tecnológica cooperativa entre universidades, centros de pesquisa e o setor produtivo.[462]

[6] § 2.3. (A) Da definição legal do tributo

Com o objetivo de financiar o Programa acima descrito, a mesma Lei instituiu a contribuição de intervenção no domínio econômico – CIDE,[463] assim definindo o contribuinte, fato gerador, base de cálculo e alíquota:

---

461 Recurso Extraordinário nº 199.464-9 São Paulo RELATOR: MIN. ILMAR GALVÃO RECORRENTE: ESTADO DE SÃO PAULO ADVOGADO: RENATA MACHADO DE ASSIS FORELLI NICOLAU E OUTRO RECORRIDO: BRASOFT PRODUTOS DE INFORMÁTICA LTDA ADVOGADO: AUREO SANDOVAL CRESPO E OUTROS RECORRIDO: MUNICÍPIO DE SÃO PAULO ADVOGADO: REGIS PALLOTTA TRIGO EMENTA: TRIBUTÁRIO. ESTADO DE SÃO PAULO. ICMS. PROGRAMA DE COMPUTADOR (SOFTWARE). COMERCIALIZAÇÃO. No julgamento do RE 176.626, Min. Sepúlveda Pertence, assentou a Primeira Turma do STF a distinção, para efeitos tributários, entre um exemplar standard de programa de computador, também chamado de "prateleira", e o licenciamento ou cessão do direito de uso de software. A produção em massa para comercialização e a revenda de exemplares do corpus mechanicum da obra intelectual que nele se materializa não caracterizam licenciamento ou cessão de direitos de uso da obra, mas genuínas operações de circulação de mercadorias, sujeitas ao ICMS. Recurso conhecido e provido. RECURSO EXTRAORDINARIO- RE-176626 / SP - Relator: Min. SEPULVEDA PERTENCE - Publicação: DJ DATA-11-12-98 PP-00010 EMENT VOL-01935-02 PP-00305- Julgamento: 10/11/1998 - Primeira Turma- EMENTA: (...) III. Programa de computador ("software"): tratamento tributário: distinção necessária. Não tendo por objeto uma mercadoria, mas um bem incorpóreo, sobre as operações de "licenciamento ou cessão do direito de uso de programas de computador" "matéria exclusiva da lide", efetivamente não podem os Estados instituir ICMS: dessa impossibilidade, entretanto, não resulta que, de logo, se esteja também a subtrair do campo constitucional de incidência do ICMS a circulação de cópias ou exemplares dos programas de computador produzidos em série e comercializados no varejo - como a do chamado "software de prateleira" (off the shelf) - os quais, materializando o corpus mechanicum da criação intelectual do programa, constituem mercadorias postas no comércio.

462 A lei foi precedida por uma série de normas tateando na mesma área: MP 1.943: reedição de MPs anteriores definindo a incidência de 15% referente ao imposto de renda na fonte sobre as importâncias pagas, creditadas, entregues, empregadas ou remetidas para o exterior a título de royalties de qualquer natureza. 30-11-200: MP 2.062-60 Define que a partir de 1º de janeiro de 2001, a alíquota do IRRF nas remessas de royalties de qualquer natureza passa a ser de 25%, já prevendo a redução para 15% quando da instituição da contribuição de intervenção no domínio econômico incidente sobre as mesmas importâncias. Prevê ainda, o crédito gerado pela CIDE às empresas que executarem os programas PDTI e PDTA. 29-12-2000: Lei 10.168 Institui a CIDE para financiar o Programa de Estímulo à Interação Universidade-Empresa para apoio à inovação. 23-02-2001: MP 2.062-63 þ Define a redução da alíquota do IRRF para 15% considerando a instituição da CIDE e prevê o crédito gerado pela contribuição, a ser compensado em remessas posteriores a título de royalties de qualquer natureza, na forma que especifica..

463 Tal contribuição tem sido regida pela Lei nº 10.168, de 29 de dezembro de 2000, com suas razões de veto; Decreto nº 3949/01(revogado); Medida Provisória no 2.159-70, de 24 de agosto de 2001; Decreto nº 4.195,

(Lei nº 10.168, de 29 de dezembro de 2000) Art. 2º Para fins de atendimento ao Programa de que trata o artigo anterior, fica instituída contribuição de intervenção no domínio econômico, devida pela pessoa jurídica detentora de licença de uso ou adquirente de conhecimentos tecnológicos, bem como aquela signatária de contratos que impliquem transferência de tecnologia, firmados com residentes ou domiciliados no exterior.
§ 1º Consideram-se, para fins desta Lei, contratos de transferência de tecnologia os relativos à exploração de patentes ou de uso de marcas e os de fornecimento de tecnologia e prestação de assistência técnica.
§ 2º A contribuição incidirá sobre os valores pagos, creditados, entregues, empregados ou remetidos, a cada mês, a residentes ou domiciliados no exterior, a título de remuneração decorrente das obrigações indicadas no caput deste artigo.
§ 3º. A alíquota da contribuição será de 10% (dez por cento).[464]
§ 4º. O pagamento da contribuição será efetuado até o último dia útil da quinzena subseqüente ao mês de ocorrência do fato gerador."

Sobre a redação inicial, assim analisou Gabriel Leonardos:[465]

"Percebe-se do art 2º e seu § 1º. que a lei da CIDE previu a incidência da contribuição sobre os valores remetidos ao exterior com base nos seguintes tipos de contratos:
"licença de uso (...) de conhecimentos tecnológicos";
"aquisição de conhecimentos tecnológicos"; e
"transferência de tecnologia" assim entendidos os contratos de:
licença de exploração de patentes;
licença de uso de marcas;
fornecimento de tecnologia; e
assistência técnica.

Desde logo, ressalte-se a inadequada técnica legislativa que caracterizava esta lei: inicialmente, constata-se haver repetição que confunde o intérprete, pois a **licença de uso de conhecimentos tecnológicos** (item a acima) é algo idêntico **à licença de exploração de patente** (item c (i) acima).[466] Ademais, o INPI trata

---

de 11.04.2002; Lei no 10.332, de 19 de dezembro de 2001, Ato Declaratório nº 06 de 15 de janeiro de 2001; vide também a Decisão nº 200, de 30 de julho de 2001, Secretaria da Receita Federal - Divisão de Tributação. Indiretamente, vale também considerar a Lei no. 10.367, 30 de dezembro de 2002, que resultou da Medida Provisória (MP) nº 66, de 29 de agosto de 2002.

464 A contribuição incide, à alíquota de 10% (dez por cento), sobre a mesma base de cálculo do Imposto de Renda Retido na Fonte: valores pagos, creditados, entregues, empregados ou remetidos, a cada mês, a residentes ou domiciliados no exterior, a título de remuneração decorrente das obrigações acima expostas. Desta forma, partindo do pressuposto de que foram cumpridos todos os requisitos para a exigibilidade da CIDE, verifica-se um aumento de dez pontos percentuais na carga tributária total incidente sobre as remes

como espécies dos **contratos de aquisição de conhecimentos tecnológicos** (item b acima) os contratos de fornecimento de tecnologia e de assistência técnica (itens c(iii) e c(iv) acima), enquanto que a Lei 10.168/2000 equivocadamente transmite a impressão que uns e outros seriam coisas inteiramente distintas.

Poderia haver, ademais, a dúvida se a CIDE era devida também sobre os pagamentos pela cessão definitiva do direito de propriedade industrial (marca ou patente). A despeito da redação inadequada do art. 2º da Lei 10.168/2000, a Receita Federal entende que a cessão do direito estaria alcançada pela "aquisição de conhecimentos tecnológicos" e, como tal, o pagamento pela compra de uma marca ou uma patente também estaria sujeito à cobrança da CIDE — aliás, não surpreendentemente, esta foi a orientação adotada posteriormente pelo decreto regulamentador da CIDE (art. 8º, III e IV, do Decreto 3.949/2001),[467] que expressamente considerou sujeitos à CIDE os pagamentos pela cessão de marcas ou patentes. Aceitaremos essa premissa nesse estudo, muito embora ela nos pareça passível de contestação em juízo.

Assim, escoimadas as imperfeições redacionais, podemos asseverar que os contratos que ensejavam o pagamento da CIDE até 31.12.2001 eram os seguintes:

licença de exploração de patentes e cessão de patentes;
licença de uso de marcas e cessão de marcas;
fornecimento de tecnologia; e
prestação de serviços de assistência técnica.

---

sas ao exterior de pagamento à título de royalties e assistência técnica, resultando em um percentual de 25%, já que esta contribuição é de cobrança simultânea ao IRRF sobre essas remessas. A Medida Provisória 2.159-70, de 24.08.2001 previu uma redução temporária de alíquota quanto a alguns dos pagamentos sujeitos à CIDE: Art. 4º É concedido crédito incidente sobre a Contribuição de Intervenção no Domínio Econômico, instituída pela Lei nº 10.168, de 2000, aplicável às importâncias pagas, creditadas, entregues, empregadas ou remetidas para o exterior a título de *róialtis* referentes a contratos de exploração de patentes e de uso de marcas. § 1º O crédito referido no *caput*: I) será determinado com base na contribuição devida, incidente sobre pagamentos, créditos, entregas, emprego ou remessa ao exterior a título de *róialtis* de que trata o *caput* deste artigo, mediante utilização dos seguintes percentuais: a) cem por cento, relativamente aos períodos de apuração encerrados a partir de 1o de janeiro de 2001 até 31 de dezembro de 2003; b) setenta por cento, relativamente aos períodos de apuração encerrados a partir de 1o de janeiro de 2004 até 31 de dezembro de 2008;c) trinta por cento, relativamente aos períodos de apuração encerrados a partir de 1º de janeiro de 2009 até 31 de dezembro de 2013; d) será utilizado, exclusivamente, para fins de dedução da contribuição incidente em operações posteriores, relativas a *róialtis* previstos no *caput* deste artigo questão aliás, por sua complexidade, não será tratada neste passo.

465 Novidades a Respeito da Contribuição de Intervenção no Domínio Econômico - CIDE Incidente Sobre Pagamentos ao Exterior de Royalties, Know-How e Serviços Criada Pela Lei 10.168/2000, Cuja Arrecadação é Destinada ao Fundo Nacional de Desenvolvimento Científico e Tecnológico – FNDCT, encontrado em http://www.leonardos.com.br

466 Sem em nada desmerecer à excelente análise de Gabriel Leonardos, e com toda vênia ao ilustre tributarista, cabe aqui lembrar que só se equiparará a licença de uso de conhecimentos tecnológicos à patente se se admitir a tese do INPI de que não existe licença de know how.

467 Posteriormente revogado pelo Decreto Nº 4.195, de 11 de abril de 2002, que, no entanto, manteve o mesmo entendimento.

Note-se que segundo a Lei 10.168/2000 apenas os contratos **averbados ou registrados** perante o INPI ensejavam o pagamento da CIDE, não havendo a incidência da contribuição sobre pagamentos ao exterior decorrentes da simples prestação de serviços, ainda que tais serviços tivesse as características de serviços "técnicos".

[6] § 2.4. As alterações da Lei nº 10.332, de 19 de dezembro de 2001

Após a Lei nº 10.332, de 19 de dezembro de 2001 (Art. 6º), o art. 2º da Lei nº 10.168, de 29 de dezembro de 2000, passou a vigorar com a seguinte redação, que está em vigor no momento:

> Art. 2º Para fins de atendimento ao Programa de que trata o artigo anterior, fica instituída contribuição de intervenção no domínio econômico, devida pela pessoa jurídica detentora de licença de uso ou adquirente de conhecimentos tecnológicos, bem como aquela signatária de contratos que impliquem transferência de tecnologia, firmados com residentes ou domiciliados no exterior.
> § 1º Consideram-se, para fins desta Lei, contratos de transferência de tecnologia os relativos à exploração de patentes ou de uso de marcas e os de fornecimento de tecnologia e prestação de assistência técnica.
> 2º A partir de 1º. de janeiro de 2002, a contribuição de que trata o caput deste artigo passa a ser devida também pelas pessoas jurídicas signatárias de contratos que tenham por objeto serviços técnicos e de assistência administrativa e semelhantes a serem prestados por residentes ou domiciliados no exterior, bem assim pelas pessoas jurídicas que pagarem, creditarem, entregarem, empregarem ou remeterem *royalties*, a qualquer título, a beneficiários residentes ou domiciliados no exterior.
> § 3º A contribuição incidirá sobre os valores pagos, creditados, entregues, empregados ou remetidos, a cada mês, a residentes ou domiciliados no exterior, a título de remuneração decorrente das obrigações indicadas no caput e no § 2º deste artigo.
> § 4º A alíquota da contribuição será de 10% (dez por cento).
> § 5º O pagamento da contribuição será efetuado até o último dia útil da quinzena subseqüente ao mês de ocorrência do fato gerador.

A ampliação da base da CIDE teve propósito claro de aumento de arrecadação,[468] mas, simultaneamente, representou uma política deliberada do Governo Federal

---

[468] A nota oficial do MCT assim o diz: "A Lei 10.332 promoveu uma mudança na base de cálculo da Contribuição de Intervenção sobre Domínio Econômico – CIDE, que compõe o CT-Verde Amarelo. Ao redefinir a base de cálculo da contribuição, a Lei tornou-a coincidente com a base sobre a qual incide o Imposto de Renda de pessoas jurídicas que fazem remessa ao exterior para o pagamento de royalties, serviços e transferência de tecnologia. Com isso, a contribuição passa a ser devida pelas empresas que contratarem serviços técnicos e de assistência administrativa no exterior e por aquelas que remeterem royalties, a

no sentido de intervenção no domínio econômico, como se poderá ver mais adiante.

[6] § 2.5. Que pagamentos dão origem à CIDE?

O que nos importa, neste passo, é a definição do *elemento* subjetivo do fato gerador que implica na classificação dos negócios jurídicos, cujos valores creditados, entregues, empregados ou remetidos, a cada mês, a residentes ou domiciliados no exterior, a título de remuneração, constituem a respectiva base de cálculo.

Segundo a lei em vigor, a contribuição é hoje devida pela pessoa jurídica:
a) detentora de licença de uso ou adquirente *de conhecimentos tecnológicos*, bem como a
b) signatária de contratos firmados com residentes ou domiciliados no exterior
c) que impliquem transferência de tecnologia[469] *ou*
d) que tenham por objeto serviços técnicos *ou*
e) que tenham por objeto serviços de assistência administrativa e semelhantes, *e além disso, a*
f) que pagar, creditar, entregar, empregar ou remeter *royalties*, **a qualquer título**, a beneficiários residentes ou domiciliados no exterior

[6] § 2.6. A interpretação regulamentar

A interpretação regulamentar de tais dispositivos se encontra no Decreto nº 4.195, de 11 de abril de 2002:

Art. 10. A contribuição de que trata o art. 2º da Lei nº 10.168, de 2000, incidirá sobre as importâncias pagas, creditadas, entregues, empregadas ou remetidas, a cada mês, a residentes ou domiciliados no exterior, a título de *royalties* ou remuneração, previstos nos respectivos contratos, que tenham por objeto:
I - fornecimento de tecnologia;
II - prestação de assistência técnica:

---

qualquer título, a outros países. A alíquota da contribuição manteve-se inalterada em 10% e a alíquota do Imposto de Renda foi reduzida de 25% para 15%, nos casos pertinentes.Desta forma, a CIDE antes devida pelas empresas que realizam transferência de recursos ao exterior a título de pagamento por exploração de patentes, uso de marcas, fornecimento de tecnologia e assistência técnica foi estendida aos demais contribuintes, mas sem alteração na carga tributária global. Com esta ampliação da base de cálculo, o montante ora destinado à ciência e tecnologia será R$ 307 milhões, em 2002. Além de possibilitar a operação de quatro novos fundos setoriais, estes recursos elevaram a receita do CT-Verde Amarelo". (encontrado em http://www.mct.gov.br/comunicacao/textos/default.asp?cod_tipo=1&cod_texto=2168, visitado em 1/9/2003)

[469] Lembrando aqui que o art. 2º da lei inicial já definia como tal os contratos relativos à exploração de patentes ou de uso de marcas e os de fornecimento de tecnologia e prestação de assistência técnica.

a) serviços de assistência técnica;
b) serviços técnicos especializados;
III - serviços técnicos e de assistência administrativa e semelhantes;
IV - cessão e licença de uso de marcas; e
V - cessão e licença de exploração de patentes.

Note-se, assim, que o Decreto nº 4.195, de 11 de abril de 2002 interpreta a lei, da seguinte forma:

a *base de cálculo* da contribuição é a soma das importâncias pagas, creditadas, entregues, empregadas ou remetidas, a cada mês, a residentes ou domiciliados no exterior, a título de *royalties* resultantes de certos contratos, definidos por seu objeto;

além disso, é também base de cálculo da contribuição a *remuneração* (outra que os *royalties)* relativa a certos contratos, definidos por seu objeto.

O Decreto nº 4.195, de 11 de abril de 2002 também elimina a referência à "licença de uso ou adquirente de conhecimentos tecnológicos", constante da lei, e segue muito perto a listagem de contratos do Banco Central e do INPI, como se verá abaixo.

[6] § 2.7. A definição de *royalties*

O que seriam *royalties*, neste passo? Parece razoável entender que a definição virá do âmbito da legislação do imposto sobre a renda.[470] A fixação na nova lei de uma base de cálculo já não resultante do *tipo ou objeto* do contrato, mas da *natureza do pagamento* aparentemente procurou trazer o tema para um campo mais seguro, e definido já há muito, da legislação tributária, ao mesmo tempo que eliminar as fundadas dúvidas de se a CIDE cobria o *franchising* e o os pagamentos por *software*.[471]

A noção de *royalties*, ou regalias, é construída na legislação tributária interna pelo art. 22 da Lei 4.506/64 e Lei nº 7.713, de 1988, art. 3º, § 4º.[472]

---

[470] Da lei inicial: Art. 3o Parágrafo único. A contribuição de que trata esta Lei sujeita-se (...) subsidiariamente e no que couber, às disposições da legislação do imposto de renda (...).

[471] Nota Gabriel Leonardos, *op. cit.*: "Sendo um contrato típico, com características peculiares, não era possível entender que o contrato de franquia estava abrangido entre os fatos geradores da CIDE, uma vez que o art. 2º da Lei 10.168/2000 em nenhum momento fazia referência aos contratos de franquia. Aliás, a tipicidade fechada do Direito Tributário impedia qualquer analogia com os contratos submetidos à CIDE. Neste sentido, o Superior Tribunal de Justiça já teve oportunidade de impedir a cobrança do Imposto sobre Serviços - ISS sobre a receita do franqueador porque o contrato de franquia não consta de lista de serviços tributáveis da Lei Complementar nº 56, de 1987 (Recurso Especial nº 222.246 -MG, j. em 13.06.2000, 1ª Turma do STJ, rel. Min. José Delgado, por maioria de 3 x 1). Quanto à licença de uso de "software", ocorria fenômeno idêntico. A Lei de Software (Lei nº 9.609, de 19 de fevereiro de 1998) não define o que seja a licença de uso de software, mas dá diversas regras a respeito da mesma, e tratando das licença nos arts. 9 e 10, a distingue claramente do contrato de transferência de tecnologia relativo à software, regulado no art. 11."

[472] Note-se que os vários acordos internacionais de bitributação (que não se estendem ao campo da CIDE), têm um entendimento um pouco diverso da Lei 4.506/65, caracterizando como royalties figuras que são como

Segundo a lei, são *royalties*:

"os rendimentos de qualquer espécie decorrentes do uso, fruição ou exploração de direitos,[473] tais como:
a) direitos de colher ou extrair recursos vegetais, inclusive florestais;
b) direito de pesquisar e extrair recursos minerais;
c) uso ou exploração de invenções, processos e fórmulas de fabricação e de marcas de indústria e comércio;
d) exploração de direitos autorais, salvo quando percebidos pelo autor ou criador do bem ou obra".

Tentando sistematizar as noções que resultam do art. 22 da Lei 4.506/64, Francisco Calderaro[474] julgou poder determinar que seriam aluguéis as contraprestações pelo uso de bens materiais, juros as devidas pelo uso de capital financeiro, e *royalties* as devidas pelo uso de direitos.

Esta sistematização é necessária quanto o artigo em questão apenas dá exemplos, prevalecendo o conceito geral do *caput*. No entanto, ela mesma peca por certa imprecisão, o que, aliás, se pode dizer da própria lei. O aluguel é devido, não pelo uso do bem material, mas pelo direito ao uso; e tanto é titular deste direito o proprietário quanto um terceiro; de outro lado, na relação exemplificativa do art. 22 está o direito de extrair recursos vegetais ou minerais, que se refere necessariamente a bens materiais.[475]

---

tratadas aluguel, despesas de assistência técnica ou serviços técnicos especializados. A matriz dos acordos, a Convenção Tipo da OECD, entende, como royalties, as remunerações de qualquer natureza pagas pelo uso ou pela concessão do uso de direitos de autor sobre obras literárias, artísticas ou científicas (inclusive dos filmes cinematográficos, filmes ou fitas de gravação de programas de televisão ou radiodifusão), de patentes, marcas de indústria ou de comércio, desenhos ou modelos, planos, fórmulas ou processos secretos, bem como pelo uso ou concessão do uso de equipamentos industriais, comerciais ou científicos e por informações correspondentes à experiência adquirida no setor industrial, comercial ou científico (art. 12 da Convenção Modelo).Em alguns casos (como o do Acordo com a República Federal da Alemanha), o protocolo de assinatura inclui especificamente como royalties também os pagamentos resultantes de serviços técnicos e de assistência técnica.

[473] Por oposição, não são royalties as verbas relativas a bens corpóreos, como as listadas no art. 49 do RIR/99: "os rendimentos decorrentes da ocupação, uso ou exploração de bens corpóreos, tais como (Decreto-Lei nº 5.844, de 1943, art. 3º, Lei nº 4.506, de 1964, art. 21, e Lei nº 7.713, de 1988, art. 3º, § 4º): I - aforamento, locação ou sublocação, arrendamento ou subarrendamento, direito de uso ou passagem de terrenos, seus acrescidos e benfeitorias, inclusive construções de qualquer natureza; II - locação ou sublocação, arrendamento ou subarrendamento de pastos naturais ou artificiais, ou campos de invernada; III - direito de uso ou aproveitamento de águas privadas ou de força hidráulica; IV - direito de uso ou exploração de películas cinematográficas ou de videoteipe; V - direito de uso ou exploração de outros bens móveis de qualquer natureza; VI - direito de exploração de conjuntos industriais".

[474] Francisco R. S. Calderaro, - "Regime Legal dos Royalties referentes a Patentes de Invenção, Marcas de Indústria e Comércio, Assistência Técnica, Científica, Administrativa ou Semelhantes". In Chaves, Antonio, *et alii*. Tecnologia, Importação e Exportação. CTE, São Paulo, 1976.

[475] Mais uma vez lembrando que os tratados de bitributação não alcançam a CIDE, É interessante notar que, quanto às convenções para evitar a dupla tributação, os rendimentos provenientes de exploração de recursos minerais e vegetais estão regulados pelo art. 6º da convenção modelo da OECD (rendimentos derivados

De qualquer forma, o art. 71 da Lei 4.506/64 dá a noção geral de aluguéis e *royalties*, como um gênero coletivo, ao exigir, para ser lícita a dedutibilidade de tais pagamentos, que estes sejam necessários para manter a posse, uso ou fruição de bens ou direitos, os quais, por sua vez, produzem os rendimentos da empresa. Assim, é *royalty* ou aluguel o montante destinado a remunerar o uso, fruição ou posse de bem ou direito alheio, e que permanece como tal, já que os pagamentos destinados à aquisição dos mesmos bens ou direitos não são dedutíveis (Lei 4.506/64, art. 71, parágrafo único, c).

Mas, como é diversa a regulação dos royalties e aluguéis (por exemplo: *royalty* pago a sócio é indedutível; o aluguel pago a sócio é dedutível, desde que dentro dos níveis de mercado), resta sem resolução o que será uma coisa e o que será outra. Também obscura é a fronteira entre os pagamentos de assistência técnica e os devidos como *royalties*.

A Lei também regula os assessórios dos *royalties*. Segundo o art. 53 do RIR/99 (Lei 4.506/64, art. 22, parágrafo único e Dec.-lei 1.642/78, art. 8º), no ponto aplicável também à definição dos *royalties* em geral, inclusive os pagos por ou atribuídos às pessoas jurídicas, são também classificados como *royalties* os juros de mora e quaisquer outras compensações pelo atraso no pagamento destes.

Outra hipótese de integração, nos *royalties*, de verbas de outra natureza está no art. 23, § 1º da Lei 4.506/64; os móveis ou benfeitorias, ou quaisquer outros bens do titular do recebimento, cuja aquisição for imposta como condição para a celebração do contrato. Assim, se o titular de uma patente obrigar à compra de insumos ou componentes de sua propriedade para aceder na licença (no que se chama vulgarmente de tie-in arrangement *e é proibido* em geral pelas leis antitruste ou de abuso do poder econômico), tal valor acrescerá a base de cálculo do limite de dedutibilidade.

De outra parte, não é *royalty* o pagamento do custo das máquinas, equipamentos e instrumentos patenteados (Lei 4.506/64, art. 23, § 2º). Com efeito, difere o pagamento de *royalty* (rendimento pela exploração de direitos de propriedade industrial, etc.) e o preço do bem físico em que a tecnologia patenteada está inserida: uma coisa é o direito de reproduzir o bem (direito intelectual) e outra o direito ao bem reproduzido. Um, é o fruto do direito intelectual, outro, o resultado da alienação do *corpus mechanicum*. Economicamente, no preço do bem fabricado sob licença, há uma parcela correspondente aos *royalties*; este segmento do custo, porém, não é, juridicamente, *royalty*.

---

de bens imóveis) e não do art. 12 (royalties). Vide a SOLUÇÃO DE CONSULTA SRRF/9ª RF DISIT Nº 083, de 07 de Maio de 2003. ASSUNTO: Normas Gerais de Direito Tributário (...) EMENTA: A Contribuição de Intervenção no Domínio Econômico - CIDE, instituída pela Lei nº 10.168/2000, não está sujeita ao limite de tributação fixado pela Convenção Internacional para Evitar a Dupla Tributação em Matéria de Imposto de Renda, entre o Governo da República Federativa do Brasil e o Governo da República da Coréia.DISPOSITIVOS LEGAIS: RIR/1999, art. 685, I; MP nº 1.459/1996, art. 5º; MP nº 2.062/2000, art. 3º, §§ 1º e 2º; MP nº 2.159/2001, art. 3º; Lei nº 10.168/2000, art. 2º; Lei nº 10.332/2001; Decreto nº 354/1991, art. XII, item 2, art. II, itens 1 e 2.

No art. 23 da Lei 4.506/64, reproduzido somente no art. 53 do RIR/99, como se valesse a disposição só no tocante às pessoas físicas (o que não ocorre) está também a previsão de que, como *royalties*, também são entendidos:

I - as importâncias recebidas periodicamente ou não, fixas ou variáveis, e as percentagens, participações ou interesses;
II - os pagamentos de juros, comissões, corretagens, impostos, taxas e remuneração do trabalho assalariado, autônomo ou profissional, feitos a terceiros por conta do locador do bem ou do cedente dos direitos;
III - as luvas, os prêmios, gratificações ou quaisquer outras importâncias pagas ao locador, ou cedente do direito, pelo contrato celebrado;
IV - as benfeitorias e quaisquer melhoramentos realizados no bem locado, e as despesas para preservação dos direitos cedidos, se de acordo com o contrato fizerem parte da compensação pelo uso do bem ou direito;
V - a indenização pela rescisão ou término antecipado do contrato.

O primeiro item não necessita de comentário. O segundo item contempla, por exemplo, o pagamento dos técnicos necessários à assistência tecnológica suplementar necessária para, em alguns casos, pôr o objeto da patente em exploração; as luvas e outros prêmios, a que se refere o terceiro item, não são dedutíveis, mas ativáveis e amortizáveis proporcionalmente ao tempo do contrato (parágrafo único da Lei 4.506/64)

Como as licenças prevêem, algumas vezes, que os ônus pela manutenção do direito (pagar ao INPI, ao advogado, etc.) fiquem por conta do licenciado, o item IV se aplica para incorporar tais valores ao montante dos *royalties,* inclusive para efeitos de dedutibilidade. No campo específico da CIDE, tem-se decisão de 2001 da Receita Federal[476] que considera que a importância paga, creditada, entregue, empregada ou

---

[476] "SECRETARIA DA RECEITA FEDERAL - Divisão de Tributação - DECISÃO Nº 200, DE 30 DE JULHO DE 2001 - Assunto: Outros Tributos ou Contribuições - Ementa: INCIDÊNCIA-Contribuição de Intervenção no Domínio Econômico - LICENÇA DE USO DE SOFTWARE - A importância paga, creditada, entregue, empregada ou remetida a título de royalty, a residente ou domiciliado no exterior, pela remuneração de contratos de licença de direitos de comercialização de programas de computador-software, sofre a incidência da Contribuição de Intervenção no Domínio Econômico, instituída pelo art. 2º da Lei nº 10.168, de 2000, por se tratar de pagamento pela "licença de uso". MANUTENÇÃO DE SOFTWARE E TREINAMENTO - As importâncias pagas, creditadas, entregues, empregadas ou remetidas a residentes ou domiciliados no exterior, em pagamento pela manutenção (atualização de versão) do programa de computador-software e treinamento de pessoal, por se tratar de rendimentos decorrentes da prestação de serviços ficam sujeitas à incidência do imposto de renda na fonte à alíquota de 25% e, não sofrem a incidência da Contribuição de Intervenção no Domínio Econômico.Dispositivos Legais: Art. 7º da Lei nº 9.779, de 19.01.1999 e art. 2º da Lei nº 10.168, de 29.12.2000. - PAULO JAKSON S. LUCAS - Chefe" No mesmo sentido, vide a decisão 182 de 12/07/2001. Mesmo após a edição do manteve-se na mesma posição: SOLUÇÃO DE CONSULTA Nº 298, DE 14 DE OUTUBRO DE 2002 - ASSUNTO: Outros Tributos ou Contribuições - EMENTA: INCIDÊNCIA - Contribuição de Intervenção no Domínio Econômico-Cide A empresa que pagar, creditar, entregar, empregar, ou remeter importâncias ao exterior a título de royalties, pela cessão ou licença de uso de soft-

remetida a título de royalty, a residente ou domiciliado no exterior, pela remuneração de contratos de licença de direitos de comercialização de programas de computador-software, sofre a incidência da Contribuição de Intervenção no Domínio Econômico, instituída pelo art. 2º da Lei nº 10.168, de 2000, por se tratar de pagamento pela "licença de uso".[477] O mesmo se dirá dos pagamentos ao exterior a título de franchising.[478]

Note-se que havia, antes da edição do novo Decreto regulamentador, e mesmo depois dele, quem conteste a extensão da CIDE aos contratos de cessão de uso de software.[479] Decisão do TRF3, no entanto, confirma a incidência.[480]

A redação do Decreto Nº 4.195, de 11 de abril de 2002, parece eliminar a hipótese de imposição de CIDE sobre outros *royalties*, que não sejam os referentes a marcas e patentes.

[6] § 2.8. Retenção na fonte de pagamentos de software ao exterior

A tributação de *royalties*, assistência técnica e serviços técnicos pelo Imposto de Renda abrange a incidência sobre o que paga tais valores - incidência indireta que decorre da dedutibilidade ou indedutibilidade dos gastos - e aquela que recai sobre o titular dos direitos, ou prestador de serviços. Este último problema assume particular relevância quando a tributação se faz pelo regime de fontes.

Trataremos neste passo somente a questão da tributação dos valores a título de software, pagos às pessoas jurídicas no exterior

---

ware, está sujeita ao pagamento da Contribuição de Intervenção no Domínio Econômico instituída pela Lei nº 10.168, de 2000". No mesmo sentido: SOLUÇÃO DE CONSULTA Nº 287, DE 01 DE OUTUBRO DE 2002, Nº 285, DE 01 DE OUTUBRO DE 2002, Nº 81, DE 25 DE ABRIL DE 2003.

477 De outro lado, numa consideração que precedia à nova redação introduzida à lei inicial pela Lei nº 10.332, de 19 de dezembro de 2001, a Receita na mesma decisão excluiu da tributação o pagamento pela manutenção (atualização de versão) do programa de computador-software e treinamento de pessoal, "por se tratar de rendimentos decorrentes da prestação de serviços". Com a nova redação, os pagamentos de serviços técnicos, mesmo não resultando em transferência de tecnologia, passaram a ser base de cálculo da CIDE.

478 Decisão da SRF 231 de 28/09/2001. Mesmo após o novo Decreto, a Receita persistiu no mesmo entendimento: SOLUÇÃO DE CONSULTA Nº 249, DE 06 DE NOVEMBRO DE 2002 ASSUNTO: Outros Tributos ou Contribuições EMENTA: CONTRIBUIÇÃO DE INTERVENÇÃO NO DOMÍNIO ECONÔMICO (CIDE) - INCIDÊNCIA SOBRE OS CONTRATOS DE FRANQUIA A remuneração periódica (royalty) paga, creditada, entregue, empregada ou remetida, a cada mês, a residente ou domiciliado no exterior, pela licença de uso de marca, associada à prestação de assistência técnica e à transferência de know-how técnico e serviços de sistema, bem como pelo direito de uso de tecnologia de implantação e administração de negócio, no sistema de franquia, está sujeita à incidência da Contribuição de Intervenção no Domínio Econômico, desde janeiro de 2001, quando de sua instituição pela Lei nº 10.168/2000.

479 Vide o artigo de Gabriel Leonardos, acima citado, e Ricardo Castagna, A Cide nos contratos de cessão de uso de software, GAZETA MERCANTIL, 29.04.03, p. 1 - Regional S.Paulo - Legal & Jurisprudência.

480 O Tribunal Regional Federal da Terceira Região, em 12 de março de 2003, no agravo de instrumento 164954, afirmou a incidência da Contribuição de Intervenção no Domínio Econômico (CIDE) sobre pagamentos decorrentes de licença de uso de software.

No Regulamento do Imposto de Renda (RIR) pelo Decreto nº 3000/99, os direitos autorais são tributados na fonte na forma do artigo 709 do RIR, enquanto que a retenção sobre os royalties está regulada no artigo 710 do Regulamento.

[6] § 2.8. (A) Noção de fonte

Como nota Alberto Xavier,[481] ao se analisar a competência tributária de um Estado, conclui-se que, para o Imposto de Renda, o elemento de conexão entre o poder tributante e o objeto tributário é, necessariamente, a situação da fonte dos rendimentos (*locus fontis*). Não pode um estado tributar, com tal imposto, rendimentos cuja fonte não estejam em sua jurisdição, sob pena seja de perigo de distorção das relações econômicas subjacentes à produção do rendimento, seja de ineficácia material da tentativa de tributação.

A doutrina, em especial a dos países latino-americanos, desenvolveu a noção de *fonte de pagamento*, ou seja, a tributação dos rendimentos levando em conta o local da origem dos recursos que representam a renda. Para Alberto Xavier, não há autêntica fonte na hipótese configurada, pois falta um nexo causal direto entre a renda e o fato que o determina, na situação geográfica considerada.

Segundo o autor, distingue-se as duas hipóteses, pois de um lado está o local de *produção*, a situação do "capital (*lato sensu*) donde brotam os rendimentos: a tributação leva em conta o nexo de causalidade; de outro lado, configura-se o local de pagamento, a origem dos recursos que consistem na *realização* do rendimento.

Na prática, a distinção se torna relevante em particular no que toca ao pagamento de serviços realizados integralmente no exterior. Pela tese da fonte de produção, somente o Estado em cuja jurisdição se executaram os serviços tem poder tributante; pela doutrina da fonte de pagamento, é o país onde se situa o devedor da obrigação de pagar que o teria, pois nele se realizou o rendimento. O estudo detalhado da questão e de suas implicações legais será feito mais abaixo.

Dentro do regime de fontes também se deve distinguir a retenção na fonte como antecipação de rendimentos devidos por um fato gerador futuro, da efetiva retenção *una tantum*, quando o fato gerador se dá no momento efetivo da disponibilidade jurídica ou econômica da renda ou proventos. O empregador que recolhe uma parcela do salário de seus funcionários para o Imposto de Renda o faz sem levar em conta a existência ou não de rendimento tributável, o que só se apurará no dia primeiro de janeiro do ano subseqüente.

De outro lado, o devedor de uma remessa ao exterior para o pagamento de lucros recolhe o tributo não como antecipação, mas como pagamento definitivo, pois, para o beneficiário dos lucros, não se computará o fato gerador de exercício a exercício fiscal, e sim imediatamente (exceção feita dos impostos suplementares sobre a renda,

---

[481] Alberto Xavier, I, p. 119 e ss.

previstos nos arts. 43 e 44 da Lei 4.131/62, cujo fato gerador pressupõe de certa forma o conjunto de renda de exercício a exercício, mas com outro fundamento e estrutura).
Assim, se terá:
a) Tributação na fonte de *produção*: quando a tributação é exercida pelo Estado em cuja jurisdição se produz o rendimento.
b) Tributação na fonte de pagamento: quando a tributação é exercida pelo Estado em cuja jurisdição se situa a origem dos recursos de realização do rendimento.
Ex.: retenção na fonte sobre pagamentos de serviços executados integralmente no exterior.
c) Retenção na fonte por antecipação: quando o pagador de uma importância retém uma parcela como antecipação do imposto devido por um fato gerador futuro.
Ex. retenção na fonte sobre salários devidos a pessoas domiciliadas no Brasil.
d) Retenção na fonte *una Itantum*: quando o pagador de uma importância recolhe uma parcela como imposto já devido por um fato gerador definitivo.
Ex. retenção na fonte sobre lucros atribuídos a pessoa domiciliada no exterior.

A lei prescreve uma retenção na fonte sobre todos os rendimentos atribuídos a beneficiários residentes, domiciliados ou com sede no exterior, sejam pagos, sejam creditados, ainda que não remetidos. Caberá à fonte pagadora a retenção (inclusive ao procurador, nos casos em q este não dê ciência à fonte que o beneficiário está no exterior), obrigando-se a recolher quer tenha retido no ato o montante próprio, quer não.

Deve-se a retenção, na data do crédito, pagamento, emprego, entrega ou remessa do rendimento, e recolhe-se nos prazos fixados na legislação própria, baixada pelo Ministro da Fazenda, mas sempre até a data da remessa ao exterior.

Esta retenção é do tipo *una tantum*, não admitindo compensação com qualquer imposto devido a *posteriori* (salvo o caso dos impostos suplementares sobre a renda, que serão examinados mais abaixo). Sua base de cálculo são os rendimentos brutos, não se admitindo, em princípio, qualquer dedução. O PNCST 422/70 esclarece que não há "como dividir o referido valor em lucros e reembolso de despesas realizadas no exterior, par afazer incidir o imposto exclusivamente sobre a primeira parcela".

[6] § 2.8. (B) Regime vigente

Como nota Gabriel Leonardos:[482]

Com efeito, até 31.12.2000 a alíquota geral aplicável no Brasil (na ausência de alíquota reduzida aplicável em decorrência de tratado para evitar a bitributação)

---

[482] http://www.leonardos.com.br/Textos/htm/News157.htm, visitado em 14/9/2009.

de IRF sobre pagamentos ao exterior por serviços em geral, inclusive de assistência técnica, bem como por fornecimento de tecnologia não patenteada (i.e. "know-how") era de 25% (vinte e cinco por cento), por força do art. 7º da Lei 9.779/99, conforme consagrado nos arts. 685 e 708 do Regulamento do Imposto de Renda aprovado pelo Decreto n. 3.000, de 26 de março de 1999 (RIR/99, publicado no D.O. de 29.03.1999 e republicado no D.O. de 17.06.1999).

Por seu turno, os pagamentos de royalties, i.e., a contraprestação pelo direito de uso de bem que é objeto de direito de propriedade (patentes, marcas, direitos autorais e franquia) estavam sujeito à alíquota geral de IRF de apenas 15% (quinze por cento), segundo medidas provisórias que se repetiam e que foram consagradas no art. 710 do RIR/99.

Seção [7] Bibliografia Complementar

ABRANTES, Antonio Carlos Souza de. Patentes de programas de computador: um estudo dos fundamentos de exame e análise de estatísticas do setor. <http://www.nepi.adv.br/doutrina/patentes_programas3.htm>.

ALBUQUERQUE, Roberto Chacon de, A Proteção das Invenções Relacionadas a Programas de Computador nos Estados Unidos, Revista da ABPI, (57): 38-42, mar.-abr. 2002.

ALBUQUERQUE, Roberto Chacon de. A Proteção das Invenções Relacionadas a Programas de Computador na Alemanha, Revista da ABPI, (50): 3-13, jan.-fev. 2001.

ALPA, Guido. La tutela giuridica del software. Milano: Giuffrè, 1984.

ARATA JR. Seiti, O Equilíbrio do Poder na Regulação da Internet Revista da ABPI, (53): 3-17, jul.-ago. 2001.

ARISTA, Raffaella. Una protezione giuridica ad hoc per il software: le 'disposizioni-tipo' dell'OMPI. Il Diritto Industriale, Milano, ano 5, n. 4, 1997.

AREAS, Patrícia de Oliveira, Contratos internacionais de software: o direito moral do autor como limitante da autonomia da vontade, Dissertação de Mestrado apresentada ao Curso de Pós-graduação em Direito da Universidade Federal de Santa Catarina, para obtenção do título de Mestre em Direito, na área de concentração em Relações Internacionais. Professor orientador: Dr. Luiz Otávio Pimentel Florianópolis, março 2006:

ASCENSÃO, José de Oliveira, A Recente Lei Brasileira dos Direitos Autorais Comparada com os Novos Tratados da OMPI, Revista da ABPI, (42): 13-29, set.-out. 1999.

ASCENSÃO, José de Oliveira. Direito autoral. 2. ed. ref. e ampl. Rio de Janeiro: Renovar, 1997.

ASCENSÃO, José de Oliveira. O fair use no direito autoral. In: SEMINÁRIO NACIONAL DA PROPRIEDADE INTELECTUAL DA ABPI, 22, Anais... Associação Brasileira da Propriedade Intelectual, 2002.

ASCENSÃO, José Oliveira, Direito de Autor e Direitos Conexos, Coimbra, 1992, p. 76 e seguintes.

ASCENSÃO, José Oliveira, Programa de Computador e Direito Autoral, in A proteção Jurídica do software, Forense, 1985, p. 53-55.

BARBOSA, Denis Borges, Inventos Industriais: A Patente de software no Brasil, Revista da ABPI, Parte I (88): 17-38, mai.-jun. 2007 e parte II (90): 9-29, set.-out. 2007.

BARBOSA, Denis Borges, Anais do Seminário Internacional sobre a Proteção Jurídica do software. MRE, julho de 1984.

BARBOSA, Denis Borges, Developing New Technologies: A Changing Intellectual Property System. Policy Options for Latin America. SELA, 1987

BARBOSA, Denis Borges, Programas de Computacíon y documentacíon tecnica asociada, in Revista de Derecho Industrial no. 36, dezembro de 1990, p. 632.

BARBOSA, Denis Borges, software and Copyright: A Marriage of Inconvenience. Copyright Magazine. Genebra, WIPO, julho de 1988.

BARBOSA, Denis Borges, software Protection: A New Brazilian Proposal. Business Law Review. Londres, julho de 1987.

BARBOSA, Denis Borges, software, Marjoram & Rosemary. A Brazilian Experience. WIPO's Regional Forum on the Impact of Emerging Technologies. Montevideo, Doc. WIPO/FT/MVD/89/7.

BARBOSA, Denis Borges, Tributação da Propriedade Industrial e do Comércio de Tecnologia (1983) Ed. Res. Tributária, p. 87-95.

BARCELLOS, Milton Lucídio Leão, A Brief Analysis of the Brazilian software Judicial Cases. Revista da ABPI, (55): 41, nov.-dez. 2001.

BERCOVITZ, Alberto. El derecho de autor en el Acuerdo TRIPs. In: Propiedad Intelectual en el GATT. Buenos Aires: Ed. Ciudad Argentina, 1997.

BERGEL, Salvador D. Disposiciones generales y principios basicos del Acuerdo TRIPs del Gatt. In: Propiedad Intelectual en el GATT. Buenos Aires: Ed. Ciudad Argentina, 1997.

BESSEN, James e MEURER, Michael J., Patent Failure - How Judges, Bureaucrats, and Lawyers Put Innovators at Risk, Princeton University Press.

BITTAR, Carlos Alberto, A lei de software e seu regulamento. Rio de Janeiro: Forense,

BITTAR, Carlos Alberto, Contornos atuais do direito do autor / Carlos Alberto Bittar. - São Paulo: Ed. Rev. dos Tribunais, c1992.

BITTAR, Carlos Alberto, O direito de autor nos meios modernos de comunicação / R. dos Tribunais, 1989.

BITTAR, Carlos Alberto. O direito de autor nos meios modernos de comunicação. São Paulo: Ed. Revista dos Tribunais, 1989.

BORRUSO, Renato. La tutela giuridica del software: diritto d'autore e brevettabilità. Milano: Giuffrè, 1999.

BRANCHER, Paulo Marcos Rodrigues. Contratos de Software. Santa Catarina: Momento Atual, 2003.

CARUSO, Maria Adalgisa. Disciplina giuridica del software e interesse della collettività. Milano: Giuffrè, 1989.

CARVALHO, Nuno Pires de, Os Inventos de Empregados na Nova Lei de Patentes, Revista da ABPI, Parte I (22): 3-33, mai.-jun. 1996 e parte II (23): 3-37, jul.-ago. 1996.

CASELLI, Eduardo Piola. Codice del Diritto di Autore. Torino: UTET, 1943.

CASSINO, João; SILVEIRA, Sérgio Amadeu da (coord.). Software Livre e Inclusão Digital. São Paulo: Conrad Editora do Brasil, 2003.

CASTRO, Aldemário Araújo, O Tratamento Jurídico do Software no BrasiL. Revista de Direito Eletrônico (IBDE), Petrópolis, v. 2, n. 6, 2004.

CERQUEIRA, Tarcísio Queiroz, *software*, Direito Autoral e Contratos, Ed. ADCOAS, 1993,

CERQUEIRA, Tarcísio Queiroz, *software*: direito autoral e contratos / Rio de Janeiro: Fotomatica: Polar, 1993.

CHAVES, Antonio, Software brasileiro sem mistério. São Paulo: Julex, 1988.

CHAVES, Antonio, Direitos Autorais na Computação de Dados, Ed. Ltr 1996.

CHAVES, Antonio, *software* Brasileiro sem Mistérios, Ed. Julex, 1988, p. 68-72.

CHIMIENTI, Laura, La tutela giuridica dei programmi per elaboratore, Giuffré, Milão, 1994,p. 23-26.

CHISUM, Donald Chisum e JACOBS, Michael, Understanding Intellectual property Law, Matthew Bender, 1992, 4-40 a 4-59.

CORREA, Carlos Correa e outros, Derecho Informático, Depalma, Buenos Aires, p. 55 e seguintes.

CORREA, Carlos; BATTO, Hilda N.; ZALDUENDO, Susana Czar; ESPECHE, Felix A.

CORRÊA, Gustavo Testa. *Aspectos Jurídicos da INTERNET*. São Paulo: Editora Saraiva, 2000

CUNHA NETO, Marcilio José da. Manual de Informática Jurídica. Rio de Janeiro: Destaque, 2002.

DANNEMAN, SIEMSEN, BIGLER & IPANEMA MOREIRA. Propriedade intelectual no Brasil. Rio de Janeiro: PVDI Design, 2000.

DE MATTIA, Fábio. Estudos de direito de autor. São Paulo: Saraiva, 1975.

DREXL, Josef. What is protected in a computer program: copyright protection in the United States and Europe. Munchen: Max Planck Institute, 1964. (IIC Series, v. 15).

FERNANDEZ MASIÁ, Enrique. La protección internacional de los programas de

FERRARI, Alexandre Coutinho. Proteção Jurídica de Software: Guia Prático para Programadores e Webdesigners. São Paulo: Novatec, 2003.

FRASSI, Paola A. E. Creazioni utili e diritto d'autore: programmi per elaboratore e raccolte di dati. Milano: Giuffrè, 1997.

GANDELMAN, Henrique. De Gutemberg a Internet – Direitos Autorais na era digital Ed. Record. 1997

GIANNANTONIO, Ettore. Manuale di diritto dell'informatica. 2. ed. Padova: CEDAM, 1997.

GOMES DOS SANTOS, Lígia Carvalho. Direito s Autorais na Internet. In: Internet – O Direito na Era virtual. 2ª .ed. Rio de Janeiro: Editora Forense, 2001

JONES JR., John B. e MATTSON, Robert N., *General Report*, Traitement Fiscal du Logiciel dans l'Informatique, *Cahiers de Droit Fiscal International*, Kluwer, 1988, p. 19-20.

Lei nº 25.036, de 6 de Novembro de 1998, sobre Reforma da Lei de Direitos Autorais da Argentina. (Documento). Revista da ABPI, (40): 52, mai.-jun. 1999.

LEMLEY, Mark A. Convergence in the law of software copyright?. High Technology Law Journal (Berkeley Technology Law Journal), Berkeley, v. 10, n. 1, 1995.

LEONARDOS, Flávio, Proteção do *software* - Nova Regulamentação no Brasil, Revista da ABPI, (3): 61-62, maio-jun. 1992.

LEONARDOS, Gabriel Francisco e SILVA, Valéria Guimarães de Lima e, Decisão da Suprema Corte Argentina Denegando Proteção Jurídica no Âmbito Penal ao *software*. (Informe da Propriedade Intelectual no Mundo), Revista da ABPI, (30): 53-55, set.-out. 1997.

LIPSZYC, Delia, El Derecho de Autor y los Derechos Conexos en el Acuerdo sobre los ADPIC (o TRIPs) de la OMC, Revista da ABPI, (43): 3-24, nov.-dez. 1999.

LOPES, Claudia Possi, Limitações aos Direitos de Autor e de Imagem. Utilização de Obras e Imagens em Produtos Multimídia Revista da ABPI, (35): 27-35, jul.-ago. 1998.

LUCAS, A. e LUCAS, H. J., Traité de la Proprieté Litteraire et Artistique, p. 116.

LUCAS, André, Le Droit de Informatique, PUF 1987, Paris

LUPI, André Lipp Basto. Proteção Jurídica do Software: Eficácia e Adequação. Porto Alegre: Síntese, 1998.

MAIA, Álvaro Marcos Cordeiro. Disciplina Jurídica dos Contratos Eletrônicos no Direito Brasileiro. Salvador: Nossa Livraria, 2003.

MANSO, Eduardo Vieira, A informática e os direitos intelectuais / Eduardo Vieira Manso. - São Paulo: R. dos Tribunais, 1985.

MCMANIS, Charles R. e CARVALHO, Nuno Pires de Carvalho (tradutor), A Proteção da Propriedade Intelectual e a Engenharia Reversa de Programas de Computador nos Estados Unidos e na União Europeia Revista da ABPI, (11): 26-70, mar.-jun. 1994.

MODEL Provisions on the Protection of Computer Software. WIPO Publication, n. 814, c1978.

MORAIS, Gustavo, Patentes de *software*: Mais um Recurso Contra a Pirataria, (7): 21, 1993.

MURTA FILHO, Antonio, Aspectos Penais Inovadores da Recente Lei nº 9.609, de 19/2/98, Revista da ABPI, (29): 29-33, jul.-ago. 1997.

MURTA FILHO, Antonio, e RODRIGUES, Bruno Leal. Comercialização de *software*: Circulação de Mercadorias ou Prestação de Serviços? Revista da ABPI, (26): 49-53, jan.-fev. 1997.

NAZO, Georgette N., coordenadora, A Tutela jurídica do direito de autor / - São Paulo: Saraiva, 1991.

Nova Lei do *software*. Lei nº 9.609, de 19 de fevereiro de 1998. (Documento). Revista da ABPI, (29): 36-38, jul.-ago. 1997.

OMPI, Disposicíones Tipo para la proteccíon de *software*.

PAESANI, Liliana Minardi, Direito de Informática. 3ª ed. São Paulo: Atlas, 2001

PAESANI, Liliana Minardi. Direito de Informática: Comercialização e Desenvolvimento Internacional do Software, v. 2. São Paulo: Atlas, 1997.

PAESANI, Liliana Minardi. Direito e Internet: Liberdade de Informação, Privacidade e Responsabilidade Civil. São Paulo: Atlas, 2000.

PEREIRA, Alexandre Dias. Informática, direito de autor e propriedade tecnodigital. Coimbra: Coimbra Ed., 2001.

PEREIRA, Elizabeth Dias Kanthack. Proteção Jurídica do Software no Brasil. Curitiba: Juruá Editora, 2001

PIMENTA, Eduardo, Transmissão de Direitos Autorais, Revista da ABPI, (30): 24-30, set.-out. 1997.

PINHEIRO, Walter. Software Livre: A Liberdade Chegou. Brasília: Centro de Documentação e Informação, Coordenação de Publicações, 2004.

POLI, Leonardo Macedo. Direitos de Autor e Software. Belo Horizonte: Del Rey, 2003.

Proposta de Diretiva do Parlamento Europeu e do Conselho da União Europeia Relativa à Harmonização de Certos Aspectos do Direito de Autor e dos Direitos Conexos na Sociedade de Informação. (Documento). Revista da ABPI, (36): 47-55, set.-out. 1998.

Proposta de Diretiva do Parlamento Europeu e do Conselho da União Europeia sobre Aproximação dos Regimes Jurídicos de Proteção das Invenções por Modelo de Utilidade. (Documento). Revista da ABPI, (37): 47-52, nov.-dez. 1998.

Resolução INPI nº 58, de 14 de Julho de 1998, sobre Registro de Programas de Computador. (Documento). Revista da ABPI, (36): 42-46, set.-out. 1998.

ROSA, por Dirceu Pereira de Santa. Indenizações por Violação de Programas de Computador: 3 Mil Vezes ou 3 Mil Dúvidas? Revista da ABPI, (75): 46-50, mar./abr. 2005.

ROVER, Aires José. (org.) *Direito,Sociedade e Informática*. Limites e perspectivas da vida digital. Florianópolis: Fundação Boiteux, 2000.

ROVER, Aires José. Direito e Informática. São Paulo: Manole, 2004.
Samuelson, Davis, Kapor e Reichman, A Manifesto Concerning the Legal Protection of Computer Programs, 94 Col. L. Rev. 2308 (1994).
SANCHES, Hércoles Tecino. Legislação Autoral. São Paulo: LTR, 1999.
SANTOS, Manoel J. Pereira dos, A Nova Lei do *software*: Aspectos Controvertidos da Proteção Autoral, Revista da ABPI, (29): 21-28, jul.-ago. 1997.
SANTOS, Manoel J. Pereira dos, A Proteção Autoral do Website, Revista da ABPI, (57): 3-9, mar.-abr. 2002.
SANTOS, Manoel J. Pereira dos, A Regulamentação da Propriedade Intelectual e da Transferência de Tecnologia no Comércio Internacional, Revista da ABPI, (39): 15-22, mar.-abr. 1999.
SANTOS, Manoel J. Pereira dos, Licença de *software*, Revista da ABPI, (25): 39-49, nov.-dez. 1996.
SANTOS, Manoel J. Pereira dos, Projeto de Lei de *software*. Parecer do Senador Roberto Requião. Manifesto da ABPI, Revista da ABPI, (27): 50-51, mar.-abr. 1997.
SANTOS, Manoel J. Pereira dos. Considerações iniciais sobre a proteção jurídica das bases de dados. In: DE LUCCA, Newton, SIMÃO FILHO, Adalberto (Coord). Direito &
SCOTT, Michael, Computer Law, John Wiley & Sons, p. 2-1.
SILVA JÚNIOR, Roberto Roland Rodrigues (Org.). Internet e Direito. Rio de Janeiro: Lumen Juris, 2001.
SILVEIRA, Newton, A proteção legal do software. Revista dos Tribunais, São Paulo,596:22-30, jun., 1985.
SILVEIRA, Newton, Comentários à Nova Lei de Direito Autoral nº 9.610, de 19/2/98, Revista da ABPI, (31): 35-40, nov.-dez. 1997.
SILVEIRA, Sergio Amadeu da. Exclusão Digital: A miséria na era da informação. São Paulo: Fundação Perseu Abramo, 2001.
SOARES, José Carlos Tinoco, Patentes de Programas de Computador, Revista da ABPI, (20): 39-46, jan.-fev. 1996.
SOARES, José Carlos Tinoco. Proteção dos programas de computadores. Revista da ABPI.
SOUZA NETO, Fábio de, Proteção do *software* - Nova Regulamentação no Brasil. Revista da ABPI, (3): 59-60, maio-jun. 1992.
TAURION, Cezar. Software Livre: Potencialidades e Modelos de Negócio. Curitiba: Juruá, 2004.
TOMASEVICIUS FILHO, Eduardo, A Natureza Jurídica do *software* à Luz da Linguística, Revista da ABPI, (79): 46-59, nov./dez. 2005.
ULMER, E. e Gert KOLLE, Kolle, IIc, vol. 14, II, p. 159-189, Instituto Max Planckt, 1983, *in* A proteção Jurídica do *software*, Forense, 1985, p. 117 e seguintes.

VAVER, David. The national treatment requirements of the Berne and Universal Copyright Conventions – part one (Computer programs). IIC - International Review of Industrial Property and Copyright Law, Munich, v. 17, n. 5, 1986.

VEIGA, Rosanie Martins da (Org.). Direito autoral. 3. ed. Rio de Janeiro: Esplanada, 2000.

VILLALBA, Carlos A., Una Nueva Reforma a la Ley 11.732 de Propiedad Intelectual, Revista da ABPI, (40): 49-51, maio-jun. 1999.

VISO, Roberto Alonso, España: Ley de Propiedad Intelectual, Revista da ABPI, (21): 7-13, mar.-abr. 1996.

WALD, Arnold, Da natureza Jurídica do "*software*", *in* A proteção Jurídica do *software*, Forense, 1985, p. 17-22.

WEIKERSHEIMER, Deana. Comercialização de Software no Brasil., Rio de Janeiro: Editora Forense, 2000.

YAMASHITA, Douglas, Sites na Internet e a Proteção Jurídica de sua Propriedade Intelectual, Revista da ABPI, (51): 24-29, mar.-abr. 2001.

Capítulo VIII
Do Sigilo dos Testes para Registro de Comercialização

Seção [1] Índice
Seção [2] Do Problema
Seção [3] A proteção antes da Lei nº 10.603, de 17-12-2002
Seção [4] O regime Brasileiro - A Lei nº 10.603, de 17-12-2002

Seção [1] Índice

Seção [1]

Seção [2] Do problema   2093
[2] § 1. A crise do setor farmacêutico: o medo dos genéricos   2094
[2] § 2. Uma propriedade "intelectual" sobre o simples investimento   2095
[2] § 3. O contexto internacional   2097
[2] § 3.1. A condicionante de TRIPs   2097
[2] § 3.2. Efeitos de TRIPs sobre a Lei 10.603/2002   2100
[2] § 3.2. (A) TRIPs não estabelece necessariamente norma de efeito inter partes   2100
[2] § 3.2. (B) Interpretação conforme a TRIPs   2105
[2] § 4. As repercussões no sistema de patentes   2106
[2] § 5. As legislações estrangeiras   2108
[2] § 6. O lead time e a legislação estrangeira   2108
Seção [3] A proteção antes da Lei nº 10.603, de 17-12-2002   2110
[3] § 1.1. Da continuidade da vigência do dispositivo após a Lei 10.603/2002   2113
Seção [4] O regime Brasileiro - A Lei nº 10.603, de 17-12-2002   2114
[4] § 1.1. A Lei 10.603/2002   2114
[4] § 1.1. (A) Da destinação das normas de exclusividade   2115
[4] § 1.1. (B) O alcance da proteção exclusiva   2117
[4] § 1.1. (C) Dos atos jurídicos relativos ao objeto da exclusiva   2118
[4] § 1.2. O contexto regulamentar   2120
[4] § 1.3. Como se lêem os direitos conferidos pela Lei 10.603/2002   2122
[4] § 1.3. (A) Do dever da Administração de garantir o sigilo   2123
[4] § 1.3. (B) A exclusiva como uma barreira de acesso ao mercado   2124
[4] § 1.3. (C) O princípio da interpretação restritiva dos monopólios jurídicos   2126
[4] § 1.3. (D) Princípio da interpretação restritivas das normas de intervenção do Estado   2129
[4] § 1.4. Do efeito da exclusividade sobre solicitações de registro por equivalência   2130
[4] § 1.5. Proteção de novos dados introduzidos após o registro   2131
[4] § 1.6. Do uso parcial dos dados apresentados   2134
[4] § 1.7. Jurisprudência: interesse público no uso de dados sigilosos   2137

Seção [2] Do problema

Para obtenção de autorização governamental de comercialização de novos produtos farmacêuticos, alimentares, veterinários, defensivos agrícolas e outros, que tenham potencial efeito na saúde dos seres vivos ou, em geral, no meio ambiente, os requerentes devem submeter aos órgãos reguladores testes e dados que comprovem a eficácia e os efeitos adversos resultantes da aplicação.

Parcela de tais informações será, possivelmente de domínio público, através dos meios de divulgação científica; mas outra parcela, em particular no caso de pesquisa em áreas economicamente sensíveis e de tecnologia inovadora, resultará de investimento do requerente.

Tais testes podem chegar a um custo várias vezes superior ao da própria pesquisa do produto farmacêutico.

Não haverá qualquer surpresa, assim, em se constatar que, em muitos países, existem normas que oficializam o direito do requerente do registro administrativo de manter o conteúdo de sua tecnologia em segredo (inclusive os testes de laboratório) e de obstar, na prática, o registro de tecnologias similares à sua, que permanece secreta. Através destes mecanismos instala-se uma espécie de monopólio administrativo do segredo, como sistema paralelo e inconspícuo de propriedade tecnológica.

Nesse aspecto, também foi alcançado, pelo menos nos EUA, outro equilíbrio de interesses - de um lado, o das grandes empresas investidoras em tecnologia, de outro, o das comercializadoras de produtos de nomes genéricos, que não se apoiam no sistema de comercialização e diferenciação de produtos utilizados pelos grandes grupos econômicos.

Desde 1984, legislação específica,[1] protege os produtores de genéricos de produtos farmacêuticos caídos em domínio público (ou prestes a cair), o acesso aos segredos dos testes de toxidade, etc., dos primeiros registrantes, sem necessitar repetir o investimento já realizado.

No caso de defensivos agrícolas e pesticidas, outra legislação (Federal Inseticide, Funguicide and Rodenticide Act - FIFRA) igualmente protege o valor dos testes de toxidade por prazo limitado - com enorme discussão sobre a razoabilidade da solução legal encontrada:

> The formal purpose of the exclusive use provisions of Subsection 3(c)(1)(D)(i)[2] of FIFRA is "to encourage continued research and development of new, more effective, and safer pesticides by giving producers – who often devote many years and millions of dollars to developing a new pesticide – a period of protec-

---

[1] Waxman/Hatch Act, ou Drug Price Competition and Patent Restoration Act of 1984, Pub. L. 98-417, 98 Stat. 1585.
[2] William H. Rodgers, Jr., Environmental Law, Pesticides and Toxic Substances, 1988, West Publishing Company. [nota do original] FN55. 7 U.S.C.A. s 136a(c)(1)(D)(i).

tion against competition."³ The subsection seeks to achieve this purpose "by prohibiting the Agency from allowing any subsequent applicant to cite 'exclusive use' data in support of his application for registration without the express written authorization of the first registrant of the new chemical." ⁴The 1978 Amendments went further to give "a mix of rights" to the data producer. Data to support the safety of new active ingredients in new pesticides will be afforded an exclusive use period of [ten] years. There will be a 15-year period of compensation during which the data producer has the right to be compensated for the use of the data. These two periods would overlap so that, in essence, an item of data for a new chemical will be given [ten] years exclusive use and [five] additional years of compensation."⁵

[2] § 1. A crise do setor farmacêutico: o medo dos genéricos

Ocorre que, a um certo momento, cerca de 80% das especialidades farmacêuticas mais demandadas chegaram a estar com patentes vencidas; o segmento de designação genérica, que se utiliza das patentes caídas em domínio público, vai crescendo para patamares que chegaram a US$ 15 bilhões, em 1991.⁶ Após negociação de interesses no mais alto nível, a grande indústria farmacêutica americana conseguiu a prorrogação de algumas patentes em troca de certas facilidades no registro dos produtos genéricos.

Este é um ponto de extremo interesse para os países em desenvolvimento. Um sistema que possibilite o aumento de competição no setor farmacêutico e alimentar,

---

3   [nota do original]FN56. 49 Fed.Reg. at 30888. The data-sharing provisions can be restated as a benefit to follow-on registrants since they were intended to "streamline pesticide registration procedures, increase competition, and avoid unnecessary duplication of data-generation costs." Thomas v. Union Carbide Agricultural Prods. Co., 473 U.S. 568, 571, 105 S.Ct. 3325, 3328, 87 L.Ed.2d 409, 414 (1985), citing S.Rep. No. 92-838, 92d Cong., 2d Sess. 72-73 (1972).

4   [nota do original]FN57. 49 Fed.Reg. at 30888. The quotation continues: Theoretically, a second applicant could obtain registration by independently developing the entire set of data required under FIFRA, but few producers are likely to be willing to take this course, because of the cost and delay. In addition, a later registrant may be reluctant to enter a new market because he would not be eligible for exclusive use protection for his data, and thus would be more vulnerable to competitors. Each later registrant would, however, be guaranteed the opportunity to claim compensation from subsequent applicants under the mandatory licensing provisions of the Act.

5   [nota do original] FN58. Senate Comm. on Agriculture, Nutrition, and Forestry, Federal Pesticide Act of 1978, 95th Cong., 2d Sess. 2 (1979) (Comm. Print) (Statement by Senator Leahy on Consideration of the Conference Report).

6   A questão da designação genérica e das compras estatais é também essencial neste contexto: "In 1984 the manufacturers of generic drugs got a big lift when Congress streamlined the Food and Drug Administration's process for approving their products. As a result the generic drug makers have steadily eaten into that market share held by the big-name pharmaceutical companies, whose off-patent products do nothing more than the generics but cost more because of their familiar names (...) [In 1991] the Medicare Catastrophic Coverage Act of 1988 will kick in, requiring all US pharmacies to dispense generic drugs to Medicare patients unless a physician insists otherwise (...) West Germany (...) is on the verge of passing a health reform bill that caps insurance reimbursements for the lowest-cost generic that's available" (Business Week, 5/12/88:112).

diminuindo as barreiras à entrada, inclusive no caso da indústria nacional de designação genérica, em forma aceitável pelos padrões TRIPs, parece ser claramente favorável ao desenvolvimento tecnológico e social do país ··

As outras condicionantes deste momento também parecem extremamente significativas: o custo de pesquisa e desenvolvimento do setor químico-farmacêutico está se tornando cada vez mais alto, menos devido à pesquisa propriamente dita do que aos estudos clínicos e testes de toxicologia indispensáveis à aprovação sanitária do produto Correa (1990).

[2] § 2. Uma propriedade "intelectual" sobre o simples investimento

Segundo a Lei 10.603/202, para obtenção de autorização governamental de comercialização de novos produtos farmacêuticos, alimentares, veterinários, defensivos agrícolas e afins, que tenham potencial efeito na saúde dos seres vivos ou, em geral, no meio ambiente, os requerentes devem submeter aos órgãos reguladores (MAPA, Meio Ambiente e Anvisa) testes e dados que comprovem a eficácia e os efeitos adversos resultantes da aplicação.

Como já notamos, tais resultados, apresentados ao ente público, serão tornados em considerável proporção dados públicos; na inexistência de legislação que restrinja o uso pela Administração de seu conhecimento, em favor dos competidores do registrante inicial, estes poderiam acelerar sua entrada no mercado sem reproduzir os investimentos dos primeiros requerentes.

A proteção jurídica a tal investimento (que não se identifica com o realizado no desenvolvimento do novo produto) pode resultar:

a) do sistema de informação confidenciais, em relação aos novos produtos que atendam os pressupostos de novidade, industrialidade e atividade inventiva;
b) de um sistema geral, diverso do das informação confidenciais, por exemplo, o de repressão à concorrência desleal;
c) de uma restrição específica à utilização de tais dados por concorrentes.

Como – dissemos já - nem sempre o sistema de informação confidenciais cobre todo o espectro dos investimentos tecnológicos, os investidores têm buscado sistematicamente enquadrar seus interesses não só na primeira modalidade, mas em todas as mencionadas, a despeito do interesse da sociedade em se ter mais e mais fontes de produtos acessíveis no mercado.[7]

---

[7] Sobre o embate de interesses éticos e econômicos, vide Ministerio de Ciencia, Tecnología e Innovación Productiva (Argentina) – Ministerio de Ciência y Tecnologia (Brasil), 25 de septiembre de 2006, Programa de trabalho Brasil – Argentina sobre ética na ciência e na tecnologia, encontrado em http://www.cecte.gov.ar/pdf/000038-es.pdf., visitado em 26/12/2008.

Para a proteção de tais dados de testes, não entram em causa a novidade da tecnologia, ou a sua atividade inventiva, com ocorre no caso das patentes. Entre a proteção de dados de testes e as patentes, as considerações são diversas, os efeitos pretendidos são diversos. No entanto, na hipótese de haver uma patente relativa ao material protegido, a proteção de dados, fornecidos a certo tempo durante a proteção da patente poderá ter o efeito de extensão da proteção *de mercado*[8] além do prazo do privilégio.

Desta forma, tal proteção restringe a competição em três hipóteses:

a) juntamente com as patentes,
b) em lugar delas quando a patente não exista, ou
c) além do escopo das patentes.[9]

Em particular quando a proteção seja deferida a informações relativas a produtos que não sejam *nova entidades*, pode ocorrer uma proteção distinta e independente da oferecida pelo sistema de patentes.

---

[8] Carlos M. Correa, Correa, Trade Related Aspects of Intellectual Property Rights, Commentary on the TRIPs Agreement, Oxford, 2007, p. 366 e seg. (citado aqui cmomo "Correa").., "Las consecuencias para la salud pública y la agricultura de estas disposiciones son importantes. La "exciusividad de datos" no confiere derechos de exclusión como una patente, pero crea una barrera elevada y eficaz a la competencia de los productos genéricos. Aún cuando se trate de un producto que nunca haya estado protegido o cuya patente hubiese caducado, mientras exista exclusividad, no puede aprobarse la comercialización a un fabricante de genéricos, excepto que el fabricante formule y desarrolle todo el conjunto de datos de prueba necesarios para obtener la aprobación. Esta opción es costosa, requiere mucho tiempo y plantea serias preocupaciones de tipo ético y económico. Duplicar las pruebas existentes no es sólo un derroche económico sino, en el caso de los medicamentos, también un hecho éticamente cuestionable, ya que implica poner en innecesario riesgo a personas para obtener resultados que ya se conocen. La exclusividad de datos puede, además, dependiendo de la legislación nacional, hacer ilusoria la concesión de licencias obligatorias y el uso no comercial realizado por los gobiernos, pues por más que se autorice el uso de una patente bajo esas modalidades, el licenciatario no podría registrar un producto genérico sin incurrir en los costos necesarios para duplicar los datos de prueba, ni aun ofreciendo una compensación a quien desarrolló los datos. Por otra parte, los gobiernos generalmente no podrán esperar hasta que se obtenga un nuevo conjunto de datos de prueba para satisfacer sus necesidades de salud pública". Do mesmo autor, nota-se See Carlos Correa, Protection of Data Submitted for the Registration of Pharmaceuticals. Implementing the Standards of the TRIPS Agreement, South Centre, Geneva 2002 (available at <http://www.southcentre.org/publications/protection/toc.htm>).

[9] Proceso 114-AI-2004, El Tribunal De Justicia de la Comunidad Andina, en San Francisco de Quito, a los ocho días del mes de diciembre de dos mil cinco. "Desde el punto de vista de la salud pública, previsto como límite primero en el artículo 266 de la Decisión 486, cabe poner de relieve que, en tratándose de consumidores de productos farmacéuticos, en países en desarrollo como los de la Comunidad Andina, la concesión de derechos exclusivos, por períodos de tiempo determinados, puede entrar en conflicto con derechos humanos fundamentales como la salud y la vida, toda vez que el consumo de los medicamentos está relacionado con su precio, y el precio de monopolio puede hacer imposible el acceso al medicamento, pudiendo llevar a la enfermedad y a la muerte a sus potenciales consumidores. En el caso de los datos de prueba, su protección por un período de tiempo determinado surte el efecto de extender indebidamente el monopolio de la patente, prolongando de esta manera, visto el diferimiento de la libre competencia en el mercado, la dificultad de acceso al medicamento".

Tais dados tem recebido proteção em várias jurisdições, especialmente a partir de 1984, em regimes diversos.[10]

[2] § 3. O contexto internacional

[2] § 3.1. A condicionante de TRIPs

A regulação no Direito Brasileiro relativa a dados de testes necessários para obter o registro sanitário não tem determinantes no Direito Internacional, nem existem padrões universais no direito estrangeiro que se tenham internado como imperativo de globalização.[11]

Pelo contrário, o único imperativo externo ao nosso direito é o dispositivo do art. 39.3 de TRIPs, que impõe a cada estado membro oferecer *alguma forma* de proteção a tais dados:

"Os Membros que exijam a apresentação de resultados de testes ou outros dados não divulgados, cuja elaboração envolva esforço considerável como condição para aprovar a comercialização de produtos farmacêuticos ou de produtos agrícolas químicos que utilizem novas entidades químicas protegerão esses dados contra seu uso comercial desleal. Ademais, os Membros adotarão providências para impedir que esses dados sejam divulgados, exceto quando necessário para proteger o público, ou quando tenham sido adotadas medidas para assegurar que os dados sejam protegidos contra o uso comercial desleal."

A proteção de "resultados de testes ou outros dados não divulgados, cuja elaboração envolva esforço considerável, como condição para aprovar a comercialização de produtos farmacêuticos ou de produtos agrícolas químicos que utilizem novas entidades químicas" é novidade do Acordo TRIPs.[12] Nada na Convenção de Paris ou em

---

10 Para uma comparação dos vários regimes e sua mutação histórica, vide Judit Rius Sanjuan, James Love, Robert Weissman, Protection of Pharmaceutical Test Data: A Policy Proposal, encontrado em http://www.keionline.org/index.php?option=com_content&task=view&id=86, visitado em 29/12/2008. Para o regime indiano, vide Shamnad Basheer, Protection of Regulatory Data under Article 39.3 of TRIPs: The Indian Context, Intellectual Property Institute, 2006. Sobre o regime australiano de 1999, vide National Association for Crop Protection and Animal Health, Submission to the Intellectual Property and Competition Review Committee's Public Enquiry and Review of Australian Intellectual Property Laws, encontrado em http://www.ipaustralia.gov.au/pdfs/ipcr/42avcarefull.pdf, visitado em 29/12/2008.
11 Para a análise do texto de TRIPs, o mais recente e detalhado estudo é o de Nuno Pires de Carvalho, The TRIPS Regime of Antitrust and Undisclosed Information, Wolters Kluwer, 2008 (citado adiante como "Carvalho"), ao qual nos referiremos extensamente. Vide igualmente UNCTAD - ICTSD. Resource Book On Trips And Development. New York, Cambridge University: Cambridge University Press, 2005, p. 520 e seg.,
12 Além dos textos já citados, vide J.H.Reichman, Universal Minimum Standards of Intellectual Property under the TRIPS, 29 Int'l Law 345 (1995), p. 377; Ross e Wasserman, The GATT Uruguay Round: a Negotiating History (1986-1992)- TRIPS, Ed. Kluwer, 1993, p. 62-64; Shu Zang, De L'OMPI au GATT,

qualquer outro instrumento internacional obriga, antes ou fora de TRIPs, à proteção no Brasil de tais dados e informações.¹³

Com efeito, as normas internacionais relativas à concorrência desleal condicionam uma proteção dos segredos de negócio ou de fábrica, mas em termos genéricos, e não no contexto específico das informações de licenciamento de produtos sujeitos a vigilância sanitária. Em tal situação, as informações deixam, em substância, de serem confidenciais, íntimas à empresa, ao serem apresentadas às autoridades públicas, para fins de licenciamento.

O Acordo TRIPs (art. 39(3)), porém, atribui mesmo às parcelas de informações que são de interesse público (não de *conhecimento* público) pelas exigências da legislação sanitária o status de indisponíveis: os demais possíveis fabricantes de um novo produto - ainda que não haja, para o mesmo, proteção patentária, mesmo que ela seja inaplicável ou já tenha expirado -, são proibidos pelo Acordo de valer-se dos testes apresentados.¹⁴ Detalharemos a seguir a noção de indisponibilidade neste contexto de TRIPs, que não se identifica à idéia de exclusividade.

Litec, 1995; Trebilcock e Howse, The Regulation of International Trade, Ed.Routledge, 1995, p. 262; Carreau, Fleury e Juilard, Droit International Économique, Ed. L.G.D.J., 1990, p. 282; David Leebron, An Overview of the Uruguay Round Results, 34 Col.J.Trans.L., 11 (1995); Myles Gelan, TRIPs and the Future of Section 301: a Comparative Study, 34 Col.J.Trans.L. 173 (1995).

13 BARBOSA, Denis Borges. Propriedade intelectual – a aplicação do acordo TRIP's. Rio de Janeiro: Lumen Juris, 2003, p. 71. Para uma história da elaboração do dispositivo, vide Carvalho, *op. cit.*, p. 240 e seg., e UNCTAD 520-526.

14 Como entende Carvalho, *op. cit.*, 30.3.62, tal se dá independentemente de ato de concorrência desleal. O autor igualmente nota que há notável conflito entre as implementações nacionais do art. 39.3: algumas legislações protegem as informações contra o uso, mesmo pelas autoridades públicas, senão para os fins da pessoa que os submete; outras legislações nacionais apenas denegam a revelação dos dados. Segundo entende o autor, é a primeira hipótese a que corresponderia à interpretação correta do dispositivo. UNCTAD, *op. cit.*, p. 530 assim reporta a controvérsia: "Considerable controversy exists about the interpretation of the extent of the obligation to protect against "unfair commercial use". According to one view, the sole or most effective method for complying with this obligation is by granting the originator of data a period of exclusive use thereof, as currently mandated in some developed countries. Under this interpretation, national authorities would not be permitted, during the exclusivity period, to rely on data they have received in order to assess subsequent applications for the registration of similar products. According to another view, Article 39.3 does not require the recognition of exclusive rights, but protection in the framework of unfair competition rules. Thus, a third party should be prevented from using the results of the test undertaken by another company as background for an independent submission for marketing approval, if the respective data had been acquired through dishonest commercial practices. However, under that provision a governmental authority would not be prevented from relying on the data presented by one company to assess submissions by other companies relating to similar products. If the regulatory body were not free, when assessing a file, to use all the knowledge available to it, including data from other files, a great deal of repetitive toxicological and clinical investigation will be required, which will be wasteful and ethically questionable. This position is also grounded on the pro-competitive effects of low entry barriers for pharmaceutical product. The early entry of generic competition is likely to increase the affordability of medicines at the lowest possible price". A visão de Carlos Correa, *op. cit.*, p. 367 diverge da de Carvalho (vide suas p. 272 e seguintes, em que esse último autor também admite a possibilidade de um regime apenas pagante, sem exclusividade) naquilo em que, enfatizando a topografia e a sistemática do Acordo TRIPs, Correa entende que o Art. 39.3 não cria um direito sui generis, que vá além da simples vedação à divulgação.

O dispositivo em questão nasceu da proposta americana e suíça,[15] a qual proibia exclusividade de uso, mas previa a hipótese alternativa do pagamento de um valor razoável, ou ainda uma terceira opção: a previsão na lei nacional de um período razoável de uso exclusivo.

A versão final de TRIPs deixa de mencionar tal previsão de pagamento ou de prazo de exclusividade (o que poderia, possivelmente, inspirar licenças compulsórias ou períodos de proteção reduzidos), mas apenas requer que os países membros da OMC resguardem tais dados e testes contra o uso comercial em situação de concorrência desleal,[16] ou sua divulgação, exceto em dois casos:

a) se necessário para proteger o público, ou
b) quando a legislação nacional tome medidas para garantir que tais informações não sejam objeto de uso comercial em situação de concorrência desleal.

O que seria tal "em situação de concorrência desleal"? O art. 39(2) do TRIPS ilumina, em parte, o que possa ser entendido como prática comercial reprovável neste contexto: por exemplo, a infração de deveres contratuais ou de confiança, ou indução ao inadimplemento de tais obrigações. A engenharia reversa ou o uso de informações disponíveis, sem que haja violação de contrato ou de fidúcia não constam no texto de TRIPs como sendo vedados.[17]

Assim, o parâmetro internacional aplicável não prevê proteção coativa do sigilo, facultando o uso dos dados por terceiros desde que resguardados os princípios da leal concorrência.[18] Este último critério é claramente compatível com o estabelecimento de prazos para o uso dos dados, como prevê a própria legislação americana, canadense[19] e

---

15 Vide, em particular, Ross e Wasserman, op. cit., p. 63. A minuta final de Bruxelas trazia texto especificando que os órgãos sanitários não poderiam dar acesso aos dados para concorrentes do requerente da licença de comercialização do produto nos cinco anos subseqüentes à submissão dos dados.

16 Carlos Correa, op. cit., "El artículo 39.3 exige a los países proteger los datos de prueba contra todo "uso comercial desleal". La protección se otorga contra prácticas comerciales deshonestas. Toda práctica expresamente exigida o permitida por la ley no puede considerarse desleal, inmoral o deshonesta, conceptos que deben aplicarse con un alcance territorial pues no existe una 'moral' universal. Lo contrario implicaría una verdadera esquizofrenia jurídica (permitir o exigir por un lado, lo que se condena por otro). Por tanto, la concesión de la aprobación para la comercialización de un producto a un segundo competidor, con base en la similaridad con respecto a un producto previamente aprobado, como lo disponen muchos países, no puede considerarse un "uso desleal" proscrito a la luz del artículo 39.3."

17 J.H.Reichman, Intellectual ..., op. cit., p. 378. Note-se, porém que a nota 10 ao art. 39(2) prevê como concorrência desleal a aquisição por terceiros de informações não divulgadas, quando o adquirente souber da aquisição importa em tais práticas, ou quando se provar que consistiria grave negligência o fato de o ignorar.

18 Tal é o entendimento que expressamos em nosso Uma Introdução à Propriedade Intelectual, 2ª. Edição, 2003. Não obstante a pugência dos argumentos de Carvalho, permanecemos com o nosso entendimento, ainda mais escorados na análise de Correa.

19 No entanto, sem vedação do sistema de similaridade. Adrian Zahl, Pharmaceuticals And The Law: As Patent Laws Converge, Attention Shifts To "Data Protection": "In Bayer Inc. v. Canada, 6 the Federal Court

da Comunidade, e também com um sistema de pagamento de direitos de uso, na forma de domínio público pagante ou de licença compulsória.[20] Mas não é menos compatível com a simples proteção contra a concorrência desleal, em sua visão convencional.

A proteção do art. 39.3 de TRIPs apenas se refere a dados relativos a produtos farmacêuticos e químicos de uso agrícola. Há algumas sugestões de que tal especificação, pelo menos no que toca à intercessão com o regime de patentes, poderia infringir o princípio da não discriminação constante do art. 27 de TRIPs.[21]

[2] § 3.2. Efeitos de TRIPs sobre a Lei 10.603/2002

[2] § 3.2. (A) TRIPs não estabelece necessariamente norma de efeito inter partes

Deve-se advertir para o fato de que os acordos da OMC e, em especial, o TRIPs não criam norma interna nos países membros, mas estabelecem parâmetros a serem

---

of Appeal interpreted Article 1711(6) restrictively and ruled that Canada's abbreviated drug approval regime does not contravene the NAFTA provisions because in a typical instance of a generic drug approval, the generic company does not "rely" on the originator's data. Canada's system permits the Minister of Health to grant a Notice of Compliance to a generic drug company upon submission of bio-equivalence and bio-availability test results which compare the generic drug to the original approved drug. The Court ruled that this system does not involve "reliance" on the original confidential data since in most cases the approving body does not actually review this data approval of the generic product is based simply on the existence of the original approval". Encontrado em http://www.metrocorpcounsel.com/current.php?artType=view&artMonth=February&artYear=2005&EntryNo=2430, visitado em 26/12/2008. Carvalho 39.5.95 fustiga tal entendimento como errôneo. Sobre a proteção de dados relativos a pesticidas no Canadá, vide Exclusive Protection of Pesticide Data at Risk in Canada, encontrado em http://www.torys.com/Publications/Documents/Publication%20PDFs/IP2008-3.pdf, visitado em 29/12/2008.

20   Vide quanto ao ponto Carvalho 39.3.102 e seguintes. Sajuan et allii propugnam pela adoção de um sistema de cost-sharing, pelo qual um novo resgistrante repartiria os custos dos dados de testes com o primeiro que apresentar as informações. No mesmo sentido, vide Basheer, Shamnad, Protection of Regulatory Data under Article 39.3 of TRIPS: A Compensatory Liability Model?. Intellectual Property Institute (IPI), Forthcoming. Available at SSRN: http://ssrn.com/abstract=934269.

21   CARVALHO, Nuno Pires de. The TRIPs Regime Of Trademarks And Designs. Frederick (USA): Kluwer Law International, 2006, p. 71-83: "A case of positive discrimination is subject to a pending dispute between Canada and the EC (European Communities - Patent Protection for Pharmaceutical and Agricultural Products, WTO document WT/DS 153/1, of December 7, 1998). In that dispute, Canada contends that Council Regulation (EEC) No. 1768/92 and European Parliament and Council Regulation (EC) No. 1610/96 have implemented a patent term extension scheme that is limited to pharmaceutical and agricultural chemical products. Such scheme, Canada alleges, is incompatible with the obligation not to discriminate on the basis of the field of technology, as established by Article 27.1 of the TRIPS Agreement. Actually, this dispute was initiated by Canada as a sort of counterclaim against the dispute initiated by the EC on two provisions of Canada's Patent Act (Canada - Patent Protection of Pharmaceutical Products, WTO document WT/DS 114/R, of March 17,2000, Panel report adopted on April 7, 2000). However, a dispute on positive discrimination is not as serious as a dispute on negative discrimination to the extent that the former' can be corrected, if the Dispute Settlement Body decides to recommend so, by just extending the inconsistent measure to any other suitable technical fields. In other words, a finding on a positive discrimination does not require the actual withdrawal of the provision 01' measure in question from national law, but simply the elimination of the discriminatory aspects of that provision 01' measure. The same does not apply to negative discrimination, which generally requires the actual elimination of the provision 01' measure (DSU, Article 3.7)".

seguidos pela legislação nacional. Se a lei nacional não acata o parâmetro do OMC, existe responsabilidade internacional, mas a norma local é plenamente aplicável.[22]
Assim se cita jurisprudência federal (AC 200151015246427 de 15.10.2008):

A existência dos prazos de transição decorrem da própria natureza do Acordo sobre os Aspectos da Propriedade Intelectual relativos ao Comércio (ADPIC). Esse estabelece preceito a ser aplicado pelos Estados-Membros, não implicando em obrigações ou direitos para os respectivos cidadãos, determina que aqueles devam adequar sua legislação aos novos patamares mínimos de proteção. Nesse sentido, ensina Denis Borges Barbosa, in "Propriedade Intelectual, a Aplicação do Acordo TRIPS", pág. 49, Lumen Juris, Rio de Janeiro, 2003:
"Destinatário das normas do TRIPs
São os estados membros da OMC. Nenhum direito subjetivo resulta para a parte privada, da vigência e aplicação do TRIPs. Como diz o próprio texto do acordo: (art. 1.1) Os Membros determinarão livremente a forma apropriada de implementar as disposições deste Acordo no âmbito de seus respectivos sistema e prática jurídicos.
Assim, por expressa determinação do próprio TRIPs, cabe à legislação nacional dar corpo às normas prefiguradas no texto internacional. Não se têm, no caso, normas uniformes, mas padrões mínimos a serem seguidos pelas leis nacionais, sob pena de violação do Acordo - mas sem resultar, no caso de desatendimento, em violação de direito subjetivo privado.
Assim, o Acordo TRIPs determina que os Estados Membros legislem livremente, respeitados certos padrões mínimos.
TRIPs exige lei interna, mas não é lei interna.
TRIPs é um acordo de "direitos mínimos", um piso mínimo para as legislações nacionais. TRIPs se endereça aos Estados Soberanos, e (no nosso sistema constitucional) só para eles cria direitos e obrigações. Assim, vigendo desde 1/1/95,

---

[22] Denis Borges Barbosa, A Convenção de Paris é a referência fundamental da Propriedade Industrial. Panorama da Tecnologia, no. 13, fev. 1995, p. 33. Ainda sobre o tema, vide, do autor: Direito do Desenvolvimento Industrial - Direito de Acesso do Capital Estrangeiro, vol. I, Ed. Lumen Juris, 1996, e Direito do Desenvolvimento Industrial - Organização Mundial de Comércio, vol II, Ed. Lumen Juris, no prelo. Também: A Cláusula de Segurança Nacional do GATT, parecer, junho de 1993; Aspectos Internacionais do uso de Poder de Compra do Estado (GATT e legislações estrangeiras), estudo, 1994; O Novo Texto Convencional do GATT, parecer, 9 de março de 1994; Para a indústria farmacêutica Sul Americana: O GATT e o Day After, trabalho apresentado no Congresso da Indústria Farmacêutica Latino Americana, Caracas, 1991; Porque somos piratas, Revista Brasileira de Comercio Exterior, Setembro de 1988; A Cláusula de Segurança Nacional do GATT 1994, parecer, julho de 1994; do autor e de Mauro Arruda, Sobre a Propriedade Intelectual, Universidade de Campinas (estudo disponível em meio magnético), 1992; do autor, Incentives and Trade, Columbia University School of Law 1983, manuscrito, 72 p. trabalho submetido pelo autor como requisito para obtenção do grau de Mestre em Direito (LL.M.); O GATT e a Propriedade Intelectual, Panorama da Tecnologia vol. 2, 1987; e Letter from the Gama World, Journal of Technology Management, jan. 1995.

obrigando desde 1/1/96 (1/1/2000 para os países como o Brasil), a partir da data em que se tornou efetivo os Estados Membros passaram a ser inadimplentes, ou não, sem que os particulares tivessem mais ou menos direitos com isso.

Dizem Ávila, Urrutia e Mier, sobre o TRIPs:

"Es un Acuerdo de resultados, ya que los Estados miembros tendrán libertad para adoptar los medios racionales que estimen convenientes y que sean conformes con sus propios ordenamientos jurídicos".

Os autores se referem diretamente ao disposto no art. 1º. de TRIPs:

ART. 1. 1 - Os Membros colocarão em vigor o disposto neste Acordo. Os Membros poderão, mas não estarão obrigados a prover, em sua legislação, proteção mais ampla que a exigida neste Acordo, desde que tal proteção não contrarie as disposições deste Acordo. Os Membros determinarão livremente a forma apropriada de implementar as disposições deste Acordo no âmbito de seus respectivos sistema e prática jurídicos.

Com efeito, TRIPs se endereça ao Estados Membros ("Os Membros colocarão..."). Não só são eles as únicas pessoas vinculadas ao TRIPS (que não obriga ou favorece às partes privadas), como têm liberdade para legislar como melhor entenderem de acordo com o respectivo sistema jurídico.

Uma vez mais, Carlos Correa, op. cit., p. 35:

"Las disposiciones del Acuerdo están dirigidas a los Estados y no modifican directamente la situación jurídica de las partes privadas, quienes no podrán reclamar derechos en virtud del Acuerdo hasta y la medida que el mismo sea receptado por la legislación nacional"

Com efeito, se o acordo se aplicasse imediatamente, nenhum propósito haveria em conceder um ano aos países desenvolvidos para "trazerem sua legislação à conformidade", como diz o Comunicado Oficial da OMC. Muito menos o prazo de cinco e dez anos dos países em desenvolvimento.

Aplicabilidade interna de TRIPs

Vale lembrar aqui o trecho de Francisco Rezek acima citado, segundo o qual na medida que um tratado estabeleça obrigações mútuas a cargo dos Estados Pactuantes, sem criar um quadro normativo que se projete sobre os particulares e cuja realidade operacional possam estes, a todo o momento, reclamar do poder público, é de se ter como certo que o fiel cumprimento do acordo só pode ser exigido do Estado-parte pelo co-pactuante.

A hipótese é exatissimamente a de TRIP's. O Acordo não cria "um quadro normativo que se projete sobre os particulares e cuja realidade operacional possam estes, a todo o momento, reclamar do poder público", como ensina Rezek. Provaremos a seguir.

Ocorre que – como se verá – as normas de TRIPs não criam direito diretamente em favor das partes privadas. O órgão jurisdicional da OMC já o declarou, como se verá a seguir, em várias oportunidades; tal proposta – de aplicação direta às partes privadas – foi explicitamente submetida e rejeitada na negociação do Acordo. Mais ainda, como reitera a Corte Européia, a aplicação direta de TRIPs frustraria um dos direitos mais importantes garantidos aos Estados-membros pelo sistema da OMC, o de negociar e de prover compensações no caso de um descumprimento das normas fixadas em TRIPs.

Não se alegue que, no sistema constitucional brasileiro há a aplicação direta dos tratados. Como se sabe, a jurisprudência citada e recitada do STF, sobre a aplicação de tratados no direito interno, refere-se especificamente a leis uniformes. Ou seja, tratados que determinam a aplicação de certas normas uniformes na esfera interna dos países membros. Porque TRIPs não é uma lei uniforme, como a do cheque ou da letra de câmbio."

Esse entendimento, já é aceito pela jurisprudência européia, citando-se decisão proferida na Grã-Bretanha, pela sua Suprema Corte, em 20 de dezembro de 1996 ("RPC – Report of Patent Cases", 245). O mesmo entendimento é expendido pela Organização Mundial do Comércio, conforme citado na obra de Denis Borges Barbosa (pág. 101):

"Em consonância com a doutrina, cuja existência mais notável se deu no âmbito da Comunidade Européia, como também em outras áreas de livre comércio, obrigações endereçadas ao Estado são equacionadas como criadoras de direitos e obrigações. Nem o GATT ou a OMC foram interpretadas pelas instituições do GATT-OMC, como detentores de normas legais que produzem efeito direto. Em consonância com esse entendimento, as normas do GATT-OMC não criam um novo ordenamento legal que sujeite os seus Estados-Membros, como seus nacionais."[23]

Nesse ponto fica evidente que o Acordo sobre os Aspectos da Propriedade Intelectual relativos ao Comércio (ADPIC) depende, para implementação de normas nacionais que o regulem, já que em seu artigo 1 (1) restou determinado aos Estados a adoção de medidas legislativas que visem à implementação de seus preceitos.

A necessidade de implementação de seus preceitos por meio de norma legal específica tem sido amplamente defendida pela doutrina internacional:

"Em sentido contrário a aplicação imediata das obrigações pelo Estado Nacional encontra amparo nas bases do Tratado de Estado (aplicação de normas pelos Estados Membros).

Como a adequação da legislação nacional o TRIPS depende do processo legislativo, a aplicação imediata teria que ser analisada de Estado a Estado."

---

23 [Nota do original] "Under the doctrine effect, which has been found to exist most notably in the legal order of the EC but also in certain free trade area agreements, obligations addressed to States are construed as creating legally enforceable rights and obligations. Neither the GATT nor the WTO has so far been interpreted by GATT/WTO institutions as a legal order producing direct effect. Following this approach, the GATT/WTO did not create a new legal order the subjects of which comprise both contracting parties of the Members and their nationals."

(Staehelin, Alesch; Das TRIPs Abkommen, p. 225-226, Stämpfli, 1999)
Igualmente, nesse sentido lição publicada pelo ex-procurador-geral do INPI, Ricardo Luiz Sichel, *in* "Direito Federal – Revista da Associação dos Juízes Federais do Brasil", p. 313, Número 68, 2001:
"Inicialmente, observa-se que ADPIC constitui-se em tratado internacional, obrigando os Estados e não os seus cidadãos. Questiona-se, nos foros internacionais, até que ponto possa um cidadão de um dos Estados Membros da OMC pleitear em Juízo a sua aplicação diretamente. Essa possibilidade vem sendo negada pelas Cortes de Justiça dos Estados Europeus."
Nesse sentido, tem-se pautado a lição de renomados professores da Universidade Federal de Santa Catarina:
"O problema doutrinário do Acordo TRIPS refere-se ao caráter auto-executivo ou não de suas normas. Entendemos, no mesmo sentido proposto por Gómez Segade, que o acordo em seu conjunto não é auto-executivo, porque as obrigações se impõem diretamente aos membros, quer dizer aos Estados que o subscreveram."
(Barral, Welber, O Brasil e a OMC, pág. 72, Diploma Legal, 2000)
"A circunstância de que os direitos de propriedade intelectual sejam reconhecidos pelo ADPIC como direitos privados não determina considerá-los auto-executivos."
"Um dos efeitos do Acordo ADPIC decorre da cláusula pipeline ou black box, incluída no último momento das negociações. De conformidade com ela, os membros que não concediam proteção jurídica por patente aos produtos dos setores farmacêutico e agroquímico no dia 1º de janeiro de 1995, data da entrada em vigor do acordo constitutivo da OMC, deveriam, a partir desta data, encontrar um meio para receberem as correspondentes solicitações de patente."
(Pimentel, Luiz Otávio; Direito Industrial, Síntese, 1999)
Igualmente, preleciona o insigne Prof.Carlos M. Correa, da Universidade de Buenos Aires, *in* "Intellectual Property Rights, the WTO and Developing Countries":
"Todos os membros da OMC tem um ano para a implementação dos Acordos da OMC, relativos as obrigações de proteção da propriedade intelectual."[24]
Essa tem sido a orientação do Superior Tribunal de Justiça, ao entender que uma regra inserida em Acordo Internacional necessita para sua implementação de lei ordinária, na ocasião do julgamento do EDcl nos EDcl no AgRg no REsp 653609, em que foi Relator o Ministro Jorge Scartezzini, publicado no DJU de 19-05-2005, cujo voto consignou o seguinte:

---

24 All WTO Members had one year after the date of entry into force of the WTO Agreemente, to apply the obligations relating to intellectual property protection. (fl. 9)

""(...). II - PROTEÇÃO AO NOME COMERCIAL. CONVENÇÃO DA UNIÃO DE PARIS, ARTIGOS 2º E 8º. O Tratado fornece o princípio, mas é na lei brasileira específica, que rege a matéria, que se vai buscar o modo da proteção efetivar-se. A causa, pois, não se funda na Convenção, mas na lei brasileira, que dá ao alienígena, como ao nacional, a mesma proteção e o mesmo recurso. (...)." (Ag nº 47.188/RJ, Rel. Ministro CARLOS VELLOSO, DJU 08.08.1985)"

Em acréscimo à nossa análise anteriormente efetuada, de que o acórdão dá notícia, em estudo posterior distinguimos certas hipóteses restritas em que a própria redação de TRIPs poderia ter aplicação *inter partes*, se a legislação interna não se opuser a isso. A próxima seção dá notícia deste entendimento.

[2] § 3.2. (B) Interpretação conforme a TRIPs

De outro lado, é razoável interpretar-se a lei nacional segundo o parâmetro de TRIPs, desde que atendidos os seguintes pressupostos:

a) haja liberdade constitucional para fixar tal interpretação como possível no Direito Brasileiro; e
b) a lei ordinária que configura a aplicação do objeto previsto em TRIPs não tenha claramente optado por outro caminho.

Ao mencionar "a aplicação do objeto previsto em TRIPs", não pressupomos qualquer lei que se destine a implementar TRIPs; a lei em vigor, consagrada pela Constituição, pode cumprir ou opor-se ao previsto pelo texto internacional, sem que com isso perca normatividade. Assim, pode-se dar o caso de que a lei em vigor tenha optado por seguir caminho divergente, ou não tenha acolhido o texto internacional. Se tal não se der, a interpretação devida deve ser conforme com o texto internacional.

Em suma, a integridade do sistema jurídico[25] impele a que – salvo decisão política, expressa pelo sistema legal – se procure dar máxima eficácia à norma internacional à qual o Brasil se vincula.

---

[25] Em face do direito internacional, o sistema brasileiro tem sido classificado como de dualismo moderado: ADIN 1480-DF de 1997. Ou seja, a norma internacional vige em estamento separado da norma interna, mas com intercessões relevantes: "A eventual precedência dos tratados ou convenções internacionais sobre as regras infraconstitucionais de direito interno somente se justificará quando a situação de antinomia com o ordenamento doméstico impuser, para a solução do conflito, a aplicação alternativa do critério cronológico ("lex posterior derogat priori") ou, quando cabível, do critério da especialidade". Dentro desse sistema, não cabem conflitos entre normas igualmente dotadas de teor jurídico, senão seja através dos sistemas de subsunção (como os indicados no acórdão do STF citado aqui) seja através da ponderação de princípios, quando as normas tenham a natureza destes.

A questão central neste caso é que TRIPs, além de exigir *uma proteção* a tais dados, abre à escolha dos estados membros o meio de proteção entre (a) a simples norma de concorrência desleal, (b) o dever de pagar pelo acesso aos dados, e (c) a exclusividade, inclusive a temporária. O sistema jurídico brasileiro adota a modalidade (a) para a proteção de dados referentes aos produtos atinentes à saúde humana (através do art. 195, XIV, da Lei 9.279/96) e a exclusividade temporária (modalidade (c)) no tocante aos produtos sob análise neste estudo.

Há relevante doutrina que entende a opção (a) como não suficiente par os fins de TRIPs.[26] Este autor, no entanto, na inexistência de jurisprudência do órgão de diferendos da OMC,[27] entende que qualquer proteção de dados em excesso à dos parâmetros da leal concorrência – como ocorre no caso da Lei 10.603/2002, é facultativa perante o texto internacional.[28] No entanto, feita a escolha,[29] impõe-se dar eficácia ao texto nacional e internacional com toda a integralidade e compatibilidade.

[2] § 4. As repercussões no sistema de patentes

A integração entre o sistema de vigilância sanitária e o de propriedade industrial tem sido repetidamente postulada pelos grandes investidores do setor químico e farmacêutico. A exclusividade de utilização dos dados e testes apresenta-se, em tal contexto, como elemento complementar ou suplementar às patentes, em especial para

---

26 Carvalho, 39.3.66.
27 UNCTAD, p. 532: "There is no WTO jurisprudence so far on this subject. However, the USA requested consultations under the DSU against Argentina in relation to, inter alia, Article 39.3 as applied to pharmaceuticals and agrochemicals. On 20 June 2002, the USA and Argentina notified the DSB of a mutually agreed solution. In their DSU notification, they stated that: "The Governments of the United States and Argentina have expressed their respective points of view on the provisions of Article 39.3 of the TRIPS Agreement, and have agreed that differences in interpretations shall be solved under the DSU rules. The Parties will continue consultations to assess the progress of the legislative process. .. and in the light of this assessment, the United States may decide to continue consultations or request the establishment of a panel related to Article 39.3 of the TRIPS Agreement." "In addition, the Parties agree that should the Dispute Settlement Body adopt recommendations and rulings clarifying the content of the rights related to undisclosed test data submitted for marketing approval according to Article 39.3 of the TRIPS Agreement, and should Argentinean law be inconsistent with Article 39.3 as clarified by the above-mentioned recommendations and rulings, Argentina agrees to submit to the National Congress within one year an amendment to Argentinean law, as necessary, to put its legislation in conformity with its obligations under Article 39.3 as clarified in such recommendations and rulings".
28 Vide nosso estudo Denis Borges Barbosa, Minimum standards vs. harmonization in the TRIPs context, in Carlos Correa, Research Handbook on Intellectual Property Law and the WTO, Elgar Books, 2009.
29 Há boas razões para se adotar um regime de exclusividade temporária, mas nenhuma para exceder as exigências de TRIPs ou os parâmetros gerais dos outros países. A proteção decenária a dados referentes a novas entidades químicas é claramente um excesso. Segundo o relatório americano sobre a situação da Propriedade Intelectual no mundo, de 2001: "This period of exclusivity is generally five years in the United States and six to ten years in the EC member States. Other countries that provide a period of exclusivity against reliance on data include Australia, China, the Czech Republic, Estonia, Japan, Jordan, Korea, Mexico, New Zealand, Slovenia, and Switzerland".

evitar a incursão de produtos genéricos, ou seja, não vinculados às marcas mais pregnantes dos grandes investidores da indústria.

Havendo patente, a confidencialidade de tais dados é necessária aos titulares de invenções protegidas para coibir a pesquisa alternativa (pois implica, para os demais possíveis produtores, em refazer os testes) e retardar ou tornar mais caro o acesso ao mercado após a extinção do privilégio.

No entanto, é claro o interesse público na entrada no mercado de produtores alternativos, uma vez amortizados os gastos de pesquisa tecnológica.[30] Tal manifestação do interesse público[31] opera no sentido de reduzir os preços e aumentar a oferta do produto. Ao nível legislativo, o interesse público na entrada de novos produtores no mercado se acha demonstrado pelo disposto no art. 20 da Lei 6.360/76, lei do registro sanitário de medicamentos, que garante a comercialização de produtos similares, uma vez admitido à comercialização um novo produto.

Note-se que o sistema de registro sanitário e o de patentes correm em caminhos diversos.[32] No sistema brasileiro, não existem intercessões necessárias entre os dois sistemas, e a existência de patentes em vigor não previne o registro, o que aliás não decorre de nenhuma norma internacional.[33] A dissociação entre os dois regimes foi objeto de inciso veto do Executivo a um dispositivo da Lei 10.603/2002.[34]

---

[30] Tal tese não é de nenhuma forma progressista, mas rigorosamente liberal. O ponto justo de equilíbrio entre proteção e uso das informações deve ser alcançado, mas, como notam LEVIN, R.; KLOVORICK, A.; NELSON, R. & WINTER, S. (1987) em Apropriating the Returns from Industrial Research and Development. Brookings Papers on Economic Activity, (3), não se deve acreditar que um nível maior de proteção da tecnologia seja necessariamente melhor, que resulte em mais inovação técnica, maior desempenho econômico, vantagens para o nível de vida da população, níveis mais elevados de competitividade, etc. Ao contrário, o aumento excessivo de proteção pode incentivar investimentos repetidos, que são anticompetitivos; pode elevar preços além da taxa adequada de retorno; pode desacelerar o processo de geração e difusão da tecnologia.

[31] Que tem uma dimensão temporal (o fim da patente) e uma geográfica (a amortização nos países centrais viabiliza o domínio público nos periféricos).

[32] Vide Registro sanitário e patentes (2002) (incluído em Uma Introdução à Propriedade Intelectual, 2ª edição, Ed. Lumen Juris, 2003), encontrado em http://denisbarbosa.addr.com/128.doc.

[33] Vide Carlos María Correa, Inexistencia de una Obligacion Internacional de Vincular el Registro de Defensivos Agricolas y Patentes de Invencion, Revista Criação do IBPI, no. 1, p. 124, 2009.

[34] "Ao procurar estabelecer o § 2º do art. 4º vínculo de prazo com a proteção patentária, através de dispositivo cuja redação não é clara quanto ao seu alcance, configura-se uma situação não desejável de igual vínculo dos objetos a serem protegidos, os quais são de natureza e conteúdos distintos. A proteção patentária independe da proteção de informação não divulgada e vice-versa, coexistindo separadamente.Portanto, em uma primeira interpretação do citado parágrafo, poder-se-á estabelecer que as informações não divulgadas de produtos sem proteção patentária têm prazo de proteção nulo, uma vez que o prazo de vigência da respectiva patente já expirou ou, se o pedido de patente for indeferido, nunca existiu. Em prevalecendo tal exegese do texto legal, estar-se-ia em situação de não observância de obrigações internacionais, particularmente as do art. 39.3 do Acordo sobre Aspectos dos Direitos de Propriedade Intelectual relacionadas ao Comércio (Acordo TRIPS), de 1994, da Organização Mundial do Comércio (OMC). Por outro lado, se a interpretação do § 2º do art. 4º for no sentido de que os produtos sem proteção patentária não estão sujeitos ao referido parágrafo, poder-se-á criar distorção na proteção de informação não divulgada. Isto porque, se um produto está sem proteção patentária, seja porque não é patenteável, seja porque teve sua proteção expirada, então, em tese, terá a sua proteção definida conforme os incisos do caput do art. 4º. Por outro

[2] § 5. As legislações estrangeiras

O equilíbrio entre tal interesse e o propósito de estimular a pesquisa através da concessão de um *lead time* ao dono da invenção levou, recentemente, uma série de legislações nacionais a estabelecer a possibilidade de acesso aos dados e testes por terceiros, após certo prazo ou sob certas condições.

No caso da legislação americana,[35] por exemplo, o acesso aos dados e testes é facultado após prazo relativamente curto (três ou cinco anos), mediante evidência de que o uso das informações em atividade industrial não viola direitos do requerente anterior ou de terceiros. Outras legislações[36] fiam-se em prazo de proteção mais longo, compatíveis ou próximos da expiração da eventual patente; mas, sem dúvida nenhuma, mesmo nestes casos a patente impedirá, até seu término, a efetiva industrialização alternativa - o ganho é do tempo de pré-industrialização.

Muitas objeções se fazem a este sistema de proteção paralelo ao de patentes. Ao contrário da patente, cujo pressuposto é a revelação da tecnologia, a reserva legal de tal conjunto de dados e de testes consagra a manutenção do segredo - e não sua socialização. Além disto, ao impor reserva sobre um conjunto de dados relativos à eficácia ou toxidade de um produto, mesmo ressalvando a publicação dos segmentos de testes exigidos por lei, a legislação labora contra o interesse do consumidor, em área extremamente sensível.

[2] § 6. O *lead time* e a legislação estrangeira

Exemplo importantíssimo do conflito e de equilíbrio entre os interesses dos investidores e os dos produtores de genéricos (e os do público em geral...) é a lei americana de 29 de setembro de 1984. Denominada Lei da Competição nos Preços dos Remédios e da Restauração do Prazo das Patentes, a norma ao mesmo tempo faculta o uso dos dados e testes por terceiros, após certo prazo (sem prejuízo dos eventuais

---

lado, se o produto for patenteável, a proteção estará prejudicada, em relação ao produto sem proteção patentária, por ter sido limitada relativamente ao caput do art. 4º. O atual sistema patentário e o de registro de comercialização possibilitam situações em que o registro de comercialização somente seja efetuado com vários anos de proteção patentária, podendo passar dos dez anos. Isso ocorre porque, para não perder a patente, o pedido é feito o quanto antes possível; porém, para sua comercialização, de fato e de direito, faz-se necessário ainda vários anos para o desenvolvimento do produto e para a realização de testes de laboratório que comprovem não ser o produto danoso à saúde humana e animal, à agricultura e ao meio ambiente. Pelo acima exposto, pelo fato de o registro de comercialização não impedir que terceiros tenham os seus registros próprios, mesmo havendo proteção de informação não divulgada, desde que produzam as suas informações, e pelo fato de que os sistemas de proteção de informação não divulgada e de proteção de patente não devem ser confundidos, sob pena de insegurança jurídica, não há como se manter o dispositivo em questão."

35 Pub. Law 98-417, de 28 de setembro de 1984, 28 STAT. 1585; vide também Tratado do NAFTA, art. 1711.6. Para patentes de remédios veterinários, Pub. L. 100-670, 102 Stat. 3971.
36 Por exemplo, Agricultural Canada Trade Memorandum T-1-249; Council Directive de 15 de Julho de 1991 sobre Defensivos Agrícolas.

direitos de patentes, que podem impedir tal uso) e concede aos titulares das patentes, cuja exploração seja retardada pelo tempo necessário para obter o licenciamento sanitário, uma prolongação correspondente no termo final do privilégio.

Os dois movimentos simultâneos da lei americana consagram a teoria do *lead time* como um relevante parâmetro para se julgar a eficácia do sistema de propriedade intelectual na economia.[37] Os investimentos privados em tecnologia, para assegurar o retorno que os propicie em ritmo constante, presumem que a vantagem comparativa resultante das novas tecnologias seja mantida por algum tempo. Pareceria, assim, natural que se assegurasse ao segredo, apenas revelado por imposição legal, proteção idêntica à que disporia, não houvesse tal determinação de lei.

O argumento, porém, não procede, por pelo menos duas razões. Primeiro, porque o segredo é protegido pelo fato de sua inacessibilidade, sob a regra geral da liberdade de iniciativa e de concorrência; revelado por imposição legal, sua proteção seria jurídica, e não de fato, alterando qualitativamente a natureza do vínculo das obrigações jurídicas pertinentes. Ou seja, a proteção resultante poderia ser comparável, mas nunca idêntica.

Ora, tal diferença altera radicalmente os condicionamentos da proteção possível. Fixada por norma legal, e não pelos fatos, a proteção dos dados e informações em análise será necessariamente limitada (sob pena de exceder a proteção de fato), seja no tempo, seja em seus efeitos. Aliás, além de desproporcional em face ao segredo, uma proteção jurídica ilimitada, no caso, importaria em restrição ilimitada da concorrência, o que vai contra direito em todo sistema jurídico que tem por base a liberdade de iniciativa.

Em segundo lugar, a hipótese de equiparação entre o segredo industrial em geral e os dados de toxidade ou eficácia de produtos sujeitos à vigilância sanitária cessa ao se constatar que tais dados são produzidos e apresentados exatamente tendo em vista o interesse público. O segredo guarda a intimidade da empresa; é informação que só a ela diz respeito, e a ela confere uma posição de acesso ou vantagem em seu mercado; mas os dados e testes de que se fala têm intrínseca natureza pública.

Os órgãos reguladores têm dever de analisar os dados e testes realizados, com vistas à proteção do público, e este têm o direito de ser informado quanto aos produtos que possam afetar sua saúde, o meio ambiente e a produção agrícola.[38] Mais ainda,

---

[37] Lead time ou head time, o tempo necessário para o originador de uma inovação afirmar sua vantagem no mercado, antes que os competidores incorporem a inovação a seu próprio processo produtivo. Vide em particular J. H. Reichman, Legal Hybrids Betweeen the Patent and Copyright Paradigms, 94 Col.L.Rev.,2432 (1994), Vide também, sobre a mesma questão, de Denis Barbosa e Mauro Arruda, Sobre a Propriedade Intelectual, *op. cit.*; e Ejan Mackaay, Legal Hybrids: Beyond Property and Monopoly, 94 Col.L.Rev. 2630 (1994)

[38] Ao que se deve acrescer o princípio de que as informações reveladas aos órgãos públicos em sua dunção regulatória são, intrinsicamente, de caráter público. Segundo Chisum e Jacobs, a regra no direito americano é que a submissão de dados confidenciais a entes públicos, salvo dever legal de sigilo, resulta em perda do direito ao segredo industrial, *op. cit.*, p. 3-25, citando Thomas v. Union Carbide Agricultural Products Co. 472 U.S. 568, 584 (1985) e Ruckelhaus v. Monsanto Co. 476 U.S.986, 1005-9 (1983).

existe interesse público - especialmente no tocante aos produtos farmacêuticos - em propiciar competição para reduzir preços, tão logo sejam amortizáveis os custos de desenvolvimento de novos produtos.

Conscientes de tais objeções à tese de proteção igual ao segredo industrial e aos dados e testes de controle sanitário, os propositores da regra do TRIPs apoiaram-se, assim, num outro fundamento jurídico, que não o da simples equiparação.

Seção [3] A proteção antes da Lei nº 10.603, de 17-12-2002

No Direito Brasileiro, esta matéria específica estava tratada pelo art. 195, inciso XIV,[39] e é referida, em parte, no art. 43, VII, do CPI/96, como modificado em 2001:

"Comete crime de concorrência desleal quem: (...)
XIV - divulga, explora ou utiliza-se, sem autorização, de resultados de testes ou outros dados não divulgados, cuja elaboração envolva esforço considerável e que tenham sido apresentados a entidades governamentais como condição para aprovar a comercialização de produtos.
(...) Parágrafo segundo - O disposto no inciso XIV não se aplica quanto à divulgação por órgão governamental competente para autorizar a comercialização de produto, quando necessário para proteger o público.

Dizem os Comentários à Lei 9.279/96, do Instituto Dannmeann:

"Sua incorporação à Lei nº 9.279/96 tem por objetivo coibir a espionagem industrial, tipificando como crime a conduta de divulgação, exploração ou utilização, sem autorização, de resultados de testes ou outros dados não divulgados apresentados a entidades governamentais durante o processo de aprovação para a comercialização de produtos."[40]

Analisando tais dispositivos, viemos a concluir o seguinte:

a) O direito internacional aplicável não prevê proteção exclusiva das informações confidenciais apresentadas às autoridades reguladoras para obtenção de registro sanitário, facultando o uso dos dados por terceiros desde que resguardados os princípios da leal concorrência. Este critério é claramente compatível com o estabelecimento de prazos para o uso dos dados, como prevê a própria legislação americana, canadense e da Comunidade, e tam-

---
39 Vide, quanto ao ponto, em nosso Licitação, Subsídios e Patentes, um estudo específico quanto à matéria.
40 DANNEMANN. Comentários à lei da propriedade industrial e correlatos. Rio de Janeiro: Renovar, 2005, p. 408-409.

bém com um sistema de pagamento de direitos de uso, na forma de domínio público pagante ou de licença compulsória.
b) Segundo o direito relevante, a proteção aos investimentos nas áreas técnicas - e seguramente mais quando aplicável o controle sanitário - terá necessariamente temperado pela prevalência do interesse público
c) O art. 195, XIV, do novo CPI será inconstitucional, em face do art. 5º, XXIX da Carta da República, na proporção em que institua proteção *exclusiva* sobre tecnologia, sem as limitações temporais nem garantia de uso efetivo imprescindíveis ao atendimento ao princípio constitucional geral do uso social da propriedade e à regra específica do art. 5º. XXIX da Carta.
d) O art. 195, XIV, do CPI/95, vigentes os parâmetros de registro de similares estabelecidos- por exemplo - pelo art. 20 da Lei 6.360/76, não importa em criminalizar o uso, por concorrentes, de informações anteriormente apresentadas, relativas aos produtos sujeitos a controle sanitário.

Quanto a esse regime, observa Pedro Marcos Nunes Barbosa:[41]

Ainda que numa análise pueril, a tutela indiscriminada que permita a perpetuidade de uma informação pode servir de óbice ao disposto no artigo 3º, II, da Carta Magna, vez que a disseminação das informações é que catalisaria o desenvolvimento nacional.
Por sinal, quanto ao regime de patentes, o domínio público é – sem dúvida – a premissa necessária à geração de nova tecnologia, a partir do estado da técnica livre, sobre o qual o "passo inventivo" será dado.
No entanto, nos parece que tal premissa também seria aplicável no desenvolvimento dos dados aos quais é submetido o sigilo. Certo é que "*compartilhar conhecimento é sempre benéfico socialmente e deve ser encorajado, pois aumenta as chances de inovação*".[42]
Dentro da noção (discorrida em capítulo anterior) sobre a economia da propriedade intelectual, se faz necessário um equilíbrio entre os detentores da tecnologia e aos desenvolvedores e competidores. E, não obstante, esse equilíbrio não é alcançado com a hermenêutica dada ao artigo 195, XIV.

---

41 Pedro Marcos Nunes Barbosa, A Proteção dos Dados de Testes Sigilosos Submetidos à Regulação Estatal, apresentado ao Programa de Pós-Graduação da Pontifícia Universidade Católica do Rio de Janeiro, em maio de 2008, a ser publicado no segundo número da Revista Criação do Instituto Brasileiro da Propriedade Intelectual.

42 [Nota do original] BAKER. Scott. LEE, Pak Yee. e MEZZETTI, Cláudio. Intelectual property disclosure as "threat". Califórnia: UNC Legal Studies Research Paper nº 1012152, 2007, disponível em http://ssrn.com/abstract=1012152, acessado em 03.11.2007, às 16:18. Tradução livre de: "Knowledge sharing is always socially beneficial and should be encouraged, because it increases the chance of innovation in both markets".

Outra inconstitucionalidade incidente pode ser observada em comparação ao disposto no artigo 8º, I, da Lei 10.603/02, e artigo 71 da Lei 9.279/96, vez que inexiste previsão para "uso público", também olvidando e aviltando o axioma estampado no artigo 5º, XXV, da CFRB.

Ainda no artigo 5º, é ululante que a *"proteção às criações industriais"* é condicionada ao interesse social e ao citado desenvolvimento, especificamente o tecnológico e o econômico.[43] Não havendo limites temporais e materiais à proteção, nenhum desenvolvimento tecnológico e econômico será atingido, senão exclusivamente pelo titular do sigilo.

No viés do Direito do consumidor, artigo 5º, XXXII, diz a doutrina:

"O equilíbrio descrito nessa proposta é o melhor equilíbrio dentro da ótica consumerista. As firmas líderes de mercado dividem o conhecimento, mas não coordenam suas decisões comerciais; cada firma 'líder' participaria de todos os mercados em que uma inovação possa ser desenvolvida. Quanto ao tema, várias considerações são valiosas. Primeiramente, esse equilíbrio não é possível para as empresas sem a ameaça da revelação dos dados atinentes à propriedade intelectual. Em outras palavras, empresas que carecem de tecnologia só angariarão efeitos coercitivos em acordos de troca de tecnologia se estas também possam acordar e manter um acordo de divisão de mercado. Por sua vez, empresas de pesquisa e desenvolvimento conseguem obter transferência e divisão de conhecimento enquanto competem e todos os mercados possíveis."[44]

---

43 [Nota do original] Poder-se-ia argumentar que os "dados de testes sigilosos" não seriam enquadrados dentro da previsão "criações industriais". Nessa ótica, o direito de exclusiva como exceção ao disposto no artigo 170 da CFRB deve sempre ser interpretado restritivamente. Daí surge a indagação: se o artigo 5º, XXIX, não contempla o direito de exclusiva de proteção aos dados de testes sigilosos, e todos os demais direitos de exclusiva estão previstos na Carta Magna, a atribuição de tal direito não viola a ordem constitucional? Aparentemente a resposta é positiva. Veja-se que em nenhum momento pode ser cerceada a criação de um direito que proteja os dados, mas esse direito não carece ser exclusivo. Conforme salientado em capítulo anterior, o domínio público pago é por vezes muito mais justo à economia da propriedade intelectual, bem como possibilita a justa remuneração com o desenvolvimento tecnológico. Dessa forma, suscita-se, também, a inconstitucionalidade da Lei 10.603/2002 por instituir direito de exclusiva que não é "criação industrial", além de inexistir previsão na Carta.

44 [Nota do original] BAKER. Scott. LEE, Pak Yee. e MEZZETTI, Cláudio. Intelectual property disclosure as "threat". Califórnia: UNC Legal Studies Research Paper nº 1012152, 2007, disponível em http://ssrn.com/abstract=1012152, acessado em 03.11.2007, às 16:18. Tradução livre de: "The equilibrium described in this proposition is the best equilibrium from the consumers.point of view. The leading firms share knowledge, but do not coordinate their entry decisions; each leading firm enters all markets in which it can develop an innovation. Several points are worth making here. First, this equilibrium is not possible for firms without the threat of IP disclosure. In other words, firms who lack intellectual property can only self-enforce input-sharing agreements if they can also agree to and maintain a market division agreement. In contrast, R&D firms can enforce knowledge sharing, while still competing in each and every market".

[3] § 1.1. Da continuidade da vigência do dispositivo após a Lei 10.603/2002

Como se verá, embora a Medida Provisória, que acabou sendo convertida pela Lei 10.603/2002 previsse a cobertura também dos dados de testes relativos a produtos relativos à saúde humana, tal não foi a solução da lei enfim promulgada.

Assim, deve-se entender que, excluída da regulação específica, permanece em vigor o disposto no art. 195, XIV, para os fins dos de resultados de testes ou outros dados não divulgados, cuja elaboração envolva esforço considerável e que tenham sido apresentados a entidades governamentais como condição para aprovar a comercialização de todos os produtos, salvo os farmacêuticos *de uso veterinário, fertilizantes, agrotóxicos e afins*, inclusive os produtos farmacêuticos de uso humano.

Há relevantes razões para não emprestar ao disposto no art. 195, XIV, um sentido que faça excluir o uso, pela Administração Publica, das informações de dados de testes em favor de terceiros que pretendam obter registro como produtos farmacêuticos genéricos ou similares.[45] Com efeito, toda a interpretação corrente de TRIPs, especialmente à luz da Declaração Ministerial da Rodada Doha, relativa às necessidades de saúde pública, legitimam o uso das informações pela Autoridade Pública, resguardado qualquer violação das normas de repressão à concorrência desleal, para aceder novos produtos genéricos ou similares, em favor da saúde pública.

Com efeito, para a proteção dos interesses dos titulares de inovações no setor farmacêutica persiste o poderoso instrumento da patente, intacto e reforçado pelas disposições do Acordo TRIPs.

Parece inexpugnável, de outro lado, o interesse constitucional no acesso do público aos medicamentos essenciais, o que imporia uma leitura restrita ao disposto no Art. 195, XIV, da Lei 9.279/96. Não haverá prevalência do interesse da concorrência leal entre competidores sobre o interesse da saúde pública; sem jamais anular a importância da lealdade concorrencial, a ponderação de interesses relevantes faz reservar a sanção do dispositivo em questão às modalidade típicas da concorrência desleal *stricto sensu*.

---

[45] Para uma análise desses dados, não incluídos no âmbito da proteção da lei 10.603/2002, vide Ana Paula Jucá Silva e Erika Mattos da Veiga, A Devida Proteção A Informações Não-Divulgadas e o Registro de Medicamentos Genéricos no Brasil, Revista Virtual da AGU, Ano VIII, nº 76, de maio de 2008, encontrado em http://www.escola.agu.gov.br/revista/2008/Ano_VIII_maio_2008/A%20devida%20prote%C3%A7%C3%A3o%20-%20Erika.pdf. Notam as autoras: "Logo, o mesmo interesse coletivo que, com vistas à inovação, confere legitimidade à sistemática de concessão de patentes, sob a justificativa de que a concessão do monopólio vintenário para a exploração do objeto protegido por direitos de propriedade industrial (o qual garante vultosas margens de lucro ao desenvolvedor da nova tecnologia relacionada ao objeto patenteado), também legitima a existência do instituto do medicamento genérico, desta vez, com vistas não à inovação, já garantida por meio do privilégio de patente do medicamento de referência (que, neste caso, está prestes a expirar), mas com vistas à garantia do direito, no Brasil, universal, de acesso a medicamentos."

Por exemplo, no exemplo legitimado pela doutrina do Instituto Dannemann, a aceitação pela Autoridade Pública, para legitimar o registro de um novo interessado, com base em informações subtraídas, pelo novo requerente e sem que o faculte a autoridade, fraudulentamente do seu antigo detentor.

Perfaz-se assim a adequada leitura - de acordo com o texto constitucional - do dispositivo da Lei 9.279/96, no tocante aos interesses da saúde pública.

No entanto, à falta de outro episódio de tal preponderância de interesses de tanta relevância constitucional, poderia ser entretecida leitura menos estrita do mesmo dispositivo, por exemplo, quanto aos dados necessários para homologação de equipamentos aeronáuticos e outros "resultados de testes ou outros dados não divulgados, cuja elaboração envolva esforço considerável e que tenham sido apresentados a entidades governamentais como condição para aprovar a comercialização de produtos".

Seção [4] O regime Brasileiro - A Lei nº 10.603, de 17-12-2002

Assim, satisfeitos os requisitos indicados acima, o Direito Brasileiro poderia – como o fez – tomar o caminho que quisesse.[46] Copiando alguma fórmula estrangeira, ou construindo uma solução própria.[47]

Assim, todas as considerações abaixo tomam por base o sistema jurídico brasileiro, e quaisquer citações e comparações com outros sistemas jurídicos têm apenas o propósito de esclarecer os pressupostos de fato e os interesse econômicos em jogo.[48] Não há "direito comparado", analogias, nem princípios gerais de direito de cunho internacional a tomar em conta.[49]

[4] § 1.1. A Lei 10.603/2002

A lei 10.603/2002 veio regular *"a proteção de informação não divulgada submetida para aprovação da comercialização de produtos"*, limitada aos produtos farmacêu-

---

[46] Expressaram seu entendimento em favor do regime de livre uso, sem dever de non reliance, a India, Ceilão, Canadá, Japão, Itália, Holanda, República Eslovaca, Suécia, Eslovênia, Argentina e Bolívia (Carvalho 39.3.99).

[47] Embora se contem numerosos trabalhos econômicos e de política pública sobre a proteção desses dados, a bibliografia sobre a questão, como direito brasileiro legislado, é extremamente escassa. Além do estudo sobre a questão em nosso Uma Introdução à Propriedade Intelectual, 2ª edição, apenas nos referimos à monografia de especialização de Pedro Marcos Nunes Barbosa, citada acima.

[48] A disparidade entre os regimes nacionais, reportada por Carvalho 39.3.64, nos impede de tomar qualquer regime como demonstração de sistema jurídico internacionalizado.

[49] Sanjuan et alii, "Experts who have examined this issue and the negotiating history of article 39.3 have concluded that a country can satisfy its TRIPS obligations by simply protecting regulatory data from disclosure or "misappropriation". Nothing in the TRIPS prevents a WTO member from allowing generic competitors to rely upon public information, evidence of foreign drug registrations, or non-disclosed data from another company (the so-called Non-disclosure model)". Sobre as conclusões da OMS sobre a questão, vide Timmermans K (2007) Monopolizing Clinical Trial Data: Implications and Trends. PLoS Med 4(2): e2 doi:10.1371/journal.pmed.0040002.

ticos de uso veterinário, fertilizantes, agrotóxicos[50] e seus afins. Esta especificação retira de nossas cogitações – quanto à Lei 10.603 o complexo tema jurídico da proteção dos dados relativos à saúde humana.[51]

A lei em questão resulta - em - tese do cumprimento do laudo arbitral Mercosul de 12/4/2002, muito embora a compatibilização com o regime regional não presumisse o regime jurídico adotado pelo Brasil.[52]

A lei regula a proteção, contra o uso comercial desleal, de informações relativas aos resultados de testes ou outros dados não divulgados apresentados às autoridades competentes como condição para aprovar ou manter o registro para a comercialização de produtos farmacêuticos *de uso veterinário, fertilizantes, agrotóxicos e afins*, conforme dispuser o regulamento.

[4] § 1.1. (A) Da destinação das normas de exclusividade

Em geral, as normas da Propriedade Intelectual compreendem regras de exclusão de conduta (usar uma tecnologia...) voltadas ao público em geral, como regras *erga omnes*. Não assim a exclusividade prevista na Lei 10.603.

Elemento essencial do entendimento da lei é que ela se dirige *direta e primordialmente* ao ente público registral, criando para ele uma obrigação de sigilo e de não utilização dos dados.[53] Suas repercussões perante entes privados são indiretas, eis que

---

50 Lei 7802/1989, Artigo 2º, I: agrotóxicos e afins: a) - os produtos e os agentes de processos físicos, químicos ou biológicos, destinados ao uso nos setores de produção, no armazenamento e beneficiamento de produtos agrícolas, nas pastagens, na proteção de florestas, nativas ou implantadas, e de outros ecossistemas e também de ambientes urbanos, hídricos e industriais, cuja finalidade seja alterar a composição da flora ou da fauna, a fim de preservá-las da ação danosa de seres vivos considerados nocivos; b) - substâncias e produtos, empregados como desfolhantes, dessecantes, estimuladores e inibidores de crescimento; II - componentes: os princípios ativos, os produtos técnicos, suas matérias-primas, os ingredientes inertes e aditivos usados na fabricação de agrotóxicos e afins". O Dec. 4.074/2002 define em seu art. 1º: "IV - agrotóxicos e afins / produtos e agentes de processos físicos, químicos ou biológicos, destinados ao uso nos setores de produção, no armazenamento e beneficiamento de produtos agrícolas, nas pastagens, na proteção de florestas, nativas ou plantadas, e de outros ecossistemas e de ambientes urbanos, hídricos e industriais, cuja finalidade seja alterar a composição da flora ou da fauna, a fim de preservá-las da ação danosa de seres vivos considerados nocivos, bem como as substâncias e produtos empregados como desfolhantes, dessecantes, estimuladores e inibidores de crescimento";
51 A lei, assim, não cuida de proteção de dados relativos à saúde humana. A Medida Provisória 69, no entanto, prescrevia: "Art. 1º Esta Medida Provisória regula a proteção, contra o uso comercial desleal, de informações relativas aos resultados de testes ou outros dados não divulgados apresentados às autoridades competentes como condição para aprovar ou manter o registro para a comercialização de produtos farmacêuticos de uso humano e veterinário, fertilizantes, agrotóxicos seus componentes e afins".
52 A historiografia do contexto regional no qual a lei se insere está descrita em http://www.pronaf.gov.br/dater/arquivos/livre_comercio_agrotoxicos.pdf, visitado em 22/12/2008. O regime argentino está descrito em Fabio Fidel Cantafio, Análisis de la jurisprudencia sobre las medidas cautelares en materia de protección de información confidencial y de patentes de medicamentos, LA LEY.
53 Carvalho, 39.3.69. Na descrição de Elizabeth Kasnar Fekete, O regime jurídico do segredo de indústria e comércio no direito brasileiro. Rio de Janeiro: Forense, 2003, p. 397, a obrigação imposta à Administração "configura espécie de segredo funcional (...) e equivale, a nosso ver, ao instituto do segredo de justiça trans-

os competidores (ou terceiros, como as pessoas interessadas em saber da toxidade dos produtos em questão[54]) são atingidas pela ação denegatória da autoridade. É, assim, capítulo do direito administrativo,[55] e sua interpretação segue esse sentido.

Para a Lei, nisso mais compatível com o padrão TRIPs do que o regime antes previsto pelo art. 195, XI, da Lei 9.279/96, as informações protegidas são aquelas cuja elaboração envolva esforço considerável[56] e que tenham valor comercial enquanto não divulgadas.[57] Nisto, se aproxima a tutela da Lei 10.603 do resguardo genérico dos segredos de empresa.[58]

Mas há um aspecto crucial que caracteriza essa informação como sendo objeto de um interesse público direto, e não só interesse privado, como o segredo de empresa genérico:

"a hipótese de equiparação entre o segredo industrial em geral e os dados de toxidade ou eficácia de produtos sujeitos à vigilância sanitária cessa ao se constatar que tais dados são produzidos e apresentados exatamente tendo em vista o interesse público. O segredo guarda a intimidade da empresa; é informação que só a ela diz respeito, e a ela confere uma posição de acesso ou vantagem em seu mercado; mas os dados e testes de que se fala têm intrínseca natureza pública."[59]

---

posto para a área administrativa". Davi Monteiro Diniz, Propriedade industrial e segredo de comércio. Belo Horizonte: Del Rey, 2003, p. 147, comentando o art. 195, XIV, da Lei 9.279/96, que tem escopo comparável, nota "A correlação entre este inciso e o acordo TRIPs é evidente. Ele regula precipuamente o poder ordinário de o Estado divulgar as informações sigilosas que lhe forem submetidas para aprovar a comercialização de produtos, ordenando sigilo aos que conhecerem os dados respectivos. É medida que visa principalmente a reger servidores públicos, embora a peculiar redação oferecida lhe proporcione maior amplitude quanto aos sujeitos que podem ser constrangidos por suas disposições.

[54] Sobre o efeito dessa confidencialidade sobre não concorrentes, em especial sobre as entiedades de proteção aos consumidores e de meio ambiente, vide Lurie, Peter and Zieve, Allison, Sometimes the Silence Can be Like the Thunder: Access to Pharmaceutical Data at the FDA. Law and Contemporary Problems, Vol. 69, 2006. Available at SSRN: http://ssrn.com/abstract=938559.

[55] A lei precisa, didaticamente: Art. 11. A utilização de informações protegidas pelas autoridades competentes, na forma desta Lei, não tipifica crime de concorrência desleal, previsto na Lei nº 9.279, de 14 de maio de 1996. E, igualmente: Art. 13. Independentemente da concessão do registro pela autoridade competente, a observância dos eventuais direitos de propriedade intelectual protegidos no País é de responsabilidade exclusiva do beneficiado. Quanto a este último aspecto, denominado "linkage", vide Carlos María Correa, Inexistencia de una Obligacion Internacional de Vincular el Registro de Defensivos Agricolas y Patentes de Invencion, Revista Criação, Ed. Lumen Juris, 2009, p. 113.

[56] Art. 1º (...)Parágrafo único. As informações protegidas serão aquelas cuja elaboração envolva esforço considerável e que tenham valor comercial enquanto não divulgadas. Sobre o significado da expressão "esforço considerável", vide Carvalho 39.3.151. O autor classifica a exigência como um teste de proporcionalidade.

[57] Vide Carvalho 39.3.141.

[58] Para uma descrição dessa proteção genérica, vide Denis Borges Barbosa, Do Segredo Industrial (2002) (incluído em Uma Introdução à Propriedade Intelectual, 2ª edição, Ed. Lumen Juris, 2003) http://denisbarbosa.addr.com/92.doc; idem, Nota Sobre a Noção de Segredo de Empresa, in A Propriedade Intelectual do Sec. XXI, Lumen Juris 2009; e, principalmente, Elizabeth Kasnar Fekete, O regime jurídico do segredo de indústria e comercio no direito brasileiro. Rio de Janeiro: Forense, 2003,

[59] BARBOSA, Denis Borges. Do sigilo de testes para registro sanitário in Uma introdução à propriedade intelectual. Rio de Janeiro: Lumen Juris, 2002, p. 684.

Como tal se entendem as informações que, até a data da solicitação do registro, não sejam facilmente acessíveis a pessoas que normalmente lidam com o tipo de informação em questão, seja como um todo, seja na configuração e montagem específicas de seus componentes; e, além disso, que tenham sido objeto de precauções eficazes para manutenção da sua confidencialidade pela pessoa legalmente responsável pelo seu controle.

Há uma presunção legal *juris tantum* de que sejam confidenciais as informações apresentadas sob declaração de confidencialidade.[60]

[4] § 1.1. (B) O alcance da proteção exclusiva

Quais são os efeitos da proteção? São:

a) os da <u>não utilização</u> (que a prática internacional denomina *non reliance*) – durante um prazo determinado - pelas autoridades competentes dos resultados de testes ou outros dados a elas apresentados em favor de terceiros e
b) da <u>não divulgação</u> dos resultados de testes ou outros dados apresentados às autoridades competentes, exceto quando necessário para proteger o público.[61]

Após o período de proteção, as autoridades competentes pelo registro deverão, sempre que solicitadas, utilizar as informações disponíveis para registrar produtos de terceiros, ressalvada a possibilidade de exigir outras informações quando tecnicamente necessárias.

Os prazos da Lei são:

1. para os produtos que utilizem novas entidades químicas ou biológicas, de dez anos contados a partir da concessão do registro, ou até a primeira libe-

---

60 Art. 2º Consideram-se não divulgadas as informações que, até a data da solicitação do registro: I - não sejam facilmente acessíveis a pessoas que normalmente lidam com o tipo de informação em questão, seja como um todo, seja na configuração e montagem específicas de seus componentes; e II - tenham sido objeto de precauções eficazes para manutenção da sua confidencialidade pela pessoa legalmente responsável pelo seu controle. Parágrafo único. Atendido o disposto nos incisos I e II, presumem-se não divulgadas as informações apresentadas sob declaração de confidencialidade.
61 Art. 3º A proteção das informações, definidas na forma dos arts. 1º e 2º e pelos prazos do art. 4º, implicará a: I - não-utilização pelas autoridades competentes dos resultados de testes ou outros dados a elas apresentados em favor de terceiros; II - não-divulgação dos resultados de testes ou outros dados apresentados às autoridades competentes, exceto quando necessário para proteger o público. § 1º O regulamento disporá sobre as medidas adequadas para a não-divulgação de tais informações por parte das autoridades às quais foram apresentadas, garantindo, porém, o seu livre acesso ao público em geral após o período de proteção a que se refere o art. 4º. § 2º Após o período de proteção, as autoridades competentes pelo registro deverão, sempre que solicitadas, utilizar as informações disponíveis para registrar produtos de terceiros, ressalvada a possibilidade de exigir outras informações quando tecnicamente necessário.

ração das informações em qualquer país, o que ocorrer primeiro, garantido no mínimo um ano de proteção;[62]

2. para os produtos que não utilizem novas entidades químicas ou biológicas, de cinco anos contados a partir da concessão do registro, ou até a primeira liberação das informações em qualquer país, o que ocorrer primeiro, garantido no mínimo um ano de proteção;[63] e

3. para novos dados exigidos após a concessão do registro dos produtos mencionados, pelo prazo de proteção remanescente concedido para o registro correspondente ou um ano contado a partir da apresentação dos novos dados, o que ocorrer por último.[64]

A lei considera como "nova entidade química ou biológica" toda molécula ou organismo ainda não registrados no Brasil, podendo ser análogos ou homólogos a outra molécula ou organismo, independentemente de sua finalidade.[65]

[4] § 1.1. (C) Dos atos jurídicos relativos ao objeto da exclusiva

Reconhecendo o valor e disponibilidade econômica das informações confidenciais, a lei permite o seu "licenciamento": durante o prazo de proteção, as informações

---

[62] "Para a proteção estabelecida nesta Lei, considera-se nova entidade química ou biológica toda molécula ou organismo ainda não registrados no Brasil, podendo ser análogos ou homólogos a outra molécula ou organismo, independentemente de sua finalidade".

[63] "para os produtos que não utilizem novas entidades químicas ou biológicas, de cinco anos contados a partir da concessão do registro ou até a primeira liberação das informações em qualquer país, o que ocorrer primeiro, garantido no mínimo um ano de proteção".

[64] Nota Pedro Marcos Nunes Barbosa (citado adiante como "Barbosa"): Saliente-se que a supracitada exigência poderá advir do titular do registro [Vide artigo 3º, § 2º, da Lei 7.809/89: "Os registrantes e titulares de registro fornecerão, obrigatoriamente, à União, as inovações concernentes aos dados fornecidos para o registro de seus produtos"], nas hipóteses alteração ou inovação no produto registrado, ou mesmo no exercício do poder de polícia do Estado [Vide artigo 9º, IV, da Lei 7.809/89: "a União adotará as seguintes providências: (...) controlar e fiscalizar a produção, a exportação e a importação"]. Como enfatizaremos abaixo, apenas os dados fornecidos por exigência da autoridade pública como condição para obter ou manter o registro serão protegidas neste caso.

[65] Vide Carvalho 39.3.131. Segundo UNCATD, p. 530, "The data to be protected must relate to a "new chemical entity". The Agreement does not define what should be meant by "new". Members may apply a concept similar to the one applied under patent law, or consider that a chemical entity is "new" if there were no prior application for approval of the same drug. Article 39.3 does not clarify either whether newness should be absolute (universal) or relative (local). Based on the ordinary meaning of the terms used, Article 39.3 would not apply to new uses of known products, nor to dosage forms, combinations, new forms of administration, crystalline forms, isomers, etc., of existing drugs, since there would be no novel chemical entity involved". Carlos Correa, Protección de productos farmacéuticos y agroquímicos ('productos regulados') en DR-CAFTA,, encontrado em http://www.ictsd.org/dlogue/2006-05-10/Docs/correa.pdf, visitado em 22/12/2008. "Asimismo, el artículo 39.3 no exige la protección de datos ya divulgados. La protección es susceptible de aplicación únicamente a nuevas entidades químicas, esto es, compuestos que no han sido incluidos en un medicamento aprobado previamente en ninguna parte del mundo. Este concepto no incluye segundas indicaciones, nuevas formulaciones ni cambios en las dosis. Además, las autoridades reguladoras nacionales podrán exigir al solicitante, a fin de conceder la protección, que ofrezca pruebas de que la información para la cual se busca protección es el resultado de un esfuerzo significativo".

poderão ser utilizadas pela autoridade competente para instruir ou justificar concessão de registro de terceiros *desde que* mediante prévia autorização do detentor do registro.[66] Fica claro que o titular das informações poderá, a qualquer tempo, autorizar seu uso para ou por terceiros.

Prevê-se licença compulsória das informações, desde que decorridos dois anos da concessão do registro sem que tenha o produto sido comercializado no Brasil.[67] A concessão segue procedimento análogo ao do licenciamento compulsório das patentes. Também haverá licença compulsória por interesse público e por infração à lei antitruste; neste último caso, poderá não haver obrigação de pagamento de remuneração ao titular.[68]

Ao fim da proteção, as informações serão de livre acesso e uso, salvo se continuarem como segredo de empresa na forma do art. 195 do CPI/96, e isso mesmo no tocante às informações industriais do titular do registro, não atinentes aos dados de toxidade – serão assim protegidas as informações incidentais, "visando a esclarecer processos ou métodos empregados na fabricação de produtos ou na obtenção das informações ou dados de que trata o art. 1º".[69]

Sobre isso, opina Pedro Marcos Nunes Barbosa:

> O § 2º do artigo 9º merece hermenêutica cuidadosa, pois, à primeira leitura, aparentaria conceder sigilo – a posteriori – ao material objeto de exclusividade pretérita.
>
> No entanto, o teor só permite a continuidade daquilo que era objeto de segredo industrial do que extrapolar as exigências do órgão governamental, e não for coberto pela exclusividade.

---

[66] Art. 5º Durante os prazos determinados no art. 4º, as informações definidas no art. 1º somente poderão ser utilizadas pela autoridade competente para instruir ou justificar concessão de registro de terceiros mediante prévia autorização do detentor do registro.

[67] Art. 7º Durante os prazos de proteção, as autoridades competentes poderão utilizar, a pedido de terceiros, de forma compulsória, as informações de que tratam os arts. 1º e 2º para a concessão do registro de produto a terceiros, desde que decorridos dois anos da concessão do registro sem que tenha o produto sido comercializado no Brasil.

[68] Art. 8º Poderá também ser concedida utilização compulsória para o uso de informações pelas autoridades competentes pelo registro, independentemente dos prazos mencionados no art. 7º, nos casos de: I - interesse público ou estado de emergência, declarados em ato do Poder Executivo Federal; II - violação do disposto na Lei nº 8.884, de 11 de junho de 1994, conforme recomendação do Conselho Administrativo de Defesa Econômica.

[69] Art. 9º Findos os prazos de proteção determinados no art. 4º, as informações de que trata esta Lei não mais serão consideradas confidenciais, podendo ser divulgadas e utilizadas, inclusive para a obtenção de novos registros. § 1º Findo o prazo de proteção, será assegurado ao público em geral o livre acesso às informações apresentadas, sem prejuízo das demais normas de tutela à propriedade intelectual, ao meio ambiente, à saúde pública, ao consumidor e à defesa da concorrência. § 2º As demais informações técnicas ou científicas eventualmente apresentadas por exigência das autoridades competentes pelo registro, visando a esclarecer processos ou métodos empregados na fabricação de produtos ou na obtenção das informações ou dados de que trata o art. 1º, que constituírem segredo de indústria ou de comércio, serão mantidas confidenciais, podendo ser utilizadas internamente pelos órgãos de governo para fins de registro.

O direito de exclusiva, segundo a melhor doutrina,[70] é:

"conferido pelo Estado, que dá ao seu titular a exclusividade da exploração (...) como contrapartida pelo acesso do público ao conhecimento dos pontos essenciais (...) no pressuposto de que é socialmente mais produtiva em tais condições a troca da exclusividade de fato (a do segredo da tecnologia) pela exclusividade temporária de direito".

Desta forma, não havendo publicidade dos dados, mesmo com a concessão de exclusividade, estar-se-ia propugnando o "enriquecimento sem causa" do titular.

Cuidando do problema da chamada "exceção bolar",[71] a lei diz que

"Os atos praticados por terceiros não autorizados, relacionados à invenção protegida por patente, exclusivamente para a obtenção de informações, dados e resultados de testes para a obtenção do registro de comercialização, observarão o disposto no inciso VII do art. 43 da Lei nº 9.279, de 14 de maio de 1996."

[4] § 1.2. O contexto regulamentar

A lei se insere num contexto regulatório complexo, que é do direito registral sanitário. Proeminente neste contexto é o Decreto nº 4.074, de 4 de janeiro de 2002, que, nominalmente, regulamenta a Lei nº 7.802, de 11 de julho de 1989, mas que incorpora uma série de normas introduzidas pelo Decreto nº 5.981 de 6 de dezembro de 2006, que, por sua vez, refletem a matriz legal da Lei 10.603/2002, especialmente:

"Art. 10-A. Os atos praticados por terceiros não autorizados, relacionados à invenção protegida por patente, exclusivamente para a obtenção de informações, dados e resultados de testes para a obtenção do registro, observarão o disposto no inciso VII do art. 43 da Lei nº 9.279, de 14 de maio de 1996." (NR)
"Art. 10-B. A observância dos eventuais direitos de propriedade intelectual protegidos no País é de responsabilidade exclusiva do beneficiado, independentemente da concessão do registro pela autoridade competente." (NR)

---

[70] [Nota do original] BARBOSA, Denis Borges Barbosa. Uma introdução à propriedade intelectual. Rio de Janeiro: Lúmen Júris, 1997, p. 129.
[71] "...some countries allow manufacturers of generic drugs to use the patented invention to obtain marketing approval — for example from public health authorities — without the patent owner's permission and before the patent protection expires. The generic producers can then market their versions as soon as the patent expires. This provision is sometimes called the "regulatory exception" or "Bolar" provision". Encontrado em http://www.wto.org/english/tratop_e/TRIPS_e/tripsfactsheet_pharma_2006_e.pdf, visitado em 29/12/2008.

"Art. 10-C. Os dados dos produtos registrados poderão ser utilizados pelos órgãos federais competentes responsáveis pelos setores de agricultura, saúde e meio ambiente para fins de concessão de registro, observado o disposto na Lei no 10.603, de 17 de dezembro de 2002." (NR)
"Art. 12-A. Os processos de registro de produtos técnicos equivalentes e de produtos formulados com base em produtos técnicos equivalentes terão tramitação própria." (NR)
"Art. 25-A. O registro especial temporário para produtos técnicos, pré-misturas, agrotóxicos e afins que possuam ingredientes ativos já registrados no Brasil será concedido automaticamente pelo órgão registrante, mediante inscrição em sistema informatizado integrado ao Sistema de Informações sobre Agrotóxicos - SIA. Parágrafo único. Os critérios a serem observados para o registro automático de que trata o caput serão disciplinados em norma específica." (NR)

Também significativa é a vigência da Instrução Normativa Interministerial nº 49, de 20 de agosto de 2002, mesmo após o decreto acima.[72]

Citemos extensamente Pedro Marcos Nunes Barbosa:

O único, e importantíssimo, dispositivo que merece comentário do Decreto 3.029/99, que aprova o regulamento da ANVISA, é o artigo 30 que consigna:
"A Agência dará tratamento confidencial às informações técnicas, operacionais econômico-financeiras e contábeis que solicitar às empresas e pessoas físicas que produzam ou comercializem produtos ou prestem serviços compreendidos no Sistema Nacional de Vigilância Sanitária, desde que sua divulgação não seja diretamente necessária para impedir a discriminação de consumidor produtor, prestador de serviço ou comerciante ou a existência de circunstâncias de risco à saúde da população".
Não parece haver grandes margens à hermenêutica da norma, no entanto, o tratamento confidencial não é delimitado no tempo, nem é assegurado, diretamente, um direito de exclusiva.
O decreto 4.074/02 regulamentou a Lei 7.802/89, e, no tocante ao tema estudado, conceitua tópicos de registro sanitário bem como estipula quais dados devem ser apresentados, e como estes podem ser utilizados pela entidade estatal.
Insta destacar o artigo 1º, XLII, que consigna ser: "registro de produto - ato privativo de órgão federal competente, que atribui o direito de produzir, comercializar, exportar, importar, manipular ou utilizar um agrotóxico, componente ou afim."

---

[72] Memória da Reunião do Comitê Técnico de Agrotóxicos, de 7/11/2007, na qual se reporta que a Consultoria Jurídica do MAPA entende pela vigência da norma.

No entanto, na hipótese de terceiros não titulares de tecnologia tutelada por patente em vigor, obterem registro de produto, o direito de *usus* permanece obstado na forma do artigo 42, da Lei 9.279/96.

Por sua vez, o Registro Especial Temporário, previsto no inciso subseqüente (XLII), trata de autorização governamental para que o interessado goze do direito previsto no artigo 43, I, da LPI.

Em seguida, o artigo 2º estabelece a competência do MAPA, Ministério da Saúde (através da sua agência reguladora, ANVISA) e Ministério do Meio Ambiente (por meio do IBAMA), "estabelecer as diretrizes e exigências relativas a dados e informações a serem apresentados pelo requerente para registro e reavaliação de registro dos agrotóxicos, seus componentes e afins".

Por sua vez, o artigo 8º explicita a necessidade do prévio registro (contendo os "relatórios" e "dados" pertinentes) para que, mesmo os titulares de monopólio estatal, os interessados possam fazer uso dos agrotóxicos, seus componentes e afins.

Posteriormente, o artigo 9º estabelece que toda inovação incidente sobre os dados que ampararam o registro do produto deve ser fornecido ao órgão registral, de modo que as informações consignadas sejam sempre atuais.

Dispositivo interessante é o § 3º, do artigo 10º, onde é regulado que:

"o órgão federal de saúde informará ao requerente de registro por equivalência se o produto técnico de referência indicado contém ou não contém os estudos, testes, dados e informações necessários à avaliação do registro, no prazo de quinze dias da solicitação do registro de produto técnico por equivalência".

Na leitura do parágrafo supra, compreendemos que a informação sobre a existência de "estudos, testes, dados", obviamente não contempla o fundo daqueles, e, portanto, funciona apenas como alerta ao pretendente do novel registro.

O Decreto nº 4.074 ainda regula os procedimentos relativos ao registro por equivalência; assim, será mencionado abundantemente a seguir.

[4] § 1.3. Como se lêem os direitos conferidos pela Lei 10.603/2002

A proteção de dados apresentados para registro sanitário para a comercialização de produtos farmacêuticos de uso veterinário, fertilizantes, agrotóxicos seus componentes e afins, prevista na Lei 10.603/2002 assumiu a forma de *direito exclusivo*. Com efeito, o art. 3º da lei denega acesso aos dados apresentados pelos interessados no registro tanto quanto à divulgação dos mesmos, quanto pela utilização dos conhecimentos obtidos pelo ente público em favor de terceiros.

Ora, não há dúvidas de que as informações a respeito de efeitos e toxidade dos produtos são dados essenciais para a prestação dos serviços regulatórios pelo Estado; essenciais tanto para a saúde humana quanto animal, e indispensáveis igualmente para a proteção dos recursos agrícolas e ambientais. Há assim interesse público, que é indisponível, no acesso de tais dados por parte da Administração Pública. Não pode o Estado deixar de ter acesso a esses dados para seu uso próprio, em resguardo da Sociedade.

[4] § 1.3. (A) Do dever da Administração de garantir o sigilo

De início, cabe verificar o estatuto jurídico do sigilo imposto à Administração por força da Lei 10.603/2002. Há norma geral de sigilo da Administração Federal,[73] mas, no caso, a norma específica se sobrepõe. Citamos aqui Pedro Marcos Nunes Barbosa:

> Nesse sucinto capítulo, analisaremos os limites incidentes sobre o sigilo dado aos testes químicos sujeitos à regulação estatal, aqueles sujeitos à manutenção pública. A doutrina[74] bem explicita que: "*os bancos de dados criados e mantidos pelo Poder Público (v.g.: Receita Federal, Cartório Eleitoral, etc.) ou pela atividade privada, com função pública (Serviço de Proteção ao Crédito, Companhias Telefônicas, Entidades Bancárias, etc.) hão de ficar absolutamente adstritos ao princípio da vinculação à finalidade dos dados, regra que exige que as informações recolhidas sejam utilizadas tão-somente com o escopo para o qual foram obtidas*".
> Assim, temos que os dados de testes químicos que ficam registrados perante a ANVISA, o MAPA e o IBAMA, ou outro órgão estatal, não possam - em tese - estar sob acesso irrestrito de quaisquer terceiros.

---

73 Decreto nº 4.553, de 27 de dezembro de 2002, que "Dispõe sobre a salvaguarda de dados, informações, documentos e materiais sigilosos de interesse da segurança da sociedade e do Estado, no âmbito da Administração Pública Federal, e dá outras providências". Importam à nossas considerações os seguintes dispositivos: "Art. 2º São considerados originariamente sigilosos, e serão como tal classificados, dados ou informações cujo conhecimento irrestrito ou divulgação possa acarretar qualquer risco à segurança da sociedade e do Estado, bem como aqueles necessários ao resguardo da inviolabilidade da intimidade da vida privada, da honra e da imagem das pessoas. Parágrafo único. O acesso a dados ou informações sigilosos é restrito e condicionado à necessidade de conhecer. Art. 5º Os dados ou informações sigilosos serão classificados em ultra-secretos, secretos, CONFIDENCIAIS e reservados, em razão do seu teor ou dos seus elementos intrínsecos. § 3º São passíveis de classificação como CONFIDENCIAIS dados ou informações que, no interesse do Poder Executivo e das partes, devam ser de conhecimento restrito e cuja revelação não-autorizada possa frustrar seus objetivos ou acarretar dano à segurança da sociedade e do Estado. Art. 7º Os prazos de duração da classificação a que se refere este Decreto vigoram a partir da data de produção do dado ou informação e são os seguintes: (...) III - confidencial: máximo de vinte anos; Art. 37. O acesso a dados ou informações sigilosos em órgãos e entidades públicos e instituições de caráter público é admitido: I - ao agente público, no exercício de cargo, função, emprego ou atividade pública, que tenham necessidade de conhecê-los; e II - ao cidadão, naquilo que diga respeito à sua pessoa, ao seu interesse particular ou do interesse coletivo ou geral, mediante requerimento ao órgão ou entidade competente. § 1º Todo aquele que tiver conhecimento, nos termos deste Decreto, de assuntos sigilosos fica sujeito às sanções administrativas, civis e penais decorrentes da eventual divulgação dos mesmos. § 2º Os dados ou informações sigilosos exigem que os procedimentos ou processos que vierem a instruir também passem a ter grau de sigilo idêntico. (...) Art. 66. Na classificação dos documentos será utilizado, sempre que possível, o critério menos restritivo possível.

74 VASCONCELOS, Antonio Vital Ramos. Proteção constitucional ao sigilo. São Paulo: Revista Forense, Vol. 323, p. 39.

Ademais, o atendimento da pretensão desmedida de terceiros, gradativamente, conduziria à descaracterização daquele cadastro - de finalidade específica - para banco de dados de utilização comum de todos os interessados.

Em contra-partida, o disposto no artigo 5º, XII, o artigo 5º, XXXIII, determina que "*todos têm direito a receber dos órgãos públicos informações de seu interesse particular, ou de interesse coletivo ou geral, que serão prestadas no prazo da lei, sob pena de responsabilidade, ressalvadas aquelas cujo sigilo seja imprescindível à segurança da sociedade e do Estado*".

Apesar do dispositivo constitucional não se referir expressamente aos dados de testes sigilosos, o constituinte consignou o flagrante conflito de interesses, que deve ser ponderado para não submeter nenhuma parte ao abuso desenfreado.

Comentando inciso ventilado, ensina CRETELLA: "*A entidade pública pode negar, simplesmente, a informação solicitada e, nesse caso, deve impetrar-se mandado de segurança contra a violação de direito líquido e certo, mas a entidade pública pode indeferir o pedido, motivando-o com a própria Constituição (...) alegando o direito de sigilo*".[75]

Na exegese da norma do inciso XXXIII, vê-se claramente que ela também não englobou as informações sujeitas ao sigilo por imposição do legislador ordinário. Na hermenêutica mais conservadora, temos que as "informações" tangenciadas pelo texto seriam aquelas de origem irrestrita.

Por sinal, sirva de atenta recomendação a serena advertência oriunda da Consultoria-Geral da República no sentido de que "*se a lei reveste de sigilo determinados atos estatais, excepcionando, desse modo, com fundamento em expressa permissão constitucional, o princípio geral da publicidade, torna-se defeso ao aplicador da norma legal - administrador ou julgador - fazer aquilo que ela, na cláusula de reserva, não permite*".[76]

[4] § 1.3. (B) A exclusiva como uma barreira de acesso ao mercado

Assim, a Administração tem o dever de resguardar os dados apresentados, na forma da Lei 10.603/2002. É esse um interesse jurídico constitucionalmente sancionado.

Mas também existe outro interesse jurídico-constitucional contraposto ao descrito na seção anterior, e igualmente imposto à Administração. Trata-se da liberdade constitucional plenamente assegurada pelo art. 1º, IV, e art. 170 da Constituição, que é a do livre exercício da atividade empresarial, sem peias e sem artificialidades. A concorrência livre é um interesse não só dos agentes econômicos, mas também – e prin-

---

[75] JÚNIOR, José Cretella. Comentários à Constituição brasileira de 1988. Rio de Janeiro: Forense Universitária, 1989, 1ª edição, p. 432.
[76] VASCONCELOS, Antonio Vital Ramos. Proteção constitucional ao sigilo. São Paulo: Revista Forense, Vol. 323, p. 41.

cipalmente – da população, a quem interessa legitimamente o fluxo de bens no mercado, a preço e acesso os mais livres quanto possível.

Qual a natureza dessa negativa de acesso à informação? Impedindo que a Administração Pública utilize o conhecimento de que tem *para os fins de favorecer maior concorrência no mercado*, a exclusividade da Lei 10.603 se constitui uma *barreira de entrada ao mercado*.

Embora não se trate de um monopólio econômico, pois – em tese – a replicação do mesmo teste pelo concorrente facultaria tal entrada (na inexistência de patente ou cultivar), certo é que o não-uso da informação de que a Administração dispõe traz uma ineficiência econômica em favor exclusivo da parte que fez o investimento para fazer os testes.

Note-se que tal exclusividade não protege uma contribuição ao conhecimento tecnológico *de todos*, como ocorre no caso da patentes, que são publicadas para aumento da técnica. Essa exclusividade impede a entrada no mercado mesmo das empresas que tenham capacidade tecnológica para levar a inovação ao mercado. O que tal exclusividade garante é uma vantagem comparativa para quem tem *disponibilidade econômica para gastar*, e não quem tem capacidade tecnológica.[77]

Inúmeros outros *public goods* são produzidos pelas empresas para ganhar acesso ao mercado, sem que isso importe em exclusividade de tais dados; o investimento em reportar suas informações para acesso ao mercado de capitais, por exemplo, exigido pela nossa Comissão de Valores Imobiliários, tem natureza similar aos dados de testes.

Não é o *custo* da informação ou o investimento que justificaria, neste caso, uma proteção por exclusividade. O fato de que tais informações de mercado de capitais não possam ser utilizadas primariamente pelos competidores para ganhar seu próprio acesso ao mercado ilustra exatamente a natureza específica da vedação da Lei 10.603: ela é dirigida não como compensação de investimento, mas como barreira de entrada de competidores.

Esta característica afilia a exclusividade da Lei 10.603 à noção *jurídica* de monopólio,[78] como desenhada pelo Supremo Tribunal Federal recentemente:

---

[77] Na narrativa da associação internacional de classe da indústria farmacêutica (não genéricos): "For example, research-based pharmaceutical companies in the United States invested $21.8 billion in R&D in 1998, a 10% increase over 1997. With forty percent of these R&D expenditures going to pre-clinical functions and thirty percent going towards completing the Phase I, II, and III clinical trials required by the FDA, seventy percent of all R&D expenditures in the United States go to gain regulatory approval. A new drug costs, on average, $500 million and requires as long as 15 years to develop, if preclinical and clinical trial phases are taken into account. Only three out of ten drugs introduced in the United States from 1980 – 1984 had returns higher than their average after-tax R&D costs. Comprehensive drug testing in the clinical trial stage alone can cost $150 million or more for a single medication, and only 10% - 20% of drugs ever clear the full set of pre-clinical and clinical trials". International Federation of Pharmaceutical Manufacturers Associations, Encouragement of new clinical drug development: the role of data exclusivity, http://www.eldis.org/assets/Docs/29224.html, visitado em 29/12/2008.

[78] Para uma distinção entre a noção jurídica e a noção econômica de monopólio, vide BARBOSA, Denis Borges. Nota Sobre as Noções de Exclusividade e Monopólio em Propriedade Intelectual. Revista de Direito Empresarial da UERJ, Rio de Janeiro, p. 109-141, 2006, ou Revista Jurídica - Faculdades Integradas Curitiba.

1. O conceito de monopólio pressupõe apenas um agente apto a desenvolver as atividades econômicas a ele correspondentes. Não se presta a explicitar características da propriedade, que é sempre exclusiva, sendo redundantes e desprovidas de significado as expressões "monopólio da propriedade" ou "monopólio do bem".
2. Os monopólios legais dividem-se em duas espécies.
(I) os que visam a impelir o agente econômico ao investimento – a propriedade industrial, monopólio privado; e
(II) os que instrumentam a atuação do Estado na economia.
(STF; ADI 3.366-2; DF; Tribunal Pleno; Rel. Min. Eros Grau; Julg. 16/03/2005; DJU 16/03/2007; p. 18)

Pode-se argumentar que o sigilo de dados, como monopólio ou oligopólio natural, merece total respeito do Estado, aliás como parte da mesma liberdade de concorrência protegida pela Constituição. O princípio da livre concorrência impede que o Estado intervenha no agente econômico para dele extrair esse monopólio natural da detenção de informações de testes. Assim, não inova em nada a Lei ao exigir que a autoridade pública não divulgue dados sigilosos ao público. A não ser, como a lei o diz, e não carece de dizer, no que tal divulgação seja "necessária para proteger o público".[79]

Outra coisa, no entanto, é impor à autoridade pública que finja desconhecer o que conhece, a toxidade e outros dados, em exclusivo proveito do fornecedor dos dados.[80] Essa segunda restrição já não tem a mesma natureza do dever de proteger os dados íntimos do requerente do registro. Têm em comum as duas hipóteses apenas o interesse do requerente em excluir concorrentes.

Aqui se contrapõem em difícil conciliação dois princípios básicos: a restrição que impede terceiros de entrar no mercado, ainda que a autoridade pública tenha os dados necessários para proteger o público, restrição que é correlativa ao investimento feito pelo registrante, e o princípio do acesso livre ao mercado por todos agentes econômicos leais e capazes.

[4] § 1.3. (C) O princípio da interpretação restritiva dos monopólios jurídicos

Em campo análogo, o das patentes, uma conciliação é feita entre o interesse do público em que se façam pesquisas e desenvolvimentos inovadores, aumentando o

---

[79] Como nota Laurie, op. cit.; "The larger question remains—why trade secret law should automatically trump public health concerns. If the courts can find no justification in law for balancing private property rights against the public interest, it is time for the Congress to step in and make the need for such a balance explicit".
[80] Não há deslealdade no uso dos dados pelo ente público, ao admitir a registro produtos que sabe serem suscetíveis de comercialização. Como nota Carvalho, 39.3.68, "This is far from traditional repression against unfair competition, for there is no fraudulent intent in a generics manufacturer that requests a governmental agency to approve a bioequivalent product without the burden of developing its own data. That would be an attempt to free ride on the originator's data; that might be an act of attempted parasitism; but there would be no fraud".

conhecimento geral, e o interesse do investidor que assim os riscos e custos desse investimento. O aproveitamento de todos dos novos conhecimentos é restrito por tempo certo, como meio de incentivar a assunção de custos e riscos, mas apressando o conhecimento público das tecnologias. Não é o que ocorre no caso.

Na hipótese em estudo, justificar-se-ia, se se pudesse justificar, a exclusividade em função exclusiva do investimento feito. Mas a complexa conciliação neste caso não elimina a inexorabilidade da política pública de *interpretação restritiva* desta norma que nega a liberdade de acesso aos mercados pelos concorrentes do primeiro registrante. Tal se dá pelo princípio universal de que a liberdade de iniciativa é a regra, e a restrição a tal liberdade a exceção.

Diz quanto ao ponto Luis Roberto Barroso, numa seção de parecer, sob o título "O privilégio patentário deve ser interpretado estritamente, pois restringe a livre iniciativa e a concorrência":[81]

> Nesse contexto, não há dúvida de que o monopólio concedido ao titular da patente é um privilégio atribuído pela ordem jurídica, que excepciona os princípios fundamentais da ordem econômica previstos pela Constituição. Desse modo, sua interpretação deve ser estrita, não extensiva.[82] Repita-se: o regime monopolístico que caracteriza o privilégio patentário justifica-se por um conjunto de razões, que serão apreciadas a seguir, mas, em qualquer caso, configura um regime excepcional e, portanto, só admite interpretação estrita.[83]

Tal entendimento não é peculiar do sistema constitucional brasileiro. Diz a decisão da Suprema Corte dos Estados Unidos em 1989, num acórdão unânime do caso Bonito Boats,[84] que enfatizou esse direito constitucional ao acesso livre à informação e seu uso *no* mercado:

---

81 Relações de direito intertemporal entre tratado internacional e legislação interna. Interpretação constitucionalmente adequada do TRIPS. Ilegitimidade da prorrogação do prazo de proteção patentária concedida anteriormente à sua entrada em vigor, Revista Forense – Vol. 368, p. 245.

82 [Nota do original] Carlos Maximiliano, Hermenêutica e Aplicação do Direito, 1980, p. 227 e 234-237.

83 [Nota do original] A interpretação estrita de normas de exceção é tema pacífico na jurisprudência do Supremo Tribunal Federal: "(...) A exceção prevista no § 5º do art. 29 do ADCT ao disposto no inciso IX do art. 129 da parte permanente da Constituição Federal diz respeito apenas ao exercício da advocacia nos casos ali especificados, e, por ser norma de direito excepcional, só admite interpretação estrita, não sendo aplicável por analogia e, portanto, não indo além dos casos nela expressos, nem se estendendo para abarcar as conseqüências lógicas desses mesmos casos, (...)." (STF, ADIn. nº 41/DF, Rel. Min. Moreira Alves, DJ 28.6.91)

84 BONITO BOATS, INC. V. THUNDER CRAFT BOATS, INC., 489 U.S. 141 (1989), O'CONNOR, J., Relator, decisão unânime da Corte. Vide também In re Morton-Norwich Prods., Inc., 671 F.2d 1332, 1336 (C.C.p. A. 1982) ("[T]here exists a fundamental right to compete through imitation of a competitor's product, which right can only be temporarily denied by the patent or copyright laws."). Do próprio acórdão citado acima: "The defendant, on the other hand, may copy [the] plaintiff's goods slavishly down to the minutest detail: but he may not represent himself as the plaintiff in their sale." Bonito Boats, Inc. v. Thunder Craft Boats, Inc., 489 U.S. 141, 157 (1989) (quoting Crescent Tool Co. v. Kilborn & Bishop Co., 247 F. 299, 301 (2d Cir. 1917) (L. Hand, J.)). West Point Mfg. Co. v. Detroit Stamping Co., 222 F.2d 581, 589 (6th Cir. 1955) ("The identical imitation of the goods of another does not in itself constitute unfair competition.").

> The efficient operation of the federal patent system depends upon substantially free trade in publicly known, unpatented design and utilitarian conceptions. (...) From their inception, the federal patent laws have embodied a careful balance between the need to promote innovation and the recognition that imitation and refinement through imitation are both necessary to invention itself and the very lifeblood of a competitive economy.

A mesma Corte põe claro que não só há um direito ao uso da informação no mercado, mas que esse direito é de fundo constitucional:

> "[t]o forbid copying would interfere with the federal policy, *found in Art. I, § 8, cl. 8 of the Constitution* and in the implementing federal statutes, of allowing free access to copy whatever the federal patent and copyright laws leave in the public domain." *Compco Corp. v. Day-Brite Lighting, Inc.*, 376 U.S. 234, 237 (1964)

E, no tocante exatamente à interpretação restritiva, disse a Suprema Corte dos Estados Unidos em Sears, Roebuck & Co. V. Stiffel Co., 376 U.S. 225 (1964), relator Mr. Justice Black:

> "(...) Once the patent issues it is strictly construed."

Assim, no sistema constitucional, não se dará mais alcance ao *conteúdo legal* dos direitos de patente do que o estritamente imposto para cumprir a função do privilégio – de estímulo ao investimento – na mínima proporção para dar curso à satisfação de tais interesses.

Mas há uma diferença significativa entre a exclusiva de patentes e a exclusiva de dados da Lei 10.603/2002. Naquele, arguir-se-á, a vedação é para o uso da mesma tecnologia; aperfeiçoamentos, desde que dotados dos requisitos mínimos da lei, serão igualmente patenteados, mas sempre sujeitos à dependência da patente inicial. Nada disso correria no caso de dados de testes, pois a simples repetição dos *mesmos* testes facultaria a entrada no mercado do competidor.

Isto considerado, há no entanto que levar em conta a enormidade que os investimentos em questão se afiguram para os segundos requerentes, que transforma essa distinção em meramente especulativa. A repetição dos testes fere a racionalidade econômica, ao refazer investimentos para nenhum ganho social. Assim, um contexto igual, de restrição à liberdade de iniciativa, impõe a mesma leitura restritiva da Lei 10.603/2002, de forma a maximizar o ganho social dessa exclusividade.[85]

---

[85] Esse entendimento decorre não só da funcionalização das propriedades constitucionais para o atendimento de sua dimensão social, como – se entendido que os dados de testes estejam inclusos na categoria de "criações industriais" da propriedade industrial – da cláusula final do art. 5º, XXIX, da CF88.

[4] § 1.3. (D) Princípio da interpretação restritivas das normas de intervenção do Estado

Além disso, no que toca às *ações do ente público*, a Lei é, como dissemos, uma norma de direito administrativo. Conferindo poderes à autoridade, com vistas a tutela do interesse público e privado numa ponderação complexa, não pode ser lida de forma a expandir tais poderes além do limite outorgado.

Com efeito, para assegurar a exclusividade instituída pela Lei 10.603, o Estado intervém no domínio econômico, ao se coibir, em benefício do investidor, de propiciar maior competição no mercado e, com isso, instituir barreiras legais à sua entrada, em prejuízo da maior disponibilidade dos produtos e, com toda probabilidade, de preços compatíveis com um ambiente competitivo.

Como se deve lembrar, a Constituição restringe estritamente o Estado de atuar no domínio econômico, especialmente no que tange à restrição à concorrência:

> Supremo Tribunal Federal
(LEX - JSTF - Volume 274 - Página 217) RECURSO EXTRAORDINÁRIO Nº 193.749-1 – SP. Tribunal Pleno (DJ, 04.05.2001). Relator: O Senhor Ministro Carlos Velloso. Redator para o Acórdão: O Senhor Ministro Maurício Corrêa. Recorrente: Drogaria São Paulo Ltda.Advogados: Luiz Perisse Duarte Junior e outros. Recorrida: Droga São Lucas Ltda.-ME. Advogados: Ezio Marra e outros. EMENTA: - RECURSO EXTRAORDINÁRIO. CONSTITUCIONAL. LEI Nº 10.991/91, DO MUNICÍPIO DE SÃO PAULO. FIXAÇÃO DE DISTÂNCIA PARA A INSTALAÇÃO DE NOVAS FARMÁCIAS OU DROGARIAS. INCONSTITUCIONALIDADE.
1. A Constituição Federal assegura o livre exercício de qualquer atividade econômica, independentemente de autorização do Poder Público, salvo nos casos previstos em lei.
2. Observância de distância mínima da farmácia ou drogaria existente para a instalação de novo estabelecimento no perímetro. Lei Municipal nº 10.991/91. Limitação geográfica que induz à concentração capitalista, em detrimento do consumidor, e implica cerceamento do exercício do princípio constitucional da livre concorrência, que é uma manifestação da liberdade de iniciativa econômica privada. Recurso extraordinário conhecido e provido. Acórdão. (...). Brasília, 04 de junho de 1998.

Desta forma, no que tange à exclusividade, ou seja, o feito da norma de restrição a terceiros, cabe uma leitura restrita;[86] no tocante à ação do Estado, a Lei não confe-

---

[86] Inclusive, como já mencionado, em favor do dever geral de informação, como nota o Decreto nº 4.553, de 27 de dezembro de 2002, Art. 66. Na classificação dos documentos será utilizado, sempre que possível, o critério menos restritivo possível.

re poderes ampliativos de tutela do interesse privado, mas impõe exata atenção para os interesse público subjacentes.[87]

[4] § 1.4. Do efeito da exclusividade sobre solicitações de registro por equivalência

A escolha por um sistema de proteção de dados exclusivos, a que o Brasil não estava obrigado, tem o efeito de impedir o registro de quaisquer produtos, sem que seus titulares apresentem novos testes integrais, como se fossem novos produtos, de novas entidades químicas ou não.

Não só a proteção outorgada pela Lei 10.603 excede o que seria exigível pela norma de TRIPs, mas ainda foi além do que corresponde ao parâmetro dos países da OECD. Tal erro poderá ser corrigido, para se adequar aos parâmetros de TRIPs, resguardando a situação dos direitos já constituídos e em curso; o retorno aos parâmetros mínimos é possível.[88] Nada impede, em Direito, que se substitua a exclusividade – por exemplo - por um acesso público pagante, inclusive pelo *cost sharing*.

No entanto, cabe notar que a proteção exclusiva através da Lei 10.603 não impede precisamente o registro de um produto equivalente; o que ela veda é que a autoridade pública utilize os dados sob reserva para viabilizar registros de terceiros. Embora isso retire grande parte do sentido concorrencial da equivalência prevista no Decreto 4.074, a equivalência como instituição não se esgota no uso livre de dados de terceiros para viabilizar o registro próprio.

Em compensação parcial pela concessão de exclusividade sobre os dados, o sistema legal brasileiro introduziu, no entanto, uma série de flexibilidades. É de se lembrar que, no sistema anterior à Lei 10.603, já havia (desde 1997) uma restrição legal ao livre

---

[87] Cabe incidentalmente lembrar de que a barreira de mercado instituída pela Lei 10.603 teria de evidenciar sólido amparo na CF88, o que ainda não teve o cuidado necessário. Com efeito, lembra Barroso, *loc. cit.*: "Trata-se naturalmente de uma exceção radical ao regime da livre iniciativa, e por isso mesmo a doutrina entende que apenas o poder constituinte pode criar monopólios estatais, não sendo possível instituir novos monopólios por ato infraconstitucional. A lógica no caso do privilégio patentário é a mesma. Em atenção a outros interesses considerados importantes, a Constituição previu a patente, uma espécie de monopólio temporário, como um direito a ser outorgado aos autores de inventos industriais (CF, art. 5º, XXIX)". A CF88 teria previsto esta exclusiva, como o fez para as patentes?

[88] Denis Borges Barbosa, Minimum standards vs. harmonization in the TRIPs context, in Carlos Correa, Research Handbook on Intellectual Property Law and the WTO, Elgar Books, 2009, "Therefore, after the transitional periods expire, any eventual mistakes committed by member states (e.g., in cases where enhanced protection has not demonstrated the beneficial effects they expected), could be corrected by rolling back such protection to the level of the pertinent minimum standard, and this retroaction would not violate directly TRIPs. However, some caution must be in order here, as those other member states that demonstrate their reasonable expectations that the surplus IP protection provided by the rolling-back member would not be readjusted to lesser grounds could be motivated to try non-violation claims to prevent the retroaction".

uso de informações relativas a dados de testes: o previsto pelo art. 195, XIV, da Lei 9.279/96.[89] Tal sistema não prevê prazo, limites e outras flexibilidades.

Desta feita, é possível concretizar a equivalência, com pleno benefício, nas hipóteses em que a Lei faculta o uso dos dados sem autorização do titular do registro. Por exemplo:

a) a falta de exploração do produto registrado no mercado nacional, por mais de dois anos, inclusive se o registro for cancelado.[90]

b) quando se apresentarem situações de emergência (que, ao contrário do que ocorre no tocante a patentes ou cultivares, não precisa ser emergência *nacional*) ou interesse público, com ou sem simultânea licença compulsória de patentes ou cultivar.

c) quando for relevante, cabe também equivalência no caso de ocorrer violação do disposto na Lei nº 8.884, de 11 de junho de 1994, conforme recomendação do Conselho Administrativo de Defesa Econômica.[91]

[4] § 1.5. Proteção de novos dados introduzidos após o registro

Ainda que não se exija, para a construção dessa categoria, carência de novidade no sentido que lhe dá o sistema de patentes[92] haverá maior probabilidade de que os registros requeridos estejam fora do escopo de uma patente em vigor.

Assim, essa hipótese provavelmente se exercerá fora do alcance de uma patente, constituindo-se assim não em duplicidade de proteção, mas a única vedação à entrada do produto no mercado. Disto decorre sua particular importância.

A hipótese ainda especifica que *novos dados* sejam acrescidos ao dossiê, pelo titular do registro. Quanto a esses, prescreve o mesmo art. 4º, III:

---

89 Art. 195. Comete crime de concorrência desleal quem: XIV - divulga, explora ou utiliza-se, sem autorização, de resultados de testes ou outros dados não divulgados, cuja elaboração envolva esforço considerável e que tenham sido apresentados a entidades governamentais como condição para aprovar a comercialização de produtos. Pena - detenção, de 3 (três) meses a 1 (um) ano, ou multa. § 2º. O disposto no inciso XIV não se aplica quanto à divulgação por órgão governamental competente para autorizar a comercialização de produto, quando necessário para proteger o público.

90 Decreto 4.074, art. 10, § 6º, Os produtos com registro cancelado poderão ser indicados como produtos técnicos de referência, desde que atendam aos requisitos previstos na legislação para registro de agrotóxicos e afins e contenham os estudos, testes, dados e informações necessários ao registro por equivalência. Note-se que não cabem no caso as restrições aplicáveis às patentes pelo art. 31 de TRIPs, inclusive a de que a licença compulsória cessa, se deixarem de ocorrer as circunstâncias que levaram a sua outorga.

91 Cabe notar que um número muito significativo de intervenções do sistema brasileiro de defesa da concorrência se referiram ao setor de agrotóxicos.

92 A Lei 10.603 apenas requer como objeto da proteção so dados referentes a "molécula ou organismo ainda não registrados no Brasil, podendo ser análogos ou homólogos a outra molécula ou organismo, independentemente de sua finalidade".

[Art. 4º Os prazos de proteção a que se refere o art. 3º serão]:
III - para novos dados exigidos após a concessão do registro dos produtos mencionados nos incisos I e II, pelo prazo de proteção remanescente concedido aos dados do registro correspondente ou um ano contado a partir da apresentação dos novos dados, o que ocorrer por último.

A norma protege os dados referentes *ao registro* de novas entidades (art. 4º, I) e *ao registro* de produtos que não se constituem em novas entidades (art. 4º, II); dados *prévios* ao registro. Para dados aportados posteriormente ao registro seja ele de novas entidades, ou de entidades que não são novas, haverá somente proteção para os dados *exigidos*; não para os oferecidos voluntariamente.

Mesmo a proteção adicional – de zero até um ano – só cobre *os novos dados*; se, antes desse período de um ano, perece a proteção anterior, torna-se ela de livre utilização pela autoridade pública em favor de terceiros.

Tal entendimento, que resulta do texto da lei, é o único compatível com as regras de interpretação acima indicadas. Em primeiro lugar, porque proteger dados não requeridos pela autoridade *sponte sua* importaria em fugir do alcance da exclusividade desenhada no art. 1º da Lei, eis que serão apenas resguardados dessa forma os dados:

apresentados às autoridades competentes *como condição para aprovar ou manter o registro*

Ir além destes limites importaria em dar interpretação extensiva ao preceito de exclusiva, e em conceder à autoridade pública poderes mais extensos dos que lhe foram outorgados.

A sistemática do dispositivo confirma o entendimento: a exigência feita pela autoridade pública para *manter o registro*[93] não acresce o prazo exclusivo, a não ser por um ano *da sua apresentação*, se tal termo final se der após o prazo da indisponibilidade dos dados. A norma, necessariamente restritiva, não prescreve proteção para *modificar* ou *acrescer* ao registro. Poderia tê-lo feito; não fez.

---

[93] O Decreto 4.074/2002, como exemplo de exigências necessárias para manter o registro, dispõe: Art. 2º Cabe aos Ministérios da Agricultura, Pecuária e Abastecimento, Saúde e do Meio Ambiente, no âmbito de suas respectivas áreas de competências: (...) VI - promover a reavaliação de registro de agrotóxicos, seus componentes e afins quando surgirem indícios da ocorrência de riscos que desaconselhem o uso de produtos registrados ou quando o País for alertado nesse sentido, por organizações internacionais responsáveis pela saúde, alimentação ou meio ambiente, das quais o Brasil seja membro integrante ou signatário de acordos. As inovações relativas ao objeto do registro são de apresentação exigida ("Art. 9º Os requerentes e titulares de registro fornecerão, obrigatoriamente, aos órgãos federais responsáveis pelos setores de agricultura, saúde e meio ambiente, as inovações concernentes aos dados apresentados para registro e reavaliação de registro dos seus produtos"), mas não como exigência para manter o registro. Com efeito, não consta do art. 22 do Decreto o cancelamento do registro como sanção da não apresentação de inovações.

Para a apresentação de dados não *exigidos* pela autoridade pública, ou seja, aqueles que importem em modificações voluntárias,[94] não se contempla proteção *de dados*, sendo no entanto devida tal proteção no caso de novo registro, quando este couber. Resguarda-se, assim, o interesse privado no resguardo de informações *necessárias* ao registro, mas se impede o abuso de direito.

Note-se que este entendimento, especialmente no tocante ao objeto da pergunta, não ofende de nenhuma forma as obrigações perante TRIPs. Com efeito, o tratado só exige a proteção dos dados referentes às *novas entidades químicas*. Assim, é perfeitamente compatível com o texto internacional que se proponha *nenhuma* proteção para dados referentes a registros de *entidades químicas ou biológicas que não sejam novas*. Por razão muito maior, cabe a interpretação restritiva que nosso sistema jurídico impõe e a que o texto internacional em nada se opõe.

Tal interpretação, sendo a devida em nosso direito, também revela adequada ponderação no tocante aos interesses em jogo. O senso comum indica, e a experiência não desmentirá, que os custos de testes referentes a entidades que não sejam novas serão com toda probabilidade menores do que os relativos a elementos nunca dantes testados. Para menor custo e risco, menor a compensação devida através da exclusiva estatal; pode ser mais constritiva a leitura sem prejuízo dos valores da justa retribuição.

Como já foi mencionado acima, há três categorias de informações *subsequentes ao registro* previstas na legislação registral relativa a agrotóxicos e afins:

a) os dados exigidos pela autoridade pública como condição para manter o registro (art. 4º, III, da Lei 10.603);
b) as inovações relativas aos dados inicialmente oferecidos, cujo fornecimento é obrigatório, mas não condição de manutenção do registro (art. 9º do Decreto 4.074).
c) os dados fornecidos pelo titular, sem que tenham sido exigidos pela autoridade como condição de manter o registro (por exemplo, Dec. 4.704, art. 22, § 2º)

Em nenhum dos três casos haverá proteção majorada em cinco anos. Apenas:

a) no caso previsto pelo art. 4º, III, da Lei 10.603, ou seja, quando a autoridade pública requer dados complementares, tais dados complementares (mas

---

94 O Decreto lista hipóteses de apresentação de dados não requeridos sponte propria pela Administração, mas consequentes a interesse do requerente: Art. 22, § 2º As alterações de natureza técnica deverão ser requeridas ao órgão federal registrante, observado o seguinte: I - serão avaliados pelos órgãos federais dos setores de agricultura, saúde e meio ambiente os pedidos de alteração de componentes, processo produtivo, fabricante e formulador, estabelecimento de doses superiores às registradas, aumento da freqüência de aplicação, inclusão de cultura, alteração de modalidade de emprego, indicação de mistura em tanque e redução de intervalo de segurança; e II - serão avaliados pelo órgão federal registrante, que dará conhecimento de sua decisão aos demais órgãos federais envolvidos, os pedidos de inclusão e exclusão de alvos biológicos, redução de doses e exclusão de culturas.

não os já apresentados antes) receberão um ano de proteção a mais a partir da respectiva apresentação, salvo se tal ano se esgotar antes do prazo final de proteção dos dados anteriormente apresentados.

b) Caso os novos dados apresentados sem que tivessem sidos exigidos pela autoridade pública satisfaçam os requisitos de um novo registro, as respectivas informações (mas não as informações anteriores) estarão protegidas segundo o art. 4º da Lei 10.603, seja por dez anos (novas entidades) ou cinco anos (registros de produtos que não sejam novas entidades).

Em todos demais casos, não haverá *qualquer* proteção de dados sob a Lei 10.603/2002.

As razões que justificam este entendimento foram indicadas acima. São elas:

a) A exclusiva assegurada pela Lei 10.603 assegura ao titular do registro o direito de proibir a Administração tanto de dar acesso à informação a terceiros quanto de utilizar tais informações para viabilizar registro de terceiros, mesmo sem a eles dar acesso.
b) No entanto, a mesma exclusiva faz nascer simultânea e necessariamente um direito subjetivo especial - em favor dos concorrentes - de pleno acesso e uso dos dados sempre que facultado *ou não proibido* pela lei, ao fim do prazo e em todos os limites e flexibilidades assegurados.
c) A Administração é vinculada a atender aos dois interesses simultâneos, e a dar prestígio a ambos sob o imperativo de que favorecer a concorrência é um interesse social relevantíssimo.
d) Tratando-se a exclusividade dos dados de testes de uma restrição de entrada ao mercado, cabe tanto à Administração como a quaisquer interessados uma leitura restrita, pro-competitiva, da suas normas de regência;
e) Tratando-se de norma de direito administrativo, ou melhor, de Direito Econômico, no tocante à ação interventiva do Estado, a Lei não confere poderes ampliativos de tutela do interesse privado, mas impõe exata atenção para os interesses públicos subjacentes.
f) Como a proteção por exclusiva não realiza uma *obrigação internacional* a que o Brasil tenha se afiliado, não há nenhum motivo para fugir aos imperativos de contenção e aplicação restritiva que o sistema legal brasileiro impõe.

[4] § 1.6. Do uso parcial dos dados apresentados

O registro por equivalência, previsto no Decreto 4.074, como alterado pelo Decreto nº 5.981, de 2006, presume a prévia existência de um registro de agrotóxico ou afim, em cujo dossiê existam dados de testes suficientes para motivar a autoridade pública a admitir registros subsequentes, de produtos que demonstrem ter as características relevantes do produto já registrado, sem exigir novos dados de testes. Assim, o poder de ação da autoridade para admitir tal novo registro está sujeita à tutela dos dados sob a Lei 10.603/2002.

Já de início, cabe notar que, segundo a Lei 10.603, não são as empresas que utilizam os dados, mas o ente público, ao qual se dirige a norma. É a autoridade que avalia se um registro pode atuar como elemento de referência de registros posteriores, e para quais novas demandas a referência é válida. É a autoridade que tem poderes para discernir as informações relevantes à referenciação, ou a indicar alternativas.[95]

Assim, a pessoa que pretende registro por equivalência é *beneficiário*, mas não é utilizador dos dados, pelo menos enquanto eles não estejam abertos ao público ou licenciados ao novo requerente. Esse é um ponto crucial.

A equivalência, assim, procede através de um mecanismo de vôo-cego: a requerente do elemento (agrotóxico ou afim) que se pretende referenciado indica os elementos pelos quais crê que se lhe deve o registro ancilar. Mas só a autoridade (outra vez, salvo se os dados já estiverem sob conhecimento público, ou licenciados ao requerente) tem as informações de substância. Ela é que pode discernir, entre a massa de dados antes fornecidos pelo titular do registro de referência, quais os pertinentes, quais os excessivos.

Note-se que isso se dá, seja durante os períodos de *non-reliance*, seja ao fim da proteção dos dados, eis que podem existir no dossiê segredos empresariais (por exemplo, processos industriais) da primeira registrante que não integrem os *dados de testes*; a Lei 10.603 reserva a confidencialidade desses elementos mesmo após o período de exclusividade.[96]

No entanto, a autoridade pública tem um duplo dever perante a Lei 10.603:

a) proteger o primeiro registrante contra o acesso e o uso das informações durante e nos exatos limites da proteção de dados; e
b) garantir o pleno acesso e utilização dos dados em toda e qualquer circunstância na qual tal acesso e utilização não é vedada.

---

[95] Decreto 4.074, Art. 10º (...) § 4º Quando o produto técnico de referência indicado não contiver os estudos, testes, dados e informações necessários à avaliação, o órgão federal de saúde, ouvidos os demais órgãos de registro, informará ao requerente de registro por equivalência quais produtos técnicos estão aptos a serem indicados como produto técnico de referência para o ingrediente ativo de interesse ou a alternativa de encaminhamento para o pleito de registro, no prazo de trinta dias após o prazo previsto no § 3º.
[96] Lei 10.603, Art. 9º, § 2º As demais informações técnicas ou científicas eventualmente apresentadas por exigência das autoridades competentes pelo registro, visando a esclarecer processos ou métodos empregados na fabricação de produtos ou na obtenção das informações ou dados de que trata o art. 1º, que constituírem segredo de indústria ou de comércio, serão mantidas confidenciais, podendo ser utilizadas internamente pelos órgãos de governo para fins de registro.

Note-se: não se trata aqui do direito geral do administrado às informações e dados em disposição da Administração; o direito de exclusiva constitui diretamente para os competidores do titular do privilégio um *direito subjetivo especial*[97] às informações e oportunidades de mercado que, dentro dos seus termos e prazos legais, foram assegurados em exclusividade ao titular. Direito esse que permanesce quiescente durante a proteção e se fará exercer em qualquer circunstância em que a lei limitar ou extinguir a exclusividade.

Tal direito subjetivo se constitui, na teia do sistema concorrencial, em atenção ao interesse da sociedade em geral em ter mais produtos competitivos no mercado, mais concorrência, melhores preços e melhor qualidade, todas as propriedades que só a competição e a liberdade pode assegurar. Agravando tais interesses através da exclusiva, a lei igualmente ressalta o acesso e utilização em todas as oportunidades em que a exclusividade não se exerce.

A constituição de uma exclusiva, como a que instituiu a Lei 10.603, tem exatamente esse efeito. Veja-se o magistério da jurisprudência no tocante ao caso, em tudo similar, da patente:

> Além disso, sendo a patente uma restrição à concorrência, e a liberdade de iniciativa, que é um dos fundamentos consagrados em nossa Constituição da República, os limites da exclusividade patentária devem ser interpretados à luz de critérios de proteção da liberdade de iniciativa em face da restrição imposta pela propriedade intelectual.
> Assim, por se tratar de um privilégio de exclusividade, a patente tem a sua duração definida pela lei em vigor em cada época. Desde o ato de concessão da patente, o autor do invento passa a ter um monopólio garantido pelo Estado, que se constitui contra a coletividade e em favor desta perece após o transcurso do prazo expressamente previsto na lei do tempo de sua constituição.
> Com efeito, desde o momento de constituição do direito patentário, a coletividade, nela incluídos os concorrentes do titular do privilégio, adquirem um direito sujeito a termo inicial de exploração da tecnologia patenteada, que passa ao domínio público. Como se vê, cuida-se de fato futuro e de realização certa, em que se pode precisar o momento exato de sua ocorrência.
> Nesse sentido, forçoso reconhecer que os competidores dos titulares de patentes têm um direito adquirido a exercer sua liberdade de iniciativa à exploração do invento ao fim do prazo inserto na lei do tempo da aquisição do direito ao monopólio. (Segunda Turma Especializada do Tribunal Regional Federal da 2ª Região, por maioria, AC 2000.02.01.007453-0, apelado American Cyanamid

---

[97] Especial pois que assegurado como titular da liberdade de iniciativa e de concorrência que efetivamente exerce o pleito competitivo relevante, nisto realizando o interesse da sociedade em que os preços e qualidade oferecida sejam otimizados em favor da economia. Nisto se distingue tal apoderamento do benefício geral dos direitos difusos.

Company e Outro, relator Guilherme Diefenthaeler, 27 de setembro de 2005 (data do julgamento).

Assim, a autoridade pública tem o *dever* de propiciar esse uso e acesso do competidor (e, através dele, o interesse da sociedade na competição). Parte desse dever é manifestado na *interpretação restritiva* da exclusividade, mas o elemento positivo desse dever é *maximizar as oportunidades de acesso e utilização* em favor desse interesse social, manifestado n art. 1º, IV, da Constituição Federal: a liberdade - fundamental à República - da livre concorrência.

Assim, deve a autoridade pública, ao mesmo tempo que garante a exclusividade:

a) segregar eficazmente as informações recebidas de forma a maximizar as oportunidades de acesso e uso, tanto quanto à pertinência quanto ao prazo de proteção.
b) Utilizar as informações de forma a maximizar a equivalência.

Assim, a autoridade pública, inclusive à luz do Decreto 4.074, Art. 10º (...) § 4º, acima transcrito, pode e deve determinar qual o alcance das informações a seu dispor que sejam livres, necessárias e eficientes para assegurar a viabilidade qualquer pleito de equivalência.

Não se imagine que esta obrigação seja insuscetível de sindicabilidade; a própria estrutura da Administração tem mecanismos de verificar o cumprimento desse dever, e mesmo a instância judiciária não pode se omitir à revisão de tal obrigação, aplicando ao sigilo dos dados o disposto no art. 206 da Lei 9.279/96.[98]

[4] § 1.7. Jurisprudência: interesse público no uso de dados sigilosos

> Suprema Corte dos Estados Unidos
Ruckelshaus v. Monsanto co., 467 U.S. 986 (1984)
(...) To the extent that appellee has an interest in its health, safety, and environmental data cognizable as a trade-secret property right under Missouri law, that property right is protected by the Taking Clause of the Fifth Amendment. Despite their intangible nature, trade secrets have many of the characteristics of more traditional forms of property. (...)
A factor for consideration in determining whether a governmental action short of acquisition or destruction of property has gone beyond proper "regulation" and effects a "taking" is whether the action interferes with reasonable inves-

---

[98] Art. 206. Na hipótese de serem reveladas, em juízo, para a defesa dos interesses de qualquer das partes, informações que se caracterizem como confidenciais, sejam segredo de indústria ou de comércio, deverá o juiz determinar que o processo prossiga em segredo de justiça, vedado o uso de tais informações também à outra parte para outras finalidades.

tment-backed expectations. With respect to any health, safety, and environmental data that appellee submitted to EPA(...), appellee could not have had a reasonable, investment-backed expectation that EPA would keep the data confidential beyond the limits prescribed in the amended statute itself. As long as appellee is aware of the conditions under which the data are submitted, and the conditions are rationally related to a legitimate Government interest, a voluntary submission of data in exchange for the economic advantages of a registration can hardly be called a taking. (...)

Although the Trade Secrets Act provides a criminal penalty for a Government employee who discloses, in a manner not authorized by law, any trade-secret information revealed to him during the course of his official duties, it is not a guarantee of confidentiality to submitters of data, and, absent an express promise, appellee had no reasonable, investment-backed expectation that its information submitted to EPA (...) would remain inviolate in the EPA's hands. The possibility was substantial that the Federal Government at some future time would find disclosure to be in the public interest. A fortiori, the Trade Secrets Act, which penalizes only unauthorized disclosure, cannot be construed as any sort of assurance against internal agency use of submitted data during consideration of the application of a subsequent applicant for registration. (...)

Any taking of private property that may occur in connection with EPA's use of data submitted to it by appellee (...) is a taking for a "public use", rather than for a "private use," even though subsequent applicants may be the most direct beneficiaries. So long as a taking has a conceivable public character, the means by which it will be attained is for Congress to determine. Congress believed that the data-consideration provisions would eliminate costly duplication of research and streamline the registration process, making new end-use products available to consumers more quickly. Such a procompetitive purpose is within Congress' police power. With regard to FIFRA's data-disclosure provisions, the optimum amount of disclosure to assure the public that a product is safe and effective is to be determined by Congress, not the courts. (...)

Capítulo IX
Topografia de Circuitos Integrados

Seção [1] Índice
Seção [2] Um Folheado Cibernético
Seção [3] Um Folheado Cibernético
Seção [4] O efeito TRIPS
Seção [5] O projeto brasileiro
Seção [6] A Lei n 11.484, de 31 de maio de 2007
Seção [7] Comentários à Lei n 11.484

Seção [1] Índice

Seção [2] Um Folheado Cibernético   2144
[2] § 1. A fórmula americana   2144
[2] § 2. Um novo direito   2146
[2] § 3. O Tratado de Washington   2149
Seção [3] O efeito TRIPS   2151
Seção [4] O projeto brasileiro   2153
[4] § 1.1. Bibliografia   2153
[4] § 1.2. Jurisprudência   2154
Seção [5] A Lei n 11.484, de 31 de maio de 2007   2154
[5] § 1 O pré-requisito constitucional   2156
[5] § 1.1. Os requisitos constitucionais de proteção das topografias   2157
Seção [6] Comentários à Lei nº 11.484   2157
[6] § 1. Aquisição de registro por estrangeiros   2157
[6] § 2. O que é topografia   2159
[6] § 3. Quem pode pedir registro de topografia   2159
[6] § 3.1. Titularidade originária   2160
[6] § 3.2. Direitos resultantes da autoria da topografia   2160
[6] § 3.3. Direito de adjudicação   2161
[6] § 4. Titularidade originária do empregador   2161
[6] § 5. Das topografias protegidas   2163
[6] § 5.1. A originalidade   2163
[6] § 5.2. A criação por combinação   2168
[6] § 6. Proteção de forma   2169
[6] § 6.1. Possível cumulação de proteções   2169
[6] § 7. Fixação da topografia   2170
[6] § 8. Da proteção via registro   2170
[6] § 9. Do pedido de registro   2171
[6] § 9.1. Suficiência descritiva   2172
[6] § 9.1. (A) Descrição de função   2172
[6] § 9.2. Requisitos de novidade e originalidade   2173
[6] § 10. Do sigilo   2173
[6] § 11. O princípio da novidade   2174
[6] § 12. Do certificado de registro   2175
[6] § 12.1. Do título da topografia   2175
[6] § 13. Do prazo dos direitos conferidos   2175
[6] § 14. Conteúdo dos direitos   2176
[6] § 14.1. Interpretação dos poderes legais do titular do registro   2176
[6] § 14.2. Das vedações   2176
[6] § 14.3. Poderes do titular - a noção de "consentimento"   2177
[6] § 14.4. Prazo de eficácia contida e de eficácia plena do registro   2178
[6] § 15. Limitações à exclusiva topográfica   2179
[6] § 15.1. Análise, avaliação, ensino e pesquisa   2180
[6] § 15.2. A questão da engenharia reversa   2180
[6] § 15.2. (A) A explicitação da lei de conversão   2182
[6] § 15.3. Exaustão de direitos   2184
[6] § 15.4. Atos cometidos sem ciência do ilícito   2184

[6] § 16. Da extinção do registro　　　　2185
[6] § 17. Da nulidade　　　　2185
[6] § 18. Das cessões, licenças e das alterações no registro　　　　2186
[6] § 19. Dos royalties pelo uso do corpus mechanicum　　　　2187
[6] § 20. Uso não autorizado　　　　2187
[6] § 20.1. Uso público não comercial　　　　2188
[6] § 20.2. Licenças compulsórias　　　　2188
[6] § 21. Da tutela civil e penal　　　　2190
[6] § 22. Das disposições gerais　　　　2191
[6] § 23. Vigência da norma　　　　2192

Um circuito integrado (o microchip) é um aparelhinho com um circuito eletrônico completo, funcionando como transistores, resistências e suas interconexões, fabricado em uma peça de material semicondutor, como o silício, germânio ou arsenídio de gálio, folheados em wafers de 8 ou 12 camadas. Alguns circuitos integrados são usados como memória (as RAMs, ROMs, EPROMs); outros são utilizados como processadores - realizando funções lógicas e matemáticas em um computador.

Descrevendo assim, parece mais um dos novos artefatos tecnológicos que de vez em quando surgem e com o qual todo mundo logo acaba por se acostumar. Mas o microchip, por sua importância econômica e estratégica crucial, levou à criação de uma nova modalidade de direito, diferente de tudo quanto até então existia, e que representa um importante índice da evolução futura da proteção da tecnologia. (...)

A lei americana protege o traçado original de um semicondutor, este definido como a forma intermediária ou final de qualquer produto que tenha duas ou mais capas de material metálico, isolante ou semicondutor, depositado ou de outra forma gravado ou de outra forma removido a partir de um pedaço de material semicondutor, de acordo com um modelo pré-fabricado, destinado a cumprir uma função de circuito eletrônico.[1]

São apenas protegidos os traçados originais, ou não conhecidos ou familiares na indústria; de forma alguma se protege os conceitos ou idéias implícitas no traçado.

Os direitos exclusivos da legislação americana, que perduram por dez anos,[2] incluem:

a) a reprodução da máscara por qualquer meio que seja;
b) importação ou distribuição de um microchip em que o mask work esteja incorporado; e
c) a autorização a terceiros para praticar as atividades exclusivas.[3]

De outro lado, é livre:

a) a reprodução da máscara para fins e ensino, análise ou avaliação;
b) a incorporação de resultados anteriores numa máscara original;
c) a importação, distribuição ou venda de um microchip, sem fins de reprodução; e
d) a infração inocente.

---

[1] 17 U.S.C. 901.
[2] 17 U.S.C. 904; o mesmo ocorre no Japão; o Reino Unido, Alemanha e França dão dez anos da exploração comercial, ou quinze da criação.
[3] 17 U.S.C. 905.

Por muitos autores, o <u>reverse engineering</u>[4] é considerado o aspecto mais importante do novo tipo de proteção. Exatamente para assegurar o intercâmbio de tecnologia entre os vários fabricantes, sem os limites considerados excessivos do <u>copyright</u>, parte da indústria apoiou fortemente um regime <u>sui generis</u>, ao invés da adaptação da lei autoral, como proposto em um projeto de 1979.[5]

Seção [2] Um Folheado Cibernético

Topografias, *software*, livros e marcas são coisas muito fáceis de copiar, e seu tratamento jurídico parece que vai se aproximando cada vez mais. Aproxima-se, também, a hora em que, em sua generalidade e abstratividade, mais um mandamento irá somar-se aos dez de Moisés: "Não copiarás o objeto de teu próximo".

Um circuito integrado (o *microchip*) é um pequeno aparelho com circuito eletrônico completo (funcionando como transistores, resistências e suas interconexões) fabricado em peça de material semiconductor, como o silício, germânio ou arsenídio de gálio, folheados em *wafers* de 8 ou 12 camadas. Alguns circuitos integrados são usados como memória (as RAMs, ROMs, EPROMs); outros são utilizados como processadores, realizando funções lógicas e matemáticas em computador.

Assim descrito, o circuito integrado mais parece um dos novos artefatos tecnológicos que surgem de vez em quando e com os quais todo mundo logo acaba por se acostumar. Mas o *microchip*, por sua importância econômica e estratégica crucial, levou à criação de uma nova modalidade de direito que representa importante índice da evolução futura da proteção da tecnologia.

[2] § 1. A fórmula americana

Para fazer um *chip* são necessários anos de pesquisa e até cem milhões de dólares de investimentos; mas em poucos meses é possível copiá-lo por cerca de US$ 50 mil.[6] Estas informações estavam presentes na memória do Congresso americano quando, em 1983, iniciou-se o processo de elaboração da nova lei de proteção aos circuitos integrados.[7]

---

4   Reverse engineering é "starting with the know product and working backward to devine the process which aided in its development or manufacture", Kewanee Oil. Co. v. Bicron Corp, 181 USPQ 673, 416 U.S. 470 (1974). Michael Kiplinger, The semiconductor Chip Protection Act of 1984, in Computer Software and Chips PLI (1985), pg 201-210, acredita que o padrão aplicável sob a lei do Chi seja ligeiramente diferente.
5   Alfred p. Meijboom, International Semiconductor Chi Protection, 3 International Computer Law Adviser 14 (1988).
6   A cópia é feita a partir da fotografia de cada uma das folhas do chip a partir da qual gera-se uma nova máscara (como uma chave moldada com massa ou cera). A lei de proteção tem que proibir a fotografia e a elaboração de nova máscara. É o que faz, pelos mecanismos da concorrência desleal, a Lei suíça de 19/12/86, Art. 5º, c.
7   Sen. Rep. 425, 98tn. Cong. 2nd. Sess. 4.5.

De 1959 até 1981, a produção de circuitos integrados era exclusividade americana; a indústria desenvolvia-se bem e não pensava em propriedade intelectual. A entrada da indústria japonesa no mercado revolucionou as perspectivas do crescimento da oferta e inverteu a liderança de comercialização: em 1986, 47% do mercado mundial eram japoneses e 39%, americanos.[8]

Alguma coisa teria que ser feita para proteger a indústria americana de tais piratas. Mas o sistema de patentes não operava adequadamente na proteção dos circuitos integrados.[9] O novo objeto de direito não satisfazia quase nunca os requisitos mínimos de patenteabilidade como invenção.[10]

O Congresso americano concluiu que a criação de um novo circuito integrado não altera em nada o estado da arte; nele não há invenção, via de regra, mas mera rearrumação de componentes em topografia nova, sem que disto resulte qualquer efeito técnico novo.[11] Se, em um *microchip*, há alguma invenção, ela é, provavelmente, a idéia de usar silício processado em *wafers* para substituir os transistores que faziam o mesmo trabalho antes. A fabricação de cada novo circuito integrado é o resultado de atividades sem maior conteúdo tecnológico.

O Congresso também observou que a proteção do circuito integrado não poderia ser feita através do sigilo, porque a tecnologia valiosa – o desenho do circuito integrado – é absolutamente aparente no seu *wafer* de silicone; e, segundo a tradição jurídica norte-americana, não haveria como recorrer ao direito autoral porque os circuitos integrados são objetos tangíveis úteis, sem nenhuma característica estética.[12]

Mesmo depois que o *software* tornou-se objeto de proteção pelo direito autoral, a situação não chegou a mudar significativamente. Os *softwares* residentes em circuitos integrados - os chamados *firmwares* – passaram a ter proteção, mas o semicondutor foi dela excluído.[13] A explicação para o tratamento contraditório é que o *softwa-*

---

[8] A situação só não ficou pior para a indústria americana graças ao acordo imposto ao Japão em 31/7/86, pelo qual se regulou o comércio recíproco do produto. A CEE imediatamente protestou contra o que considerava uma violação do GATT, iniciando procedimento junto àquele órgão, cf. 3 Int'l Trade Rep. (bna) 1244 de 15/10/86. O Acordo não solucionou a questóo, levando o presidente Reagan a retaliar o Japão em 27/3/87. Ver Prendergast (1987) e Mares (1988).

[9] "The circuits, however, are generally well known and thus unpatentable (...) The development of a new mask work is unlikely to satisfy the standard of invention" (Ammer, s.d.).

[10] Algumas patentes de invenção foram concedidas ao Japão; já a lei alemã de modelos de utilidade prevê a patenteabilidade de circuitos eletrônicos em geral. Ver SELA (1988:cap. 21, p. 29).

[11] "A chip may be the product of millions of dollars and thousands of hours effort, but it is the result of hard work, not invention" (Sen. Rep).

[12] Ainda que as normas do direito autoral americanas não aceitem proteger objetos tangíveis de caráter utilitário, o Copyright Office já chegou a registrar alguns casos, com base em Mazer v. Stein, 347 V.S.201 (1954). Nos EUA (35.USC 171, Manual of Patent Examining Procedure Section 1504) como no Brasil, a natureza plenamente utilitária, e não decorativa, do chip impediria a proteção por modelo ou desenho industrial. Em pelo menos dois casos, a proteção autoral dos chips foi reconhecida: na Holanda, no julgamento de 22/7/83 do tribunal de Zwolle, publicado no Bijblad dij de Industriele Eigendom (1983:332); e, na Inglaterra, pelo acórdão da Câmara dos Lordes de 27/2/86, AC 577.

[13] Apple Computers v. Franklin Computer Corp. 545 F.Sup. 812 (E.D. Pa. 1982), rev'd., 714 F. 2d. 1240 (3rd. Cir. 1983).

re é sempre uma unidade de informação, escapando, assim, da noção de objeto utilitário. O circuito integrado, por sua vez, pode ser usado na operacionalidade de um carro ou de um aspirador de pó.

O Congresso americano poderia, evidentemente, eliminar tal requisito, da mesma maneira que já havia adaptado a lei de *copyright* para receber o *software*. Mas foi muito além disto e instituiu um direito novo, *sui generis*. Curiosamente, no mesmo mês de outubro de 1984, o próprio Congresso incluiu no Trade Act então votado uma proclamação especial ameaçando de sanções os países que escolhessem uma proteção *sui generis* para o *software*.

Mas, caso houvessem reconhecido a proteção autoral, os EUA estariam concedendo proteção para os nacionais de todos os países filiados à Convenção Universal. Um sistema nacional que confiasse no princípio da reciprocidade pareceria ser a melhor solução – para garantir a predominância da indústria americana, e não qualquer cooperação no campo do intelecto.

O Semiconductor Chi Protection Act of 1984.[14] o primeiro exemplo desta nova modalidade de direito, como norma de efeitos estritamente nacionais (Stern, 1986). No entanto, através dos mecanismos de reciprocidade da lei, que garantiam proteção, em território americano, às criações de nacionais de países que tivessem notificado sua intenção de vir a dispor de lei equivalente, também a Austrália, o Canadá, a Suécia, a Finlândia, a Suíça e a CEE se beneficiaram do novo direito.

A iniciativa foi logo imitada pela lei japonesa de janeiro de 1986.[15] A Diretiva da Comunidade Européia foi também imediatamente editada; após a qual surgiram, num só bloco, as leis francesa, inglesa, alemã e holandesa.[16] A Dinamarca seguiu o exemplo logo depois.[17]

[2] § 2. Um novo direito

Embora similares, tais leis não protegem a mesma coisa. A lei americana de 1984 visa o *mask work*, ou seja, a fôrma que serve para fabricar as camadas dos *wafers*; a lei japonesa se volta ao traçado de circuito (*circuit layout*); as leis européias, assim como o modelo da Comunidade.[18] referem-se à topografia dos semicondutores; e, como será visto a seguir, o Tratado de Washington refere-se ao desenho do traçado (*layout design*).

---

[14] Public Law 98-620, codificada como 17 USC Par. 901-914. O primeiro projeto data de 12/10/78, H.R. 14293, e incluía os chips na lei autoral; várias outras propostas se seguiram, até que o projeto iniciado em agosto de 1983 se tornasse lei.

[15] Law 60-43 of may 31, 1985. Industrial Property, sept. 1985, text 1-001. Esta lei não exige reciprocidade, mas assegura tratamento nacional.

[16] Respectivamente: Loi relative à la protection de topographies de semiconducteurs, de 4/11/87; Semiconductor Products (Protection of Topography) Regulation, de 10/11/87; Halbleiterschutzgesetz, de 11/11/87; Wet houndende regelen inzake de bescherming van oorspronkelijke topografieen van halfgeleiderprodukten, de 7/11/87.

[17] Lovom beskyttelse af halvlederprodukters udforming (Topografi), de 9/12/87.

[18] Directive on the legal protection of topographies of semiconductor products, de 16/12/86.

A lei americana protege o traçado original de um semicondutor, definido como a forma intermediária ou final de qualquer produto que tenha duas ou mais capas de material metálico, isolante ou semicondutor, depositado ou de outra forma gravado, de acordo com modelo pré-fabricado, destinado a cumprir uma função de circuito eletrônico.[19]

São protegidos apenas os traçados originais ou que não sejam conhecidos ou familiares na indústria; de forma alguma protegem-se os conceitos ou idéias implícitas no traçado.

Os direitos exclusivos da legislação americana, que perduram por 10 anos,[20] incluem, como já mencionado: a) reprodução da máscara por qualquer meio; b) importação ou distribuição de um *microchip* em que o *mask work* esteja incorporado; c) autorização a terceiros para praticar as atividades exclusivas.[21]

Por outro lado, são livres: a) a reprodução da máscara para fins de ensino, análise ou avaliação; b) a incorporação de resultados anteriores numa máscara original; c) a importação, distribuição ou venda de um *microchip*, sem fins de reprodução; d) a infração inocente.

A *reverse engineering* é considerada, por muitos autores, o aspecto mais importante do novo tipo de proteção. Exatamente para assegurar o intercâmbio de tecnologia entre os vários fabricantes sem os limites considerados excessivos do *copyright*, parte da indústria apoiou fortemente um regime *sui generis*, em lugar da adaptação da lei autoral, como fora proposto em projeto de 1979 (Meijboom, 1988).

Fabricar um circuito integrado exige o mesmo grau de criatividade que preencher uma declaração de imposto de renda – ou talvez nem isto. De tal constatação, fica a idéia de que o sistema da propriedade industrial está sendo usado, hoje em dia, para proteger investimento[22] e não exatamente tecnologia; e o tratamento que o Act de 1984 dá à questão da engenharia reversa só reforça esta impressão.

Ao menos em tese, todo o conhecimento implícito numa patente clássica é acessível ao público e, desta maneira, não cabe falar em *reverse engineering* neste contexto. É no âmbito do *trade secret* que aparece o hábito salutar da desmontagem conceitual da tecnologia mantida em sigilo; mesmo no caso do *software* protegido por *copyright*, é perfeitamente permissível que se faça a revisão dos conceitos tecnológicos implícitos no programa para ver como o resultado técnico é obtido. Afinal, outra vez ao menos em tese, a proteção autoral é de forma, não de substância.[23]

---

19 17 USC 901.
20 17 USC 904; o mesmo ocorre no Japão; Reino Unido, Alemanha e França dão 10 anos da exploração comercial, ou 15 da criação.
21 17 USC 905.
22 Doc. Ompi IPIC/DC/3, p. 10: "The first main private interest that must be brought into the proper balance in order to serve public interest is the interest of the creator of the layout-design, who invests time and money in order to make the creation".
23 "The line drawn between uncopyrightable facts and copyrightable expressions of facts serves an important purpose in copyright law. It provides a means of balancing the public's interest in stimulating creative activity against the public need for unrestrained access to information" (Miller v. Universal City Studios Inc.,

Até o surgimento da Lei americana de 1984, nenhuma norma de propriedade intelectual tinha regulado o direito à *reverse engineering* como limitação específica ao direito de propriedade do titular.[24] Desde que o produto novo não seja inteiramente igual àquele ao qual se aplicou a engenharia reversa e que a máscara (fôrma ou padrão usado para fabricar os circuitos integrados) não seja uma cópia servil, o resultado do processo de desmontagem conceitual é perfeitamente aceitável e até digno de proteção autônoma.

O único requisito complementar serve, aliás, para mostrar que o objeto da proteção é mesmo o investimento e não a tecnologia: o criador do novo circuito integrado tem que provar que fez investimentos substanciais para chegar ao novo produto, seja em termos de tempo, esforço ou dinheiro (Stern, 1986). Mas não precisa mostrar nem sombra de criatividade, novidade, engenho ou arte.

A lei americana tem outras peculiaridades curiosas. Para começar, a proteção resulta do registro (Peters, 1985:213-232) e do cumprimento de certas condições especiais, inclusive a colocação de um sinal de proteção (um "m"). A simples criação da máscara não é suficiente para assegurar o direito, como ocorre com os objetos de proteção autoral.

Também a exigência de originalidade[25] imposta ao circuito integrado submetido a registro excede um pouco os padrões do direito autoral, o qual se satisfaz com o fato de a criação ser algo mais do que simples cópia. No entanto, o *quantum* mínimo de novidade exigido fica longe do padrão da patente clássica.

Também no que diz respeito às formas impostas pelos requisitos técnicos, a diferença do novo tipo de proteção se evidencia: se uma topografia tem propósito técnico (por exemplo, poupar o gasto de silício, aumentar a velocidade de resposta ou dar acesso a freqüência mais alta), este aspecto só é suscetível de proteção através do sistema regular via sistema geral de patentes (Stern, 1986:4-6). Aparentemente, a tecno-

---

650 F.2d 1365, 1371-72 (5th. circuit, 1981)). Um exame completo dos problemas relativos à engenharia reversa no Direito Americano (mas aplicável a muitos outros sistemas jurídicos) pode ser encontrado em Brooks & Burk (1985:677-803). Uma revisão posterior deste trabalho pode ser encontrada em Brooks (1986:779). Ver, também, o relatório da Ordem de Advogados de Nova Iorque (1989). O caso Whelam Associates, Inc. v. Jaslow Dental Laboratory, 609 F.Supp. 1307 (E.D. Pa. 1985) Aff – Slip opinion 3d. cir. August 4, 1986 to 85-1358 aparentemente modificou inteiramente o conceito de idéia e expressão no campo do copyright.

24 "When the Russians copy American chips, it is considered a threat to national security. When the japanese do it, it is considered highly questionable trade practice. When US semiconductor companies do it to each other, it is often called "reverse engineering", winked at, and in some cases even encouraged" (Hanson, 1982:180).

25 House Report 98-781, 96th. Cong. 2nd. Sess. 4 (1984), p. 17: "a mask work is original if it is the independent creation of an author who did not copy it". Segundo o 17 USC Par. 902 (b), "the mask work may not consist solely of designs that are staple, commonplace or familiar in the semiconductor industry, or variations of such design, combined in a way that, considered in a whole, is not original". Copyright Office Circular R 100.

logia própria a este novo direito não é a mesma coisa que vem merecendo, há séculos, a tutela do sistema de patentes.

[2] § 3. O Tratado de Washington

Sempre bem intencionada, a OMPI começou a estudar o problema da *proteção às topografias*, em 1983, após um relatório que indicava a impossibilidade de se obter proteção eficiente aos circuitos integrados pelos sistemas já existentes de propriedade intelectual.[26] Uma minuta do Tratado foi elaborada em 1985 e as negociações, com participação de técnicos brasileiros, estendeu-se até maio de 1989.[27]

Após surpreendente dissensão entre os países da OECD, o texto final foi aprovado em 26/5/89 pela CEE e demais países participantes - inclusive o Brasil -, mas contra o voto dos EUA e do Japão. Desde então, o instrumento entrou em compasso de espera, não obstante o reduzido número de ratificações ou adesões necessárias para fazê-lo entrar em vigor.[28]

O documento se destina, no plano econômico, a organizar o mercado de circuitos integrados, em particular assegurando as vantagens comparativas hoje existentes, historicamente determinadas. Esta situação pode ser assegurada enquanto um número limitado de países detiver a capacidade de geração de novas tecnologias e um grupo, um pouco mais amplo, inclusive com países em desenvolvimento, estiver capacitado à respectiva produção industrial.

Assim, a participação de um pequeno número de signatários dará eficácia prática ao Tratado. Bastará que a ele estejam vinculados, preferencialmente, os países com capacidade tecnológica e com capacidade industrial; ou os que detêm, pelo menos, capacidade industrial.[29]

Ainda que se pondere que a tecnologia relativa a circuitos integrados tende a se modificar rapidamente, convém observar no Tratado um precedente a ser considerado na negociação de futuros instrumentos internacionais em tecnologia de ponta. Seus novos mecanismos e instituições devem ser avaliados também nesta perspectiva.

Do modo como foi negociado, o Tratado não parece se contrapor radicalmente aos interesses brasileiros. Deixando alguma margem de definição para a legislação interna, admitindo até mesmo a licença compulsória em caso de abuso, a nova prote-

---

26 Doc. Ompi LPCS/II/4, de 24/2/83.
27 Esta análise terá por base o Doc. OMPI IPIC/DC/3, de 31/1/89.
28 As observações a seguir baseiam-se na análise realizada por um dos autores deste trabalho durante a negociação do Tratado, em sua qualidade de consultor externo do INPI, e remetida à consideração da Delegação Brasileira em Washington.
29 Entende-se capacidade tecnológica como a capacidade de criar novas soluções técnicas e soluções alternativas com base em reverse engineering e de aplicar a casos concretos soluções técnicas anteriores. Esta capacidade independe, em cada caso, da efetiva base industrial. Já a capacidade industrial implica poder fabricar microchips, com ou sem a respectiva tecnologia, mas não abrange, para os propósitos deste trabalho, a capacidade de usar um circuito integrado numa aplicação final.

ção parece dotada de certo equilíbrio. Sua adoção, no plano interno, não implicaria aparentemente nenhuma disfunção maior no sistema da propriedade intelectual.[30]

O Tratado difere de todas as legislações mencionadas num ponto essencial: ao invés de se valer de uma teia de reciprocidade, seu Art. 5º adota o velho princípio de tratamento nacional da Convenção de Paris, com a mesma reserva da proteção substantiva que decorre do próprio Tratado.

No Art. 6º estão as principais disposições substantivas do Tratado, constituindo o cerne das legislações nacionais que, de acordo com o documento, deverão ser promulgadas. Nele está o conteúdo do direito e seus limites. Não há, intrínseca ou formalmente, qualquer vinculação do direito ali mencionado ao sistema de direitos autorais ou a qualquer outro sistema.

A mesma matéria é regulada também pelos Art. 4º e 12 do Tratado.[31] Segundo o Art. 4º, os direitos do Art. 6º serão implementados em esfera local por lei própria que poderá estar no âmbito de qualquer segmento do Direito da Propriedade Intelectual, ou em nicho próprio. Pelo Art. 12, todos os dispositivos das convenções internacionais sobre propriedade intelectual deverão ser seguidos à risca.

As Convenções parecem apresentar restrições. As de direito autoral, por exemplo, têm limites sérios à licença compulsória, que não se adequam ao modelo do Tratado. A Convenção de Paris parece, no entanto, compatível com o novo direito, tornando possível assimilá-lo ao modelo da patente, com os requisitos específicos de concessão.[32] A Convenção de Paris, por sua vez, não define patente nem seu conteúdo; e a definição de licença obrigatória do Tratado é compatível com a dicção do Art. V, Par. 2º.

A *reverse engineering* também fica ressalvada no Tratado.[33] Nele não há restrição para atos de avaliação, análise, pesquisa ou ensino, assim como a pesquisa original, ainda que esta resulte em produto idêntico.[34]

Além disso, conforme o Art. 7º do Tratado, cada país pode subordinar a eficácia da *proteção às topografias* a um registro; este registro pode ser exigido no Brasil e em qualquer outro país, com o detalhamento documental necessário para a identificação do circuito.[35] (e, quando o *chi* já estiver sendo comercializado, sua cópia física poderá ser requisitada).

---

[30] O contrário pode ser dito no tocante aos aspectos estratégicos. Ao introduzir um sistema de resolução de controvérsias à maneira do vigente no GATT, ao admitir a adesão por blocos de países e não só por Estados isolados, ao ampliar o teor das disposições substantivas (Art. 6º) até limites nunca antes atingidos na esfera da propriedade intelectual, o documento realmente parece contrapor-se aos interesses nacionais.
[31] Doc. OMPI IPIC/DC/3, p. 22 e 66.
[32] Por exemplo, a "originalidade" do Tratado aproxima-se bastante da novidade exigida de um desenho industrial.
[33] Tratado, Art. 6º (2).
[34] Esta leitura é claríssima, como se pode comprovar do expresso na p. 34 do Doc. IPIC/DC/3 citado.
[35] Como se lê à p. 48 do Doc. IPIC/DC/3.

A manutenção do segredo só poderá ser requisitada pelo autor quanto à tecnologia de fabricação (ou seja, a maneira de fabricar o circuito).[36]

Parece razoável acreditar que uma nova legislação de *proteção às topografias* - obedecidos os parâmetros do Tratado - poderia satisfazer os pressupostos constitucionais e convencionais da propriedade industrial brasileira. As características próprias do modelo não aparentam ser excepcionalmente contrárias a um sistema nacional, como o brasileiro, que considera patente uma PI e uma MU, coisas tão diversas.

Desta maneira, a lei brasileira de *proteção às topografias*[37] pode ser mais de aclimatação do que de regime excepcional. Parece plausível, dentro dos pressupostos anteriormente expressos, a instituição de uma Patente de Circuito Integrado.

Seção [3] O efeito TRIPS

TRIPS inclui extensa seção prevendo a proteção dos circuitos integrados, designados como "topografias". Como o resultado da adoção da Rodada Uruguai seria a incorporação do Tratado de Washington à legislação nacional[38] torna-se necessário

---
36 Ver Doc. IPIC/DC/46, p. 6. Parece ser despropositada a conclusão que circulou logo depois da assinatura do Tratado na imprensa brasileira, segundo a qual o país "perderá qualquer controle sobre as questões de alta tecnologia e passará a acatar pedidos de registro sem ter a menor idéia da existência de outro circuito igual".
37 Embora seja necessário promulgar lei específica pelo que exige o Art. 4º do Tratado.
38 SECTION 6: LAYOUT-DESIGNS (TOPOGRAPHIES) OF INTEGRATED CIRCUITS, Article 35, Relation to the IPIC Treaty - Members agree to provide protection to the layout-designs (topographies) of integrated circuits (referred to in this Agreement as "layout-designs") in accordance with Articles 2 through 7 (other than paragraph 3 of Article 6), Article 12 and paragraph 3 of Article 16 of the Treaty on Intellectual Property in Respect of Integrated Circuits and, in addition, to comply with the following provisions. Article 36 - Scope of the Protection - Subject to the provisions of paragraph 1 of Article 37, Members shall consider unlawful the following acts if performed without the authorization of the right holder:**39** importing, selling, or otherwise distributing for commercial purposes a protected layout-design, an integrated circuit in which a protected layout-design is incorporated, or an article incorporating such an integrated circuit only in so far as it continues to contain an unlawfully reproduced layout-design. - Article 37 - Acts Not Requiring the Authorization of the Right Holder - 1. Notwithstanding Article 36, no Member shall consider unlawful the performance of any of the acts referred to in that Article in respect of an integrated circuit incorporating an unlawfully reproduced layout-design or any article incorporating such an integrated circuit where the person performing or ordering such acts did not know and had no reasonable ground to know, when acquiring the integrated circuit or article incorporating such an integrated circuit, that it incorporated an unlawfully reproduced layout-design. Members shall provide that, after the time that such person has received sufficient notice that the layout-design was unlawfully reproduced, that person may perform any of the acts with respect to the stock on hand or ordered before such time, but shall be liable to pay to the right holder a sum equivalent to a reasonable royalty such as would be payable under a freely negotiated licence in respect of such a layout-design. - 2. The conditions set out in subparagraphs (a) through (k) of Article 31 shall apply mutatis mutandis in the event of any non-voluntary licensing of a layout-design or of its use by or for the government without the authorization of the right holder. - Article 38 -Term of Protection -1. In Members requiring registration as a condition of protection, the term of protection of layout-designs shall not end before the expiration of a period of 10 years counted from the date of filing an application for registration or from the first commercial exploitation wherever in the world it occurs. - 2. In Members not requiring registration as a condition for protection, layout-designs shall be protected for a term of no less than 10 years from the date of the first commercial exploitation wherever in

avaliar em quanto as novas regras acrescem ou modificam as conclusões anteriormente indicadas.[39]

A proteção substantiva exigida pelo GATT/TRIPS acompanha, em geral, as disposições do Tratado em seu Art. 6(1) (III.) e, no que toca à infração inocente, o Art. 6(4).

Quanto às exclusões da proteção e às salvaguardas no entanto, o GATT faz aplicar à *proteção às topografias* aproximadamente o parâmetro de licença compulsória que impõe às patentes em geral. Este, como já se viu, é um parâmetro decididamente antagônico aos interesses nacionais - e particularmente desagradável na proporção em que o Tratado de Washington destina tratamento bastante flexível à questão (Art. 6(3)).

O prazo de proteção, por sua vez, parece compatível com a legislação interna de Modelo de Utilidade, e não excede ao disposto no Tratado. Desta maneira, o único problema adicional introduzido pelo GATT/TRIPS poderá ser o das licenças compulsórias - aliás uma das maiores questões do Acordo.

Quanto à situação corrente desse tipo de proteção, diz Leon Radomsky:

> Many countries now provide some protection to integrated circuit layout or mask works. In the industrialized world, most countries passed sui generis legislation in response to the SCPA and their nationals were thus afforded protection under the SCPA. Other countries, such as Poland, entered into bilateral accords with the United States to provide sui generis chip protection, thereby receiving protection under SCPA section 902(a)(1)(A)(ii). Still other countries receive protection in the United States under provisional reciprocating legislation. Although there remain some countries, largely developing countries, that have not made any effort to pass legislation reflecting the SCPA's goals, international agreements such as TRIPS may ensure compliance in these countries over the next few years. (...)

---

the world it occurs. - 3. Notwithstanding paragraphs 1 and 2, a Member may provide that protection shall lapse 15 years after the creation of the layout-design.

[39] Quanto ao ponto, vide o precioso Acuerdo TRIPs, da Carlos Correa, Ediciones Ciudad Argentina, 1996, p. 159 e seg. Também, vide J.H.Reichman, Universal Minimum Standards of Intellectual Property Protection under the TRIPs Component of the WTO Agreement, 29 International Lawyer 345 (1995), p. 347, Mary Footer, International Regulation of Trade in Services following Completion of the Uruguay Round, 29 The International Lawyer 453 (1995); Ávila, Urrutia e Mier, Regulacíon del Comercio Internacional tras la Ronda Uruguay, Tecno, Madri, 1994; Yves Le Diascorn, L'Uruguay Round, Ed. Ellipses, 1995; Trebilcock e Howse, The Regulation of Intenational Trade, Routledge, 1995; Leebron, An overview of the Uruguay Round Results, 34 Columbia Journal of Transnational Law, 1 (1995); Demaret, The Metamorphosis of the GATT: from the Havana Charter to the World Trade Organization, 34 Columbia Journal of Transnational Law, 162-169 (1995); Denis Borges Barbosa, A Convenção de Paris é a referência fundamental da Propriedade Industrial. Panorama da Tecnologia, no. 13, fev. 1995, p. 33; Denis Borges Barbosa, Letter from the Gama World, Journal of Technology Management, jan. 1995; Denis Borges Barbosa, O GATT e a Propriedade Intelectual, Panorama da Tecnologia vol. 2, 1987; McGovern, International Trade Regulation, Globefield Press, 1996; van Houtte, The Law of International Trade, Sweet & Maxwell, 1995; Leonardos, Gustavo Starling, A data de aplicação no brasil do acordo sobre aspectos dos direitos de propriedade intelectual relacionados ao comércio: TRIPS, Revista Forense, nº 331 p. 105 a 112, jul./set. 1995; Carminatti, Antonella, A aplicação do trips na ordem juridica interna, Revista da ABPI, n. 17, p. 13 a 17, jul/ago 1995.

Sixteen years after the passage of the SCPA, it is difficult to say whether domestic and international chip protection is working. Piracy has been reduced since the mid-1980s, but it is uncertain whether such reduction in chip piracy has actually resulted from the SCPA and related foreign legislation. Nevertheless, regardless of the SCPA's direct effect on chip piracy, international protection provided by the SCPA and other related acts will help to ensure that future creators of semiconductor chip products will be safe from chip piracy in the long run.[40]

Seção [4] O projeto brasileiro

O caminho seguido no projeto elaborado na então Secretaria Nacional de Ciência e Tecnologia em 1990 (Grupo de Trabalho criado pela Portaria MCT 365/90) optou por um registro sui generis, junto ao Instituto Nacional da Propriedade Industrial, concedido mediante verificação de que o pedido tenha como objeto uma topografia original, que resulte do esforço intelectual de seu criador ou criadores e que não seja comum ou vulgar para especialistas em circuitos integrados.

A proposta seguia, em suas linhas básicas, os parâmetros do Tratado, indo, em certos dispositivos, de forma mais restritiva do que o imposto pelo instrumento internacional (por exemplo, concedendo um prazo de proteção de 10 anos).

O projeto que chegou ao Senado, subscrito por José Eduardo Andrade Vieira, tomou o no. 76/92, contando com vastas adições da ABDI, ABES e SUCESU, entidades de classe dos vários setores envolvidos.[41] Opta o projeto por uma proteção *sui generis*, garantindo a engenharia reversa e a exaustão internacional dos direitos.

Mais recentemente, o Poder Executivo enviou o seu próprio Projeto, PL 1.787/96 - Poder Executivo, o qual "Dispõe sobre a proteção da propriedade intelectual de topografias de circuitos integrados". Ao momento que se escreve, o Projeto está, desde 19/12/2001, distribuído à Comissão de Educação, Cultura e Desporto da Câmara.

[4] § 1.1. Bibliografia

Carlos Maria Correa, Protección Legal de los Diseños de Circuitos Integrados: El Tratado de la OMPI y el Acuerdo TRIPs, *in* Actas de Derecho Industrial, tomo XVI. Marcial Pons, 1996.

Correa, Carlos, (1990), "Intellectual Property in the Field of Integrated Circuits: Implications for Developing Countries", World Competition, vol.14, No.2.

Tarcísio Queiroz Cerqueira, Propriedade de novas tecnologias, Dissertação de Mestrado, Universidade Gama Filho, 1991.

---

40 Leon Radomsky, Sixteen Years After the Passage of the U.S. Semiconductor Chip Protection Act: Is International Protection Working? 15 Berkeley Technology Law Journal 3 (2000).

41 Vide Gabriel F. Leonardos, A Proteção Jurídica das Topografias de Circuitos Integrados, in Anais do VII Seminário da ABPI, 1994.

Columbia Law Review n. 94, n. 8, de dezembro de 1994, transcrevendo o seminário "Towards a Third Intellectual Property Paradigm". Em particular, o artigo de J.H. Reichman Legal Hybrids Betwenn the Patent and Copyright Paradigms, o de Michael Lehman TRIPs, the Berne Convention, and Legal Hybrids, e o de Ejan Mackaay, Legal Hybrids: Beyond Property and Monopoly?.

Computer Software and Chips, Protection and Marketing, 2 vol. Practising Law Institute, 1985.

Antonio Chaves, Direitos Autorais na Computação de Dados, Ed. LTr, 1997, p. 285 e seguintes.

Fonseca, Antonio, Proteção legal do chip: um modelo de lei para os países do MERCOSUL. Revista de Informação Legislativa, vol. 33, n. 129, p. 129-139 jan./mar. 1996. Revista de Direito Econômico, n 23 p 85 a 104 abr/jun 1996.

[4] § 1.2. Jurisprudência

CRIME CONTRA A PROPRIEDADE INDUSTRIAL – Hardware e software - Proteção jurídica de um e de outro por ramo distinto do direito privado - Entendimento - Proteção constitucional. 30 - Hardware e software não se confundem no campo jurídico. Hardware está em âmbito do Direito de Propriedade Industrial. Software está em âmbito do Direito Autoral. Não se confunde, pois, software com o correspondente suporte (disquete, fita cassete, ou chip), que se constitui em seu corpo mecânico (assim como disco e o suporte da música, esta obra intelectual protegida). Programa e disquete não se confundem, não dando ensejo a crime de violação de marca de industria ou comércio e de concorrência desleal. - Genericamente a propriedade de marca está protegida pela Constituição da República (art. 5º, XXIX). Porém, essa proteção não é ilimitada, visto que incide somente na classe correspondente à atividade, conforme o disposto no art. 53, caput, do Código de Propriedade Industrial. A lei leva em conta o gênero de comércio ou indústria, sem cogitar de identidade ou semelhança, entre os produtos ou artigo, mas da identidade ou da afinidade dos ramos de negócio. RJDTA-CRIM VOLUME 12 PÁGINA: 69 RELATOR:- PENTEADO NAVARRO

Seção [5] A Lei n 11.484, de 31 de maio de 2007

Subject: Semiconductor Protection Created yesterday in Brazil
From: "Chon, Margaret" <mchon@seattleu.edu>
To: "Denis" <denis@nbb.com.br>
Dear Denis,
Is there a big semiconductor chip industry in Brazil? The SCPA in the U.S. is rarely used. It's an example of an unnecessary IP law.

Por medida provisória (a de nº 352, de 22/01/07, que "Dispõe sobre os incentivos às indústrias de equipamentos para TV Digital e de componentes eletrônicos semicondutores e sobre a proteção à propriedade intelectual das topografias de circuitos integrados"), convertida – com significativas alterações - na Lei n. 11.484, de 31 de maio de 2007, a União enfim fez norma cogente uma das propostas que, há muitos anos, arrastava-se no Congresso.

Por que tal demora, se a demais produção legislativa pós-TRIPs já tinha, há muito, entrado em vigor? Simplesmente, porque o tema da proteção das topografias de semicondutores tinha caído na vala da história. Instituído num momento da economia em que a prevalência total dos Estados Unidos se fazia abalar pela competição asiática, o problema da cópia servil dos desenhos de circuitos integrados se resolveu por outros métodos, mais de mercado do que jurídicos. O Tratado de Washington,[42] que cuida da matéria, resultou de iniciativa americana, mas, uma vez concluído, foi abandonado pelo seu patrocinador e jamais entrou em vigor.[43]

Mas a política subjacente à Lei n 11.484, de 31 de maio de 2007 justifica a renovação de interesse. Diz a Carta IEDI de 29/1/2007:[44]

> Em meio à divulgação do Plano de Aceleração do Crescimento (PAC), a MP 352 passou de certa forma despercebida, menos noticiada inclusive do que no perío-

---

[42] Treaty on Intellectual Property in Respect of Integrated Circuits, Done at Washington, D.C., on May 26, 1989. Apenas China, Egypt, Ghana, Guatemala, India, Liberia, Saint Lucia, Serbia, Zambia participam do tratado, que ainda não entrou em vigor. Sua aplicação, no entanto, em forma algo alterada, resulta da remissão que lhe é feita pelo Acordo TRIPs da OMC. Assim, por efeito remissivo, o Tratado alterado se encontra cogente, ainda que não incorporado no direito interno de muitos países.

[43] Este autor teve oportunidade de atuar como assessor da Delegação Brasileira nas discussões do Tratado de Washington, que teve como membros técnicos Mauro Arruda e o Murillo Cruz.

[44] A questão teve cobertura na impresa através da matéria de Jacqueline Farid na Agência Estado - 29/01/2007, entitulada. IEDI: Indústria de Semicondutores Precisa de Política Atualizada. A Carta IEDI n. 244, é encontrada em http://www.iedi.org.br/cgi/cgilua.exe/sys/start.htm?UserActiveTemplate=iedi&sid=50&infoid=2564. A análise econômica assim detalha: Quanto à grandeza do segmento em questão, em novembro/2006 a Semiconductor Industry Association (SIA) divulgou suas projeções de mercado de semicondutores não apenas para o fechamento do ano então em curso, de US$ 248,8 bilhões, devendo alcançar US$ 321,0 bilhões em 2009. Em 2006, a região da Ásia-Pacífico estaria respondendo por 46,6% das vendas mundiais desse componente eletrônico, isto é, US$ 115,8 bilhões. Em 2009, por 48,9% ou US$ 154,8 bilhões em faturamento. O mais impressionante é observar que, em 1991, tal região só detinha 15,1% (US$ 8,2 bilhões), quando o mercado global dos componentes em questão correspondia a US$ 54,1 bilhões. Notar que Ásia-Pacífico tomou parcelas do fornecimento justamente da Tríade – Estados Unidos (onde se lê "Américas" nos gráficos logo abaixo, entenda-se "EUA"), Europa e Japão. As Américas detinham 28,4% das vendas mundiais em 1991 (US$ 15,4 bilhões). Chegou a responder por 33,4% em 1997, mas, quase dez anos depois, em 2006, sua participação foi projetada em 18.3%, correspondendo a faturamento de US$ 45,6 bilhões. Para 2009, a expectativa é de que sua fatia decline ainda mais, para 17,9%. O Japão, a seu turno, tem sido o que mais tem perdido espaço para os países asiáticos. Em 1991, respondia por 38,7% das remessas mundiais (US$ 20,9 bilhões). Para 2006, a fatia projetada corresponde a 19%, esperando-se cair em 2009 para 18,2%, o equivalente a US$ 58,5 bilhões. A Europa, desde o início da série, não tem uma participação de monta. Em 1991, correspondia a 18,7%, conseguindo ampliá-la e mantendo-se entre 1996 a 2001 com fatias acima de 20%. Mas não logrou manter esse patamar. Para 2006, a expectativa é que a Europa venda US$ 40,1 bilhões em semicondutores, ou seja, 16,1% das remessas do globo. Espera-se que a Europa responda por 15,7% das vendas em 2009 (US$ 50,3 bilhões).

do em que estava em gestação. A referida medida dispõe sobre mecanismos de fomento à pesquisa, investimento e produção de semicondutores e equipamentos de transmissão para a TV digital, bem como sobre a proteção à propriedade intelectual das topografias de circuitos integrados.

Atendo-se aos estímulos fiscais constantes do capítulo I da MP, ou seja, o Programa de Apoio ao Desenvolvimento da Indústria de Semicondutores (PADIS), estes envolvem:

- redução à zero das alíquotas de IPI, da contribuição para o PIS da COFINS e da contribuição para o PIS-importação e da COFINS-importação quando as compras internas ou do exterior são de bens de capital, equipamentos e instrumentos a serem incorporados no ativo imobilizado.
- nas vendas dos dispositivos em causa, efetuadas por pessoa jurídica beneficiária do PADIS, ficam reduzidas: a zero as alíquotas da Contribuição para o PISPASEP e da COFINS incidentes sobre as receitas auferidas; a zero as alíquotas do IPI incidentes sobre a saída do estabelecimento industrial; e em cem por cento as alíquotas do imposto de renda e adicional incidentes sobre o lucro da exploração.

Observe-se que os estímulos das contribuições e do IPI só serão concedidos se o projeto seja de semicondutores, seja de display, tenham sido desenvolvidos no Brasil ou que tinha sido feita no País a difusão, no caso de semicondutores, ou a fabricação dos elementos fotossensíveis, foto ou eletroluminescentes e dos emissores de luz, no caso de displays.

Como contrapartida, exige-se a aplicação de ao menos 5% do faturamento bruto no mercado interno em P&D para a microeletrônica. O projeto precisar ser apresentado em até 4 anos (prazo passível de postergação por mais 4 anos).

Fiel à tradição de aliar a propriedade intelectual aos pacotes desenvolvimentistas, inaugurada com o famoso Alvará de 1809 pelo qual D. João VI listou o Brasil como o quarto país no mundo a ter uma legislação de Propriedade Intelectual, o projeto elaborado há tempos, e embolorando nas gavetas foi ressuscitado para um propósito coerente. Faz figura proteger topografias pelo instrumento consagrado (ainda que formalmente) pelos instrumentos internacionais, quando se quer atrair investimentos para um setor da economia.

[5] § 1 O pré-requisito constitucional

A constituição de uma exclusividade, no sistema jurídico-constitucional brasileiro, presume autorização constitucional. Tal autorização se encontra no art. 5º. Inciso XXIX da Carta, no seguinte teor:

Art. 5º (...)

XXIX - a lei assegurará aos autores de inventos industriais privilégio temporário para sua utilização, **bem como proteção às criações industriais**, à propriedade das marcas, aos nomes de empresas e a outros signos distintivos, tendo em vista o interesse social e o desenvolvimento tecnológico e econômico do País; (Grifei)

Assim, a proteção dessas criações industriais, está – tanto quanto a das patentes –, sujeita aos princípios genéricos da Propriedade Intelectual, quanto aos específicos das criações industriais.

[5] § 1.1. Os requisitos constitucionais de proteção das topografias

No caso específico das topografias, os princípios constitucionais expostos implicam que um direito exclusivo só seja conferido na proporção que se respeite a *inderrogabilidade do domínio público* o que pressupõe que a forma configurada pela topografia não seja usual, conhecida, ou já ingressa no acesso comum.

Em segundo lugar, é indispensável que o balanceamento dos interesses revelado pela proteção seja *adequado às especificidades da topografia de circuitos integrados*, e mais, que essa proteção atenda o interesse social e o desenvolvimento tecnológico e econômico do País.

Formulado no contexto de uma política geral de desenvolvimento do setor de circuitos integrados, objeto da Lei n 11.484 que incorpora as normas de proteção de Propriedade Intelectual, presumir-se-ia que tais propósitos tivessem inspirado e encontrassem expressão nas normas sob análise.

Assim não ocorre, no entanto, já flagrantemente, pela insuficiência do regime de plena liberdade de engenharia reversa, que exige, pelo menos, uma leitura conforme à Constituição.

Seção [6] Comentários à Lei nº 11.484

CAPÍTULO III
TOPOGRAFIA DE CIRCUITOS INTEGRADOS
Seção I
Das definições
Art. 23. Este Capítulo estabelece as condições de proteção das topografias de circuitos integrados.

[6] § 1. Aquisição de registro por estrangeiros

Art. 24. Os direitos estabelecidos neste Capítulo são assegurados:
I - aos nacionais e aos estrangeiros domiciliados no País; e

II - às pessoas domiciliadas em país que, em reciprocidade, conceda aos brasileiros ou pessoas domiciliadas no Brasil direitos iguais ou equivalentes.
Art. 25. O disposto neste Capítulo aplica-se também aos pedidos de registros provenientes do exterior e depositados no País por quem tenha proteção assegurada por tratado em vigor no Brasil.

O Tratado de Washington não está em vigor no Brasil. TRIPs prevê que se dará uma proteção no âmbito geral do Tratado, e, uma vez que o Brasil optou por legislar nos termos gerais de TRIPs, há que se entender que todos os membros de TRIPS estarão legitimados à proteção no Brasil, independentemente de reciprocidade.[45] Tal ocorre nas hipóteses em que, mesmo um Estado não sendo parte de uma das convenções obrigatórias sob TRIPs, ele subscreve este último Acordo.

A 11.484/2007 silencia, olimpicamente, sobre todas estas questões, o que talvez seja medida de prudência, considerando a progressiva inclusão de todos os países existentes nos tratados em vigor no Brasil. Mas, já que existe a previsão legal, como aplicá-la?

Não havendo regra legal, parece razoável aplicar, na sua pragmática, o princípio de colaboração internacional intrínseco ao texto, ou seja, admitir à proteção o máxi-

---

[45] Seção 6 - Topografias de Circuitos Integrados (artigos 35 a 38) ART. 35 - Os Membros acordam outorgar proteção às topografias de circuitos integrados (denominados adiante "topografias") em conformidade com os Artigos 2 a 7 (salvo o parágrafo 3 do ART. 6), ART.12 e parágrafo 3 do ART.16 do Tratado sobre Propriedade Intelectual em Matéria de Circuitos Integrados e, adicionalmente, em cumprir com as disposições seguintes.
ART. 36 - Sem prejuízo do disposto no parágrafo 1 do ART.37, os Membros considerarão ilícitos os seguintes atos, se realizados sem a autorização do titular do direito:(9) importar, vender ou distribuir por outro modo para fins comerciais uma topografia protegida, um circuito integrado no qual esteja incorporada uma topografia protegida ou um artigo que incorpore um circuito integrado desse tipo, somente na medida em que este continue a conter uma reprodução ilícita de uma topografia. (9) Entende-se que o termo "titular de direito" possui, nesta Seção, o mesmo significado do termo "titular do direito" no Tratado sobre a Propriedade Intelectual em Matéria de Circuitos Integrados.
ART. 37 1 - Sem prejuízo do disposto no ART. 36, nenhum Membro considerará ilícita a realização de qualquer dos atos a que se refere aquele artigo em relação a um circuito integrado que contenha uma topografia reproduzida de forma ilícita ou a qualquer produto que incorpore um tal circuito integrado, quando a pessoa que tenha efetuado ou ordenado tais atos não sabia e não tinha base razoável para saber, quando da obtenção do circuito integrado ou do produto, que ele continha uma topografia reproduzida de forma ilícita. Os Membros disporão que, após essa pessoa ter sido suficientemente informada de que a topografia fora reproduzida de forma ilícita, ela poderá efetuar qualquer daqueles atos com relação ao estoque disponível ou previamente encomendado, desde que pague ao titular do direito uma quantia equivalente a uma remuneração razoável, equivalente à que seria paga no caso de uma licença livremente negociada daquela topografia.
2 - As condições estabelecidas nos subparágrafos "a" a "k" do ART. 31 aplicar-se-ão, "mutatis mutandis", no caso de qualquer licenciamento não voluntário de uma topografia ou de seu uso pelo ou para o Governo sem a autorização do titular do direito.
ART. 38 1 - Nos Membros que exigem o registro como condição de proteção, a duração da proteção de topografias não expirará antes de um prazo de dez anos contados do depósito do pedido de registro ou da primeira exploração comercial, onde quer que ocorra no mundo.
2 - Nos Membros que não exigem registro como condição de proteção, as topografias serão protegidas por um prazo não inferior a dez anos da data da primeira exploração comercial, onde quer que ocorra no mundo.
3 - Sem prejuízo dos parágrafos 1 e 2, um Membro pode dispor que a proteção terminará quinze anos após a criação da topografia.

mo que se puder, sem lesão ao interesse nacional. Sendo substancialmente equivalentes o direito estrangeiro e o nacional, ambos medidos em seus efeitos (e não no texto legal isolado e sem aplicação), deve-se ao depositante estrangeiro a integralidade da 11.484/2007. Não se atingindo tal equivalência, recusar a aplicação da lei, pois a redução dos direitos, como sugere a Convenção de Berna, à medida da lei estrangeira, é impossível sem autorização legal, e de administração quase impossível.

[6] § 2. O que é topografia

> Art. 26. Para os fins deste Capítulo, adotam-se as seguintes definições:
> I - circuito integrado significa um produto, em forma final ou intermediária, com elementos, dos quais pelo menos um seja ativo, e com algumas ou todas as interconexões integralmente formadas sobre uma peça de material ou em seu interior e cuja finalidade seja desempenhar uma função eletrônica.
> II - topografia de circuitos integrados significa uma série de imagens relacionadas, construídas ou codificadas sob qualquer meio ou forma, que represente a configuração tridimensional das camadas que compõem um circuito integrado, e na qual cada imagem represente, no todo ou em parte, a disposição geométrica ou arranjos da superfície do circuito integrado em qualquer estágio de sua concepção ou manufatura.

As definições seguem o modelo do Tratado.[46]

[6] § 3. Quem pode pedir registro de topografia

> Seção II
> Da titularidade do direito
> Art. 27. Ao criador da topografia de circuito integrado será assegurado o registro que lhe garanta a proteção nas condições deste Capítulo.
> § 1º Salvo prova em contrário, presume-se criador o requerente do registro.
> § 2º Quando se tratar de topografia criada conjuntamente por duas ou mais pessoas, o registro poderá ser requerido por todas ou quaisquer delas, mediante nomeação e qualificação das demais para ressalva dos respectivos direitos.
> § 3º A proteção poderá ser requerida em nome próprio, pelos herdeiros ou sucessores do criador, pelo cessionário ou por aquele a quem a lei ou o contrato de tra-

---

[46] Tratado de Washington Article 2 Definitions -For the purposes of this Treaty: (i) "integrated circuit" means a product, in its final form or an intermediate form, in which the elements, at least one of which is an active element, and some or all of the interconnections are integrally formed in and/or on a piece of material and which is intended to perform an electronic function,
(ii) "layout-design (topography)" means the three-dimensional disposition, however expressed, of the elements, at least one of which is an active element, and of some or all of the interconnections of an integrated circuit, or such a three-dimensional disposition prepared for an integrated circuit intended for manufacture,

balho, de prestação de serviços ou de vínculo estatutário determinar que pertença a titularidade, dispensada a legalização consular dos documentos pertinentes.

A regra de *autoria* (do "criador") e da titularidade vinculada diretamente à autoria acompanha em alguma proporção o do estatuto brasileiro de patentes.

Quem é legitimado a pedir registro de topografia é seu autor (dito criador), presumindo-se como tal (*juris tantum*) o requerente. Aplica-se aqui o que já se disse quanto ao desenho constitucional do *direito autoral de personalidade do inventor*.

No caso de vários autores em conjunto do mesmo invento, a registro de topografia poderá ser requerida por todos ou qualquer deles, mediante nomeação e qualificação das demais, para ressalva dos respectivos direitos. A Lei n.11.484/2007 não trata do caso de pluralidade de criações independentes, como ocorre com a norma de patentes.

Não se cuida aqui do direito moral de nominação; tal omissão é irrelevante, eis que tal direito resulta de fonte constitucional.

[6] § 3.1. Titularidade originária

Ao contrário do que nos Estados Unidos, que limitam a autoria das patentes (daí, o direito de pedir patente) ao inventor, pessoa natural,[47] ou a sucessores deste, a Lei n. 11.484 parece admitir a titularidade originária do registro por pessoas jurídicas. Com efeito, a Lei n 11.484 defere a pretensão, além do autor e seus sucessores, "àquele a quem a lei ou o contrato de trabalho ou de prestação de serviços determinar que pertença a titularidade".

O direito de pedir registro de topografia pode ser objeto de cessão, como, aliás, é prática universal, de sucessão *causa mortis*, ou de outras formas de transferência de direitos.

[6] § 3.2. Direitos resultantes da autoria da topografia

Direito a quê? Numa observação das mais agudas, Pontes de Miranda distingue três tipos de direitos relativos ao objeto da patente (em tudo aplicável, aqui, aos registros de topografias):

a) O direito de pedir patente. Segundo a Lei 9.729/96, em seu Art. 6º, § 2º, os herdeiros e sucessores do autor do invento, assim como os terceiros, titulares originários dos respectivos direitos, podem requerer patente. Tal legitimidade presume um direito adjetivo, de requerer a atuação do Estado para

---

47 Singer, *op. cit.*, p. 219: "In all Contracting States, it is recognized that invention is a creative act which is only capable of being performed by a natural person". Chisum e Jacobs, *op. cit*, p. 2-171 notam que, segundo a lei federal americana, há hipótese em que uma pessoa jurídica pode requerer patente sem a autorização direta do inventor, desde que fique demonstrado a pertinência do título e a recusa ou omissão do autor da invenção. Note-se que a Lei 9.610/98 eliminou as dubiedades existentes anteriormente no direito autoral, quanto à titularidade originária por pessoa jurídica: agora é certo que autor é sempre pessoa natural.

examinar, declarar a existência dos pressupostos da concessão, e constituir o direito.
b) O direito ao pedido de patente. Suscitada a atuação do Estado, constitui-se um processo administrativo, que incorpora a eventualidade de um direito *erga omnes*, objeto do pedido. A titularidade ao pedido representa um interesse econômico, reconhecido juridicamente, como se vê do Art. 69 da Lei 9.729/96.
c) O direito ao título já concedido.

Qual seu objeto? A doutrina[48] e a jurisprudência[49] têm reconhecido a existência de um *bem incorpóreo*, de natureza móvel, o invento, que consistiria no núcleo de deflagração das pretensões à patente. A criação de topografia teria a mesma natureza de criação.

O direito é exercido pelo *pedido de registro* junto ao órgão de propriedade industrial, e terá como resultado, se verificados a existência dos pressupostos para a concessão do privilégio, a emissão do registro de topografia.[50]

[6] § 3.3. Direito de adjudicação

Direito de caráter patrimonial puro, o poder de pedir registro de topografia (ou seus consectários – o direito ao pedido e o direito a registro de topografia) é suscetível de ser reivindicado (*jus persequendi*) de quem injustamente o alegue, como previsto no art. 39 § 4º. da Lei n 11.484. Por tal disposição o titular do direito, que tem seu invento apropriado injustamente por terceiros, pode pedir a adjudicação do registro, ou suscitar a nulidade do título.[51]

Em rápido sumário, para que se peça a adjudicação, é preciso comprovar que o adjudicante era titular de *direito de pedir registro de topografia*; no curso da pretensão se apurará se o autor não teria perecido de tal direito, por abandono ou perempção ou outra razão de direito. Quem deixa sua invenção cair no domínio comum, ou a abandona de forma a permitir a ocupação lícita por terceiro, adjudicação não haverá. Poderá, certamente, ter o direito de anular a exclusiva concedida a quem não for criador.

[6] § 4. Titularidade originária do empregador

Art. 28. Salvo estipulação em contrário, pertencerão exclusivamente ao empregador, contratante de serviços ou entidade geradora de vínculo estatutário os direi-

---

48 Pontes, Tratado, (1917; Roubier, *op. cit.*, p. 98-107.
49 "L'invention, alors que le brevet n'est pas encore démandé, est un bien incorporel qui a un valeur patrimonial" (Tribunal de apelação de Paris, acórdão de 30 de janeiro de 1991, apud Bertrand, *op. cit.*, p. 127).
50 Carvalho, Nuno Tomaz Pires de, A aquisição e perda dos direitos de patente. Revista Juridica Lemi, vol 14 n. 159, p. 3 a 30, fev 1981.
51 Art. 39 § 4º No caso de inobservância do disposto no § 1º do art. 27, o criador poderá, alternativamente, reivindicar a adjudicação do registro. Vide Gert Dannemann e Katia Braga de Magalhães, A Ação de Adjudição na Nova Lei de Propriedade Industrial (Lei nº 9.279/96), Revista da ABPI, Nº 39 - Mar. /Abr. 1999.

tos relativos à topografia de circuito integrado desenvolvida durante a vigência de contrato de trabalho, de prestação de serviços ou de vínculo estatutário, em que a atividade criativa decorra da própria natureza dos encargos concernentes a esses vínculos ou quando houver utilização de recursos, informações tecnológicas, segredos industriais ou de negócios, materiais, instalações ou equipamentos do empregador, contratante de serviços ou entidade geradora do vínculo.

§ 1º Ressalvado ajuste em contrário, a compensação do trabalho ou serviço prestado limitar-se-á à remuneração convencionada;

§ 2º Pertencerão exclusivamente ao empregado, prestador de serviços ou servidor público os direitos relativos à topografia de circuito integrado desenvolvida sem relação com o contrato de trabalho ou de prestação de serviços e sem a utilização de recursos, informações tecnológicas, segredos industriais ou de negócios, materiais, instalações ou equipamentos do empregador, contratante de serviços ou entidade geradora de vínculo estatutário;

§ 3º O disposto neste artigo também se aplica a bolsistas, estagiários e assemelhados.

Desta vez, o modelo de atribuição de titularidade originária, independente da autoria é o da Lei do Software. Como muitos produtos da criação coletiva - o filme é um exemplo claro – a topografia, como o software, não é quase nunca resultado do esforço intelectual de um único indivíduo.

Segue a norma os princípios relativos à patente, com a diferença de que **não** se prevê o regime propriedade comum, em partes iguais, quando resultasse da contribuição pessoal do empregado e de recursos, dados, meios, materiais, instalações ou equipamentos do empregador.

Assim, ou a topografia foi feita em casa, sem qualquer uso dos recursos do empregador, e fora da hora do expediente – caso em que *poderá ser* do criador da topografia, salvo contrato em contrário.

O regime é, então, o seguinte:

- *Salvo estipulação em contrário*, nos casos em que a topografia for gerada na vigência de contrato (de trabalho ou outro) ou de vínculo estatutário (assim, por empregado, servidor público, prestador de serviços, bolsistas, estagiários e assemelhados), e
    - » a relação com o gerador seja *expressamente* destinada à pesquisa e desenvolvimento (como no caso 1 das patentes), ou,
    - » ainda que não expressamente, que a atividade do gerador da topografia seja prevista, quando decorra da própria natureza dos encargos concernentes a esses vínculos (em geral, se o contrato ou vínculo contemplar atividade relativa a topografias de circuito integrado) e até mesmo, se nenhum desses vínculos existirem,

> » quando houver utilização de recursos, informações tecnológicas, segredos industriais ou de negócios, materiais, instalações ou equipamentos,
> » empregador, contratante de serviços ou órgão público será o *único titular* dos direitos relativos.
> - De outro lado, se a topografia foi gerada *sem relação* com qualquer contrato de trabalho, prestação de serviços ou vínculo estatutário, e sem a utilização de recursos, informações tecnológicas, segredos industriais e de negócios, materiais, instalações ou equipamentos do empregador, da empresa ou entidade com a qual o empregador mantenha contrato de serviços ou órgão público.

Em princípio, salvo ajuste em contrário, a compensação do trabalho ou serviço prestado limitar-se-á à remuneração ou ao salário convencionado.

Note-se que, muito embora não exista a previsão de participação incentivada do criador da iniciativa privada nos resultados de sua produção (como é prevista na lei de patentes), o criador que é pesquisador público se beneficiará do disposto na Lei de Inovação.

[6] § 5. Das topografias protegidas

> Art. 29. A proteção prevista neste Capítulo só se aplica à topografia que seja original, no sentido de que resulte do esforço intelectual do seu criador ou criadores e que não seja comum ou vulgar para técnicos, especialistas ou fabricantes de circuitos integrados, no momento de sua criação.
> § 1º Uma topografia que resulte de uma combinação de elementos e interconexões comuns, ou que incorpore, com a devida autorização, topografias protegidas de terceiros, somente será protegida se a combinação, considerada como um todo, atender ao disposto no *caput* deste artigo.
> § 2o A proteção não será conferida aos conceitos, processos, sistemas ou técnicas nas quais a topografia se baseie ou a qualquer informação armazenada pelo emprego da referida proteção.
> § 3º A proteção conferida neste Capítulo independe da fixação da topografia.

[6] § 5.1. A originalidade

No capítulo sobre a proteção de topografias da segunda edição do meu Uma Introdução, disse quanto ao requisito de originalidade:

> Também a exigência de originalidade imposta ao circuito integrado submetido a registro excede um pouco os padrões do direito autoral, o qual se satisfaz com o fato de a criação ser algo mais do que simples cópia. No entanto, o *quantum* mínimo de novidade exigido fica longe do padrão da patente clássica.

Quanto aos vários conceitos de originalidade, cabe notar que tal noção é coisa que tem múltiplos significados em PI. Dissemos, em Uma Introdução, 2ª ed., falando de DIs:

> A "originalidade" tem variada conceituação em Direito da Propriedade Intelectual. No Direito Autoral, tende a se manifestar como a característica de ser oriunda do próprio criador, ou novidade subjetiva.

Lê-se do que dissemos que no DA a palavra tende ser tomada como "a característica de ser oriunda do próprio criador, ou novidade subjetiva".

Incidentalmente, vale distinguir entre a obra *original* e a obra *originária*:

Art. 5º Para os efeitos desta Lei (9.610), considera-se:
VIII - obra: f) originária - a criação primígena; g) derivada - a que, constituindo criação intelectual nova, resulta da transformação de obra originária;

O primeiro sentido que a palavra aparece no DA é o da simples novidade.

> "haja originalidade nessa concepção, entendida a palavra no sentido relativo, ou seja, de que não se cuida da novidade absoluta, mas de concepção diversa das existentes." BITTAR, Carlos Alberto. O Direito do Autor. In Revista EPM-APA-MAGIS, nº 1 (2), jan.-abr., 1997, p. 60.

O segundo sentido, o de imputação subjetiva, ocorre também, de acordo com contexto. Por exemplo, a Lei 9.609 diz:

Art. 3º,. § 1º O pedido de registro estabelecido neste artigo deverá conter, pelo menos, as seguintes informações:
III - os trechos do programa e outros dados que se considerar suficientes para identificá-lo e caracterizar sua originalidade, ressalvando-se os direitos de terceiros e a responsabilidade do Governo

Quanto ao software, propriamente dito, entendo que esta "originalidade" tenha um sentido próprio. Por exemplo, falando do registro de programa disse (O registro do programa, 1998):

> O primeiro objetivo do depósito é a comprovação de que o programa é criação independente, ou seja, resultante de elaboração autônoma. É o requisito clássico da originalidade (subjetiva), que está para o sistema do Direito Autoral como o de novidade (objetiva) está para o sistema de patentes (Claude Colombet, Les Grands Principes, p. 36)
> Tal comprovação seria efeito, possivelmente, da prioridade no registro, dentro do princípio *prius in tempore, fortior in jure*

No entanto, uma vez mais cabe repetir que o registro é constitui prova juris tantum; não só pode ser superada por outra evidência, como também, no caso da legislação autoral, aqui aplicável, a criação anterior não tira a originalidade da posterior, desde que não tenha havido indevida apropriação de material da primeira pela segunda criação.

Veja-se um parecer que dei na Procuradoria do INPI, quando era Procurador Geral, falando do software em si mesmo, e não de seu título:

Originalidade - Parecer - INPI, 1988.
"O regime pertinente é o genérico do Direito Autoral, modificado pelas disposições da Lei 7.646. Ora, em tal regime não se exige a novidade objetiva como requisito de proteção, mas tão somente a originalidade - conceito que tem acepção muito peculiar neste contexto.
De um lado, nem tudo que é subjetivamente original é protegido -, como nota a Lei 7.646 (Art. 7º, III) ao absolver de plágio a criação que se aproxima a outra porque as formas alternativas de expressão são limitadas. Se as características do hardware impõem uma e só uma solução de software, não há direito autoral sobre esta, ainda que tenha havido criação original. De outro lado, a recriação independente de uma obra objetivamente já existente faz jus à proteção autoral. Assim, não é a comparação objetiva entre uma obra anterior e uma posterior que poderá ferir a originalidade da segunda; somente uma análise minuciosa do processo criativo poderá chegar a tal conclusão. Além disto, mesmo quando original, uma obra pode ser dependente de outra que lhe é anterior - como ocorre nas traduções. Quando isto ocorre, há uma obra original, mas derivada da anterior; e tal noção é muito relevante porque obra derivada, na nossa lei autoral, só pode ser explorada com a permissão do titular da obra originária - a da qual se deriva a segunda obra original.
Esta originalidade, chamada relativa, pode existir seja quanto à expressão da obra (outra vez: como na tradução), seja quanto a sua composição (a forma interna: a ordenação e disposição da obra), mas inexistir quanto ao outro elemento. Para se apurar se há originalidade absoluta ou relativa, assim, é preciso analisar em cada caso se o segundo criador baseou-se nas idéias em geral, que são de domínio público; ou na análise formal-matemática do problema tecnológico a ser resolvido pelo programa de computador, igualmente em domínio público; ou na formulação lógico-matemática de tal análise, o chamado algoritmo, ainda de domínio comum; ou se já nas ordenações e disposições do programa que, não sendo de caráter necessário, representem uma escolha entre alternativas possíveis, assim uma parte da forma interna da obra - sua composição. É tarefa difícil.

Original é - neste sentido - simplesmente o que foi criado pelo autor, sem nenhuma avaliação de estado da arte ou de uso e registro prévio.

Mas um terceiro sentido existe para a palavra em DA. Por exemplo, a da existência de um conteúdo mínimo de doação pessoal, que faça de um trabalho uma obra do espírito e não simplesmente o resultado do tempo e do suor despendido.

É nesse sentido que Henri F. Jessen, entende que os requisitos para proteção da obra são: a) pertencer ao domínio das letras, das artes ou das Ciências; b) ter originalidade; c) achar-se no período de proteção fixado pela lei. (JESSEN, Henri Francis. Direitos Intelectuais: Ed. Itaipu, RJ, 1967).

Vide, neste entendimento, Proteção Autoral do Website Manoel J. Pereira dos Santos, Revista da ABPI n. 57 1/3/2002, falando do regime brasileiro de bases de dados, evocando por comparação o sistema europeu da diretiva nº 96/9/CE, de 11 de março de 1996:

> A principal diferença entre a proteção das bases de dados originais e aquela advogada para as chamadas bases de dados não originais está no fato de que, no primeiro caso, o conjunto é protegido, não enquanto simples acervo de dados e outros materiais, mas sim na medida em que há a sistematização, organização e disponibilização desses elementos de forma criativa, não se estendendo a proteção autoral aos dados e materiais em si mesmos. Já no segundo caso, o âmbito dessa proteção é maior, abrangendo o acervo de dados e outros materiais, sendo assim preferível designar esse sistema como de proteção do conteúdo das bases de dados.

A quarta acepção - a que nos interessa - é de **distinguibilidade**. Neste sentido, retornando ao meu texto sobre DIs:

> Pela definição do CPI/96, assemelha-se à distinguibilidade do direito marcário (vide abaixo), ou seja, a possibilidade de ser apropriada, já que não está imersa no domínio comum. A fragilidade de tal conceito está na extrema proximidade com a noção de novidade, acima definida.

Diz Newton Silveira:

> (...) a originalidade é condição tanto para a proteção das invenções, quanto das obras artísticas, podendo-se dizer que nas obras de arte a originalidade se refere à forma considerada em si mesma, enquanto que para os modelos e desenhos industriais a forma em si pode não ser original, desde que o seja a sua aplicação, isto é, a originalidade neste caso consistiria na associação original de uma determinada forma a um determinado produto industrial.

Em Direito Francês, exige-se que o desenho tenha "uma configuração distintiva e reconhecível que a diferencie de seus similares". Já a proposta de diretriz da Comunidade Européia, em seu art. 3.2, prevê a satisfação do requisito de caráter individual, definido como o atributo que faz o observador, numa impressão global, determinar que o objeto protegido difere de maneira significativa dos outros desenhos utilizados ou publicados no território.

Tal caráter distintivo, de novo no Direito Francês, terá de ser visível e claramente aparente, possibilitando o objeto diferenciar-se dos congêneres seja por uma configuração reconhecível, seja por vários efeitos exteriores que lhe empreste fisionomia própria (Code de la Propriété Intellectuelle, art. L.511-3).

À luz de tais parâmetros, entendo que o requisito, em sua nova roupagem, deva ser entendido como a exigência de que o objeto da proteção seja não só novo, ou seja, não contido no estado da arte, mas também distintivo em face desta, em grau de distinção comparável ao ato inventivo dos modelos de utilidade.

Autores há que entendem haver distinções nesse requisito conforme o setor produtivo e o mercado consumidor; assim, para certos produtos, a distinguibilidade deveria ser maior, assim como em face de um consumidor mais sofisticado, o impacto do efeito estético deveria se afeiçoar a essa característica.

Nesse mesmo trabalho, aponto qual a "originalidade' que, à luz do Direito Comparado, seria aplicável a nova MP, notando-se o que ocorre, por exemplo, no contexto da proteção dos semicondutores:

> House Report 98-781, 96th. Cong. 2nd. Sess. 4 (1984), p. 17: "a mask work is original if it is the independent creation of an author who did not copy it". Segundo o 17 USC Par. 902 (b), "the mask work may not consist solely of designs that are staple, commonplace or familiar in the semiconductor industry, or variations of such design, combined in a way that, considered in a whole, is not original". Copyright Office Circular R 100.

Analisando, à luz dessas reflexões, o que a Lei n. 11.484 dispõe, no pertinente temos claramente um conceito complexo de originalidade, que soma o sentido de autoria (atribuição subjetiva de obra originária) com o elemento indicado no 17 USC Par. 902 (b): o requisito de que a topografia não seja padrão, corriqueira ou familiar na indústria.

O Tratado, em seu art. 3.2 endossa plenamente essa interpretação,[52] como também TRIPs.[53]

---

52 (2) [Requirement of Originality] (a) The obligation referred to in paragraph (1)(a) shall apply to layout-designs (topographies) that are original in the sense that they are the result of their creators' own intellectual effort and are not commonplace among creators of layout-designs (topographies) and manufacturers of integrated circuits at the time of their creation.

53 Conforme o Resource Book on TRIPS and Development da UNCTAD, Cambrige University Press, 2005, "The Treaty combines the concepts of "originality" and of "intellectual effort" employed in the U.S. and in

Não se exige qualquer passo inventivo, nem o absurdo e indefinível "ato inventivo" das MU. Assim, não se tem, no caso, o terceiro conceito de originalidade, o de aporte significativo, mas sim o terceiro - comum aos DI e às marcas ...o de apropriabilidade, com a peculiaridade de que a confundibilidade - o inculcamento ou passing-off na relação com o consumidor - é irrelevante.

Note-se que, por força do disposto no art. 6(2) do Tratado, nisso robustecido por TRIPs, no caso de criação autônoma de topografia através – inclusive – de engenharia reversa, a simples originalidade como atribuição subjetiva cria uma inoponibilidade do registro à nova criação. Ou seja, mesma a topografia idêntica à registrada (carecendo assim do segundo elemento da originalidade) tem emprego lícito no mercado, quando houver investimento real e evidenciado na geração da segunda topografia. Certamente a segunda não terá direito a registro, pois lhe carece a plena originalidade; mas o registro não lhe vedará acesso ao mercado.

[6] § 5.2. A criação por combinação

A previsão de o objeto protegido possa ser uma "combinação de elementos e interconexões comuns", aditando-se que somente haverá registro se a combinação, considerada como um todo, for original, evoca a antiga discussão relativa à patente de combinação.

Não há, no Direito Brasileiro, definição legal do que seja patente de combinação. Nos dicionários jurídicos, porém, lê-se a preciosa definição do Black's Law Dictionary:

"Combination Patent - Patents in which the claimed invention resides in a specific combination or arrangement of elements, rather than in the elements themselves. One in which none of the parts or components are new, and none are claimed as new, nor is any portion of combination less than whole claimed as new or stated to produce any given result.

Em tal patente, pois, a invenção reivindicada está numa combinação de elementos, e não nos elementos singulares; nela, nenhum dos elementos será reivindicado como novo, nem qualquer combinação diversa do todo será tida como nova, nem será a esta imputada um resultado industrial específico.

EC regulations, respectively. These concepts are qualified, as expressly provided for, for instance, in the U.S. and UK laws on the matter, by the condition that the layout/topography should not be "commonplace among creators of layout-designs (topographies) and manufacturers of integrated circuits at the time of their creation". Further, a layout-design that consists of a combination of elements and interconnections that are commonplace shall be protected only if the combination, taken as a whole, fulfils the condition of originality".

O mesmo se dirá da topografia por combinação: se "considerada como um todo", for original, sem prejuízo de seus elementos integrantes.[54]

Um aspecto interessante é trazido pela norma: a combinação em que elementos individuais não só não sejam originais, no sentido objetivo, mas também não o sejam, subjetivamente. Haverá parcelas, na combinação, de titularidade de terceiros.

Os elementos de uma combinação, por definição, guardam integridade individual; não haverá transformação substantiva, que levem tais elementos a uma nova entidade; a criação se dá por justaposição, acrescida pelo *resultado do todo*, que provavelmente pressuporá sempre algum tipo de sinergismo. Assim, só por autorização ou licença do titular dos elementos da combinação se poderá registrar o todo, ao qual o elemento de terceiro acede.

[6] § 6. Proteção de forma

As topografias são protegidas como criação de forma, nisso se aproximando do objeto do direito autoral. No dizer da Lei n. 11.484, excluem-se da proteção *do registro* "os conceitos, processos, sistemas ou técnicas nas quais a topografia se baseie ou a qualquer informação armazenada pelo emprego da referida proteção". Assim, como já visto, só são protegidos apenas os traçados originais ou que não sejam conhecidos ou familiares na indústria; de forma alguma se protegem os conceitos ou idéias implícitas no traçado.

No regime da Lei n. 11.484, não há proteção dos desenhos e estudos preparatórios, como ocorre na Diretriz Européia 87/54. Só a topografia – ela mesmo - é tutelada.

No entanto, a *forma* autoral é expressiva; ela é *um modo subjetivamente caracterizado* pelo qual se comunica algo. A forma de topografia é protegida apenas como meio de evitar o absoluto servilismo de uma cópia; não se deixa só livres as idéias e conceitos, mas mesmo as formas análogas, desde que não copiadas em identidade.

A regra de liberdade de *reverse engineering*, expressa no art. 37, II, da 11.484/2007, implementa o princípio de proteção de forma na extensão mais peculiar deste direito específico.

[6] § 6.1. Possível cumulação de proteções

De outro lado, pode acontecer que tais conceitos, processos, sistemas ou técnicas sejam objeto de proteção patentária, ou da lei relativa aos programas de computador; as informações armazenadas pelo emprego da mesma podem ter tutela autoral geral, ou ainda daquela específica das bases de dados. Em suma, a norma em questão, que

---

[54] Segundo o Tratado, em seu art. 3.2, (b) A layout-design (topography) that consists of a combination of elements and interconnections that are commonplace shall be protected only if the combination, taken as a whole, fulfills the conditions referred to in subparagraph (a).

configura proteção meramente de forma, não implica em liberdade de uso de conteúdo, mas simplesmente em exclusão da proteção registral específica.

A cumulação de proteções recai não sobre o mesmo objeto de direito, mas sobre o objeto fáctico e econômico – como uma garrafa de cerveja pode ser protegida por sedenho industrial, por marca, por patente, etc., sem que com isso se viole o princípio constitucional geral da especificidade de proteções.

[6] § 7. Fixação da topografia

Protegem-se as topografias fixadas ou não em um circuito integrado. A questão da fixação, ao contário do que se poderia imaginar pela tradição do direito autoral, não se resume a simples expressão perene – em muitos países, só se defere exclusividade a um poema se ele é escrito ou tem sua alocução gravada.

Ao dizer que não se exige fixação, neste passo, a Lei n. 11.484 indica que não é preciso efetivamente apresentar um circuito integrado ao registro – o que é coerente com os objetivos de um país onde a capacidade de desenho de uma topografia não necessariamente se somem à capacidade de materialização do circuito.[55]

[6] § 8. Da proteção via registro

Art. 30. A proteção depende do registro, que será efetuado pelo Instituto Nacional de Propriedade Industrial - INPI.

---

[55] Jehangir Choksi, The Integrated Circuit Topography Act: Approaching Ministerial Review, encontrado em http://www.bereskinparr.com/English/publications/pdf/High%20Tech%20Int%20Topo%20Choski.pdf, visitado em 2/2/2007. "2.2 Expressions of Topographies Not Fixed in an Integrated Circuit Product Section 64.2 makes it clear that even, for example, a two-dimensional drawing that is intended to generate a topography cannot be protected under the Canadian Copyright Act. Such a drawing would only gain protection in Canada if it had been registered as a topography under the ICTA. The United States and Japan, the pioneers of topography protection, appear to still permit copyright to subsist in designs and drawings prepared in the process of making a topography. For instance, § 912(a) of the SCPA states that nothing in that chapter will affect any right or remedy held by any person under chapters 1 through 8 or 10 (that is, the U.S. Copyright Act). This may be a result of two factors. First, it was much more clear in those countries than it was in Canada that a three-dimensional reproduction of a drawing was not a copyright infringement. Second, both these countries require that a topography or a mask work be fixed in an integrated circuit (or semiconductor chip) product, because their semiconductor chip acts do not protect merely "theoretical" designs.20 Most other nations allow for an integrated circuit layout or topography fixed in any material form to be protected under their chip acts. The rationale for a restriction-free fixation requirement was apparently that the protection of designs not yet incorporated into an integrated circuit product would benefit those countries where the presence of design capabilities is much more abundant than the capabilities necessary to manufacture chips.21 Because Japan and the United States have typically controlled around 90 percent of the global production of integrated circuits, most other countries would benefit from a broad fixation requirement if this rationale was justified. Ironically, this would not be the case if copyright law in the United States and Japan continues to protect expressions of topographies not fixed in semiconductor chips, because those two countries would in effect be providing broader protection for these works. In addition, the necessity of registration and a higher standard of originality under the ICTA (and in other countries) may mean that Canadian topography drawings or designs will not be protected in certain circumstances where copyright protection would otherwise (as perhaps in the United States) be available".

Diversamente do que ocorre com os direitos autorais, dos quais a exclusividade nasce da simples criação, o direito *erga omnes*, aqui, resulta do registro que concede a exclusiva. O mesmo ocorre com as patentes e os desenhos industriais.

Como se lerá do art. 33 e do 34, trata-se de registro sem exame dos pressupostos substantivos. O exame substantivo será feito, se o for, na instância judicial. Não há previsão, neste caso, de um exame alternativo pelo INPI das condições substantivas de registrabilidade – essencialmente, a originalidade e a novidade.

Não se imagine, no entanto, que – pelo fato de os requisitos não serem examinados pelo INPI, serão válidos os registros nos quais não estejam presentes os requisitos de originalidade (constante do art. 29) e novidade (art. 33, parágrafo único, da Lei n. 11.484.

Sem novidade e originalidade, uma a topografia desatenderia o requisito constitucional, que sobreleva à lei ordinária; as exceções à exigência dos requisitos constitucionais para registrabilidade devem ser entendidas como excepcionais e serão sempre sujeitas à análise do Judiciário Brasileiro, como veremos a seguir.

Ora, a Constituição Federal, em seu art. 5º diz:

> XXXV - a lei não excluirá da apreciação do Poder Judiciário lesão ou ameaça a direito; Castro Nunes[56] transcreve trecho de discurso proferido por Epitácio Pessoa em sessão do Senado de 15 de outubro de 1914 no qual ele asseverava: "Desde que se envolva com a questão do direito privado, garantido em lei ou na Constituição da República, o Poder Judiciário tem o direito de examiná-la. Mais do que isso: faltaria ao seu dever mais elementar, mentiria à sua altíssima função social se se recusasse a julgar uma e outra. (...)".[57]

Nesse sentido, manifesta-se ainda Alexandre de Moraes,[58] ao dizer que:

> "(...) o Poder Judiciário, desde que haja plausibilidade da ameaça ao direito, é obrigado a efetivar o pedido de prestação judicial requerido pela parte de forma regular, pois a indeclinabilidade da prestação judicial é princípio básico que rege a jurisdição, uma vez que a toda violação de um direito responde uma ação correlativa, independentemente de lei especial que a outorgue."

[6] § 9. Do pedido de registro

Art. 31. O pedido de registro deverá referir-se a uma única topografia e atender as condições legais regulamentadas pelo INPI, devendo conter:
I - requerimento;

---

56 Revista dos Tribunais n. 255/548.
57 Ferreira, Wolgran Junqueira, in Comentários à Constituição de 1988, Volume 1, Julex Livros, p. 167, São Paulo 1989.
58 Moraes Alexandre, in Direito Constitucional, Oitava Edição, Atlas, p. 97, São Paulo, 2000.

II - descrição da topografia e de sua correspondente função;
III - desenhos ou fotografias da topografia, essenciais para permitir sua identificação e caracterizar sua originalidade;
IV - declaração de exploração anterior, se houver, indicando a data de seu início; e
V - comprovante do pagamento da retribuição relativa ao depósito do pedido de registro.
Parágrafo único. O requerimento e qualquer documento que o acompanhe deverão ser apresentados em língua portuguesa.

O art. 31 da Lei nº 11.484 lista os requisitos para o exercício do direito formativo gerador, o direito de pedir registro. A norma acompanha, parcialmente, o disposto no Tratado, ainda que sem utilizar plenamente suas flexibilidades.[59]

[6] § 9.1. Suficiência descritiva

Desses requisitos destacam-se a *descrição da topografia* e da sua função, assim como desenhos ou fotografias da topografia. Tais exigências, de cunho substantivo, permitem a individualização da pretensão, e os limites do direito pretendido. Vide que a insuficiência de tais informações – se não forem suficientes *para identificar* a topografia - leva à nulidade da exclusiva.

Exige-se assim a identificação do objeto protegido (que pode ser o todo ou parte da topografia) como uma demarcação do direito reivindicado; o depósito de tal descrição no INPI é prova pré-constituída essencial ao eventual exame substantivo posterior. Assim, a autarquia pode e deve rejeitar o pedido por insuficiência *de tal requisito*.

Na proteção da topografia não se visa à revelação da tecnologia nela existente. Como se afirma, a proteção é de forma, e todo seu conteúdo está fora do alcance da exclusiva. Se houver conhecimento livre, imerso na topografia, ele é plenamente recuperado e utilizado através da engenharia reversa do art. 38. Assim, a suficiência descritiva se refere apenas à identificação do elemento protegido.

[6] § 9.1. (A) Descrição de função

Tratando-se, como já se repetiu muitas vezes, de proteção de forma, o requisito de descrição da função da topografia é parte da exigência da limitação do direito preten-

---

[59] Tratado, art. 7º. 2) [Faculty to Require Registration; Disclosure] (a) Any Contracting Party shall be free not to protect a layout-design (topography) until the layout-design (topography) has been the subject of an application for registration, filed in due form with the competent public authority, or of a registration with that authority; it may be required that the application be accompanied by the filing of a copy or drawing of the layout-design (topography) and, where the integrated circuit has been commercially exploited, of a sample of that integrated circuit, along with information defining the electronic function which the integrated circuit is intended to perform; however, the applicant may exclude such parts of the copy or drawing that relate to the manner of manufacture of the integrated circuit, provided that the parts submitted are sufficient to allow the identification of the layout-design (topography).

dido, mas não cria, nem remotamente, qualquer proteção à função mencionada ou descrita. Se nova e inventiva, a tecnologia pertinente a tal função pode ser objeto de patente separada, mas jamais o registro de topografia cria exclusividade sobre a função.

[6] § 9.2. Requisitos de novidade e originalidade

Simultaneamente, tais dados e informações devem suficientes para caracterizar a *originalidade*. Vide, quanto a este último ponto, nossas considerações sob o art. 29 da 11.484/2007.

Em segundo lugar, se exige a informação quanto à novidade da criação – "declaração de exploração anterior, se houver, indicando a data de seu início".

[6] § 10. Do sigilo

Art. 32. A requerimento do depositante, por ocasião do depósito, o pedido poderá ser mantido em sigilo, pelo prazo de seis meses, contados da data do depósito, após o que será processado conforme disposto neste Capítulo.
Parágrafo único. Durante o período de sigilo, o pedido poderá ser retirado, com devolução da documentação ao interessado, sem produção de qualquer efeito, desde que o requerimento seja apresentado ao INPI até um mês antes do fim do prazo de sigilo.

Concede-se à topografia, como à patente, um período de sigilo. A facilidade de cópia de uma topografia, descrita unanimemente pela literatura, justificaria esse cuidado.

O prazo – disponível – de sigilo previsto aqui se aplica ao INPI. Traduz-se a norma simplesmente em que o procedimento administrativo perante a autarquia é suspenso durante o prazo indicado.

Não há previsão de publicação da topografia, de forma a torná-la de acesso ao público em geral, seja pela transcrição da topografia na revista oficial, seja por abertura do processo à inspeção do público. O regime do segredo industrial é compatível com o registro, sem que se prejudiquem os interesses da sociedade, havendo, como existe, direito à engenharia reversa.

A diretriz européia consagra literalmente a manutenção do sigilo para o público,[60] cabendo acesso por determinação da justiça. Esse sigilo é, porém, disponível, e o requerente deverá indicar no respectivo pedido se deseja seja mantido o sigilo por período posterior aos seis meses.

---

60 Diretriz, Article 4 (...) 2. Member States shall ensure that material deposited in conformity with paragraph 1 is not made available to the public where it is a trade secret. This provision shall be without prejudice to the disclosure of such material pursuant to an order of a court or other competent authority to persons involved in litigation concerning the validity or infringement of the excusive rights referred to in Article 2.

[6] § 11. O princípio da novidade

Art. 33. Protocolizado o pedido de registro, o INPI fará exame formal, podendo formular exigências, as quais deverão ser cumpridas integralmente no prazo de sessenta dias, sob pena de arquivamento definitivo do pedido.
Parágrafo único. Será também definitivamente arquivado o pedido que indicar uma data de início de exploração anterior a dois anos da data do depósito.

Fixa-se como requisito essencial, para os propósitos da proteção de topografias (e início para contagem do prazo de proteção) a da chamada *novidade econômica*[61] Dissemos em nosso Uma Introdução, 2ª ed.:

Pode-se classificar a novidade em pelo menos duas parelhas opostas:
Cognoscitiva: a que se transformou no padrão geral das modernas leis de patentes - a exigência de que a tecnologia ainda não tenha sido tornada acessível ao público nos limites territoriais pertinentes, de forma que o técnico, dela tendo conhecimento, pudesse reproduzi-la; ou
Econômica: trata-se da exigência de que o invento ainda não tenha sido posto em prática, ou seja, industrializado, nos limites territoriais pertinentes; o privilégio resultante é chamado patente de introdução. Outra hipótese é a novidade comercial prevista na legislação relativa ao direito intelectual sobre a as variedades de plantas: é novo o que ainda não foi posto no comércio;
A segunda classificação leva em conta o território ou conteúdo do conhecimento anterior:
Novidade absoluta: a novidade sem limites espaciais ou temporais - a tecnologia não é nem foi conhecida ou utilizada em lugar algum; ou
Novidade relativa: é a que se leva em conta apenas uma região geográfica, ou um prazo, ou a um meio determinado, restringindo-se, por exemplo, às tecnologias descritas e publicadas para conhecimento geral.[62]
A opção por um parâmetro ou outro implica prestigiar um setor ou outro da tecnologia; o inventor individual ou a empresa; a atividade industrial local ou importação, etc.

---

61 Em diversos países (França, Portugal, Áustria, Dinamarca, Finlândia, Alemanha, Espanha, Grécia, Itália e Luxemburgo), o ponto inicial para a proteção é a primeira das seguintes datas: "quando a topografia for primeira explorada comercialmente em qualquer lugar no mundo"; "quando um pedido ou um registo forem depositados no formulário devido"; ou "quando a topografia primeiramente for fixada ou codificada." No Reino Unido e na Suécia, o ponto começar para a proteção é a primeira das seguintes datas: "quando a topografia for primeiro explorada comercialmente em qualquer lugar no mundo"; ou "quando a topografia primeiramente for fixada ou codificada."
62 No caso de conhecimentos tradicionais, a novidade poderia ser apurada em face de publicações ou outras divulgações que tivessem descrito funcionalmente o conhecimento, tornando-o disponível para a economia não-selvagem.

Assim, como ocorre no caso de proteção de cultivares, a novidade relevante é a econômica, optando-se pelo prazo – mínimo em face do Tratado - de dois anos.[63] Com efeito, na proporção em que são excluídas da proteção as idéias, tecnologias, etc., a novidade cognoscitiva é irrelevante ao equilíbrio de interesses.

Com a originalidade, a novidade é um dos requisitos substantivos da proteção, e se propõe realizar o mandato constitucional de proteção finalística.

Note-se que, como, aliás, indica o art. 38 de TRIPs para efeitos de termo inicial de proteção, essa novidade é geograficamente absoluta.

[6] § 12. Do certificado de registro

Art. 34. Não havendo exigências ou sendo as mesmas cumpridas integralmente, o INPI concederá o registro, publicando-o na íntegra e expedindo o respectivo certificado.
Parágrafo único. Do certificado de registro deverão constar o número e a data do registro, o nome, a nacionalidade e o domicílio do titular, a data de início de exploração, se houver, ou do depósito do pedido de registro e o título da topografia.

Analogamente à carta patente, a Lei n 11.484 prevê uma cártula de legitimação, documento em que se inscreve (ainda que não se insira) o direito de exclusiva.

[6] § 12.1. Do título da topografia

Não há um requisito essencial na existência do título – como ocorre no caso de cultivares. O título pode ser, ou não, uma marca; se o for, seguirá as vissicitudes normais do gênero. O título não é protegido pelo registro.

[6] § 13. Do prazo dos direitos conferidos

Art. 35. A proteção da topografia será concedida por dez anos, contados da data do depósito ou da primeira exploração, o que tiver ocorrido primeiro.

O prazo mínimo previsto pelo Tratado (art. 8) é de oito anos. TRIPs, em seu art. 38, fixa termo mínimo maior, que é o da Lei n 11.484,[64] expirando-se inexoravelmen-

---

[63] Tratado, art. 7º. 2) [Faculty to Require Registration; Disclosure] ((b) Where the filing of an application for registration according to subparagraph (a) is required, the Contracting Party may require that such filing be effected within a certain period of time from the date on which the holder of the right first exploits ordinarily commercially anywhere in the world the layout-design (topography) of an integrated circuit; such period shall not be less than two years counted from the said date.

[64] ART. 38 1 - Nos Membros que exigem o registro como condição de proteção, a duração da proteção de topografias não expirará antes de um prazo de dez anos contados do depósito do pedido de registro ou da primeira exploração comercial, onde quer que ocorra no mundo.

te a seu termo final. Computar-se-á a exploração comercial como termo inicial "onde quer que ocorra no mundo".

[6] § 14. Conteúdo dos direitos

Art. 36. O registro de topografia de circuito integrado confere ao seu titular o direito exclusivo de explorá-la, sendo vedado a terceiros, sem o consentimento do titular:
I - reproduzir a topografia, no todo ou em parte, por qualquer meio, inclusive incorporá-la a um circuito integrado;
II - importar, vender ou distribuir por outro modo, para fins comerciais, uma topografia protegida ou um circuito integrado no qual esteja incorporada uma topografia protegida; ou
III - importar, vender ou distribuir por outro modo, para fins comerciais, um produto que incorpore um circuito integrado no qual esteja incorporada uma topografia protegida, somente na medida em que este continue a conter uma reprodução ilícita de uma topografia.
Parágrafo único. A realização de qualquer dos atos previstos neste artigo por terceiro não autorizado, entre a data do início da exploração ou do depósito do pedido de registro e a data de concessão do registro, autorizará o titular a obter, após dita concessão, a indenização que vier a ser fixada judicialmente.

O art. 35, correspondente, *mutatis mutandi*, aos interditos de efeito civil do art. 42 da Lei 9.279/96. O conteúdo da propriedade é definido pela sanção penal para a violação (introduzida pela lei de conversão).

[6] § 14.1. Interpretação dos poderes legais do titular do registro

Pelo desenho constitucional do registro de topografia – como parte da Propriedade Industrial – os poderes legais do titular do registro de topografia são estritamente delimitados ao enunciado legal, não cabendo qualquer extensão ou interpretação que dilate os termos estritos do art. 37 da Lei n. 11.484. Os vínculos do Direito Internacional pertinente, aliás, não se opõem a essa interpretação constitucionalmente inescapável do Direito Brasileiro.

[6] § 14.2. Das vedações

A primeira vedação é de reprodução total ou parcial da topografia, seja ou não através de incorporação a um circuito integrado. Viola a norma, assim, a fotografia, o desenho, e todos os atos de reprodução de forma, não abrangidos pelas limitações de direito, exemplificadas pelo art. 37. No entanto, aplica-se integramente aqui o disposto no Tratado,⁶⁵ segundo o qual é plenamente copiável *a parte da topografia que não seja original*.

A segunda vedação é de circulação econômica da topografia protegida ou um circuito integrado no qual esteja incorporada uma topografia protegida. São descritos como atos de circulação vedada a importação, venda ou distribuição por outro modo que não importação ou venda. Note-se que somente é vedada a *circulação para fins comerciais*, realizada em condições que o promotor da circulação saiba ou devesse saber que é ilícita (at. 38, III). Mais ainda, como se lerá no art. 38, só é vedada a circulação quando não houve esgotamento – nacional ou internacional – dos respectivos direitos. Com efeito, não é ilícito o tráfego econômico de topografias ou circuitos colocados em circulação pelo titular do registro ou com seu consentimento.

A terceira vedação é da importação, venda ou distribuição por outro modo, aqui também para fins comerciais, de *um produto* que incorpore um circuito integrado no qual esteja incorporada uma topografia protegida, somente na medida em que este continue a conter uma reprodução ilícita de uma topografia. Aqui, o ilícito não mais se limita à circulação da topografia, ou do circuito integrado, mas – por exemplo – do relógio de pulso no qual esteja contida a topografia ilicitamente reproduzida. Mais ainda, é necessário, para que se configure o ilícito, a *ciência* daquele que pratica a circulação econômica; mas haverá ilícito quando, embora insciente, o agente tivesse razoavelmente que ter conhecimento do fato que o produto ou o circuito integrado esteja incorporando uma topografia protegida, ilicitamente copiada.

[6] § 14.3. Poderes do titular - a noção de "consentimento"

Crucial, em todo contexto do conteúdo da exclusividade dos direitos da propriedade industrial, é a noção de *consentimento* do titular. Muito embora esteja claro o intuito de se exigir uma *autorização* do titular, cabe aqui a aplicação precisa dos critérios de interpretação impostos necessariamente pelo modelo constitucional brasileiro, remetendo-se o leitor para o segundo capítulo deste livro, na seção pertinente à interpretação das normas de propriedade intelectual.

Tais parâmetros, em brevidade perfurante, são os de Carlos Maximiliano:

"o monopólio deve ser plenamente provado, não se presume; e nos casos duvidosos, quando aplicados os processo de Hermenêutica, a verdade não ressalta nítida, interpreta-se o instrumento de outorga oficial contra o beneficiado e a favor do Governo e do público."⁶⁶

---

65 Art. 6 (1) (a) Any Contracting Party shall consider unlawful the following acts if performed without the authorization of the holder of the right: (i) the act of reproducing, whether by incorporation in an integrated circuit or otherwise, a protected layout-design (topography) in its entirety or any part thereof, except the act of reproducing any part that does not comply with the requirement of originality referred to in Article 3(2).
66 Ob. cit., p. 232.

O registro de topografia e exercício de seus direitos – o consentimento - se interpreta sempre a favor do público, e não do titular.

Consentimento será tanto o expresso, quanto o tácito, valendo claramente o dito *qui tacet videtur consentire si loqui debuisset ac potuisset*. No caso, existe o dever de expressar a vedação, por todos os meios possíveis, não se aplicando quanto aos produtos colocados corretemente em circulação uma presunção de que eles possam estar sob restrição de registro de topografia. O que a lei e as convenções internacionais precisam é que não existe requisito *formal* de indicação de registro de topografia para se exercer o direito – mas isso não cria para o consumidor ou empresário em geral o dever de consultar no INPI a vigência e aplicabilidade de todos direitos de registro de topografias aplicáveis às mínimas engrenagens do seu relógio de pulso. O art. 38, IV, aliás, o diz expressamente em ênfase incomparavelmente maior do que o sistema de patentes.

Assim, *objetivamente*, há que se supor que o titular sempre consente na utilização econômica da topografia, pois tal utilização é conforme com os fins naturais da produção para o mercado. Em suma, se o titular optar por não expressar sua negativa de consentimento de forma ostensiva e eficaz – não ficará privado do seu direito, nem do exercício de seu direito, mas não poderá exercê-lo contra quem não tinha dever legal de presumir falta de consentimento no contexto fático e constitucional onde o livre fluxo de bens e serviços é presumido – em particular sob as regras da OMC.

De outro lado, do ponto de vista *subjetivo*, não se há que presumir que cada terceiro tenha agido em culpa ao utilizar-se economicamente da topografia. Se o titular, ou terceiros que por ele agem – inclusive licenciados -, deixou de tomar todas as precauções para expressar a negativa de consentimento, é natural que cada um presuma o livre fluxo de bens e serviços na economia. Se todo o contexto justifica mesmo a aparência de consentimento – como a aquisição de licenciado que não poderia vender – não cabe ao terceiro adquirente o dever de inspecionar o teor exato da licença e os livros de registro de fabricação que indiquem o eventual excesso no número dos produtos permitidos na licença.

O segundo aspecto a considerar é que só exige consentimento onde o consentimento é legalmente exigível; quando a topografia é empregada, sem que a lei imponha o consentimento do titular – por exemplo, quando sob licença compulsória, ou ao abrigo de uma das limitações do *fair usage*, ou quando o registro de topografia expirou ou não existe no país *a quo*. O núcleo do consentimento é o poder de negá-lo, e a lei não exigirá consentimento onde esse poder não exista.

[6] § 14.4. Prazo de eficácia contida e de eficácia plena do registro

Diz-se prazo de eficácia contida o período desde a data *do início da exploração* ou do pedido do registro de topografias no Brasil até sua concessão. Durante o prazo de eficácia contida, o titular do registro tem um direito eventual de haver indenização por violações do objeto da exclusividade, se e quando o registro venha a ser deferida e concedida

Não cabendo ainda o *jus prohibendi*, cabe-lhe a opção alertar aos terceiros que a topografia é objeto de pedido de proteção, e que, caso sejam concedida, as perdas e danos devidos retroagem até a data do início da exploração ou do depósito do pedido de registro.

[6] § 15. Limitações à exclusiva topográfica

Art. 37. Os efeitos da proteção prevista no art. 36 não se aplicam:
I - aos atos praticados por terceiros não autorizados com finalidade de análise, avaliação, ensino e pesquisa;
II - aos atos que consistam na criação ou exploração de uma topografia, que resulte da análise, avaliação e pesquisa de topografia protegida, desde que a topografia resultante não seja substancialmente idêntica à protegida;
III - aos atos que consistam na importação, venda ou distribuição por outros meios, para fins comerciais ou privados, de circuitos integrados ou de produtos que os incorporem, colocados em circulação pelo titular do registro de topografia de circuito integrado respectivo ou com seu consentimento; e
IV - aos atos descritos nos incisos II e III do art. 36, praticados ou determinados por quem não sabia, quando da obtenção do circuito integrado ou do produto, ou não tinha base razoável para saber que o produto ou o circuito integrado incorpora uma topografia protegida, reproduzida ilicitamente.
§ 1º. No caso do inciso IV deste artigo, após devidamente notificado, o responsável pelos atos ou sua determinação poderá efetuar tais atos com relação aos produtos ou circuitos integrados em estoque ou previamente encomendados, desde que, com relação a esses produtos ou circuitos, pague, ao titular do direito, a remuneração equivalente à que seria paga no caso de uma licença voluntária.
§ 2o O titular do registro de topografia de circuito integrado não poderá exercer os seus direitos em relação a uma topografia original idêntica que tiver sido criada de forma independente por um terceiro.

Listam-se no art. 38 as limitações aos direitos de exclusiva sobre topografias. Uma vez ocorrida a hipótese prevista neste artigo, suspendem-se as vedações do artigo anterior.

Como já se disse em relação a outros direitos de propriedade intelectual, as limitações deste artigo representam, na verdade, elementos constitutivos da atribuição do direito, ainda que de caráter negativo.[67] O dever do proprietário de permitir o acesso

---
[67] José de Oliveira Ascensão, Direito Autoral, Forense, 1980, p. 254.

à água potável inclusa pelos titulares de imóveis circundantes talvez seja exemplo mais próximo.

A Lei n 11.484, assim, considera *fora da exclusividade* resultante do registro de topografias uma série de atos que podem ser praticados sem a permissão do titular do privilégio. Da mesma forma que ocorre na Lei Autoral,[68] da Lei 9.279/96,[69] ou dos correspondentes nas leis de software, de cultivares e de informações sigilosas, trata-se de um rol de limitações legais (daí, *involuntárias*), *objetivas* e *incondicionais* à exploração da topografia.[70]

Tratando-se de restrições a uma norma excepcional, como é a dos registros de topografia, as limitações são interpretadas *extensamente*, ou melhor, com toda a dimensão necessária para implementar os interesses que pretendem tutelar.

[6] § 15.1. Análise, avaliação, ensino e pesquisa

A primeira limitação diz respeito à prática de atos de análise, avaliação, ensino e pesquisa, especialmente estudos e pesquisas científicas e tecnológicas por terceiros não autorizados; a reprodução em laboratório de uma topografia é o exemplo clássico. Esta limitação é co-essencial ao sistema da propriedade intelectual e merece a mais irrestrita e abrangente interpretação. Como declarou a Corte Constitucional Alemã no caso Klinik-Versuch (BverfG, 1 BvR 1864/95, de 10/5/2000) no caso de patentes, em tudo aplicável à hipótese, esta limitação tem sólidas raízes constitucionais.

Esta limitação se ancora no disposto no art. 6º. do Tratado, que literalmente proíbe o exercício da exclusiva topográfica contra atividades de ampliação do conhecimento.[71]

[6] § 15.2. A questão da engenharia reversa

Permite-se também livremente o uso da topografia para fins – já não de conhecimento – mas de uso econômico dos dados, conhecimentos e tecnologias existentes nas topografias. No dizer da lei, são lícitos os atos que consistam na criação ou exploração de uma topografia, que resulte da análise, avaliação e pesquisa de topografia protegida.

---

68   Lei 9.610 de 1998, Art. 46 e seg.
69   Art. 43.
70   A licença e a simples autorização têm caráter consensual e são concedidas em caráter subjetivo. A licença de direitos, ainda que tenha um cunho de oferta unilateral - policitatória -, não deixa de ser também consensual e subjetiva. A licença compulsória é condicionada, resultante que é do não atendimento de certas obrigações por parte do titular ou licenciado da patente.
71   Art. 6. (2) [Acts Not Requiring the Authorization of the Holder of the Right] (a) Notwithstanding paragraph (1), no Contracting Party shall consider unlawful the performance, without the authorization of the holder of the right, of the act of reproduction referred to in paragraph (1)(a)(i) where that act is performed by a third party for private purposes or for the sole purpose of evaluation, analysis, research or teaching.

Note-se que o Tratado dispõe muito mais clara e enfaticamente sobre o direito à engenharia reversa,[72] no que tem todo suporte de TRIPs.[73] Assim, sob o Tratado e TRIPs, a exceção de engenharia reversa é aplicável *mesmo se a topografia resultante é idêntica à que foi avaliada e analisada*, desde que se prove criação original no sentido subjetivo. Ou seja, que tenha havido investimento real e suficiente para gerar a topografia resultante.

A questão do uso de dados e criações de terceiros sem investimento próprio torna-se especialmente importante no que diz respeito à chamada engenharia reversa. Dentro do princípio de que há um direito constitucional à livre cópia, a engenharia reversa aparece como uma das práticas mais socialmente justas. Como nota um dos mais reputados juristas americanos, tratando do caso Bonito Boat, que exatamente afirmou a liberdade de cópia como uma exigência natural da economia de mercado:

"O Tribunal, desta forma, relegou os produtos não patenteados nem protegidos por direito autoral ao mercado livre, e deu foros de constitucionalidade à prática de engenharia reversa".[74]

A questão não é assim, de recusar o interesse econômico privado, mas de traçar, com base no interesse público, um justo equilíbrio entre a pretensão de quem quer garantir investimentos em produção de obras não suscetíveis de direitos de exclusiva, e a de quem exerce sua liberdade de copiar e aperfeiçoar-se.

---

[72] Art. 6. (b) Where the third party referred to in subparagraph (a), on the basis of evaluation or analysis of the protected layout-design (topography) ("the first layout-design (topography)"), creates a layout-design (topography) complying with the requirement of originality referred to in Article 3(2) ("the second layout-design (topography)"), that third party may incorporate the second layout-design (topography) in an integrated circuit or perform any of the acts referred to in paragraph (1) in respect of the second layout-design (topography) without being regarded as infringing the rights of the holder of the right in the first layout-design (topography). (c) The holder of the right may not exercise his right in respect of an identical original layout-design (topography) that was independently created by a third party.

[73] Resource Book on TRIPS and Development da UNCTAD "Article 6.2(b) further clarifies the extent of the reverse engineering exception. It states that as long as there is an independent effort involved (which is necessary to comply with the originality requirement) the rights of the title-holder of the reverse engineered design can not be exercised against the creator of the second design, even if identical. This means that the rights, as provided for by the Treaty and TRIPS confer exclusivity neither on the functionalities of the layout-design/topography nor on a specific expression thereof. They only protect, in essence, against slavish copying. Finally, Article 6.2(c) establishes that the reverse engineering exception applies even in cases where the second-layout design/topography is "identical" to a protected design, provided that the former was "independently created".

[74] J.H. Reichmann, Legal Hybrids (...), *op. cit.*, p. 2473. A preocupação subjacente é sempre o da liberdade de competição: "uma informação de domínio público não é suscetível de apropriação", 4ª Câm. Paris, julgamento de 14 de outubro de 1993, RIDA 1994, no. 160, 240. "O fato de reproduzir objetos que não são protegidos nem por patente, nem por marca consiste o exercício de um direito no contexto da liberdade do comércio e da indústria", Tribunal de Paris, 10 de abril de 1962, Ann. Propr. Ind. 1962, 210. Note-se bem que não se alega a liberdade de apropriação de dados sigilosos, mas impossibilidade de recapturar para o domínio privado - fora do contexto das patentes - informações técnicas integradas ao conhecimento público.

As leis de proteção aos semicondutores[75] re-introduziram a questão deste equilíbrio, de uma forma distinta do balanceamento das patentes (que não admite engenharia reversa) e do *trade secret* (que o supõe como essencial). A Medida Provisória permitia especificamente o direito à engenharia reversa, embora sem o alcance imposto pela norma internacional.

O que a Medida Provisória permitia era manipulação reversa das topografias, mas proibia veementemente a reprodução de uma topografia *substancialmente idêntica* à protegida. Note-se que esta proibição violava o Tratado e TRIPs, a não ser se interpretada de forma a que a criação subjetivamente original de outra topografia – mesmo idêntica - não viola a exclusiva topográfica.

Como o entendimento contrário à norma internacional seria mais restritivo do que o parâmetro *imposto*[76] pelo texto internacional pertinente, haveria um desbalanceamento dos parâmetros da cláusula finalística no que desestimula a criação original e independente que – por acaso ou imperativo técnico – leva a topografia idêntica à protegida. A leitura de acordo com o Tratado vem a ser, desta feita, leitura conforme.[77]

[6] § 15.2. (A) A explicitação da lei de conversão

Ao art. 37 da Medida, a lei acrescentou o seguinte parágrafo:

§ 2º O titular do registro de topografia de circuito integrado não poderá exercer os seus direitos em relação a uma topografia original idêntica que tiver sido criada de forma independente por um terceiro.

---

[75] Por exemplo, o Semiconductor Chip Protection Act of 1984, Pub.L. No. 98-620, 98 Stat. 3347, codificada no United States Code como 17 U.S.C 908 (a) 1988, o art, 622-5 do Code de La Proprieté Intellectuelle francês e a proposta da CE para a matéria, COM (93) 344 COD.

[76] Note-se que o Tratado de Washington, ainda que aplicado por TRIPs, não é de parâmetros mínimos. A vedação de topografias idênticas, sem considerar a originalidade subjetiva, viola o Tratado, e portanto, TRIPs. Aliás, quanto a esse aspecto, mesmo TRIPS não é de parâmetro mínimo em favor do titular do registro. Diz o Resource Book: "Article 37.1 provides that Members "shall not consider unlawful" (emphasis added) acts relating to unlawfully reproduced layoutdesigns/topographies, thus indicating that TRIPS obliges WTO Members to consider lawful the acts mentioned in Article 36". O dispositivo da Medida Provisória, assim, viola TRIPS frontalmente.

[77] "(...) quando o judiciário condiciona a validade da lei a uma determinada interpretação ou declara que certas aplicações não são compatíveis com a Constituição, está, em verdade, declarando a inconstitucionalidade de outras possibilidades de interpretação (Auslegungsmöglichkeiten) ou de outras possíveis aplicações (Anwendungsfälle)." Luis Roberto Barroso in Interpretação e Aplicação da Constituição, p. 177. "Ainda que se não possa negar a semelhança dessas categorias e a proximidade do resultado prático de sua utilização, é certo que, enquanto na interpretação conforme a Constituição, se tem, dogmaticamente, a declaração de que uma lei é constitucional com a interpretação que lhe é conferida pelo órgão judicial, constata-se, na declaração de nulidade sem redução de texto, a expressa exclusão, por inconstitucionalidade, de determinadas hipóteses de aplicação (Anwendungsfälle) do programa normativo sem que se produza alteração expressa do texto legal". Gilmar Ferreira Mendes in Jurisdição Constitucional. São Paulo: Saraiva, 1996, p. 275.

Assim, na esteira de meu trabalho inicial sobre a Medida Provisória, %20Integrados.pdf, o Poder Executivo tornou claro que mesmo sendo iguais as topografias, não há infração, desde que haja criação independente.

Com efeito, a criação independente diz respeito à forma, nada impedindo a engenharia reversa, eis que aplica-se o disposto no

> Art. 29 § 2º A proteção não será conferida aos conceitos, processos, sistemas ou técnicas nas quais a topografia se baseie ou a qualquer informação armazenada pelo emprego da referida proteção.

Assim, a tecnologia sujeita à engenharia é neutra em face "criação independente" a que se refere a nova redação introduzida no art. 37. A independência é da forma topográfica. Interpretar diversamente tal fórmula infrigiria o disposto em TRIPs.

Assim, entenda-se o disposto no mesmo artigo 37:

> Art. 37. Os efeitos da proteção prevista no art. 36 desta Lei não se aplicam (...)
> II – aos atos que consistam na criação ou exploração de uma topografia que resulte da análise, avaliação e pesquisa de topografia protegida, desde que a topografia resultante não seja substancialmente idêntica à protegida;

Se "análise, avaliação e pesquisa de topografia protegida" levar a uma criação de outra topografia, e essa criação, no tocante à forma, for substancialmente idêntica à protegida, haverá infração, a não ser que se prove (reversão do ônus da prova) que na forma do próprio art. 37 § 2º a topografia idêntica que tiver sido criada de forma independente por um terceiro.

Uma vez mais: não cabe interpretar que se proíba a engenharia reversa que implique em reprodução idêntica, mas independente, a partir da tecnologia reengenheirada, pois tal implicaria em afronta a textos internacionais que obrigam que a legislação nacional siga tal parâmetro. Em dúvida, caberá necessariamente a acepção que preserva a integridade da ordem jurídica nacional.[78]

---

[78] Cabe aqui a observação de Manoel Pereira dos Santos em seu artigo A Proteção da Topografia de Circuitos Integrados, a aparecer no 3º. Vol. (no prelo) da séria da GVLaw/Ed. Saraiva sobre Propriedade Intelectual: "Qual o sentido deste dispositivo? Estaria o regime sui generis de proteção das topografias de circuitos integrados apenas seguindo o mesmo critério da Lei de Direito Autoral de que a criação independente não deve constituir uma violação objetiva do direito de exclusividade do autor da obra criada em primeiro lugar? Há quem entenda que a hipótese aplica-se à engenharia reversa desde que haja criação independente (UNCTAD-ICTSD, 2005, p. 515). Na doutrina autoral, a criação é chamada independente quando o criador da segunda obra nem teve acesso nem foi influenciado pela obra preexistente. Para que esse princípio fosse ajustado à engenharia reversa, seria necessário que se adotasse o chamado "clean room procedure" ("procedimento de sala limpa"), método desenvolvido no sistema de "common law" com base em dois preceitos do Direito de Autor: o de que a proteção recai sobre a forma de expressão e não sobre as idéias, e o de que não há contrafação sem prova de acesso (RAMOS; BERLIN, 1999, p. 20). O "clean room procedure" é justamente um método destinado a assegurar que determinada criação seja desenvolvida de forma independente (ELKINS, 1990-1991, p. 455)."

[6] § 15.3. Exaustão de direitos

São lícitos aos atos que consistam na importação, venda ou distribuição por outros meios, para fins comerciais ou privados, de circuitos integrados ou de produtos que os incorporem, colocados em circulação pelo titular do registro de topografia de circuito integrado respectivo ou com seu consentimento. Quanto à noção de consentimento, neste contexto, leia-se o que se disse sob o art. 37.

Trata-se de caso de exaustão de direitos. Dissemos, tratando de patentes:

> Uma das hipóteses de limitação de patentes que merece atenção especial é a da exaustão ou esgotamento de direitos. É a doutrina segundo a qual uma vez que o titular tenha auferido o benefício econômico da exclusividade ("posto no comércio"), através, por exemplo, da venda do produto patenteado, cessam os direitos do titular da patente sobre ele. Resta-lhe, apenas, a exclusividade de reprodução.[79]

Segundo F.Savignon,[80] a teoria é

> "la construction juridique selon laquelle le titulaire d'un brevet ne peut plus exercer le droit d'interdire après qu'il a mis l'objet de son brevet dans le commerce, dans le territoire ou le brevet exerce son effet: il a joui de son droit. Celui-ci est epuisé."

Ao contrário do que ocorre no sistema de patentes, a exaustão no caso de topografias se dá tanto na esfera internacional quanto na nacional. Vendido o circuito integrado contendo a topografia na Grécia, com consentimento de seu titular, não pode ele vedar a importação do produto para o Brasil.

[6] § 15.4. Atos cometidos sem ciência do ilícito

Ainda que na esfera civil, não há ilícito nos atos de circulação econômica descritos nos incisos II e III do art. 36, se praticados ou determinados por quem não sabia, quando da obtenção do circuito integrado ou do produto, ou não tinha base razoável

---

[79] A rigor, não se deveria confundir a exaustão de direitos com a figura da importação paralela: nesta, o produto é oriundo de país onde o titular do direito não tenha patente, ou marca, e pode até ser fabricado por terceiro. Veja-se que, na exaustão, o produtor já terá recebido a remuneração por ele mesmo determinada quando da colocação inicial no mercado, o que significa dizer que a exaustão não lhe pode causar nenhum prejuízo direto; mas na importação paralela, a fabricação se fez sem remunerar o titular, e a introdução se faz em mercado protegido.

[80] Convention de Luxembourg, in La Propriété Industrielle, 1976, p. 103. Vide também "L'épuisement du droit du breveté", 1e 1er. Rencontre de Propriété Industrielle, Nice, 1970, Litrec, 1971.

para saber que o produto ou o circuito integrado incorpora uma topografia protegida, reproduzida ilicitamente. Em essência, não são ilícitos os atos de boa fé.[81]

O parágrafo único do art. 38 cuida da hipótese em que tais atos, que se iniciaram em boa fé, foram colhidos por notificação do titular do registro. Neste caso, segundo o estabelecido na norma de TRIPs, Art. 37.1, o agente continua possibilitado de efetuar tais atos com relação aos produtos ou circuitos integrados em estoque ou previamente encomendados, desde que, com relação a esses produtos ou circuitos, pague, ao titular do direito, a remuneração equivalente à que seria paga no caso de uma licença voluntária.

[6] § 16. Da extinção do registro

Art. 38. O registro extingue-se:
I - pelo término do prazo de vigência; ou
II - pela renúncia do seu titular, mediante documento hábil, ressalvado o direito de terceiros.
Parágrafo único. Extinto o registro, o objeto da proteção cai no domínio público.

[6] § 17. Da nulidade

Art. 39. O registro de topografia de circuito integrado será declarado nulo judicialmente se concedido em desacordo com as disposições deste Capítulo, especialmente quando:
I - a presunção do § 1º do art. 27 provar-se inverídica;
II - a topografia não atender ao requisito de originalidade consoante o art. 29;
III - os documentos apresentados, conforme disposto no art. 31, não forem suficientes para identificar a topografia, ou
IV - o pedido de registro não tiver sido depositado no prazo definido no parágrafo único do art. 33.
§ 1º A nulidade poderá ser total ou parcial.
§ 2º A nulidade parcial só ocorre quando a parte subsistente constitui matéria protegida por si mesma.
§ 3º A nulidade do registro produzirá efeitos a partir da data do início de proteção definida no art. 35.
§ 4º No caso de inobservância do disposto no § 1º do art. 27, o criador poderá, alternativamente, reivindicar a adjudicação do registro.
§ 5º A argüição de nulidade somente poderá ser formulada durante o prazo de vigência da proteção ou, como matéria de defesa, a qualquer tempo.

---

81 Tratado: (Article 6(4)), "no Contracting Party shall be obliged to consider unlawful" the acts of importing, selling or otherwise distributing for commercial purposes a protected layout-design/topography or an integrated circuit incorporating such protected layout-design/topography, if such acts were performed *bona fide*.

§ 6º É competente para as ações de nulidade a Justiça Federal com jurisdição sobre a sede do Instituto Nacional de Propriedade Industrial – INPI, o qual será parte necessária no feito.
Art. 40. Declarado nulo o registro, será cancelado o respectivo certificado.

A nulidade, como o exame substantivo dos pressupostos da registrabilidade das topografias, só se suscita judicialmente. Quanto à matéria que leva à nulidade, já discorremos ao falar dos requisitos de originalidade, novidade e suficiência de identificação.

O teor dos parágrafos 5º e 6º, introduzido pela Lei de Conversão, explicita as normas de legitimação temporal e competência processual já aplicáveis ao sistema de patentes.

[6] § 18. Das cessões, licenças e das alterações no registro

Art. 41. Os direitos sobre a topografia de circuito integrado poderão ser objeto de cessão.
§ 1º A cessão poderá ser total ou parcial, devendo, neste caso, ser indicado o percentual correspondente.
§ 2º O documento de cessão deverá conter as assinaturas do cedente e do cessionário, bem assim de duas testemunhas, dispensada a legalização consular.
Art. 42. O INPI fará as seguintes anotações:
I - da cessão, fazendo constar a qualificação completa do cessionário;
II - de qualquer limitação ou ônus que recaia sobre o registro; e
III - das alterações de nome, sede ou endereço do titular.
Art. 43. As anotações produzirão efeitos em relação a terceiros depois de publicadas no órgão oficial do INPI, ou, à falta de publicação, sessenta dias após o protocolo da petição.
Art. 44. O titular do registro de topografia de circuito integrado poderá celebrar contrato de licença para exploração.
Parágrafo único. Inexistindo disposição em contrário, o licenciado ficará investido de legitimidade para agir em defesa do registro.
Art. 45. O INPI averbará os contratos de licença para produzir efeitos em relação a terceiros.

Direito exclusivo de natureza registral, a proteção à topografia segue aqui, no tocante à transmissão dos direitos, regime idêntico às patentes.
Note-se que os pagamentos de terceiros pela licença ou autorizações de uso de topografias são royalties, e seguem o regime tributário e cambial desses institutos; mas não os limites quantitativos e demais restrições específicas das patentes, marcas e assistência técnica. Tais pagamentos, em relação a direitos autorais (salvo se feitos ao autor) e a cultivares são igualmente royalties, e nem por isso constritos àqueles limites.

O art. 44 teve uma emenda na lei de conversão, introduzindo-se dispositivoi análogo ao da Lei 9.279/96, quanto à legitimidade do licenciado para defender sua posse.

[6] § 19. Dos *royalties* pelo uso do corpus mechanicum

Art. 46. Salvo estipulação contratual em contrário, na hipótese de licenças cruzadas, a remuneração relativa à topografia protegida licenciada não poderá ser cobrada de terceiros que adquirirem circuitos integrados que a incorporem.
Parágrafo único. A cobrança ao terceiro adquirente do circuito integrado somente será admitida se esse, no ato da compra, for expressamente notificado desta possibilidade.

O dispositivo em questão veda a imposição de *royalties* aos adquirentes dos circuitos integrados que incorporem topografias protegidas. A lei propõe uma exceção a essa regra: na hipótese de *licenças cruzadas* e – ainda assim, cumulando-se dois requisitos: a) se no instrumento disso houver previsão e b) se o adquirente dos circuitos integrados que incorporem topografias protegidas forem cientificados da hipótese de cobrança de *royalties* e – tendo sempre em conta o potencial de abuso de direitos que tal dispositivo possa acarretar, na inexistência de fontes alternativas de funcionalidade equivalente – se concordarem com tal sujeição.

[6] § 20. Uso não autorizado

Segundo TRIPs, o art. 6.3 do Tratado de Washington, que regulava o uso não autorizado das topografias, não é mais aplicável.[82] Segundo o Acordo da OMC, só são permissíveis o uso governamental não comercial e para impedir práticas não competitivas.[83]

---

82 Do Resource Book: "The Washington Treaty, after intense negotiations, allowed the granting of a nonvoluntary license only in two cases: (1) "to safeguard a national purpose deemed to be vital" by the national authority; and (2) "to secure free competition and to prevent abuses by the holder of the right". In addition, these licenses were available only for the domestic market (Article 6.3). Despite these limitations the provision on compulsory license was deemed too broad by the United States, and was one of the major reasons for the U.S. refusal to sign the Treaty. As indicated above, TRIPS declared the non-applicability of Article 6.3 of the Washington Treaty. As stated by Article 37.2, the conditions laid down by TRIPS for the granting of compulsory licenses for patents (Article 31(a) to (k)), are applicable mutatis mutandis to the layout-designs of integrated circuits. Paragraph (l) of Article 31 (compulsory licenses in cases of dependency of patents) does not apply. The reason for this probably is that, in the case of integrated circuits, reverse engineering is explicitly permitted".

83 Idem, eadem, "In addition, according to Article 31(c) of the Agreement, "semiconductor technology" may only be subjected to compulsory licenses for grounds relating to anticompetitive practices and for use by the governments for non-commercial purposes.1003 Though this provision applies to compulsory licenses on patented inventions, the cross reference contained in Article 37.2 of the Agreement would seem to indicate that compulsory licenses of integrated circuits would only be admissible in those two cases".

[6] § 20.1. Uso público não comercial

Art. 47. O Poder Público poderá fazer uso público não comercial das topografias protegidas, diretamente ou mediante contratação ou autorização a terceiros, observado o previsto nos incisos III a VI do *caput* do art. 49 e no art. 51 desta Lei.
Parágrafo único. O titular do registro da topografia a ser usada pelo Poder Público nos termos deste artigo deverá ser prontamente notificado.

Trata-se aqui de uso público não autorizado, desde que não comercial. Dispensa-se, na hipótese, qualquer procedimento de licença compulsória. O uso se faz diretamente, mediante simples notificação, sempre pagos os respectivos royalties.

[6] § 20.2. Licenças compulsórias

Art. 48. Poderão ser concedidas licenças compulsórias para assegurar a livre concorrência ou prevenir abusos de direito ou de poder econômico pelo titular do direito, inclusive o não atendimento do mercado quanto a preço, quantidade ou qualidade.

A parte do dispositivo relativo ao uso não competitivo é plenamente compatível com o cânone do art. 31 de TRIPs. O não atendimento do mercado quanto a preço, quantidade ou qualidade, assim como outros abusos de direito, merecem maior análise do que a permitida nos estritos termos deste estudo inicial.

Art. 49. Na concessão das licenças compulsórias deverão ser obedecidas as seguintes condições e requisitos:
I - o pedido de licença será considerado com base no seu mérito individual;
II - o requerente da licença deverá demonstrar que resultaram infrutíferas, em prazo razoável, as tentativas de obtenção da licença, em conformidade com as práticas comerciais normais;
III - o alcance e a duração da licença serão restritos ao objetivo para os quais a licença for autorizada;
IV - a licença terá caráter de não-exclusividade;
V - a licença será intransferível, salvo se em conjunto com a cessão, alienação ou arrendamento do empreendimento ou da parte que a explore; e
VI - a licença será concedida para suprir predominantemente o mercado interno.
§ 1º As condições estabelecidas nos incisos II e VI não se aplicam quando a licença for concedida para remediar prática anticompetitiva ou desleal, reconhecida em processo administrativo ou judicial.

§ 2º As condições estabelecidas no inciso II também não se aplicam quando a licença for concedida em caso de emergência nacional ou de outras circunstâncias de extrema urgência.
§ 3º Nas situações de emergência nacional ou em outras circunstâncias de extrema urgência, o titular dos direitos será notificado tão logo quanto possível.

Aqui também se têm hipóteses (remédio de concorrência desleal) que mereceriam extensa análise. Quanto às licenças de emergência nacional ou de outras circunstâncias de extrema urgência, pareceriam despiciendas em face da hipótese de uso público não comercial.

Art. 50. O pedido de licença compulsória deverá ser formulado mediante indicação das condições oferecidas ao titular do registro.
§ 1º Apresentado o pedido de licença, o titular será intimado para manifestar-se no prazo de sessenta dias, findo o qual, sem manifestação do titular, considerar-se-á aceita a proposta nas condições oferecidas.
§ 2º O requerente de licença que invocar prática comercial anticompetitiva ou desleal deverá juntar documentação que a comprove.
§ 3º Quando a licença compulsória requerida com fundamento no art. 50 envolver alegação de ausência de exploração ou exploração ineficaz, caberá ao titular do registro comprovar a improcedência dessa alegação.
§ 4º Em caso de contestação, o INPI realizará as diligências indispensáveis à solução da controvérsia, podendo, se necessário, designar comissão de especialistas, inclusive de não integrantes do quadro da autarquia.
Art. 51. O titular deverá ser adequadamente remunerado, segundo as circunstâncias de cada uso, levando-se em conta, obrigatoriamente, no arbitramento dessa remuneração, o valor econômico da licença concedida.
Parágrafo único. Quando a concessão da licença se der com fundamento em prática anticompetitiva ou desleal, esse fato deverá ser tomado em consideração para estabelecimento da remuneração.
Art. 52. Sem prejuízo da proteção adequada dos legítimos interesses dos licenciados, a licença poderá ser cancelada, mediante requerimento fundamentado do titular dos direitos sobre a topografia, se e quando as circunstâncias que ensejaram a sua concessão deixarem de existir e for improvável que se repitam.
Parágrafo único. O cancelamento previsto no caput poderá ser recusado se as condições que propiciaram a concessão da licença tenderem a ocorrer novamente.
Art. 53. O licenciado deverá iniciar a exploração do objeto da proteção no prazo de um ano, admitida:
I - uma prorrogação, por igual prazo, desde que tenha o licenciado realizado substanciais e efetivos preparativos para iniciar a exploração ou existam outras razões que a legitimem;

II - uma interrupção da exploração, por igual prazo, desde que sobrevenham razões legítimas que a justifiquem.

§ 1º As exceções previstas nos incisos I e II somente poderão ser exercitadas mediante requerimento ao INPI, devidamente fundamentado e no qual se comprovem as alegações que as justifiquem.

§ 2º Vencidos os prazos referidos no caput e seus incisos, sem que o licenciado inicie ou retome a exploração, extinguir-se-á a licença.

Aplicam-se aqui, *mutatis mutandi*, os parâmetros adotados na legislação de patentes para concessão de licenças compulsórias. Mais uma vez, cabe análise ulterior da norma.

[6] § 21. Da tutela civil e penal

Art. 54. Comete crime de violação de direito do titular de topografia de circuito integrado quem, sem sua autorização, praticar ato previsto no art. 36 desta Lei, ressalvado o disposto no art. 37 desta Lei.

§ 1º Se a violação consistir na reprodução, importação, venda, manutenção em estoque ou distribuição, para fins comerciais, de topografia protegida ou de circuito integrado que a incorpore:
Pena: detenção, de 1 (um) a 4 (quatro) anos, e multa.

§ 2º A pena de detenção será acrescida de 1/3 (um terço) à 1/2 (metade) se:
I – o agente for ou tiver sido representante, mandatário, preposto, sócio ou empregado do titular do registro ou, ainda, do seu licenciado; ou
II – o agente incorrer em reincidência.

§ 3º O valor das multas, bem como sua atualização ou majoração, será regido pela sistemática do Decreto-Lei nº 2.848, de 7 de dezembro de 1940 - Código Penal.

§ 4º Nos crimes previstos neste artigo somente se procede mediante queixa, salvo quando praticados em prejuízo de entidade de direito público, empresa pública, sociedade de economia mista ou fundação instituída pelo poder público.

§ 5º Independentemente da ação penal, o prejudicado poderá intentar ação para proibir ao infrator a prática do ato incriminado, com a cominação de pena pecuniária para o caso de transgressão do preceito, cumulada de perdas e danos.

Acrescentando dispositivos inexistentes na Medida Provisória, a Lei mais uma vez incorre em retrocesso, ao prescrever a sanção penal para a cópia não autorizada de toopografias. Tal modalidade de sanção, por fugir aos parâmetros do devido processo legal substantivo, já foi indicado em decisões judiciais como incompatível com a Constituição.

Note-se que a proteção das tecnologias, em sistemas como o americano, nunca sofreram sanção penal. O art. 61 de TRIPs apenas obriga à penalização de infrações de marca e direitos autorais; explicita-se que é livre aos países aplicarem sanções penais à infração dos demais direitos de propriedade intelectual. Os resultados da Questão 169 da AIPPI[84] tornam claro a facultatividade da sanção penal no caso de topografias; mais ainda, impõem considerações que não foram tratadas explicitamente no dispositivo em pauta.[85]

Note-se que a penalidade de detenção acrescida do agravamento do parágrafo segundo resulta em ônus equivalente, em anos, à pena prevista para o crime de homicídio, o que aponta para uma desponderação dificilmente justificável.

[6] § 22. Das disposições gerais

Art. 55. Os atos previstos neste Capítulo serão praticados pelas partes ou por seus procuradores, devidamente habilitados.

§ 1º O instrumento de procuração redigido em idioma estrangeiro, dispensada a legalização consular, deverá ser acompanhado por tradução pública juramentada.

§ 2º Quando não apresentada inicialmente, a procuração deverá ser entregue no prazo de sessenta dias do protocolo do pedido de registro, sob pena de arquivamento definitivo.

Art. 56. Para os fins deste Capítulo, a pessoa domiciliada no exterior deverá constituir e manter procurador, devidamente qualificado e domiciliado no País, com poderes para representá-la administrativa e judicialmente, inclusive para receber citações.

Art. 57. O INPI não conhecerá da petição:

I - apresentada fora do prazo legal;

II - apresentada por pessoa sem legítimo interesse na relação processual; ou

---

84   Vide em http://www.aippi.org/: "a) Article 61 of the TRIP's Treaty calls for criminal procedures and penalties, at least for cases of wilful trademark counterfeiting or copyright piracy on a commercial scale;of wilful trademark counterfeiting or copyright piracy on a commercial scale; b) Article 61 also leaves it to member states to decide whether criminal penalties be applied in other cases of infringement of Intellectual Property rights where they are committed wilfully and on a commercial scale; c) There are no prescribed measures for, nor is there a uniform approach to, achieving these objectives and further, there is no common objective test of the effectiveness of the measures and/or approaches in achieving these objectives; d) The level of economic, technological and industrial development in each member state is different; and in addition, the differences in the legal systems of different countries may result in wide-ranging differences in enforcement procedures and available remedies; some of the countries having adopted various penal sanctions, which interest for the protection of the Intellectual Property rights is recognised;

85   "Criminal liability for Intellectual Property right infringement should be contingent on wilfully committing an unlawful act knowing such act to be unlawful or with reckless disregard for the unlawfulness thereof. This must be proven either by direct or by strong circumstantial evidence".

III - desacompanhada do comprovante de pagamentos da respectiva retribuição no valor vigente a data de sua apresentação.
Art. 58. Não havendo expressa estipulação contrária neste Capítulo, o prazo para a prática de atos será de sessenta dias.
Art. 59. Os prazos estabelecidos neste Capítulo são contínuos, extinguindo-se automaticamente o direito de praticar o ato após seu decurso, salvo se a parte provar que não o realizou por razão legítima.
Parágrafo único. Reconhecida a razão legítima, a parte praticará o ato no prazo que lhe assinar o INPI.
Art. 60. Os prazos referidos neste Capítulo começam a correr, salvo expressa disposição em contrário, a partir do primeiro dia útil após a intimação.
Parágrafo único. Salvo disposição em contrário, a intimação será feita mediante publicação no órgão oficial do INPI.
Art. 61. Pelos serviços prestados de acordo com este Capítulo será cobrada retribuição, cujo valor e processo de recolhimento serão estabelecidos em ato do Ministro de Estado a que estiver vinculado o INPI.

Os dispositivos reproduzem o conteúdo da Lei 9.279/96, já comentado em outras fontes.

[6] § 23. Vigência da norma

(...)Art. 65. Esta Medida Provisória entra em vigor na data de sua publicação, produzindo efeitos em relação ao art. 60 a partir do dia 19 de fevereiro de 2007.

Brasília, 22 de janeiro de 2007; 186º da Independência e 119º da República.

LUIZ INÁCIO LULA DA SILVA Guido Mantega